장애물을 극복하고 놀라운 삶을 살기 위한
생각의 전환

The Thought Exchange: Overcoming Our Resistance To Living A Sensational Life
Copyright ⓒ 2011 David Friedman
All rights reserved
Originally published by Library Tales Publishing, USA.
Korea translation rights arranged with Livrary Tales Publishing, USA.
and Kyungsung Line, Korea through PLS Agency, Seoul.
Korea edition right ⓒ 2011 by Kyungsung Line, Seoul.

이 책의 한국어판 저작권은 PLS 에이전시를 통해
저작권자와 독점 계약한 경성라인에 있습니다.
신저작권법에 의해 한국 내에서 보호를 받는 저작물이므로
무단 전재와 무단 복제를 금합니다.

장애물을 극복하고 놀라운 삶을 살기 위한

생각의 전환

데이비드 프라이드만 지음 | 권혜아·김소희·구영우 옮김

The Thought Exchange

경성라인

목차

서문 • 6
이 책의 활용법 • 12

제1부 | 생각의 전환을 이루기 전의 삶

1장. 삶의 목적(5세-20세까지) • 16
2장. 어쩌면 아닐 거야 • 20
3장. 성공 • 24
4장. 불행의 연속 • 30
5장. 국면의 타개 • 33

제2부 | 생각의 전환

6장. 생각의 전환 • 38
7장. 생각의 전환을 위한 최초의 워크숍 • 63
8장. 생각의 전환을 위한 워크숍의 효과 • 67
9장. 생각의 전환 쇼핑몰 • 85
10장. 초기의 생각의 전환 과정 • 88

제3부 | 우리에게 방법이 있다

11장. 감각의 발견 • 96
12장. 물리적 감각 • 105
13장. 방어적인 생각 • 112
14장. 한번 해보자고 • 120

제4부 | 해방

15장. 현실세계 · 128
16장. 당신의 실체 · 136
17장. 새로운 세계에서 살아가기 · 138
18장. 당신 때문에 문제가 일어나는 것이 아니다 · 143

제5부 | 감각과 함께 하기

19장. 감각 견디기 · 166

제6부 | 삶의 다양한 영역에 생각의 전환 적용하기

20장. 사랑, 관계, 건강, 돈, 다이어트 · 190
21장. 창조적 예술 분야에 있는 사람들을 위해 · 220
22장. 생각의 전환 원칙을 기업 코칭에 적용하기 · 237
23장. 생각의 전환을 통한 용서 · 251
24장. 공황(장애, 발작) · 256
25장. 할 수 없다, 할 수 있다 · 266

제7부 | 당신의 삶 전체를 가로막는 "큰 난관" 통과하기

26장. 영혼의 어두운 밤 · 282
27장. 내면의 아이 · 314

제8부 | 이야기, 은유, 정보의 핵심

28장. 유용한 힌트, 이미지, 기억 · 350
29장. 길이 보이지 않을 때 · 429
30장. 구체적인 적용 · 473
31장. 생각을 전환하며 살기 · 475
32장. 삶은 감각이다 · 476

서문 1

'생각이 현실을 만들어낸다. 현실은 우리가 생각하는 대로 펼쳐진다. 그리고 생각을 바꾸면 삶이 변한다.'
우리는 이런 사실을 알고 있다. 그러면 실천해야 하지 않을까?
'시크릿(The Secret)'과 같은 새로운 사고에 관한 책과 세미나가 큰 인기를 끌고 있다. 이처럼 사람들은 생각에 대해 생각을 해야 원하는 삶이 펼쳐질 것이라고 생각한다.
새로운 생각을 하면 새로운 현실이 형성된다. 그러나 사람들은 이를 실천하지 못하고 좌절하거나 행동으로 옮기지 못한다. 그 이유는 무엇일까? 머리가 나쁜 것도 아니고 게으른 것도 아니다. 중요한 무언가를 알지 못하고 있는 것이 틀림없다. 우리가 생각하지 못하는 무언가가 있는 것이다. 즉 새로운 생각은 늘 우리를 두렵게 하고 놀라게 한다. 그래서 새로운 생각을 떨쳐버리고 다시 예전의 생각으로 돌아가게 된다.
누구나 생각을 전환하면 자신의 삶에서 이루고자 하는 것을 이룰 수 있다. 사람들은 이에 대해 매우 만족해했다. 또한 이를 실천하면서 생각을 전환하자 즉각적인 삶의 변화를 경험할 수 있었다. 그러나 변화에는 저항하려는, 보이지 않는 힘이 지속적으로 작용한다. 그 결과 다시 예전으로 돌아가서, 자신들이 원하는 것을 얻지 못하는 구태의연한 패턴을 반복한다.

나는 '생각의 전환'이 쉽게 이루어지지는 않는 것에는 이유가 있다는 확신을 갖고 있었다. 생각의 전환을 가로막는 저항을 이겨내야 하기 때문이다. 나는 다른 사람들에게서도 일어날 수 있는 그런 저항을 이겨낼 수 있도록 도와야겠다고 생각했다. 사람들이 생각의 전환을 이루도록 도와야만 나의 이야기도 반쪽짜리가 아닌, 완전한 이야기가 될 것이기 때문이다.

결국 나는 이 책에서 완성된 이야기를 할 수 있게 되었다. 새로운 생각에 관한 다른 책들과 마찬가지로, 도입부는 정말로 흥미로울 것이다. 그리고 당신이 꿈꿔왔던 세계가 눈앞에 펼쳐지는 방법이 손안에 들어올 것처럼 느껴질 것이다. 하지만 곧 저항의 벽에 부딪힐 것이다. 다만 이 책은 여러분을 절대로 실망시키지 않을 것이다. 이 점만은 약속할 수 있다.

또한 저항의 벽을 헤쳐 나가면서 진정한 치유와 실현에 도달하는 방법을 알게 될 것이다.

이미 여러 번 시도했던 그 길을 나와 함께 다시 도전해 보지 않겠는가?

서문 2

거울을 보자. 무엇이 보이는가? 당신의 모습이 보일 것이다. 물론 입고 있는 옷이 보이고 자신의 모습이 보일 것이다. 그러나 실제로 거울 속에 있는 것은 무엇일까? 거울 속에 비추는 것 중에 진짜인 것이 있을까? 거울 속 코에 얼룩이 묻어 있다면, 거울 속 모습의 코를 닦아내면 될까? 거울 속에 입고 있는 옷이 마음에 들지 않는다고, 거울 속으로 손을 뻗어 옷을 갈아입을 수 있을까? 물론 말도 안 되는 일이다. 이런 시도는 우스꽝스러울 뿐 아니라 정상적인 사람이라면 생각조차 하지 않을 것이다. 하지만 실제로 우리는 매일 이런 행동을 한다. 내가 아닌 다른 사람의 행동을 바꾸려고 한다. 또한 돈을 더 잘 벌고 좋은 배우자를 만나고, 어려움을 이겨내면 행복해질 것이라고 생각한다. 게다가 실제세계의 환경을 '외부세계'에 있는 것처럼 보면서, 그 '외부세계'에 있는 환경을 변화시키려고 한다.

삶은 실제로 다른 세계에서 이루어진다. 생각의 거울이라는 곳에서 삶이 이루어지면 어떻게 될까? 우리의 생각을 그대로 반사하도록 되어 있는 곳이면 또 어떻게 될까? 거울이 없으면 자신의 모습을 볼 수 없을 것이다. 즉 거울 속 얼굴에 변화를 주려는 행동은 헛된 시도이고, 변화는 실제 얼굴에서 이루어져야 한다는 것을 알 수 있다.

나 역시 주변 사람들과 마찬가지로 신앙과는 무관한 이유로 신앙생활을 시작했다. 신과 교감을 하고 깊이 이해하면 '내면의 평화'를 찾을 것이라고 생각했다. 하지만 내가 신앙생활을 추구했던 진짜 이유는 원하는 '물질'을 얻기 위해서였다. 어찌했든 행복의 원천은 돈과, 멋진 집, 원만한 연애, 직장에서의 성공이라고 생각했다. 물론 주위를 둘러보니 성공한 사람들이라고 해서 반드시 나보다 더 행복해 보이지는 않았다. 그런 사실을 알고 있었지만 그다지 신경 쓰지 않았다. 그래서 기도와 명상, 전기 충격요법(EST), 포럼, 감정 폭발요법(Primal Scream), 치료요법, 수행 등의 모든 수단을 동원해 보았다. 하지만 여전히 나의 목적은 원하는 '물질'을 얻는 것에 고정되어 있었다. 사실 내면의 평화나 조화는 꼴찌에게나 주는 상이라고 생각했다. 그것은 내 인생의 진정한 목표를 달성하지 못하거나, 성공과 부, 그리고 '원만한 애정관계'를 이루지 못할 경우, 마지못해 받아들여야 하는 것쯤으로 치부했다. 내 귀를 솔깃하게 한 구절은 '먼저 그의 나라를 구하라'였다. 여기에 나는 다음과 같이 덧붙였다.

"그리하면 나는 새로운 자동차를 가질 수 있으리라."

그래서 '물질'을 얻을 방법을 찾는 여정을 시작했다. 내가 원하는 것을 얻는 비결을 실제세계에서 찾을 수 있다면, 내 인생을 내 마음대로 조종할 수 있다고 생각했다. 또한 내가 원하는 것은 언제든지 얻어질 수 있을 뿐 아니라, 그로 인해 '행복해'질 수 있을 것이라고 생각했다.

다양한 시스템과 새로운 생각에 대한 교육기관이나 관련 서적은 이구동성으로 약속한다. 바로 그들이 제시하는 방법을 실천하면 충만

서문 2 **9**

하고 행복한 삶을 영위할 수 있다고. 그러나 이와 관련된 거의 모든 책을 섭렵하고 세미나에 참석해 봤지만, 또다시 좌절하고 실망을 거듭하기는 마찬가지였다. 왜 그런지 궁금해지기 시작했다. 그것이 바로 내가 그 이유를 찾아 나선 이유였다.

우선 내 인생을 전반적으로 살펴보기로 했다. 구체적으로 내 경험에 비추어 이런 질문을 했다.

"반박의 여지가 없는 진실은 무엇일까?"

내가 찾아낸 이 질문에 대한 대답은 실로 놀라웠다. 내가 발견하고 싶어 했던 것과는 정반대의 결과가 나왔기 때문이다. 마지막에는(물론 마지막이라는 것은 존재하지 않고, 우리가 살고 있는 현재만 존재한다.) 예상하지 못했던 방식이었지만 찾고자 했던 모든 해답을 얻을 수 있었다.

이 책에서 그 해답을 찾아가는 여정을 풀어 놓았다. 내가 겪었던 과정가 단계마다 직면했던 장애물의 형성과정에 대해 설명한다. 장애물은 다음 단계로 나아가지 못하게 또 다른 분쟁를 일으키는데 그 과정에 대해서도 설명했다. 단계마다 새로운 문제에 직면하기까지는 그 단계가 '해답'처럼 보인다. 그러나 이는 다음 단계로 이어지는 '통로' 같은 것이다. 그러나 내가 얼마나 멀리 왔는지 알기도 전에, 뜻밖의 장소에서 완전히 다른 삶을 살고 있는 나를 발견하게 된다. 여기서 무슨 일이 일어났는지, 또는 무슨 일이 우연히 '발생'했는지는 중요하지 않다. 왜냐하면 내가 사는 곳에서는, 그 어떤 사건들도 내 행복에 전혀 영향을 미치지 못하기 때문이다.

어떤 사람들은 이런 생각에 회의적인 관점을 가질 수도 있다. "성공은 어디에 있죠? 노력은 안 해도 되나요? 흥미로운 사실은 대체 어디에 있는 거죠?"라고 질문할지 모른다. 하지만 이렇게 생각해 보자.

당신이 주식시장에 있다고 상상해 보자. 그리고 주식의 등락과는 상관없이 돈을 벌 수 있다고 가정해 보자. 그러면 주식 현황과 상관없이 당신은 돈을 벌 수 있다.

돈은 내 성공 여부를 가늠하는 척도였기 때문에 내 여정의 실험은 주로 주식시장에서 이루어졌다. 특별한 상황에 직면할 때뿐만 아니라, 언제나 어느 정도의 금전적 여유를 갖는 것은 항상 우선순위가 되었다. 왜냐하면 무슨 일이 일어나든지 일정한 수입이 있으면, 성공적이고 행복하다고 느낄 수 있기 때문이다.

놀라운 다른 세계가 도대체 무엇인지 당장은 설명하지 않을 것이다. 하지만 그곳에 도달하는 방법은 오직 하나라는 사실은 말할 수 있다. 내가 직접 경험했던 발견의 과정을 모두 거치고 여정의 길을 직접 나서보자.

이 책의 첫 부분은 나의 사적인 경험담을 풀어 놓았다. 이런 경험이 인생에 대한 재발견과 인생을 변화시키는 계기가 될 수 있었다. 책에 담긴 사실과 사건들은 극히 개인적인 일들이지만 내게는 아주 특별한 경험들이었다. 하지만 읽으면서 당신의 경험을 돌아보는 계기도 되었으면 한다.

경험담을 읽지 않고 생각의 전환을 이루는 방법으로 당장 넘어가고 싶다면, 제2부부터 읽어도 좋다.

어찌했든 긴 여정을 함께 하기로 한 당신에게 찬사를 보낸다.

이 책의 활용법

'생각의 전환'은 여러 번의 수정을 거친 후에 마침내 나올 수 있었다. 대중들에게 생각의 전환에 대해 간결하게 설명하고, 그들이 원하는 것을 성취하도록 사용될 수 있는 방법을 전하는 것이 원래의 목표다. 하지만 책을 쓰고, 강연을 하고, 또 실천하면서 생각의 전환은 초기 목표보다 더 많은 가능성을 갖고 있다는 것을 알게 되었다. 새로운 응용법을 발견했을 뿐 아니라, 인생을 바라보는 관점이 완전히 달라지는 경험도 할 수 있었다. 진정으로 중요한 것이 무엇인지, 우리가 실제로 사는 세상에 대해 전혀 다른 차원의 이해를 하게 되었다.

이제 이 책의 목표는 두 가지다. 첫째, 독자들이 책을 읽음으로써 인생을 바꿀 수 있는 생각의 전환이라는 여정을 시작하게 하는 것이다. 둘째, 독자들이 원하는 분야에서 생각의 전환을 응용하는 데 필요한 정보를 찾을 수 있도록 완벽한 지침을 제공하는 것이다.

따라서 이 책은 함께 읽어야 할 부분과 따로 읽어도 되는 부분으로 구분된다. **내용을 이해하기 위해 반드시 읽어야 할 부분은 2부, 3부, 4부이다.** 이는 내가 경험한 생각의 전환의 기본원리가 순서대로 기술되어 있기 때문이다. '외부세계'에서의 삶과 '내부세계'에서의 삶까지 전반적인 나의 여정이 궁금하다면 이 책 한 권을 모두 읽어야 한다. 2부, 3부, 4부를 읽고 난 후에 감각을 유지하기 힘들다면 5부로 넘어가면 된다. 노래, 직업, 건강, 용서 등 특정 관심 분야가 있다면 해당하는 부분으로 넘어가서 읽어도 된다. 감동적인 이야기나 관련 경험, 그리고, 생각의 전환과 관련된 아이디어에 관한 이야기를 읽고 싶다면 이런 이야기만 들어 있는 부분을 읽어도 된다.

각 부마다 때로는 독립적이기도 하면서 전체의 일부이기도 하다. 이 점을 강조하기 위해 다른 부분에서 비롯된 정보를 반복해서 설명했다. 책 전체를 읽을 계획이라면, 반복 설명 부분도 지나치지 말고 기존의 관점과 새로운 관점을 공고히 하는데 활용하면 좋다.

한 가지 강조하고 싶은 점은 각 부가 독립적이지만 한 부분이 전체를 설명해 주지는 않는다는 점이다. 각 부분의 정보는 다른 부분을 읽지 않고도 응용할 수 있다. 단 기본적인 생각의 전환의 원리를 알기 위해 2부, 3부, 4부는 반드시 읽어야 한다. 하지만 각 부분마다 우리가 도출한 결론은 완전한 변화를 향해 아직 끝나지 않은 단계일 뿐이다. 전체를 읽어야만 전체적인 이해를 얻을 수 있다.

어떤 식으로든 이 책을 읽음으로써 당신의 인생 경험이 풍부해졌으면 한다. 그리고 성공의 가능성을 높이는 새로운 단계로 더 가까이 다가갈 수 있었으면 한다. 궁극적으로 '생각의 전환'이라는 이 책의 제목처럼, 모든 독자들이 인생은 놀라움의 연속이라는 사실을 깨달았으면 한다.

제1부

생각의 전환을 이루기 전의 삶

1장
삶의 목적
(5세~20세까지)

내 인생의 처음 몇십 년은 다른 사람들과 다르지 않게 살아갔다. 삶은 물리적인 세계에서 이루어진다. 그렇기에 행복의 요소라고 할 수 있는 '물질'을 성공적으로 획득하는 것이 인생의 목표였다. 바로 돈, 성공, 사랑이었다.

돈으로 원하는 것들을 살 수 있다. 돈이 있으면 안락한 삶과 권력이 주어질 뿐 아니라 안전도 보장된다. 인생의 여러 힘닌힌 과제들을 피할 수 있게 해주기도 한다.

성공이란 삶에서 성취감뿐 아니라 지속적인 행복, 그리고 만족감을 의미한다. 즉 다른 사람들로부터 존경을 받고 자신을 행복하게 해주는 것들이다. 주택과 자동차, 여행, 심지어 금전적 보장이 되므로 멋진 파트너도 얻을 수 있다. 성공하면 일반석을 타야 하는 불편이나 고지서 연체, 내키지 않는 직장에서 일을 해야 하는 등 불행이라고 여겨질 수 있는 일들을 할 필요가 없다.

그리고 연인과의 '사랑'이 있다. 언제나 당신을 이해해 주고 격려해 주면서 안락과 행복, 안정감을 느끼게 해주는 사람과 결혼을 말한다. 또한 사랑은 항상 당신 곁에 있는 가족과 즐거운 시간을 함께 할 수 있는 친구들을 의미한다.

이런 것들이 내 삶의 목표였다. 행복해지기 위해서는 돈과 성공 그리고 '사랑'이 필요했다.

유명 연예인들의 삶은 행복하다. 왜? 돈과 성공, 사랑을 모두 가졌기 때문이다. 결혼과 이혼을 여러 번 반복한다는 사실은 중요하지 않다. 그들은 언제나 사랑하는 멋진 누군가와 함께 한다. 그리고 엄청난 출연료를 받고 명연기를 펼친다. 때문에 내 할머니께서는 유대인 특유의 억양으로 "행복하지 않을 게 뭐 있어?"라고 말씀하시고는 했다.

성공한 기업가들 또한 행복하다. 호화스럽고 화려한 삶을 살 여유가 있고, 엄청난 부를 축척한다. 그리고 불쾌한 경험들은 언제든지 돈으로 해결할 수도 있다.

할머니(내 인생 초기 철학에 지대한 영향을 끼친 분은 바로 할머니셨다.)는 형에게 이런 말씀을 하셨다. "네가 장가가는 것만이라도 볼 수 있었으면 한다." 이에 대해 형은 참지 못하고 "결혼하면 뭐가 좋은데요?" 하고 물었다. 그러자 할머니께서는 "그런 건 신경 쓰지 말거라. 일단 가면 그때 가서 이야기하자꾸나!" 하셨다.

당신은 결혼으로 행복해질 수 있다. 그래서 나는 가능한 빨리 결혼했다. 큰 부자 집안 출신이면 금상첨화이겠지만 유대인이라면 누구든 상관없었다. 그렇게 되면 사랑과 부라는 두 마리 토끼를 한꺼번에 얻을 수 있었기 때문이다.

돈, 성공, 사랑을 획득하는 것은 내 인생 최대의 목표였다. 하지만 이것은 그 자체를 목적으로 여기지 않았고, 목적을 이루기 위한 수단으로 여겼다. '내면의 평화'와 '행복'을 찾는 방법이었다. 외부에서 문제를 해결함으로써 내면의 평화와 행복을 얻으려고 했다.

이 모든 것들의 이면에는 '신'이라는 개념이 있었다. 신은 만물을

관장하기 때문에 행복해지고 싶다면 신에게 의지해야 한다. 신과 교감하거나 또는 '신앙'의 목적은, 우리를 행복하게 해줄 물질적인 것을 획득할 수 있도록 해준다는 것이다.(하지만 신이 어디에 있는지 또는 볼 수 없는 존재라는 사실이 탐탁지 않았다.)

물론 '청렴'해야 했다. 청렴해야 신에게 사랑받을 수 있고 행복의 원천인 돈과 성공, 사랑을 쟁취할 수 있으니까.

이런 식으로 인생을 요약하면 이렇게 될 것이다.

- 인생은 행복에 관한 것이다.
- 행복해지는 길은 성공과 사랑, 돈이 있어야 한다.
- 당신이 '착한 사람'이고 신을 믿는다면, 행복해지는 방법을 성취하는 데 도움을 받을 수 있다.

이미 알고 있는 내용이 아닌가?

행복에 관한 모든 것들이 내게는 너무 쉽고도 명백해 보였다. 이 때문에 일찍부터 정해진 행복의 길을 따라 가기 시작했다. 목표를 세워 놓고 어른이 되면 '이렇게 되어야지'하는 생각으로 노력했다.(정말 하고 싶은 일인지, 경제적 이득은 얼마인지, 그리고 명예로운 일인지도 고려했다.)

'영원히 행복하게 살 수 있는' 지점에 이르기 위해서는 쉬지 않고 달려가야 한다고 생각했다. 한 사람의 가치는 이들 목표를 얼마나 달성했느냐에 따라 정해진다고 생각했다. 현재의 삶은 중요하지 않았다. '모든 것을 성취'할 미래를 위한 길만을 최우선으로 여겼다.

그래서 누구보다 열심히 공부해서 좋은 성적으로 대학에 들어갔다. 물론 나는 '청렴한 사람'이었다. '내 인생의 동반자'를 14살 때 만났고 우린 19살 때 이미 약혼까지 했다. 아직 어린 나이였다는 것을 알고 있었지만 다른 사람들보다 한발 앞서 간다고 생각했다. 무슨 일이 하고 싶은지, 누구와 함께 하고 싶은지에 대한 생각이 확고했다. 그래서 여러 가지 시행착오를 겪는 또래 친구들보다 행복을 향해 더 앞서 나아가고 있다고 믿었다. 여러 가지 다른 일들을 시도하면서 내가 무엇을 원하는지 자문해 보기도 했다. '불필요하게' 실수해서 시간을 낭비하지 않기 위함이었다. 그리고 필수적인 요건들이 갖춰졌는지 확인하면서 내가 원하는 직업(콘체르토 피아니스트)과 돈(내가 원하는 직업으로 생길 돈), 그리고 내가 원하는 명성의 길로 유유히 걸어가고 있었다.(마침내 내 피아노 연주와 여행에 대한 기사가 TV나 신문, 잡지에 실리기도 했다.) 내 인생의 동반자도 내 곁에 있었다. 그녀는 내 인생 처음이자 마지막 여인이었다. 우리의 사랑에 순결과 완벽을 더해 줄 그런 아름다운 소녀와 결혼을 앞에 두고 있었다.(부모님들도 이와 비슷한 연애 경험을 갖고 있다.)

하지만 마음 한 구석에는 불안과 긴장이 사라지지 않았다. '단절된' 느낌이었다. 마치 이 모든 것이 현실이 아닌 것처럼 느껴졌다. 하지만 그저 행복에 필요한 모든 요건들을 다 갖추지 않았기 때문이라고 치부하고 넘어갔다. 더 노력하고 앞으로 나아가려고 애를 쓰면 이런 불안감도 언젠가는 사라질 것이라고 생각했다.

"나는 돈, 성공, 사랑이 인생의 목표라고 생각했어."

2장
어쩌면 아닐 거야

스무 살이 되던 해, 나는 성대하게 결혼식을 치렀다. 나는 영원한 행복을 얻기 위한 중요한 단계로써 결혼에 큰 기대를 걸었다. 결혼하고 나면, 사랑 때문에 걱정할 필요는 없다고 생각했다. 설령 뜻대로 되지 않는 일이 있더라도 사랑의 힘으로 극복하고, 성공과 부를 향한 나의 질주를 계속하게 해줄 것이라고 믿었다. 나는 '주머니에' 행복의 요소를 하나 더 갖고 있었다(당시 아직 대학생이었으니까). 아직 학교에서 공부하던 학생이었다는 사실을 감안하면 다른 사람들보다 많이 앞서 있었다.

수많은 하객들과 많은 선물에 둘러싸여 성대한 결혼식을 올리고 저녁노을을 바라보는 가운데 우린 신혼 여행지로 떠났다.

하지만 결혼한 지 사흘 만에 공황장애로 인해 내 인생은 송두리째 변해 버렸다.

대체 무슨 일이 일어난 걸까?

내 인생에서 성공과 안정감의 보증수표라 생각했던 목표를 이루었지만, 내가 느낀 것이라고는 형언할 수 없는 공허함과 공포뿐이었다. 피아노 연주는커녕 연습조차도 할 수 없었다. 내 모든 목표들은 도달할 수 없는 것처럼 보였다. 달성한다 하더라도 행복과는 무관한 것처럼 보였다. 게다가 나도 언젠가는 죽는다는 사실을 고통스럽게도 받아들여야 했다. 모든 목표를 달성한다 해도 죽음만은 피할 수는 없다는 사실을 깨달은 것이다. 죽게 되면 내 육체는 말할 것도 없고, 그동안 쌓아왔던 부와 성공, 그리고 사랑, 모두가 물거품이 될 터였다. 내가 이루어놓은 것을 확인하지 못하게 되는 것이다. 내 인생을 마음대로 조종할 수 있거나 안락함을 만끽할 수 있는 어떤 방법도 존재하지 않았다. 불현듯 행복을 위해 해야 할 일이라고 생각했던 것들이 부질없이 느껴졌다.

그 후 수개월 동안, 심각한 공황장애로 일상생활이 거의 불가능한 정도가 되었다. 집밖으로 나갈 수도 없었고 내 방은 항상 빙빙 도는 것처럼 보였다. 심장은 빠르게 두근거리고 숨쉬기조차 힘들었다. 바로 어지러움과 공포 그 자체였다.

내 인생은 막다른 골목에 이르게 되었다.

상태는 더욱 심각해져 결국 몇 달간 정신병원에서 입원치료를 받았다. 병원에서 처방한 약은 나의 광기를 더욱 악화시켰다. 어떤 조치를 취해도 인생은 무의미했고 더 이상 앞으로 나아갈 수 없었다.

어느 날, 치료도 더 이상 소용없다는 것을 이유로 퇴원하게 되었다. 그리고 집으로 돌아와 내 인생을 바로잡기 위한 힘겨운 첫 걸음을 내딛기 시작했다. 대학교 4학년 생활을 겨우 마치고 교외지역에서 아이들을 위한 피아노 강습을 시작했다.

당시에는 '신경쇠약' 때문에 내 인생이 송두리째 무너진 기분이었다. 지향했던 목표의 의미는 퇴색했고 '신경쇠약'이 바로 내 불행의 원인처럼 여겨졌다. 하지만 지금 생각해 보면 내 인생이 '무너지기' 시작했을 때, 내가 진정으로 행복해질 수 있는 기회를 향해 나아가는 유일

한 길이었다. 내 안에서 무언가가 나에게 "그 길에는 어떤 것도 존재하지 않으니 '사랑'과 성공과 부를 획득할 수 있는 길을 갈 수 있게 해줄게."라고 속삭이는 듯했다.

'신경쇠약'을 앓으면서 깨달은 가장 중요한 사실은 '어떤 존재'가 존재하는 사실이었다. 즉 내가 미처 알지 못한 '성공공식'의 일부가 어딘가에 존재한다는 사실을 깨닫게 된 것이다. 나는 항상 인생이란 열심히 노력해서 얻은 것이라고 생각해 왔다. 또한 목표를 성취해야 하고, 반드시 거쳐야 할 단계가 있는 것으로 생각해 왔다.(지금 그때를 돌아보면 인생이 너무 힘들었고 고통 그 자체였다. 하지만 당시에는 그것이 내가 아는 인생의 전부였다.) 어찌했든 나는 열심히 일했지만 노력은 나에게 행복과 성취감을 가져다주지 않았다.

그 당시까지 나는 내 인생을 외부세계에서 바라보았다. 결과는 참담한 실패였다. 이로 인해 나는 어쩔 수 없이 감정과, 감각, 그리고 볼 수 없는 생각의 세계를 탐닉하게 되었다.

그 후 난생처음으로 작사를 하기 시작했다. 초기에는 순수하게 노래를 위한 것이라기보다는 나의 감정을 살펴보고 내 자신을 치유하는 과정의 일부로 생각했다. 지금 생각해 보니, 이런 노력들은 부끄러울 만큼 자기중심적이고 순진해 보였다. 하지만 스스로 자초한 외부세계에서의 삶과 '내부세계'에서의 삶 사이에서 간극을 좁혀나가는 매우 중요한 과정이었다.

상담치료를 받는 동안, 어린 시절에 대해 많은 이야기를 했다. 부모님을 향한 분노가 오랜 시간에 걸쳐 쌓여 있었다. 나는 어떻게 하다가 부모님에 대해 이런 생각을 하게 되었는지 알고 싶었다. 하지만 마음 한구석에서 상담치료의 목적 자체에 의구심을 갖기도 했다. 상담치료는 내가 행복이라는 목표를 달성하는 데 방해가 되는 감정들을 제거해 주려고 했다. 분명 내 인생의 성공을 방해하는 요소는 존재하고 있었다. 나는 도대체 그것이 무엇인지 알아내고 싶었다. 돈과 성공과 '사랑'에 대한 나의 목마름을 해소해 줄 길을 다시 나서기로 결심한 것이다.

그 후 몇 년 동안 많은 변화를 겪었다. 내가 진정으로 원하는 것이 무엇인지 그리고 '진짜' 내가 누구인지 탐색하기 시작했다. 나의 삶이 진실하지 않다는 사실도 깨달을 수 있었다. 콘체르토 피아니스트로서 교육을 받은 나였지만, 그때서야 내 자신이 팝 음악과 무대 음악에 관심이 있다는 것을 깨달았다. 결혼 생활은 결국 파국을 맞았고 진정한 나의 모습을 찾기까지 또다시 몇 번의 연애를 하고 나서, 서서히 내가 동성애자라는 사실을 받아들여야 했다.

그래서 뉴욕으로 돌아가 진정으로 하고 싶었던 일을 시작했다. 진정으로 내가 원하는 것을 실현해 줄 수 있을 것이라고 생각한 극장에서 새로운 출발의 첫발을 내딛게 되었다.

3장
성공

    그 후 몇 년 동안, 내 경력과 관련된 거의 모든 형태의 심리학, 종교 모임, 그리고 자기발전 모임이란 모임에는 닥치는 대로 참가했다. 자기계발 관련서는 손에 닿는 대로 읽었다. 여러 가지 치료와 더불어 전기충격요법 치료까지 받았다. 감정분출요법을 수행하는 데도 참가하고 명상도 하고 일기도 썼다. 예술인들의 길도 운영하고 다양한 종교 활동도 해니갔다. 육체노동도 마나하시 않았고 마사지 요법도 받았다. 인생의 돌파구를 찾기 위해 할 수 있는 것들은 거의 모두 시도해 보았다. 이 모든 과정들이 인생의 해답을 찾게 해줄 것이라는 기대 때문에 더욱 적극적으로 참여했다.

    그러나 워크숍이나 치료과정이 끝날 때쯤에 항상 듣는 말이 있다. 진정한 해답을 찾으려면 또다시 다음 단계로 넘어가야 한다는 것이었다. 하지만 어떤 다음 단계에도 해답을 찾는 데 실질적인 도움이 되지 않았다. 깨달은 것이 있다면 내가 보는 세상 너머로 그 무언가가 있을지 모른다는 걸 처음으로 인정하기 시작했다는 점이다. 볼 수 있는 세상에서 내가 갈망하는 것을 성취할 수 있도록 하는 보이지 않는 힘을 느끼게 된 것이다.

    나의 공황장애 증상은 어느 날 도서관에서 우연히 책 한 권을 발견하면서 돌파구를 찾게 되었다. 바로 클레어 위크스의 '신경쇠약에 대한 희망과 도움'이라는 책이었다. 이 책을 읽고 난 후, 공황장애를 극복하려면 공황장애 상태에서 겪는 감각을 그대로 느끼고, 그 감각들을 떨쳐 버리려고 굳이 애쓰지 말아야 한다는 것이었다.

어느 크리스마스이브 날(1년 중 가장 분주할 때인 어느 쇼핑몰에서), 나는 아버지에게 뉴욕의 헤럴드 스퀘어에 있는 메이시 백화점으로 데려가 달라고 부탁했다. 차에서 내려 백화점으로 들어가 이곳저곳을 돌아다녔다. 심장은 두근거리고 머리는 핑핑 돌았다. 아버지와는 백화점 끝 지점에서 만나기로 약속되어 있었다. 그리고 나는 마침내 해낼 수 있었다. 가장 두려웠던 일을 하면서 나의 모든 두려운 감각을 느꼈지만 살아 숨 쉴 수 있었다. 내 자신에게 물었다. "이런 감각을 평생 느껴야 한다면?", "어쩔 수 없지 뭐."하고 자신에게 대답했다.

이제 내 인생을 두려운 감각과 함께 해야 할지, 또는 그런 감각을 느끼지 않고 시작할 것인지 결정해야 했다.

당시에는 내가 느끼는 두려운 감각에 대면하려고 한 결정이 내 인생에 얼마나 큰 영향을 미칠지 몰랐다. 하지만 지금은 그런 감각을 피하지 않으려는 의지 덕분에 행복한 삶을 추구할 수 있게 되었다. 떨리고 힘들었지만 적어도 내 꿈을 향해 다시 나아갈 수 있었다.

그 후로 상황은 호전되었다. 강연을 하기 시작했고, 사설 보컬 트레이닝 교습소를 운영하기도 했다. 시간이 지나면서 브로드웨이에서 피아노 연주도 했다. 시내 레스토랑에서는 음악 감독을 하기도 했다. 소극장에서는 내가 작곡한 곡으로 어린이 쇼를 공연하기도 했다.

몇 년 뒤, 내 인생의 첫 브로드웨이 쇼를 지휘하기에 이르렀다. 공황장애 환자에게 있어 브로드웨이에서 지휘를 한다는 것이 얼마나 힘

든 경험이었는지 상상하기 어려울 것이다. 지난 몇 년 동안 나는 극장에 앉아 있기만 해도 소리를 지르며 뛰쳐나가는 일을 반복했다. 그런데 지금은 수많은 관중들이 지켜보는 오케스트라 무대 위에 올라 두 시간 반 동안 지휘도 할 수 있다. 물론 여전히 온몸이 후들거리고 떨리긴 했지만, 악보에 '그러면 죽어!'라는 글을 써놓고 버텼다. '이 자리에서 죽었으면 죽었지 절대로 뛰쳐나가지 말자.'라는 의미였다. 그 후로 수많은 공연을 하면서 기분과는 상관없이 지휘를 할 수 있게 되었다. 그리고 이에 점점 익숙해지면서 결국 모든 공황장애를 극복할 수 있었다.

그 후로 다섯 개의 브로드웨이 공연을 지휘했고, 이를 계기로 할리우드에 진출하여 전통 디즈니 애니메이션 제작에도 참여했다. 미녀와 야수, 알라딘, 포카혼타스 노트르담의 꼽추와 같은 작품들의 편곡을 맡았다.

나는 더 많은 대중음악을 작곡하기 시작했다. 서정적이고 희망을 담은 노래들이었다. 어느덧, 사람들은 내 노래를 즐겨 듣고 따라 부르기 시작했다. 그리고 나는 유명한 작곡가가 되어 있었다.

그러는 동안 '내 생애의 사랑'을 만날 수 있었다.(이번의 사랑은 진짜 세계의 사랑이라는 것을 알 수 있었다. 예전의 사랑은 분명 실수였다.) 이번에는 한 남자와 진지하고 오랫동안 연인관계를 유지하며 정착할 수 있었다.

대중음악을 작곡하는 동안 랜시 라못과 5개의 멋진 음반 작업을 함께 할 영광을 얻을 수 있었다. 그리고 영화음악 작곡도 시작했다.

흥미로운 사실은 이렇게 성공가도를 달리고 있었음에도 불구하고 예전에 대학시절에 느꼈던 무언가 부족하고 무언가를 놓치고 있다는 생각을 떨쳐버릴 수가 없었다. '엄청난' 성공이 내 주변을 맴돌고 있는 것처럼 느껴졌다. 수입은 충분했지만 그렇다고 큰 부자는 아니었다. 오스카나 토니상을 거머쥐지도 못했다.(당시 어울려 지내던 사람들 중 수상자들도 몇몇 있었다.) 인생은 흘러가고 있었지만 종착점은 보이지 않았다.

사실 나는 어떤 분야에서 성공을 경험할 때마다, 내가 진정으로 원하던 것이 아니라는 생각이 들었다. 그때마다 나는 다시 새로운 분야를 찾아 나서고는 했다. 나는 언제나 보컬 코치가 되고 싶어 했다. 하지만 보컬 코치로 입지를 굳히고 나면 더 이상 하고 싶지 않았다. 브로드웨이에서 지휘를 했고 브로드웨이에서 지휘자로 이름을 날리게 되자 할리우드로 진출하고 싶었다. 할리우드에서 편곡자와 지휘자로 유명세를 탈 무렵, 이 또한 부질없다는 생각이 들었다. 그래서 생각해 보니 내가 진정으로 원하는 것은 글쓰기였다. 다행히 내 글에 대한 반응은 성공적이었고, 나는 그 후로 강연과 강의를 하기로 했다.

겉으로 보기에는 이런 과정이 자연스럽게 이루어진 것처럼 보이기도 했다. 하지만 속으로는 아직도 성공이 멀었다는 생각이 들었다. 성공을 위해 다른 무언가를 꼭 해야 한다는 생각이 들었다. 나는 성공을 거둔 곳에서 결코 오랫동안 머무르지 못했다. 그래서 항상 무언가가 부족하다는 생각을 떨치지 못하면서 나아가고 있었다. 그때 진정으로 성공하지 않았기 때문이라는 생각이 들더니, 갑자기 공허함이라는 감각이 나를 휘감았다.

가장 성공적일 때 공허함을 느낀다는 것은 모순처럼 들릴지 모른다. 그러나 이를 이해하는 것만이 진정한 깨달음을 위한 돌파구를 찾는 핵심 열쇠이다.

이런 사실을 깨닫고도 돌파구를 찾기까지는 20년이란 세월이 더 흘렀다. 이에 대한 이야기는 앞으로 계속해 나갈 것이다.

1부 생각의 전환을 이루기 전의 삶 **27**

표면적으로 보았을 때 나는 성공적이었고 창의적인 일을 하고 있었다. 하지만 이런 삶이 무의미하게 느껴졌고, 진정으로 원하는 것을 얻지 못하고 있다는 생각을 떨칠 수 없었다.

물론 무언가를 달성할 때면 기쁘기는 했다. 하지만 또다시 무엇인가를 갈구하는 상태로 되돌아갔다. 그래서인지 나는 아무리 돈을 많이 벌어도 매주 필요한 돈에 항상 200달러가 부족하다며 농담을 하고는 했다.

또한 당황스런 상황들은 항상 존재한다는 사실도 깨닫게 되었다. 상황은 달랐지만 언짢은 감정은 한결같았다. 때로는 돈 때문에 때로는 연인관계 때문에 속이 상했다. 소송에 휘말리기도 했고, 팔리지 않는 아파트 때문에 고민한 적도 있고, 병에 걸릴까 봐 두려워하기도 했다. 이런 일이 있을 때마다, 나는 정신을 차리고 잠시 멈춰 서서 내 자신에게 말했다. "이 문제만 해결되면 정말 행복해질 텐데." 그런데 그 문제가 해결되고 나면 항상 또 다른 문제에 직면하고, 또다시 똑같은 두려운 감각을 느끼게 되었다.

상담치료를 받는 동안 '돌파구'를 찾으려고 여러 가지 방법들을 시도해 보았다. 진정으로 내가 원하는 것을 실현할 수 있는 방법과, 장애물을 극복할 수 있도록 하는 방법을 찾아보았다. 그 결과 마침내 내가 원하던 것을 얻을 수 있었고, 그동안 꿈꿔왔던 원대한 꿈을 이룰 수 있었다.

자신의 내면세계를 알게 되는 것은 무엇보다 중요하다. 그리고 내면세계가 원하는 것을 실현하는 것은 더욱 중요하다. 또한 내가 무엇을 실현하든 나를 완벽하고 행복하게 해줄 만큼의 돈과 성공, 그리고 사랑이 있다는 믿음은 더욱 중요하다.

그래서 내가 원할 때, 그리고 그것이 무엇이 되었든, 그것을 확실히 손에 넣을 수 있도록 보장해 주는 절대적인 방법을 찾기로 결심했다. 나는 몇 년간의 연구 끝에 큰 도약을 이룰 수 있었고, 그토록 내가 찾고 있던 것을 찾아냈다는 확신을 갖게 되었다.

그런데도 그 절대적인 방법은 내가 가고 싶은 곳으로 나를 이끌어 주지 않았고, 전혀 내가 가고 싶어 하던 곳도 아니었다. 그러나 그것은 내가 실제로 가고 싶은 곳으로 이끌어줄 것이었다. 당시에는 내 꿈을 이룰 방법을 찾았다고 생각한 나머지 너무 기뻐서 미처 인식하지 못했을 뿐이었다.

이 돌파구를 찾기 전에 있었던 나의 개인적인 사건들은, 이를 이해하는 데 도움이 될 것이다. 20살 때 겪었던 공황장애처럼 그 일들이 나에게 닥쳤을 때, 또다시 하늘이 무너지는 것 같았다. 하지만 나를 올바른 방향으로 인도해 준 인생의 강력한 길라잡이 같은 경험들이었다.

"유일하게 공허한 기분이 든 때는 내가 성공하고 있을 때였다."

4장
불행의 연속

1995년 당시 나는 성공가도를 달리고 있었다. 5개의 브로드웨이 쇼를 지휘하고 미녀와 야수의 음악 감독을 했다. 그리고 네 번째 주요 디즈니 영화에 참여하고 있었다. 카바레 작곡가로서 상을 타기도 했다. 다이애나 로스의 히트송을 작곡하기도 했다. 그중 가장 보람 있는 일이 바로 금세기 최고의 카바레 가수인 낸시 라못의 음반 5개를 함께 제작한 일이다. 낸시가 카바레 세계를 벗어나 미 전역에 걸쳐 인기몰이를 하며 스타덤에 오르는 모습을 지켜보기도 했다. 무엇보다 개인적으로 내 파트너와 나는 10년을 함께 했다.

그럼에도 불구하고 공허함은 사라지지 않았다. 내가 할 수 있었던 일은 정상에 오를 수 있는 히트송을 작곡하는 것뿐이었다. 나만의 브로드웨이 뮤지컬 음악을 작곡하고 낸시를 스타 반열에 오르게 한 다음 '따뜻한 보금자리'로 돌아오는 것이었다. 더 이상 할 일이 무엇이 있겠는가? 무엇이 인생에 더 있겠는가?

낸시는 평생 크론병(입에서 항문까지 소화관 전체에 걸쳐 어느 부위에서든지 발생할 수 있는 만성 염증성 장질환: 역주)을 앓았다. 무슨 일이 있어도 무대를 장악하는 강력한 카리스마의 소유자였다. 하지만 그녀의 병은 가수 경력에 언제나 큰 걸림돌이었다. 1993년 대대적인 수술을 받아 쾌

유할 수 있었기에 그 후로는 어떤 것도 그녀를 막을 수 없었다. 적어도 우리는 그렇게 믿었었다.

1995년 5월 어느 날 오후, 낸시는 나에게 찾아와 병원에서 자궁암 진단을 받았다고 했다. 의사가 수술로 치료할 수 있다고 했으니 걱정하지 말라며 나를 안심시켰다. 그녀의 최신 앨범을 마무리하고 수술을 받으면 된다고 했다. 나는 수술을 먼저 받으라고 권했지만, 그녀는 앨범 작업을 먼저 진행하자고 했고 앨범 작업을 감행할 수밖에 없었다. 그래서 그녀의 감미롭고 풍성한 음색이 수록된 이 시대 최고의 앨범을 완성할 수 있었다. 그해 11월 앨범은 발매되었고 12월 13일, 낸시는 영원히 잠들었다.

세상이 완전히 무너진 듯했다. 낸시를 아끼던 모든 사람들이 슬픔을 주체하지 못하고 상실감에 휩싸여 있었다. 이 때문에 나 자신이라도 감정을 추스를 수밖에 없었다. 그녀는 죽기 전 병상에서 약속을 했다. 이 세상 모든 사람들이 자신의 노래를 들을 수 있도록 하겠다고 했기 때문에, 나는 그 약속을 지켜주어야 했다. 낸시의 죽음으로 실의에 빠진 내 비서는 얼마 뒤 일을 그만두었다. 낸시의 감독이자 매니저였던 나의 파트너는 유언장 집행자였지만, 그 역시 일상생활을 할 수 없을 만큼 큰 실의에 빠지고 말았다. 모든 기능이 마비 상태에 있었지만, 다행히도 회사를 함께 운영할 훌륭한 기업가를 만날 수 있었다. 우리는 함께 낸시의 앨범을 홍보하기 시작했다. 그 결과 역대 어느 때보다 더 성공적으로 앨범 판매 기록을 세울 수 있었다.

그러던 어느 날 낸시의 가족이 나타나 돈과 레코드 회사의 운영권을 요구했다. 낸시의 가수 경력에 어떤 기여도 하지 않았지만, 가족이라는 이유만으로 그녀가 죽은 후 일어난 모든 일에 대한 권리를 요구

1부 생각의 전환을 이루기 전의 삶 **31**

했다.

그 후 소송이 잇따랐고 이로 인해 회사는 문을 닫았다. 내가 지난 8년 동안 이루어 놓은 꿈이 한순간에 물거품이 된 것이다. 그동안 벌어 놓은 돈은 법정 소송에 휘말리면서 모두 날려버렸고, 사업도 파산 지경까지 이르렀다.

몇 년 후, 내 인생의 사랑이었던 파트너는 내가 소개한 가수와 사랑에 빠졌다며 내 곁을 떠났다. 그 후로 3년 동안 나는 제대로 된 데이트도 한 번도 못한 채 홀로 지냈다. 마치 내가 가장 두려워하던 일들이 다시 나에게 다가오는 듯한 느낌이었다.

이런 일이 일어나는 이유는 무엇일까? 몇 년 뒤 생각해 보니, 스무 살 때 나의 삶을 송두리째 흔들었던 '신경쇠약'처럼, 큰 불행인 것처럼 보이던 이 사건들도 결코 불행한 일들은 아니었다. 오히려 한 치의 착오도 없는 내면의 길라잡이 시스템은 나를 더욱 올바른 방향으로 나아가게 이끌어주고 있었다.

당신은 지금 이런 의문을 갖고 있을 것이다. "이런 '외부'의 사건들이 나의 '내면'의 길라잡이 시스템과 어떤 관련이 있을까?" 이런 의문을 갖는 것은 당연하다. 정답이 궁금하면 다음 장을 꼭 읽기 바란다.

5장
국면의 타개

여러 가지 악재가 있은 후 2~3년 동안, 20살 때 이후 최악의 우울증에 시달리게 되었다. 3년 동안 솔로로 지냈고 낸시는 더 이상 이 세상에 없었고 레코드 회사는 문을 닫았다. 나만의 음악을 쓰기 위한 디즈니 영화 지휘와 편곡도 포기했다. 성공적인 일들도 몇몇 있었지만, 다른 일들에 대한 실망감이 너무 컸다. 어떤 이유에서인지, 모든 일에서 갈피를 잡을 수가 없었다.

브로드웨이에서 공연하는 친구가 있었다. 그는 우리가 항상 함께 참여하는 연례 자선 행사에서 내가 작곡한 '우린 친절해(We Can Be Kind)'를 불렀다. 어느 날 그 친구는 자신의 목소리 키에 맞는 피아노 반주가 있느냐고 물었다. 그 친구는 유니티 뉴욕 교회에 초대를 받아서 노래를 불러야 했다. 이 교회는 생각의 전환 운동으로 유명한 교회로, 가끔 브로드웨이 인사들을 초청해 일요 예배 때 노래를 부탁했다. 거기서 그는 내 노래를 부르고 싶다고 했다. 사실 그의 목소리 키에 맞는 피아노 연주곡을 갖고 있지 않았다. 왜냐하면 자선행사에서 우리는 항상 오케스트라 반주에 맞춰 공연을 했었기 때문이다. 하지만 나도 모르게 불쑥 "내가 같이 가서 연주해 줄게." 하고 말했다. 그 교회에 대해 오래전부터 들어왔지만, 어떤 곳인지 호기심도 있었다.

교회에서 내 소개를 하자 뜻밖에도 기립 박수를 하며 나를 환영해 주었다. 그동안 이 교회에서는 내 노래를 오랫동안 불러왔다고 한다. 이 때문에 교회 신자들 사이에서 나는 이미 유명인사가 되어 있었다. 친구와 나는 그 노래로 아름다운 공연을 성공리에 마쳤다. 그리고 나머지 시간 동안 목사님 강론을 듣기로 했다.

내 인생을 바꾸어 놓은 날은 바로 그날이었다. 새로운 생각의 원리와 예수에 대한 이야기를 듣게 된 것이다.(나는 유대교 신자다.) 숭배를 받는 절대적인 존재라기보다 모범적인 한 인간으로서 예수의 이야기는 감명 깊었다. 사고방식에 따라 무한한 가능성이 있는 세계에 대해서도 들었다. 이 모두 그 당시 내게 절실했던 말들이었다.

그 후로 매주 일요일마다 자전거를 타고 예배에 참석해 조용히 앉아서, 그 주의 말씀을 들었다.(사람들끼리 서로를 안아주는 일이 많았지만 나는 불편해서 동참하지 않았다.)

몇 주 뒤 전화 한 통화를 받았다. 자동응답기에서 "안녕하세요. 저는 브릿 홀이라는 사람인데요. 유니티 뉴욕 교회의 음악 감독입니다. 제가 제대로 봤는지 모르겠는데요. 저희가 감독님을 잘 모르기 때문에 좀 긴가민가합니다만, 매주 저희 교회에 오신다는 걸 알고 있습니다. 그래서 다름이 아니라, 이번에 5일 동안 피정(일상생활에서 벗어나, 성당이나 수도원 같은 곳에 가서 장시간 동안 조용히 자신을 살피며 기도하는 일: 역주)을 가는데, 그곳에서 노래와 연주를 부탁해도 될까요. 피정 주제는 '마음의 치유'입니다."

교회 사람들을 잘 알지는 못했지만, 피정 주제에 공감한다는 것을 부인할 수가 없었다. 그래서 그저 한번 믿어 보기로 하고 '네.'라고 대답했다.

피정을 함께 하면 즐거운 시간도 보낼 수도 있고, 재밌는 이야깃거리가 생길 것이라고 했다. 운 좋게도 나는 두 가지 모두를 얻을 수 있었다.

피정지에 도착했을 당시 나는 내 인생을 계속 가고 싶다고 생각했다. 하지만 마음은 말 그대로 산산조각 나 있었기 때문에, 전혀 그렇게 하지 못하고 있었다. 하지만 5일간의 피정 기간 동안, 사람들의 마음은 산산조각 날 수가 없다는 것을 알게 되었다. 어떤 일이 있어도 가능성이 언제나 무한하게 존재하기 때문이다. 내가 깨달은 사실은 산산조각 났다고 하는 것은 그저 내 머릿속의 생각에 불과했다. 불가능과 불행에 대한 생각으로 가득 차 있는 내 머릿속의 생각 때문이었다. 이런 상황에서 '외부세계'는 그런 생각들을 반영해서 그런 일들만 생겨나게 했다.

그때는 내 인생의 소명과 진정한 치유의 길로 들어서게 할 경험을 할 것이라는 생각을 하지 못했다. 그러나 내 삶은 내면의 생각이 반영되어 그대로 이루어진다는 것을 분명히 알 수 있었다.

피정 마지막 날, 예배당에 홀로 앉아 있었는데 불현듯 생각의 변화를 겪었다.

'잠깐만, 패티 루폰은 뮤지컬 캣츠 오디션에서 베티 버클리 때문에 배역을 놓쳤어. 하지만 그 오디션에서 한 번 실패했다고 해서 브로드웨이에 진출하지 못할 것이라며 실망하지 않았지. 그 후로 실제로 수많은 브로드웨이 공연을 했고 말이야. 그런데 나는 왜 나를 떠나버린 남자 하나 때문에 연애를 할 수 없다고 결론 내린 거지? 난 멋진 남자친구를 만들 수 있을 거야. 난 가진 게 많은 사람이잖아. 친절하고 똑똑하고 재능도 있고 잘생기기까지 하잖아.'

이런 생각을 한 바로 그 순간, 예배당 문이 열리면서 숀 모닝거가 걸어 들어왔다. 숀은 피정 관리 스태프 중의 한 사람이었다. 유니티 교회에 음악을 담당하고 있는 주일학교 선생님이기도 했다. 나는 그를 오며가며 알고 있었다. 왜냐하면 '돈 텔 마마'라는 클럽에 조명과 사운드 디자이너로 있었기 때문이다. 가끔 다양한 카바레 가수들의 공연을 보러 그 클럽에 가고는 했었다.(사실, 오래전 낸시 라못의 노래를 처음 들은 것도 이 클럽에서였다.) 숀은 예배당에 들어왔을 때 내가 있었는지 몰랐는지, 나를 보자마자 다소 놀란 표정을 지으며 "안녕 하세요." 하고 인사를 건넸다.

　나는 숀과 앉아서 이야기를 하다 약 10분쯤 후 그의 표정을 보았다. 그리고는 '이 사람, 나에게 추파를 던지고 있잖아. 이런 경험 정말 오랜만이야.' 하는 생각이 들었다.

　그때 이후로 지금까지 우리는 연인 사이를 유지하고 있다.

　나중에 숀이 말하기를 지난 5년 동안 나를 좋아해 왔다고 한다. 하지만 나는 내가 갖고 있던 생각 때문에 알아채지 못했던 것이다.

　새로운 연인과 함께 나는 유니티 교회 예배에 정규적으로 참석했다. 교회에서 제공하는 수업과 행사들도 적극 참여했다.

　하지만 아직 내가 원하던 성공과 부를 얻지는 못한 상태였다.(사실, 숀과 함께 한 처음 몇 년은 사랑에 대해 끝없는 의심을 하며 보냈다.) 하지만 인생은 올바른 방향으로 흘러가고 있는 것처럼 보였다.

　더욱 중요한 것은 생각을 전환('나는 연애 불능자야.' 에서 '멋진 남자친구가 생길 만해.' 로)하자, 바로 남자친구가 나타난 경험은 내 삶을 완전히 바꾸는 중요한 계기가 되었다. 전혀 상상하지 못했던 방식으로 변화가 일어난 것이다.

제2부

생각의 전환

6장
생각의 전환

새로운 사고를 선택함으로써
원하는 삶 만들어가기

나는 2002년 뉴욕 유니티 교회의 예술가 지원 그룹이라는 모임에 나가기 시작했다. 매주 화요일마다 예술가들에게 영적 도움을 주는 모임이었다. 이 모임에서 회원들은 방을 돌아다니면서, 각자 자신들의 경험에 대해 이야기하고 긍정적 확신을 암송했다.

이 과정에서 나는 놀라움을 감출 수 없었다. 대부분의 긍정적 확신이 진실을 추구하거나 영적인 것을 추구하는 것이 아니었다. 이루고 싶은 소원이라든가 기대, 심지어 허황된 꿈에 가까운 내용들이었다. "성공해서 유명한 예술가가 되고 싶어요. 사람들이 내 작품을 보려면 엄청난 돈을 내야 할 정도로 말이에요."라고 말하는 사람조차 있었다. 나는 '아니야. 실제로 일어나는 일은 전혀 그렇지 않은데.' 하고 생각했다. 사람들은 마치 자신들의 소원이나 희망을 강력하게 자주 말하면 '외부세계'의 누군가가 대신 이루어줄 것처럼 믿고 있었다. 나는 속으로 "정말 말도 안 돼. 세상은 그렇게 돌아가지 않는다고!"하고 외쳤다.

성공에 목말라 있는 동안 나 역시 긍정적 확신을 한 적이 있었다. 그러나 항상 효과가 있었던 것은 아니다. 그래서 방법이 잘못되었거나 충분히 확신하지 않았기 때문일 것이라고 생각했다. 하지만 다른 사람들의 긍정적 확신을 들어보니, 그것 자체가 너무 허무맹랑하고 처음부터 이루어질 수 없는 것들뿐이었다.

　이 때문에 또 다른 의문을 갖게 되었다. 절대적인 진실에 다가가는 방법과 무한한 우주의 자원을 활용할 수 있는 방법은 없는 것일까? 실제적이고 항상 신뢰할 수 있는 방법을 찾을 수는 없을까? 그래서 그런 결과가 나오게 된 이유와 방법도 설명할 수 있으면 좋지 않을까?

　나는 사람들이 긍정적 확신을 다짐할 때 실제로 어떤 생각을 하는지 알고 싶어졌다. 그리고 그들의 긍정적 확신은 왜 항상 실패로 끝나는지 원인이 알고 싶어졌다. 마침내 사람들이 희망하는 것뿐만 아니라, 실현할 수 있는 방법까지 함께 터득하는 경지에 도달하고 싶었다.

　얼마 후 이에 대한 가능성을 탐구할 기회가 생겼다. 예술가들의 모임의 회장이 그만 둬야 할 상황이 온 것이다. 나는 탐구를 해보겠다는 생각과 충동으로 이 모임 회장 자리를 자처했다.

　탐구기간 동안 나는 내가 진실이라고 믿는 것만 인용할 것이라고 다짐했다. 내가 진실이었으면 하는 것들은 절대로 사용하지 않기로 했다. 오직 사실만을 인용하기로 했다. 그래서 사실이란 것을 한번 검토해 보았다.

　물리적인 세계에서 연필을 놓으면 중력이 작용해서 바닥으로 떨어진다. 물리적으로 살아 있다는 것은 숨을 쉴 수 있다는 것을 의미한다. 숨이 멎으면 물리적으로 생명이 끝났다는 것을 의미한다. '숨을 쉬려면 산소가 필요'한 것도 사실이다.

　물리적 속성이 분명하지 않거나 물리적 구성물이기는 하지만 일어나는 과정이 분명하지 않은 것들은 사실 여부가 불분명하다. 예를 들어 탁자 위에 있는 종이 한 장을 들어 올리는 과정을 살펴보자. 당신은 종이를 들어 올리고 싶다고 생각하거나, 그렇게 하고 싶은 충동을 느

껴야 한다. 그런 다음 행동으로 옮긴다. 생각이 실제로 어떻게 행동으로 옮겨졌는지 정확한 원리는 알 수 없지만, 행동으로 이루어져 있다는 사실은 알 수 있다.

방을 가로 질러 가려 해도 먼저 생각이 선행되어야 한다.(의식적이든 아니든) 또는 다른 것에 자극을 받아 행동으로 옮길 수도 있다. 우리는 이유와 방법을 알 수 없지만 결과물로부터 사실 여부를 추론할 수 있다. 이 모든 행동은 욕구나 생각 또는 다른 자극들 때문에 비롯된 결과물이자 사실이다.

관찰을 통해 알게 된 사실들도 있다. 예를 들어, 오케스트라 지휘자인 나는 어떤 음악을 들으면 한쪽 방향으로 팔을 움직이는 경향이 있다. 그리고 내 팔이 움직이는 대로 오케스트라가 음악을 연주하게 한다는 것을 알아냈다. 내가 같은 곡을 듣고 다른 방향으로 팔을 움직인다면 오케스트라도 그 곡을 다르게 연주할 것이다. 내가 들은 음악과 내 몸의 움직임, 그리고 오케스트라의 연주에 뚜렷한 인과관계가 있다는 것을 알 수 있는 것이다.

뉴욕 선데이 타임스에 이 주에 한 번씩 실리는 더블 크로스틱(Double Crostic)이라는 고난도의 퍼즐이 있다. 하지만 나는 한 번도 제대로 풀어본 적이 없었다. 그러던 어느 날, 친구 중 한 명이 나에게 핀잔하는 투로 이렇게 말했다.

"데이비드, 넌 정말 똑똑한 사람이야. 끈기 있게 하면 그 게임을 완성할 수 있을 걸."

그때 이후로 뉴욕 타임스에 실리는 더블 크로스틱 게임을 한 번도 거르지 않고 완성할 수 있었다. 어떤 이유에서인지 그 퍼즐을 풀 수 있으리라 믿었고, 그때 이후로 더블 크로스틱은 내 여가를 즐겁게 해주었다.

　진실을 안다는 것은 '법'을 아는 것과 마찬가지이다. 만물은 특정한 방법으로 돌아가는 것처럼 보인다. 즉 중력, 호흡, 사고와 욕구와 행동의 관계, 오케스트라가 지휘되는 방법, 더블 크로스틱이 완성되는 방법 같은 것들이다. 이 모든 일의 원리와 이유를 모두 알 수는 없다. 하지만 우주의 법칙 '그 자체'에 따른다는 것을 관찰을 통해 알 수 있다.

　'관찰을 통해 긍정적 확신이 진실인지 어떻게 알 수 있을까?'

　때마침 교회에서 이와 관련된 강연을 하고 있었다. 그래서 나의 '과학적인' 탐구영역과 영적인 관점을 접목할 수 있을 것으로 기대하며 더욱 흥미롭게 강연을 진행했다. 바로 내부세계의 생각이 외부세계에서 현실화되는 원리를 탐구했다.

　사람들은 기도할 때 '다른 세계' 어딘가 존재하는 신이 자신들이 필요로 하는 물질을 가져다주기를 바란다. 하지만 모든 것은 이미 우리 세계에 존재한다. 우리를 위해 이곳에 모두 존재한다. '먼저 그의 나라를 구해야 한다. 그러면 모든 것이 주어질지니.' 도대체 무슨 의미일까?

　이미 존재하는 것은 가능성의 영역에서 존재한다고 생각할 수 있다. 우리 앞에 보이지만 않을 뿐이다. 달리 말하면 모든 것은 현실화되지 않은 곳에서 이미 존재하고 그곳에서 현실화되기를 기다리고 있을 뿐이다. 종교적으로 말하면, 만물을 창조하신 신이 우리에게 만물을 허용해 주셨다. 그런데 우리가 볼 수 있는 것은 빙산의 일각에 불과하다. 대부분이 아직 수면 위로 드러나지 않을 뿐이다.

　예를 들어보자. 페니실린은 20세기에 발견된(discover) 획기적인 항생제이다. 그러면 이 'discover'라는 단어의 뜻은 실제로 무엇일까?

'Dis'는 'un', 즉 '없애다'라는 뜻이다. 'covered'는 말 그대로 '숨겨져 (hidden)' 있다는 의미이다. 그래서 페니실린을 'un-hid', 즉 '숨기지 않다'는 의미가 되고, 이미 존재했지만 보이지 않던 것이 드러났다는 것을 의미한다. 이제 페니실린이 항상 존재해 왔다는 사실을 이해하겠는가? 태곳적부터 이미 존재해 왔던 것이다. 공룡시대에도 이미 존재했고 또 감염을 치료할 수 있었다. 그 당시에는 아직 발견이 안 됐을 뿐이었다. 그 당시에 실제로 존재하지 않았다 하더라도 페니실린을 구성하는 요소들, 페니실린의 개발 가능성, 페니실린의 '원천'은 이미 존재했었다. 그렇지 않다면 오늘날 페니실린은 존재하지 않을 것이다.

작곡가인 나는 새로운 것을 완전히 창조하면서 곡을 쓸까? 그렇지 않다. 음표와 단어들의 조합은 아직 표현되지 않은 세계에 존재한다. 나는 단지 그곳으로 가서 이미 존재하던(가능성에서) 수많은 음표를 조합하고 어휘를 골라 특정한 조합을 만들어내는 것뿐이다. 누군가 내 노래를 부를 때 이는 현실화된 세계(물리적인 형태가 갖춰져 있는 세계)에서 이루어진다. 노래가 끝나면 다시 현실화되지 않은 세계로 돌아간다. 그러나 내가 이미 '썼고' 우리가 듣고, 눈으로 볼 수 있었기 때문에, 특정한 음표를 기억할 수 있다. 그리고 누군가 그 노래를 들을 때마다 다시 현실화되는 것이다.

'나는 노래를 써요.'라는 노래가 있다. 여기서 배리 마닐로우가 '나는 음악이에요. 내가 그 노래를 쓰지요.'라는 부분을 부를 때 자아도취적인 것을 표현하려는 것이 아니다. 그가 말하는 모든 노래의 작곡자는 곡을 쓴 원래의 작곡자를 말할 수도 있고 생각에 따라서는 신일 수도 있다. '나는 음악이에요. 그리고 나는 노래를 쓰지요.' 이 또한 모두 이미 쓰여 있었다. 이 모든 것들은 현실화되지 않은 곳에 이미 존재하고 있었던 것이다.

　우리 인간을 포함해 만물은 이미 창조되어 있었다. 우리는 모든 가능성으로 가득 차 있는 이 현실화되지 않은 세상에서 살고 있다. 이 세상에는 우리 자신과 우리가 원하든 원하지 않든 가능한 모든 일들, 모든 상황, 물건들이 존재한다. 어떤 물건들은 일시적으로 보이고 어떤 것은 그곳에 있지만 볼 수는 없다. 우리가 바로 일시적으로 보이는 것들의 일부이다. 어느 순간, 다른 모든 일들과 마찬가지로, 우리는 현실화되지 않은 곳으로 돌아간다. 그곳은 가능성으로 가득 차 있는 곳이다. 예를 들어 이미 불린 노래일지라도(또다시 불릴 수 있지만.) 볼 수 없는 노래처럼 다시 그 세계로 되돌아간다.

　환생을 믿든 안 믿든 우리 주변에는 무한한 가능성으로 인해 일어나는 사건들의 교차점이 있다. 이 교차점은 항상 존재해 왔고 이를 통해 당신은 세상을 볼 수 있다. 이곳에서 일어나는 일은 시간이 흐른 뒤에 또다시 일어날 수 있고, 당신 또한 다시 존재할 수도 있다.

　만물은 볼 수 없는 곳에서도 항상 존재한다. 우리가 보는 '모든 것'은 현실화된 세계에 일시적으로 존재할 뿐이다.

　보이지 않는 잉크의 이미지를 예로 들어보자. 보이지 않는 잉크로 쓸 때, 쓰고 있는 내용은 보이지 않지만 종이 위에 써지고 있다는 것을 알 수 있다. 그곳에 특별한 종류의 빛을 비추는 순간, 내용은 드러나고 글이 존재한다는 것을 알 수 있다. 그렇다면 '볼 수 없는 것을 드러나게 하기 위해 현실화되지 않은 세계를 비춰주는 빛은 무엇일까?' 답은 바로 '생각'의 빛이다.

경험의 순환

먼저 모든 사람들의 삶에 나타나는 경험을 영역을 나열해 보면 다음과 같다.

- 생각
- 물리적 감각
- 믿음
- 현실화(물리적 세계의 사건)

이것들은 서로 어떻게 상호작용하고, 무엇이 무엇을 일어나게 하는지 살펴보았다.

내가 '느낌'이라는 단어가 아닌 '물리적 감각'이라는 단어를 쓰고 있다는 사실을 알고 있을 것이다. 어떤 사람들은 이 두 단어를 동의어로도 쓴다. 하지만 물리적 감각과 느낌은 이 책에서 가장 엄격히 구분하는 단어이다. 사실 이는 생각의 자유에 완벽하게 근접할 수 있도록 하는 돌파구 역할을 하기 때문이다. 그래야만 우리는 경험의 자유에도 접근할 수 있다.

내가 언급한 물리적 감각이란 압박감, 더위, 추위, 떨림, 땀 흘리는 것, 어지러움, 무기력함과 같은 물리적인 경험이다. 대부분의 경우 사람들은 이런 식의 표현에 익숙하지 않다. 하지만 곧바로 우리가 느낌이라고 하는 것을 생각해 보자. 화남, 슬픔, 사랑에 빠짐, 질투심. 하지만 생각해 보면, 우리가 느낌이라고 일컫는 것은 실제로 감각을 해석한 결과이다. 즉 감각에 대한 생각이다.

"난 화가 났어."라고 누군가 말하면 나는 묻고는 한다. "당신이 화가 난 걸 어떻게 알죠?" 이 질문에 잠시 생각해 본 후 사람들은 대답한다. "왜냐하면 얼굴이 화끈거림을 느끼고 목이 바싹 타오름을 느끼니까요." 그러나 이런 징후가 왜 화가 났음을 의미하는 것일까? 그것은 바로 그런 감각을 해석한 결과이기 때문이다.

공연 예술가들은 '긴장감'을 느낀다. 일부는 이런 경험을 공포라고도 말한다. 또 다른 사람들은 흥분이라고 한다. 이렇듯 같은 감각을 다르게 해석할 수도 있다.

좋은 예를 하나 들어보자. 만약 당신이 뜨겁고 차갑고, 온몸이 떨리고 호흡이 고르지 못하고, 심장이 두근거리고 어지럽다고 말했다고 하자. 그러면 나는 "혹시 오르가슴을 느끼나요?"라고 물을지도 모른다. 그러면 사람들은 웃음보를 터뜨리는데, 이유는 강의실에 있는 모든 사람이 이런 느낌에 대해 듣고, 반드시 오르가슴을 떠올리는 것은 아니기 때문이다.

그것은 '공황장애'라고 생각할 가능성이 더 크다. 대중들 앞에서 말하는 동안 이와 같은 경험을 하고 있다면 그렇게 해석될 수 있다. 하지만 사실은 오르가슴과 관련된 감각은 공황장애를 겪을 때 감각과 똑같다. 그러나 오르가슴을 느끼는 상황은 유쾌하지만, 공황장애의 경험은 위험하고 불쾌하다.(이렇게 말하면 이해가 더 쉬울 것 같다는 생각이 문득 든다. "무대에 오를 때마다 저는 오르가슴을 느껴요!") 자세한 이야기는 나중에 하겠다.

어찌했든 이렇게 감각과 느낌을 구분하는 것은 중요성은, 볼 수 없는 생각의 세계에서 볼 수 있는 물리적 세계를 탐색함으로써 더욱 명료해진다.

다시 경험의 기본 개념으로 되돌아 가보자.

- 생각
- 물리적 감각
- 믿음
- 현실화(물리적 세계의 사건)

생각이 첫 번째에 있음에도 불구하고 감각을 먼저 탐구하는 이유가 있다. 경험은 감각을 통해 처음으로 깨달을 수 있기 때문이다. 바꿔 말하면, 내가 처음으로 알게 되는 것은 감각이다. 감각 자체로는 무슨 일이 일어나는지 알 수 있다. 그리고 바로 그때가 감각에 주의를 기울이기 시작해야 할 때이다. 감각이 순서상 처음이라고 말하는 것은 아니다. 사실 감각이 우선순위의 제 아래에 있는 사람들도 많다. 나중에 알게 되겠지만 우리는 감각을 경험하지 않으려고 노력한다. 우리가 인생 초기에 고통스러운 기억과 연관시킨다면 더욱 그렇다. 하지만 나는 우선적으로 감각을 알아챈다.

감각에 대해 생각해 보자. 우선 감각은 정면으로 부딪친다 해도 바꿀 수가 없다. 나는 "내 심장을 두근거리지 않게 할 거야. 심장을 천천히 뛰게 할 거야. 숨을 헐떡이지 않을 것이고 원활하게 호흡할 거야."라고 말해 본 적이 없을 것이다. 그 대신 사람들은 "이런 감각은 느끼기 싫어. 이런 감각을 제거할 방법을 찾아야겠어."라고 말한다. 그러나 감각에 따라 떠오르는 생각을 바꿀 수 있다면 그 감각은 바뀐다.

가령, 내가 누군가에게 화가 났다고 해석되는 감각을 느낀다고 하자. 똑같은 감각에 대해 다른 생각을 떠올리면 화라고 하는 나의 생각은 갑자기 사라질 수 있다. 내가 놀랐다고 해석하는 감각을 느낄 때, 이와 관련된 새로운 생각이 떠오름으로 인해, 놀라움은 두려움으로 바뀔 수도 있다.

당신을 홀로 남겨둔 '사랑했던 사람'에 대해 생각해 보자. 그 당시 얼마나 비참함을 느꼈는지 생각해 보자. 왜? 그 사람 없이는 살 수 없을 것 같았기에, 삶이 끝났다고 생각했기에, 그리고 당신의 자존심이 짓밟혔기에 그랬을 것이다. 몇 년 후, 또는 몇 달 혹은 몇 주 후, 더 많은 정보를 알게 되면서 생각은 바뀌게 된다. 그 사람이 얼마나 형편없는 사람이었는지, 또 다른 사랑을 하는 것이 당신에게 얼마나 더 좋은 일인지, 그리고 그 사람이 당신의 인생에 필요하지 않은 존재였다는 것을 알게 될 것이다. 그 사람이 당신의 스타일을 얼마나 망가뜨렸는지도 알게 되면 그 사람에 대한 모든 감각들은 바뀔 것이다. 그 이유는 감각이란 그 사람에 대한 것이나 상황에 대해 당신이 품고 있는 생각이 반영된 결과물이기 때문이다. 생각이 바뀌면 감각도 바뀐다.(상처받고 홀로 남겨진 지 몇 년이 흘러도 이런 감각을 느끼고 있다면, 원인은 그 사람이 떠나거나 이별이란 사건이 있어서가 아니라, 당신이 품고 있는 그 생각 때문이다.)

이처럼 생각은 감각을 생성하고 변화시키는 능력을 갖고 있다. 그렇다면 우리는 생각은 '원인'이고 감각은 '결과'라고 할 수 있을 것이다.

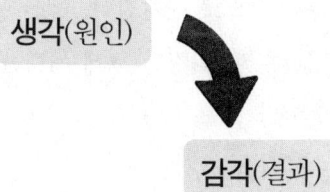

우리는 생각을 하고 생각은 감각을 불러일으킨다. 여기서 고려해야 할 중요한 점은 감각이란 것이 생각과 항상 일치하지 않는다는 점이다. 당신이 '긍정적'이라고 여기는 생각을 한다고 해서, 반드시 기분이 좋은 것은 아니라는 뜻이다. 생각의 전환을 이루는 과정에서 이것 역시 매우 중요한 개념이다.

당신은 생각을 하고 감각은 그 생각에 맞춰 따라온다.

새로운 사고에 대한 큰 오해가 하나 있다. 그중 하나가 당신이 정상에 오르면 반드시 '기분이 좋아질 것'이라는 점이다. 이보다 더 심한 오해는 원하는 것을 얻으면 '기분이 좋아질 것'이라는 점이다. 사실 당신이 '느끼는(당신이 경험하는 바로 그 감각)' 것은 그동안 당신이 해왔던 생각과 깊은 관련이 있다.

예를 들어 유년시절 "나는 할 수 있어."라고 말했는데 누군가가 당신의 뺨을 철썩 때렸다고 해보자. '나는 할 수 있어.'라는 생각을 할 때마다, 수 년 전에 뺨을 맞았을 때 느꼈던 감각이 떠오를 가능성이 크다. 당신은 이런 감각을 감당할 수 없다고 생각한다.(왜냐하면 자신을 방어하거나 방어막이 없던 아이였을 때, 정신적으로나 육체적으로 힘겨운 경험이었기 때문이다.) 그래서 이런 감각에서 벗어나거나 비슷한 상황이 벌어지지 않도록 하기 위해, '나는 할 수 있어.'라는 생각을 하지 않게 된다. 그래서 자신이 '안정감'을 느낄 수 있는 생각으로 전환하는 것이다. 즉 '나는 할 수 없어.'라는 생각으로 전환한다. 당신은 이제 '안정감'을 느낄 것이다. 그러나 당신은 '할 의지를 잃게 된다.' 모든 행동과 보이는 것의 원천은 바로 생각이다.

생각은 선택할 수 있지만 감각은 선택할 수 없다. 우리를 유쾌하게 만드는 생각만을 선택할 수 있다고 한다면 어떨까. 반드시 그렇게 할 수는 없지만 생각은 선택해서 할 수 있다. 우리의 생각은 합리적일 수도 있고 아닐 수도 있다. 하지만 생각은 이미 존재해 온 감각을 수반한다.

예를 들어보자. 나는 생각의 전환 모임에 온 모든 참가자들에게 다음과 같은 생각을 하도록 한다. '내가 이 방에서 가장 아름다운 사람이다.' 이 정도 생각만 하라고 해도 사람들은 상당히 어색해 하며, 키득키득 웃음소리가 들린다. 어떤 사람들은 말도 안 된다는 표정을 짓는다.

하지만 결국에는 모두 내 요청을 받아들인다. 그런 다음 "어떤 감각이 떠오르나요? 그런 생각을 하니까 떠오르는 다른 생각은 뭐죠?" 하고 물으면 어떤 사람들은 기분이 너무 좋다고 하고, 어떤 사람들은 그런 생각을 하자마자 '말도 안 돼. 난 거짓말하고 있어.'라는 생각이 떠올랐다고 한다. 그리고 '나는 이 방에서 가장 아름다운 사람이야.'라는 생각과, 그 다음 생각인 '나는 거짓말하고 있어.'라는 생각 사이에서 어떤 감각을 경험했는지 물었다. 가슴이 답답하고, 목이 막히고 가슴이 뛰는 감각을 느꼈다고 대답했다.

그들은 이런 감각으로부터 자신을 보호하려는 생각을 평생 해왔다. 따라서 그들이 지적을 받고 나서야 깨달았다는 점이 흥미롭다. 그들은 곧바로 '정말 말도 안 돼.'라고 생각했다. '부정적'인 생각이 사실은 '내가 이 방에서 가장 아름다운 사람이다.'라고 생각한 후에 떠오르는 '불쾌한' 감각을 경험하지 못하게 방어한다는 사실을 알게 되었는가? 어떤 면에서 보면 자신이 가장 아름답다는 생각은 위험하다고 느껴질 수 있다.

그래서 사람들은 곧바로 다른 생각으로 전환했다. 언뜻 보아 '부정

적'이지만 사실 그들에게는 더욱 안전한 생각이었던 것이다. 왜냐하면 '나는 이 방에서 가장 아름다운 사람'이라는 생각을 함으로써 느낄 수 있는 위험하다는 감각에서 자신을 보호할 수 있기 때문이다.

이때쯤이면 꼭 이런 질문을 하는 사람들이 있다.

" '나는 이 방에서 가장 아름다운 사람'이라는 생각을 하는 것이 도대체 왜 위험하다는 거죠?"

자, 한번 생각해 보도록 하자. 어렸을 때 '자신밖에 모른다.'고 비난을 받거나 벌을 받은 적이 있다고 가정해 보자. 또는 당신과 경쟁 상대였던 어머니나 아버지가 있다고 가정해 보자.(백설 공주에서 사악한 계모가 공주와의 경쟁심 때문에 어떤 짓을 했는지 떠올려보자.) 극단적인 예로 어렸을 때 성추행을 당한 적이 있는 사람이라면 '나는 이 방에서 가장 아름다운 사람'이라는 생각만으로도 공포에 휩싸일지 모른다. 사람들의 관심을 한몸에 받아 매력적이거나 눈에 띈다는 것 자체가 성추행을 당할 수도 있다는 것을 의미할 수 있기 때문이다. 이런 생각 자체는 위험하지 않지만, 생각을 함으로써 수반되는 신체적 감각들은 위험하다고 느껴질 수 있다. 이렇게 되면 그 사람은 즉시 '더 안전한' 생각으로 전환하려고 할 것이다. 안전한 생각을 함으로서 삶이 제한을 받는다 할지라도.

우리는 생각을 선택하고 그에 따른 감각을 경험한다.

우리는 또 다른 선택의 기로에 있기도 하다. 아마도 가장 중요하지만 그동안 간과해 왔던 선택이 그것이다. 바로 그 감각을 유지할 것인지 아니면 제거할지를 선택하는 것이다. 직접적으로 감각을 바꿀 수 없다는 것을 기억해야 한다. 그렇다면 그 감각을 제거할 수 있는 유일한 방법은 완전히 다른 생각으로 전환하는 것밖에 없다.

바로 이 시점이 특정한 생각을 유지해야 할 시점이다.

이 책 도입부에서 언급했듯이, 사람들은 어떤 생각을 하고 있으면 그 생각들이 현실화될 것이라고 믿는다. 하지만 너무 많은 사람들이 생각이 현실화되지 않는 것을 보고 좌절한다. 왜 그럴까? 이유는 그 생각을 계속하지 못하고 다른 생각을 하기 때문이다.

생각에서 비롯되는 그 감각을 견디지 못할 것 같으면, 그 감각을 제거하려고 다른 생각을 하게 된다. 그러면 우리는 새로운 생각과 함께 살게 된다. 우리가 원하는 것을 성취할 수 있도록 해주는 진정한 생각을 저버린 채 살아가는 것이다. 이런 생각의 결과는 처음에 했던 진정한 생각의 결과가 아닌 '방어적인' 생각의 결과일 뿐이다. 그래서 우리는 생각하고 감각을 겪을 때 중대한 선택의 순간을 맞이하게 된다. 감각에서 비롯되는 경험을 유지할 것인지, 아니면 그 감각을 제거할 것인지를 결정해야 한다. 즉 원하지 않는 감각을 일으키지 않으려고 다른 생각으로 전환하는 것이다. 이렇게 함으로써 그 감각을 제거할 수 있는데, 그 전환된 생각은 다름 아닌 '난 못해. 안 할 거야.'가 된다.

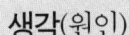

그렇다면 감각을 유지하면 어떤 일이 일어날까. 감각을 유지하면 그 감각을 불러일으킨 생각도 유지할 수 있다. 유지한 생각은 곧 믿음이 된다.

다른 여러 종류의 새로운 사고 훈련

에서는 생각과 믿음을 대체할 수 있는 동의어로 쓰기도 한다. 하지만 생각의 전환에서는 이 두 단어를 확실하게 구분한다. 즉 믿음을 '진실이라고 믿는 생각'으로 정의한다.

어떤 생각을 할 때 그와 반대되는 생각도 존재한다. 사실 우리가 할 수 있는 생각은 무궁무진하다. 예를 들어 내가 '난 돈을 벌 수 없어.'라고 생각했다고 가정해 보자. 그러면 반대로 '난 돈을 벌 수 있어.'라고도 생각할 수 있다. 하지만 어떤 생각도 사실이 될 수는 없다. 단지 현실화되지 않은 곳에 존재하는 여러 가지의 가능한 생각들 중의 두 종류에 불과할 뿐이기 때문이다.

그런데 내가 돈을 벌 수 없다고 믿는다면 다른 가능성은 망각하게 된다. 그리고 내가 돈을 벌 수 없다는 생각을 사실이라고 여기게 된다.

이제 엄격히 말해, 당신의 믿음이라는 것이 거짓일 수도 있다는 것을 알 수 있겠는가? 믿음은 무한한 가능성 중에서 아주 작은 부분일 뿐이다. 이 작은 부분을 유일한 가능성으로 잘못 믿고 있기 때문에 진실이 될 수 없다. 우리가 돈을 벌 수 없다는 생각을 그대로 믿어버리면 다른 어떤 가능성도 없을 것이라고 굳게 믿게 된다. 이런 생각은 전혀 진실이 아니다. 왜냐하면 모든 가능성은 언제나 현실화되지 않은 세계에서만 존재하기 때문이다. 그 어떤 생각이나 믿음 또는 사건들도 이 사실을 바꿀 수는 없다.

그렇다면 우리는 왜 믿음을 갖는 것일까? 우리의 생각은 왜 믿음으로 변하는 걸까? 생각을 믿도록 결정하는 힘은 무엇일까?

그것은 바로 우리의 생각과 감각을 유지하려는 의지력이다.

이제 물리적인 현실세계에서 생각이 어떻게 모습을 드러내는지 살펴보려고 한다. 우리는 생각에서 비롯된 감각을 유지할 수 있는 의지와 능력을 갖고 있다. 이 의지와 능력으로 생각과 일치하는 믿음이 생겼을 때 어떤 일이 일어나는지 살펴보기로 하자. 예를 들어 내가 무언가를 할 수 있다는 생각을 하고, 그에 따른 감각을 계속 유지했다고 하자. 그래서 내가 정말로 할 수 있다는 믿음을 갖게 되었다고 해보자.

우리가 집중적으로 살펴봐야 할 부분이 바로 믿음이다. 우리는 여러 가지의 다른 생각들 중에서 하나를 선택적으로 생각한다. 가능성이 있는 다른 생각들은 여전히 우리의 의식 속에만 머문다. 어떤 생각을 하고 그에 다른 감각을 느낄 때, 우리는 그 생각을 계속 유지할지, 아니면 생각에서 비롯되는 감각을 피하기 위해, 그 생각에서 벗어날 것인지를 결정해야 한다. 그 생각과 감각을 유지하기로 하면 어떤 것도 그 생각을 방해하지 못한다.(감각만이 생각을 방해할 수 있는 유일한 도구이다.) 이제 그 생각은 우리가 선택할 수 있는 유일한 생각이 되고, 자동적으로 진실로 여기게 되는 믿음이 된다.

좀 더 살펴보면, 생각과 감각, 그리고 믿음 때문에 일이 일어나고 현실화된다고 가정할 수 있다. 무언가를 생각하면 그에 따른 감각이 형성된다. 그리고 그 감각을 유지할 수 있을 때 그 생각은 믿음이 된다. 현실화될 수 있는 유일한 결과라고 생각한다. 이렇게 되면, 우리가 믿는 것과는 상관없이 물리적인 세계에서 우리 앞에 나타나는 것만 보게 된다. 앞서 언급했듯이 믿음은 우리가 진실이라고 여기는 생각에 불과하다. 그렇기 때문에 우리의 생각이 믿음이 되고, 무한한 가능성 중의 일부인 믿음이 반영되어 현실화되는 것이다.

믿음과 현실화 사이의 공간은 또 다른 중요한 전환점이 된다. 현실화되지 않은 보이지 않은 세계(생각, 감각 그리고 믿음의 세계)에서 일어나는 일들이 현실화된 보이는 세계에서 실제로 모습을 드러내는 지점이

기 때문이다. 이 원리는 이 책의 다른 내용들과 마찬가지로, 현실화된 일들은 삶에서 실제로 관찰할 수 있기 때문에, 실제로 일어나고 있다는 것을 알 수 있다.

때때로 현실화되는 일은, 우리의 생각과 감각, 믿음에 따라 행동함으로써 생기는 결과처럼 보일 수 있다. 또는 전혀 예기치 않게 현실화되기도 한다.

하지만 어떤 형태로 모습을 드러내든, 현실화된 세계에서 우리가 볼 수 있는 것은 우리의 생각으로 인해 볼 수 있는 믿음의 거울과 같다.

정말일까? 이게 바로 세상이 돌아가는 방식이란 말인가? 생각의 전환을 시작할 때 해답을 얻고자 했던 질문들이다. 처음엔 그저 가정에 불과했지만, 사람들은 시간이 지남에 따라 전혀 다른 관점으로 세상을 바라보게 되었다. 그러자 이런 사실도 더욱 명확해졌다.

거울아, 거울아

오케스트라 지휘자로 일하던 나의 삶을 한번 살펴보자. 그리고 사람들의 생각과 감각 그리고 믿음을 관찰해 보자. 사람들의 삶에 생각과 감각과 믿음이 실제로 나타날 때의 관계도 살펴보자. 그러면 내부 세계에서 겪는 일과 우리 눈앞에 펼쳐지는 일에 분명한 인과관계가 있다는 사실을 확실히 알게 될 것이다. 물론 각자 자신의 삶을 들여다보고 직접 탐구해야 한다. 하지만 내가 개인적으로 보고 경험한 바로는, 인생에서 눈앞에 보이는 것은 우리의 생각과 감각, 그리고 믿음을 반영하는 거울에 불과하다는 것이다.

이를 '믿어야'만 하는 것도 아니다. 이것만이 '사실'이라고 말하고 싶지도 않다. 또한 거짓이나 진실의 의미로 말하는 것도 아니다. 단지 가설일 뿐이다.

이 책을 읽는 독자들에게 부탁하고 싶은 것이 있다. 당신의 삶을 한번 되돌아보자. 그리고 가능성을 탐색해 보자. 여러 가능성 중에서 당신이 알 수 있는 것은, 당신의 생각과 감각, 그리고 믿음을 반영한 것들뿐이다. 이 책을 읽고 연습한 결과를 확인한 후, 자유롭게 당신만의 결론을 내릴 수 있게 될 것이다.

그러나 지금은 우리의 삶이 거울 속에 어떻게 비춰지는지를 살펴보도록 하자.

거울이라는 개념은 매우 중요하다. 거울 앞에 서보자. 그러면 몇 가지 흥미로운 사실을 관찰할 수 있을 것이다. 첫째 거울은 자신의 얼굴을 볼 수 있는 유일한 도구이다. 잠시 이 점에 대해 고민해 보자. 당신은 자신의 얼굴을 볼 수 없다고 가정해 보자. 얼굴에 큰 상처가 있을 수도 있고, 매력적이거나 못생겼다고 할 수도 있고, 더럽거나 깨끗할 수도 있다. 어쩌면 어떻게 생겼는지 전혀 모를 수도 있다. 당신의 얼굴을 보려면 반드시 거울이 필요하다. 가장 중요한 것은 거울 속 당신은 실제 당신이 아니라는 점이다. 당신의 모습과 분명 똑같지만, 사실 그 안에는 아무것도 존재하지 않는다. 거울 속에 있는 옷차림을 보고 거울 속에다 옷을 갈아입히려고 한다면 제정신이 아닌 사람이다. 또는 거울 속에 있는 얼굴을 보고 그 모습에 화장을 하려 한다면 이 또한 제정신이 아닐 것이다. 이런 행동은 전혀 소용없는 일이다. 왜냐하면 거울 속에 보이는 이미지는 거울 속에 존재하는 것이 아니기 때문이다.

좀 더 정확히 말하면 보이는 것이 전부가 아니라는 이야기이다. 현실을 반영한 이미지일 뿐이다.

거울의 또 다른 특징은 생각할 수 없다는 점이다. 거울이 스스로 할 수 있는 일은 아무것도 없다. 거울 앞에 서서 거울이 당신에게 "잊어버려. 나는 너를 비추지 않을 거야! 너 정말 못생겼거든."하고 말하지는 않을 것이다. 빨간 옷을 입고 거울을 들여다보면서 "난 빨간 옷을 입고 있는데 왜 빨간 옷이 보이지?"라고 말하지도 않는다. 거울을 보고 팔을 왼쪽으로 움직이면서 '내 팔이 왜 왼쪽으로 움직이지?"라고 생각하지도 않을 것이다. '샤이요의 광녀(The Madwoman of Chaillot)'에서 인용된 문구를 보면 웃음을 참지 못할 것이다. "나는 절대로 거울을 안 봐. 웬 늙은 여자가 거울에 보이거든!" 당신이 거울 속에서 어떤 모습을 본다면 그것은 단지 거울 앞에서 일어나는 일일뿐이다!

거울은 우리 앞에 없는 것을 반사할 수 없고 거울은 앞에 있는 물체는 반드시 반사한다. 하지만 우리는 삶의 거울 속에서 비춰지는 것을 고치려고 한다. 모든 것은 생각을 비추는 반사물에 불과한데도 말이다.

우리가 세운 가설은 모든 것의 '원인'은 생각이고 감각과 믿음은 그 '결과'이다. 우리 앞에 펼쳐지는 모든 것은 '반사물'에 불과하다. 차트를 만들어보면 다음과 같다.

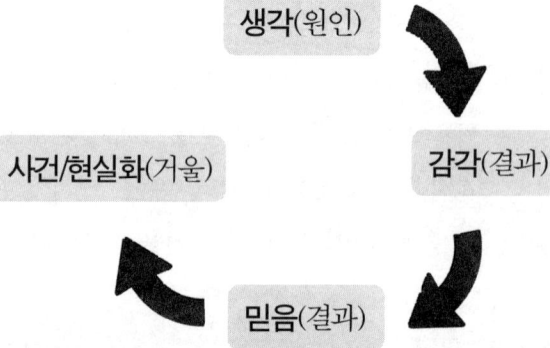

거의 모든 사람들이 실수를 하는 부분이 바로 여기에 있다. 우리는 거울이 비추는 것을 믿고 이를 바탕으로 다른 생각을 한다. 만약 무언가에 실패했을 경우 '나는 성공할 수 없어.'라는 생각을 하게 된다. 이제 생각이 현실화된다는 것을 알았다면 성공할 수 없을 것이라는 생각 자체가 어떻게 또 다른 실패를 초래할지 알겠는가? 이런 생각은 진짜 실패로 '현실화된 세계'에 반영되어 나타나게 된다. 그 후에 또 다른 생각은 다시 한 번 실패로 이어질 생각을 하게 만든다. 결국 더 많은 실패의 소용돌이에 휩싸이게 될 것이다.

그러나 이것이 사실이 아니라면? 처음에 했던 생각 때문에 실패를 했고 또 다른 실패에 대한 생각이 또 다른 실패를 낳는다면?

많은 사람들이 자기 파괴적인 양상을 반복하는 삶을 살았을 것이다. 헤쳐 나오려고 하면 할수록 그 안에 더욱 갇히게 되는 시기가 있었을 것이다. 한동안 저주받았다는 생각에 '원래 이런 건가 봐!'라며, 세상이 자신에게 등을 졌다고 생각하기도 한다.

하지만 이렇게 되면 '거울이 나에게 등을 돌렸네.'라고 하는 것과 마찬가지이지만 그런 일은 절대로 일어나지 않는다. 현실화된 세계에서 보이는 것은 자신의 생각 때문에 생기는 결과라는 것을 알아야 한다.

이런 패턴이 실제로 작용한다는 것을 보여주기 위해 앞서 나온 다이어그램에 줄 한 개를 덧붙여 보았다. 그리고 다른 생각으로 다시 연결되자 소용돌이 같은 하나의 순환 고리가 형성됐다. 생각(원인)은 맨 위쪽에 그다음 오른쪽에는 감각(결과), 아래에는 믿음(결과), 그리고 현실화(거울)를 왼쪽에 위치하게 했다. 이렇게 하면 다른 생각으로 돌아가게 되는 구조가 된다. 차트는 다음과 같다.

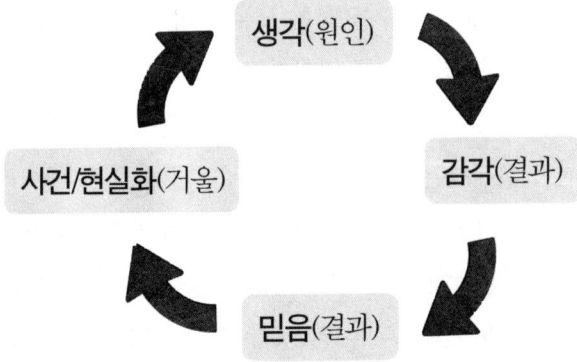

시스템으로 침입해 보기

이렇게 순환하는 시스템에 대해 '이 시스템의 어느 부분이 결과에 변화를 줄까?'라는 의문을 던져보았다.

나 스스로 감각을 선택하거나 바꿀 수는 없다. 그러므로 감각 부분에서 순환을 시작하면 내가 갖고 있는 아무 감각이나 선택해야 한다. 이는 자동적으로 믿음을 형성하고 그 믿음은 자동적으로 현실화된다. 즉 그런 감각, 믿음, 사건이 지속되게 하는 감각에 근거해서 또 다른 생각을 하게 되는 것이다.

믿음부터 시작해도 비슷한 문제가 생긴다. 믿음은 감각과 결합된 생각의 결과이다. 엄밀히 말하면 믿음은 진실이라고 받아들이는 생각이다. 이 때문에 또 다른 믿음을 갖기 위해 믿음을 바꿀 수 없다. 왜냐하면 믿음을 바꿀 수 있다는 것은 믿음이 진실이 아니었다는 전제를 갖고 있기 때문이다.

따라서 믿음부터 시작하면 현재 내가 하고 있는 생각이 무엇이든지 상관없이 현실로 나타난다. 그리고 그 현실화는 내가 다음 생각을 형성하는 바탕이 된다. 또다시 그 생각을 바탕으로 감각이 형성되고 그로 인해 믿음이 생긴다. 이렇게 같은 일이 계속 반복된다.

현실화부터 시작할 수도 없다. 그 이유는 거울이기 때문에 거울은 스스로 어떤 일을 일어나게는 할 수 없기 때문이다. 현실화부터 시작하면 일어난 일과는 무관하게 이 일에 바탕을 둔 다음 생각을 하게 된다. 그러면 그 생각에 따른 감각과 믿음이 생기고 이와 비슷한 일들이 또다시 반복된다. 그러면 자신에게 일어난 일에 갇혀 버리게 된다. 일어난 일은 단순히 앞에 있었던 생각과, 감각과 믿음이 거울에 반영된 것뿐이다. 그렇기 때문에 일어난 일 자체를 들여다보면서 그 일을 바꿀 수는 없다. 원인을 찾아 나서야 한다.

이미 눈치 챘겠지만, 이제 남은 것은 딱 한 가지뿐이다. 바로 생각이다. 생각을 들여다보면서, 내가 선택할 수 있는 유일한 것은 생각뿐이라는 걸 알 수 있을 것이다.

이제 생각을 살펴보도록 하자.

생각 고르기

우리에게 아무런 생각이나 선택할 능력이 있을까? 한번 시도해 보자. '난 똑똑해.'라고 생각해 보자. 지난번처럼 이것을 느끼라고 하는 것이 아니다. 이런 생각을 믿거나 진실이라고 생각하라고 요구하는 것도 아니다. 그저 '난 똑똑해.'라고 생각하라는 얘기다. 당신의 대답은 '그렇게 할 수 있어.'일 것이다.

자, 그러면 이제 '나는 멍청해.'라고 생각해 보자. 이런 생각은 의외로 하기 쉽다.(때때로 이런 생각 자체를 인정하려 하지 않을 때도 있을 것이다. 너무 '부정적'으로 여겨지기 때문이다. 하지만 이를 진실이라고 믿으라는 뜻이 아니니 그저 그렇게 생각해 보길 바란다.)

이 연습을 통해 생각은, 감각이나 믿음, 현실화와는 다르게 선택할 수 있다는 것을 알 수 있다. 모든 생각은 항상 존재한다. 생각은 변하지 않지만 다른 생각으로 언제든지 전환할 수 있다. 예전의 생각은 여전히 존재하기 때문에, 다른 사람이나 당신이 언제 그 생각을 또다시 할지 모르는 것이다.

나는 종종 생각의 이미지를 부엌에서 요리할 때 쓰는 모든 재료와 도구에 비유하고는 한다. 부엌에는 수많은 재료들이 있다. 요리에 따라 일부 재료는 사용하지만 다른 재료는 사용하지 않는다. 가령 빵을 굽는다고 할 때, 후추가 부엌에 있더라도 신경 쓰지 않는다. 후추를 다른 재료로 바꿀 필요도 없고 다른 곳으로 옮겨 놓을 필요도 없다. 그저 후추를 사용하지 않고 케이크에 넣지 않으면 된다. 나중에 원하면 다른 요리에 사용될 수 있도록 후추는 여전히 부엌에 남겨둔다. 또한 누구든지 부엌에 와서 후추를 사용할 수 있다. 후추는 모두를 위한 것이고 우리가 원할 때면 누구든지 후추를 선택할 수 있다. 원하지 않으면 내려놓고 사용하지 않으면 되는 것이다.

또 다른 비유를 들어보겠다. 바로 라디오 전파이다. 당신이 있는 방 안에 지금 수많은 라디오 전파가 흐르고 있다는 사실을 아는가? 눈에 보이지 않고 적당한 수신기가 없으면 어떤 라디오 프로도 들을 수 없지만, 라디오 전파는 항상 주변에 존재한다. 당신이 선택한 프로만 들을 수 있다. 수신하고자(현실화) 하는 라디오 전파의 주파수와 일치하는 특정한 주파수에 맞춘 수신기(라디오)를 통해서만 들을 수 있는 것이다. 같은 공간에 누군가는 그 순간 다른 방송을 듣고 있을 수 있다.

모든 방송 전파는 그곳에 항상 존재한다. 무슨 방송을 들을지는 당신의 선택에 달려 있다.

이와 마찬가지로 모든 것은 생각에 따라 달라진다. 생각은 항상 존재하며 우리 모두는 항상 생각할 수 있다. 적절하다고 생각되면 그 생각을 선택할 수도 있고, 그렇지 않으면 그 생각을 버리면 된다. 우리가 어떤 다른 생각을 선택하고 싶다면 지금 하고 있는 생각과 씨름하거나 고심할 필요가 없다. 그저 생각을 지워버리고 다른 생각을 하면 된다. 내가 앞서 언급한 것처럼, 예전의 생각은 그대로 존재한다. 지금 이 순간에 그 생각을 선택하지 않고 있는 것뿐이다.

우리는 지금까지 경험이 순환하는 모든 부분인 생각과 감각과 믿음 그리고 현실화를 살펴보았다. 생각을 전환하면서 변화를 줄 수 있는 영역은 생각밖에 없다. 생각을 전환할 수 있는 첫 번째 열쇠는 가장 최근에 있었던 일과 그 다음으로 하게 되는 생각의 고리를 끊음으로써 가능해진다.

일단 어떤 생각이든 선택할 수 있다는 사실을 알게 되면, 마지막으로 현실화된 일을 바탕으로 다음 생각을 한다는 것을 알 수 있다. 그러면 이른바 '모든 생각의 숨겨진 근원'을 떠올릴 수 있다. 그래서 우리가 원하는 결과를 얻을 수 있는 다른 생각으로, 생각을 전환할 수 있는 것이다.

차트는 다음과 같다.

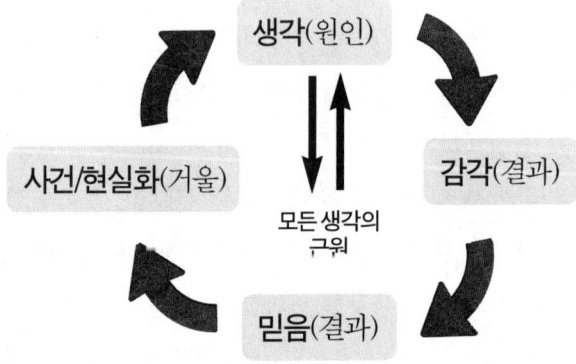

이를 염두에 두고, 이 원리가 실생활에서 어떻게 활용될 수 있을지 살펴보기로 하자. 인생을 변화시키고 싶은 사람은 누구든지 활용할 수 있도록 실제적인 탐구를 해보았다. 탐구하는 기간 동안 여러 번의 시행착오를 겪기도 하고, 예술가 지원 모임의 멤버들로부터 많은 조언을 얻기도 했다. 이 모임은 예술가 지원 모임에서 시간이 지나감에 따라 이른바 생각의 전환 워크숍으로 변화 발전했다.

생각의 전환을 위한 최초의 워크숍
7장

첫 번째 그룹의 성공 비결

우리는 모임에서 항상 원으로 둘러앉아 눈을 감고 잠시 동안 명상을 하며 시작한다. 명상을 하는 동안에는 우리가 원하는 것이 무엇이 되었든, 현실화되지 않은 세계에 이미 존재하는데, 아직 볼 수 없다는 것을 인정하고 마음속에 되새긴다. 또한 가능한 모든 생각은 이미 존재하고 있으며 우리는 그들 중 하나를 선택할 수 있다는 것도 받아들인다. 이렇게 우리는 현실화되지 않은 세계의 이미지를 마음속에 그려본다. 현실화되지 않은 세계에는 모든 것이 이미 존재한다. 물론 그 이미지는 사람마다 다르게 느낄 수 있다. 어떤 사람들은 커다란 원이라고 생각하기도 하고, 어떤 사람들은 하나의 방이라고 생각하기도 한다. 또 어떤 사람들은 우주 전체의 크기만큼 방대하다고 생각하기도 한다. 그들의 내면에 존재하거나 주변에 있다고 보는 사람들도 있다. 주변에 있다고 믿는 사람들은 자신들이 현실화되지 않은 세계에 한 부분이라고 생각한다.

어찌했든 현실화되지 않은 세계는 볼 수 없는 곳이며, 상상 속에 모든 것이 존재하는 장소이다. 우리 마음속에 이를 떠올렸을 때, 나는 모두에게 특정한 물건을 찾도록 한다. 즉 마음의 눈으로 개코원숭이를 찾아보고, 찾으면 "찾았어요."라고 외치라고 시킨다. 사람들은 당연히

바로 "찾았어요."라고 대답한다. 개코원숭이를 '상상하는데' 얼마나 시간이 걸릴까? 달 꼭대기에 서 있는 당신 자신을 상상해 보자. 현실화되지 않은 세계에서는 너무나도 쉬운 일이다. '그곳에 어떻게 도달하지?', '산소가 필요 해.'라는 생각은 떠올릴 필요가 없다. 당신은 그냥 달 위에 서 있다. 1달러짜리 지폐를 손에 쥐고 있다고 생각해 보자. 이 역시 식은 죽 먹기다. 10억짜리 수표를 은행에 맡기는 모습을 생각해 보자. 현실화되지 않은 세계에서는 이 모든 것들이 너무나도 쉽게 이루어진다. 이렇듯 볼 수 없는 세계에서는 지금 현재 모든 것이 전부 존재한다.

우리는 다시 위대하고 무한한 현실화되지 않은 세계의 일부분이라는 사실에 일체감과 유대감을 느끼면서, 눈을 뜨고 실제로 우리가 있는 곳에 집중한다.

먼저 말을 하는 사람이 자신의 삶과 관련된 이야기를 시작한다. 자신의 문제나 기분이 좋지 않았던 상황이나 바뀌었으면 하는 상황에 대해 이야기한다. 어떤 방식으로 말하든 말하는 사람에게 달려 있다.

어떤 느낌을 받았는지, 어떻게 기분이 상했는지, 어떻게 상황을 바꾸려고 했는지, 자신이 겪은 상황이나 경험에 대해 무엇이든지 이야기한다. 그 상황이나 느낌을 완전히 이해할 때까지 이야기는 이어진다. 이야기하는 방식에 전혀 구애받지 않는다는 점이 매우 중요하다. 종교적인 단어를 쓸 필요도 없고 꼭 '긍정적'일 필요도 없다. 해결책을 생각해 내야 한다거나, 그들이 잘못되었다는 점도 생각할 필요가 없다. 그냥 상황이나 불평, 불만, 모든 감각, 생각, 감정, 믿음 등 무엇이든지 자세히 설명하면 된다. 우리는 그들이 거울 속에서 정확히 무엇을 보고 있는지 알기를 원한다.

나는 여러 다른 워크숍이나 일상적인 대화에서도 다른 사람의 상황에 대해 듣는다. 그러면 그 사람이 상황에 대처해야 할 방법이나 기분을 전환하려면 어떻게 해야 할지 조언한다. 하지만 우리 워크숍에서는 그렇게 하지 않는다. 상황이나 현실에 나타나는 것은 우리의 생각이 거울에 나타나는 것에 불과하다고 가정하기 때문이다. 그래서 이렇게 질문한다.

"당신 앞에 놓인 거울에서 이 상황을 보고 있다면, 거울 속의 상황을 반영하게 만드는 무언가를 생각하는지요?"

이 질문은 다음과 같이 해석할 수 있다.

"거울 속에 노란색 티셔츠가 보인다는 것을 생각해 보세요. 당신은 거울 속에서 노란색 셔츠로 반사되는 무언가를 입고 있나요?"

이런 질문에 대한 대답은 분명하다. 이 경우 거울 앞에서 노란색 셔츠를 입고 있지 않고 있다고 말하는 사람은 아무도 없다. 그들이 노란색 셔츠를 입고 있다는 것을 모르더라도, 거울에 노란색 셔츠가 비춘다는 것은 실제로 그것을 입고 있다는 것을 증명한다.

외모나 몸무게나 옷의 경우, 우리는 다음과 같은 말을 하면서 자신을 기만한다. "난 저렇게 생기지 않았어. 난 뚱뚱하지 않아. 난 늙고 있지 않아. 이 옷은 나에게 정말로 어울려."라고 말한다. 그러나 우리는 거울을 보며 거울에 반사된 진실을 보게 된다. 즉 '거울은 거짓말을 하지 않는다.'는 사실에 동의하는 것이다.

그러나 복잡한 인생 문제에 있어서, 자신이 어떤 생각을 '입고' 있는지를 정확히 짚어낸다는 것이 더욱 어렵다. 그런 상황은 거울 속에 반사되어 나타난다. 사람들은 '부정적인 생각'을 하고 있다는 것을 모르거나 인정하려 하지 않는다. 따라서 상황이 점점 더 복잡해진다. 결

2부 생각의 전환

국 거울 앞에 없는 것은 거울 속에서 비추지 않는다는 것을 깨달아야 한다.

처음 상황에 대해 설명함으로써 그 생각이 무엇인지 알 수 있는 단서가 제시된다. 그래도 명확하지 않으면 몇 가지 질문을 더 던진다.

거울 앞에 나타난 '부정적'인 생각이 무엇인지 명확해지면 다음 질문으로 넘어간다.(부정적인 생각이란 우리가 실제세계에서 현실화되지 않았으면 하는 생각을 말한다.) "현실화되었으면 하는 생각으로 전환해서 거울에 반사되었으면 하는 생각은 무엇입니까?"

그러면 사람들은 기분을 좋게 하는 생각을 떠올리기 위해 탐사를 시작한다.(이런 생각들은 떠올랐을 때 얼굴 표정만 봐도 알 수 있다.) 누군가 좋은 생각을 떠올리면, 나머지 다른 사람들은 그 사람을 보면서 손을 들어올린다. 그런 다음 그 사람의 생각을 2인칭(당신은)을 써서 큰 소리로 말해 준다. 또한 그룹의 나머지 모든 구성원들은 좋은 생각을 떠올린 그 사람의 생각을 1인칭(나는)으로 해서 적는다.

이런 과정이 얼마나 효과적인지는 몇 가지 예를 들면 더욱 확실히 알 수 있다.

"거울은 거짓말을 하지 않는다."

8장
생각의 전환을 위한 워크숍의 효과

'실현 불가능한' 직업 선택

조안(가명)은 댈러스에서 꽤 성공한 여배우였다. 하지만 뉴욕으로 이사를 온 후의 배우생활은 그다지 신통치 않았다. 장난감 가게 사무실에서 일을 하면서 오디션은 그리 많이 보지도 못했다. 하지만 여전히 전업 배우가 되는 것이 꿈이라고 말한다. 그녀의 딜레마는 본격적으로 여배우로 활동하려면 직장을 그만두어야 하지만, 그렇게 되면 생계가 어려워진다. 그녀의 상황은 선택의 여지가 없어 보였다. 생계 때문에 좋아하지도 않은 일을 계속하거나, 아니면 직장을 그만두고 진짜 원하는 일을 하면서 생활고를 겪어야 했다. 여기서 경험의 순환 고리를 거꾸로 생각해 보자. 상황(현실화)이 하나 있고, 그 상황은 믿음(그녀가 진실이라고 생각하는 생각)에서 비롯되었다. 그리고 감각(그녀의 몸에서 일어나는 상황)이 있다. 이런 상황에서 거울에 비춰질 생각을 찾는 것이다.

'원하는 일을 하면서 생계를 유지하긴 힘들어.'

이는 조안의 현재 상황을 정확히 반영하기에 알맞은 생각이다. 그녀가 보는 두 가지의 선택은 생계를 위해 원하지 않는 일을 하거나, 좋

아하는 일을 하면서 굶주리거나 하는 것이다. 이 두 가지 생각은 원하는 것을 모두 하면서 책임질 수 없는 생각들이다.

여기서 조안의 생각을 가능한 생각들 중의 하나라고 가정해 보자. 그러면 광활하고 무한한 현실화되지 않은 세계에서 '내가 원하는 일을 하면서 생계유지를 할 수 있어.'라는 생각도 존재할 수 있다는 것을 알 수 있을 것이다. 이를 전제로 하면 다른 가능성도 있기 때문에 조안에게 물었다. 전혀 반대의 생각을 하고 있는 그녀가 그 생각을 계속 유지하고 싶은지에 대해 물었다. 잠시 생각에 잠기더니, 조안은 별로 옳은 생각이 아닌 것 같다고 했다. 그래서 우리는 한 단계 더 나아가 심층탐구를 해보기로 했다.

먼저, 거울에 반사되는 생각이 무엇이냐고 물었다. 오디션에서 별로 주목을 받지 못하거나, 오디션을 보지 않으면서 거울 속에 비춰지는 생각이 무엇이냐고 물었다. 조안은 가장 핵심적인 생각을 떠올려냈다. '나는 소중하지 않아.'라는 생각이었다. 이는 그녀의 머릿속을 항상 지배하는 생각이었다. 그리고 조안이 그동안 '진실'처럼 여기던 생각이었다.(생각은 그저 생각에 불과하다는 사실을 알게 될 때까지 언제나 진실처럼 느껴진다.) 그리고 잠시 생각에 잠기더니 이런 생각 때문에 그동안 자신의 삶이 어떻게 되었는지 깨닫게 되었다. 장난감 가게에서는 시시한 일을 하고 배우로서는 두각을 나타내지 못하는 삶이었다. 이런 생각을 하면서 여러 감각들이 스쳐 지나갔다.

조안은 잠시 앉아서 그 감각을 느꼈다. 그리고 그 감각들이 자신에게 너무나도 익숙하다는 걸 알게 되었다. 어떤 사람들은 이런 감각을 화가 나고 언짢은 느낌이라고 표현할지 모른다. 하지만 조안에게는 그런 감각이 너무나 익숙한 나머지 그 감각들을 계속 유지하는 것이 어렵지 않았다. 이런 감정들은 발에 꼭 맞는 낡은 구두로 비유할 수 있다.

그다음 질문은 "삶의 거울에 비춰 봤을 때, 당신이 원하는 것을 이룰 수 있도록 하려면 어떤 생각을 해야 할까요?"였다. 조안이 선택한 생각은 '난 소중해.'였다. 난 '소중하다.'는 생각이 조금 불편한 느낌을 불러일으키긴 했다. 하지만(우리가 원하는 것을 생각하면 자주 이렇게 불편한 느낌을 느끼고는 한다. 그 생각이 우리가 피하고 싶은 생각이면 더욱 그렇다.) 조안은 개의치 않고 그 편하지 않은 감각을 유지하기로 했다.

그 후로 조안의 변화를 지켜본다는 것은 참으로 놀라움 자체였다. 직장에서뿐 아니라 오디션에서도 소중한 사람이 되어가기 시작했다. 조안을 소중하게 만든 것은 그녀의 직업도 인생의 단계도 아니었다. 바로 그녀의 존재감 때문이었다. 직장에서는 손님들에게 친절을 베풀면서 더욱 두각을 나타내고, 연기수업을 받으면서 그 분야에 주요 인사들과 워크숍을 했다. 오디션을 보러 가서 어떤 일이 있든 상관없이, 그녀는 소중하다는 생각과 함께 당당히 오디션 장으로 들어갔다. 생각을 달리 하고 자신의 상황에 맞춰 생활하자 그녀의 인생과 커리어 모두가 조안을 향해 문을 활짝 열어주기 시작했다. 소중한 사람으로서, 모든 일에 자신감을 갖고 임하기 시작한 것이다. 무슨 일을 하든지 그녀는 소중한 사람이라는 생각을 했다. 그리고 얼마 후, 오디션을 보았고 단역이지만 영화 출연 제의를 받았다. 몇 달이 채 안 돼, 조안은 직장을 그만두고 전업 여배우로써 길을 걷게 되었다.

우리의 삶 전반에 걸친 기본적이고 고리타분한 생각을 발견하는 일은 너무나도 흥미롭다. '나는 능력이 부족해.', '나는 자격이 없어.', '모든 상황은 마지막 순간에 나를 배신해 버려.'와 같은 생각은 때때로

삶의 방식을 결정을 해야 할 순간에 내면 깊숙이 내재되어 있는 생각이기도 하다. 워크숍에서 단순히 생각을 전환했을 뿐인데, 그 후에 일어나게 된 결과는 실로 믿어지지 않을 만큼 대단했다.

우리 모두 '이 방에서 최고의 가수예요'

어떤 워크숍에 가수가 다섯 명 있었다. 다섯 명 모두에게 '내가 이 방에서 최고의 가수야.'라는 생각을 하도록 했다. 그 후에 정말 흥미로운 결과가 연출되었다. 누가 진짜 최고의 가수인지는 상관없었다.(사실, 노래를 한다는 것은 질적인 문제이기 때문에 누가 최고인지를 판가름하는 것은 불가능했다.) 하지만 가수들 각자가 그런 생각을 하는 것 자체로 성취도가 얼마나 딜라질 수 있는지 다시 한 번 깨닫게 되었다. 그 후 몇 주 동안, 그들은 각자 실제에서도 많은 발전을 했을 뿐 아니라, 자신감 면에서도 큰 진전을 보여주었다. 생각 자체는 우리 자신이 아니다. 생각은 배타적이지 않아서 전환할 수 있기 때문에 자신감을 갖고 싶은 사람들에게 언제든지 문이 활짝 열려 있다. 자신이 최고라는 똑같은 생각을 가진 다섯 명의 사람들이 이 점을 확실히 입증해 주었다.

'저는 글을 쓸 수가 없어요'

조는 성공한 사업가이다. 그는 글을 쓰고 싶지만 글을 쓰지 못하고 있다는 사실을 알고 있었다. 글을 쓸 능력이 없다는 것을 반영하는 생각이 무엇이냐고 물었다. 조는 이렇게 떠올렸다. '나는 글을 쓸 수 없다.' 방금 질문에 대한 정답이었다. "글을 쓸 수 있다는 것을 반영할 생각은 뭐가 있죠?"라는 질문에, 그는 '없'을 없애고 '있'을 넣으면서, "나는 글을 쓸 수 있다."라고 대답했다.

그 다음 주에 다시 참석한 조는 글을 쓰는 것에 대해 저번과는 다소 다른 생각을 하고 있었다. 마음속으로 할 수 있다는 것을 알고 있었다. 하지만 여전히 글을 쓰는 것을 시작하지 않았다. 그래서 나는 다음과 같은 질문을 했다. "글을 쓸 수 있는데 쓰지 않고 있다는 것을 반영하는 생각에는 뭐가 있죠?" 그는 "내가 글을 쓰면, 대중들의 눈앞에 서게 돼요."라고 대답했다. 대중들의 눈앞에 선다는 것에 대해 어떤 생각을 하는지 물어봤다. "대중들의 눈에 보이면 비판을 받죠."라고 대답했다. 비판을 받는 것에 대한 그의 생각을 물었을 때, 그는 "비판은 견디기 어려워요."라고 답했다.

여러 가지 가능한 생각들 중에서도 재미있는 생각이었다. 사실일까 아니면 그저 생각일 뿐일까? 가장 유명하고 성공했지만 사람들에게 욕을 많이 먹는 사람이 누구냐고 조에게 물었다. 그는 잠시 동안 고민하더니 마돈나라고 했다. 그에게 마돈나가 비난여론에 대해 어떻게 반응했느냐고 물었다.(물론 마돈나가 실제로 비난에 어떻게 반응했는지는 알 수 없다. 우리는 조의 생각을 다루고 있다.) 잠식 생각하더니 "마돈나는 아마도 '그딴 일에 누가 신경이나 써.'라고 생각했을 거예요."라고 말했다. 그 순간 워크숍에 참석한 사람들이 박장대소했다. 조는 이렇게 생각해보기로 결심했다

그 후 조는 글을 쓰기 시작했다

'인생은 휴가 같은 거예요'

생각의 전환은 삶의 문제뿐 아니라, 삶에 효과적인 것이 무엇인지를 파악해서, 그것을 향해 계속 나아갈 수 있게 해주기도 한다. 루크는 작사가 워크숍 오디션을 보고 왔다고 했다. 그는 워크숍에 가입하고 싶어 했고 오디션 장에서 정말 멋진 시간을 보냈다고 했다. 루크는 오디션이라는 것이 또 다른 좋은 경험이 될 즐거운 기회가 될 것이라고 말했다. 그전까지는 오디션이란 어떤 특정한 결과를 이끌어내야 하고 생사를 판가름 내는 장이라고 생각했다. 그리고 다음번 오디션에서는 결과를 꼭 알 필요가 없다고 생각했다. 즉 이번 기회를 놓쳐도 또 다른 기회가 항상 있을 것이라고 생각한 것이다. 인생이란 경험을 안전하고 즐겁게 전개해 나가는 것이라고 생각했다. 이렇게 생각하면서 루크는 인생을 휴가에 비유했다. 휴가를 갔을 때 당신은 계획도 없고 마음 가는 대로 움직인다. 특별한 임무 없이 그냥 멋진 레스토랑에서 식사를 하거나 관광을 하고 즐긴다. 별로 즐겁지 않으면 다른 행동을 하거나 다른 곳으로 이동하면 된다. 여행에는 자유로움과 관찰, 즐거움이 있다.

앞서 얘기한 것과 같이, 루크는 예전에는 일에 대해 '이 일은 생사가 걸린 일이야. 꼭 해내야 해.'라는 내면의 생각에 접근했었다. 이런 접근 방식을 취했을 때는 결과가 좋지 않으면 절망에 빠진다. 뿐만 아니라 그 일을 하더라도 즐기지 못한다. 사실 그가 원하지 않는 방향으로 상황이 전개되기도 했다. 이번 오디션을 보는 동안 받은 느낌은, '인생은 모두 돈을 주고 떠나는 휴가와 같은 거야.'라는 생각을 했다는 것을 깨달았다. 이렇게 생각하면서 루크의 얼굴에 미소가 번졌다.

그리고 루크는 그런 생각을 하면서 상황이 어떻게 전개될지 매우 기대했다.

이틀 뒤 루크는 작사가 워크숍의 가입 승인을 받을 수 있었다.

'난 용서받을 수 있어'

조안은 또 다른 긍정적인 이야기를 들려주었다.

제8장 도입부에서 했던 이야기를 기억하고 있는가?

조안은 직장을 그만두어야 할 것인지에 대해 고민하고, 배우로도 성공 못 할 것이라는 생각에 사로잡혀 있던 사람이다. 그녀는 '나는 멋진 배역을 맡을 자격이 있어.'와 '나는 소중해.'라고 생각을 전환한 후, 자신의 삶이 어떻게 변했는지를 설명하기 위해 모임에 다시 참석했다. 여름에 이미 영화 두 편을 찍었고, 세 번째 영화 제의는 조건이 맞지 않아 거절했다고 한다. 그리고 유명한 TV 캐스팅 감독이 하는 연기 수업에서 주목을 받고 있다고 했다. 조안은 분명 예전과 180도 달라진 삶을 살고 있었다. 새로운 생각이 삶의 거울에 그대로 비춰지고 있었다.

조안은 에드윈 가이네의 번영 워크숍에도 참가했다. 그리고 에드윈이 제안한 용서의 중요성에 깊은 감동을 받았다고 했다. 조안은 용서 목록을 기록하고, 그녀 인생에 걸쳐 고민해 왔던 상황과 관련된 사람들을 매일매일 용서했다고 한다. 용서를 하면 할수록 그녀의 삶은 더욱 풍요로워졌다.

용서는 수많은 종교에서 지지하는 가르침이다. 다른 많은 가르침

들과 마찬가지로, 사람들도 용서를 하는 편이 낫다고 생각한다. 그래야만 자신들이 얻고자 하는 것을 얻을 수 있기 때문이다.

루크처럼 조안도 상당히 만족스러운 삶을 살고 있고 자신의 삶에 어떤 것이 효과적인지 알아가고 있었다. 이 때문에 용서가 실제로 효과적인지 알아보기로 했다. 그리고 좋은 결과가 나오는 이유도 알고자 했다.

용서에 대해 토론하면서, 다른 사람을 용서할 수 있으면 자신의 모든 행동들도 용서 할 수 있다는 사실을 깨달았다.

다른 사람을 용서함으로써 당신은 용서가 존재하는 세계를 창조할 수 있다. 당신이 용서의 세계에 살고 있기 때문에, 자신에 대한 용서도 존재한다. 당신이 다른 사람을 용서하지 못한다는 사실은 당신 자신도 용서하지 못한다는 것을 의미한다.

조인은 이런 맥락을 이해하고 자신이 다른 사람을 용서함으로써, 자신도 비슷한 일을 저질렀을 경우 용서할 수 있다는 걸 깨달았다고 한다. 지금 그녀는 자신을 치유할 힘뿐만 아니라, 자신을 힘들게 했던 과거의 모든 일들을 내려놓을 힘을 모두 갖고 있었다.

깨달음을 얻은 조안은 '나는 완전히 용서받을 수 있어.'라는 생각에 이르게 되었다.

그녀의 얼굴에 미소가 번졌고 눈에는 안도의 눈빛이 역력했다. 그래서 모임에 있던 사람들은 이제 조안은 성공을 향해 나아가고 있으며, 자신의 발목을 붙잡던 과거로부터 자유로워 보인다는 것을 느낄 수 있었다.

'난 모두 가질 수 있어'

주디가 생각의 전환 워크숍에 왔을 당시 그녀의 삶은 불만으로 가득 차 있었다. 그녀는 재능 있는 배우이자 공연 예술가였다. 수입도 꽤 좋은 직장을 갖고 있었고 멋진 남편도 있었다. 하지만 예술인으로서 만족스런 삶을 살고 생계를 유지하면서 남편과 함께 시간을 보낼 수 있는 방법을 찾지 못해 고민하고 있었다. 이 세 가지 모두를 가능하게 하려고 했지만 소용이 없었다. 연기를 하자니 직장을 떠나야 해서 수입이 줄어드는 것을 감수해야 했다. 밤에 공연을 하면 남편을 볼 수 없었다. 직장에 계속 있자니 연기를 못 하게 될 것 같고, 그러면 예술적으로 충만한 삶을 살지 못하게 되는 것이다. 이런 상황에서 인생의 거울에 비춰졌을 자신의 생각에 대해 물어보았을 때 그녀는 이렇게 느꼈다. '모든 것을 가질 수는 없구나.'

주디는 생각을 전환하기로 했다. '모든 것을 다 가질 수 있어.' 그리고 즉시 밤에 하는 공연을 해보기로 했다.

몇 주 후, 모임에 와서 모든 것이 멈춰 선 것 같았다고 말했다. 클럽 공연도 할 수 없었고, 의기소침해 있었고 무엇을 어떻게 해야 할지 모르겠다고 했다. 처음 그녀의 생각은 '이런 생각은 전혀 효과가 없구나.'였다. 하지만 흥미로운 사실은 우리 머릿속에 떠오르는 생각은 항상 효과적으로 현실에 나타난다는 점이다. 우리가 생각을 하게 되면 생각의 세계의 거울은 즉시 반사하기 시작한다. 하지만 가끔 생각을 현실화하는 길에는 우리가 두려워하거나 하고 싶지 않은 요소들이 잠복해 있다. 그렇기 때문에 처음부터 그렇게 생각하지 못하게 하는 경향이 있다.

그러면 주디의 상황을 고려할 때 '다 가질 수 있다.'는 생각에는 어떤 장애물이 있다는 것을 추론해 볼 수 있다. 깊이 탐색해 나가는 과정에서, 주디의 어머니가 그녀에게 항상 부정적인 말을 해왔다는 사실을 알 수 있었다.

예를 들어 "배우들은 이기적이야. 항상 조심하렴. 믿을 만한 안정적인 직장을 가져야 한단다." 여기서 깨달은 점은 누군가가 우리에게 무슨 말을 하든, 그것을 받아들이고 영향을 받는 것은 우리 자신이라는 점이다. 이는 무의식적으로 일어나기 때문에 우리도 어떻게 할 수 없는지도 모른다. 하지만 당신의 인생의 거울을 통해 보게 되면, 당신은 틀림없이 그렇게 생각하고 있다. 주디는 이런 생각들을 살펴보고 근본적인 원인을 알아보기로 했다. 그녀는 꿈을 실현하려고 나아가면서 '나는 이기적이야.'라는 생각을 하고 있었다. 이를 깨닫고 주디는 즉시 '나는 이기적이지 않아.'라는 생각으로 전환하기로 했다.

여름휴가를 보내고, 주디가 돌아왔을 때, 그녀는 자신에게 정말 많은 변화가 있었다고 했다. 주디는 3주짜리 연기 워크숍을 수강하기로 했고, 워크숍 일이 잘 풀려서 정규 연기 프로그램에 지원했다고 했다. 그녀는 이 프로그램에 합격할까 봐 두려웠다(그렇게 되면 낮에 하는 일을 그만둬야 했기 때문이다.). 또 한편으로는 프로그램에서 거절당할까 봐 걱정했다.(그녀가 정말로 원하던 일이었기 때문에). 우리는 주디에게 그런 결정을 할 필요가 없다고 말해 주었다. 프로그램에 합격하면 수락할 것인지 말 것인지도 궁금해할 필요도 없다고도 말해 주었다. 그녀가 할 수 있는 일은 자신의 생각을 따라 움직이는 것뿐이었다.

'나는 이기적이야'

'모든 것을 가질 수 있어.'라는 생각이 효과적이었다는 사실도 말해 주었다. 이 생각 때문에, 삶이 힘들긴 했어도 원하는 것을 이루어나가는 자연스러운 과정이라고 생각했다. 그녀는 앞으로의 일이 '어떻게' 전개될지 굳이 알려고 하지 않아도 된다. 그저 그 생각을 계속 하고 있으면 언젠가 삶에 저절로 반영이 될 것이다.

그러나 문제는 이 모든 일이 그녀를 불안하게 한다는 점이다. 이에 대해 깊이 대화를 나누면서, 어머니가 주디에게 한 말들을 아직도 마음속에 깊이 새겨두고 있다는 사실을 발견하게 되었다. 특히 '배우들은 이기적이야.'라는 생각이 머릿속을 맴돌고 있었다. 그래서 그녀가 한 단계 더 나아가는 과정이나 이를 믿고 결과를 기다리는 데 지장을 주고 있었다.

주디가 "배우들은 이기적이야."라고 하자 우리는 물었다. "그건 사실인가요? 아니면 생각인가요?" 그러자 곧 자신의 생각에 불과하다는 사실을 깨달았다. 나는 주디에게 다른 사람을 힘들게 하지 않고, 이기적이지 않으면서 자신이 원하는 것을 얻을 수 있는 생각을 떠올려보라고 했다. '내가 배우로서 성공하면 주변의 모든 사람들의 생활을 더욱 향상시켜 줄 거예요.'라는 생각을 떠올렸다. 이런 생각을 갖고 주디는 다시 한 번 정면으로 부딪쳐 보기로 했다.

그 다음 주에 주디는 한층 흥분하고 고조된 상태로 모임에 참석했다. 연기 프로그램 오디션에 합격했다는 것이었다. 이제는 직장에 대해 논의했다. 엄마에게 가서 오디션에 합격했다는 사실을 전했더니 의외의 반응을 보였다고 한다.

"인생은 짧단다. 자기가 원하는 걸 해야 한단다. 내가 경제적으로 지원해 줘도 괜찮겠니?"

'배우들은 이기적이야.'라고 하던 바로 그 엄마가 주디에게 이런 반응을 보인 것이다. 놀라웠다.

언뜻 보아 해결하기 어려워보이던 문제들이 한꺼번에 해결되어 정말 다행이었다. 주디는 자신의 예술적인 욕구를 충족시키면서 생계를 유지할 수 있는 방법을 찾고 싶어 했다. 이런 문제들은 자신이 상상도 하지 못했던 방식으로 해결되었다. 바로 엄마가 재정적인 지원을 해주면서 고민이 해결된 것이다. 주디의 경우가 바로 당신이 생각을 전환하면 '다른 사람'까지도 변화시킬 수 있다는 걸 보여준 좋은 예이다. 하지만 '다른 사람'은 존재하지 않는다는 사실을 기억해야 한다. 생각의 거울만 있을 뿐이다. 생각을 바꾸는 것은 쉽지 않지만, 그 거울은 생각의 전환의 핵심이자 우리 삶의 방식에 가장 중요한 부분이다.

이 부분은 나중에 자세히 설명하기로 하고 다시 주디 이야기로 돌아가 보자.

주디의 어머니는 현재 재정적으로 도움을 주고 있다. 그녀는 예전에 잠시 일했던 회사의 파트타임 보조 직원이 그만두는 바람에 자리가 비었다는 사실을 알게 되었다. 그래서 전화를 걸어 아직도 직원이 필요하냐고 물었다. 그랬더니 그녀에게 제안이 들어왔다. 이번 직장은 파트타임이기 때문에 근무시간도 유동적이고 연기수업에도 지장을 받지 않게 되었다.

주디가 이 모든 일 덕분에 행복에 겨워할 것이라고 생각할 것이다. 하지만 꿈만 같아 보이는 일들이 생각대로 흘러가자 그녀는 불안해지기 시작했다. 내가 이미 여러 번 언급한 적이 있듯이 우리가 진짜 인생에서 원하는 것을 반영해 주는 생각을 못하는 이유가 여기에 있다. 그 중의 하나가 바로 우리가 헤쳐 나가기 두려워하는 곳을 지나가도록 한다는 점이다. 그리고 우리가 두려워하는 느낌을 경험하게 만든다.

그렇다면 주디의 삶에 있어서 '옥의 티'는 무엇인지 알아보도록 하자.

두 가지 생각이 추가적으로 떠오른다. 그중의 하나는 '연기는 즐거워. 하지만 그냥 연기만 한다면 모두 헛수고일 거야.' 또 다른 하나는 '나는 누군가로부터 도움을 받지 않을 거야. 나 혼자 결심한 일이고 돈이 바닥나면 결국 가난해지겠지.' 좀 더 자세히 살펴보면 그녀는 상식적으로 생각을 하고 있었다. '이 세상에는 내가 필요로 하는 것이 무한대로 공급되지는 않아.'

이런 생각을 들여다보고 첫 번째 중요한 변화를 시도했다. 공급이 제한적이라는 생각은 '진실'이 아니라 그저 생각에 불과하다는 사실이다. 주디의 인생 거울이 어떤 생각을 반사하는지 알아보기 시작했다. 우리는 주디의 생각이 두 가지를 축으로 하고 있다는 것을 알 수 있었다. 첫째 연기하는 것은 문제가 되지 않는다. 두 번째는 세상에는 무한한 풍요로움이 있다는 사실이다. 현실화되지 않은 세계에서 이용할 수 있는 무한한 가능성 중에서, 이 두 가지의 생각이 존재하는 것은 분명하다. 다른 가능성을 논의해 본 후 주디는 이렇게 선택했다. '연기하는 동안에는 도움을 받는 거야.'

주디는 이렇게 생각하면서 상당히 만족스러워했다. 연기를 하면서 도움을 받아야겠다는 생각을 기꺼이 받아들이기로 한 것이다. 뿐만 아니라 이런 생각과 연관시켜서 '연기하다'라는 단어에 '참여하다. 무언가를 실천하다. 본격적으로 시작하다.'와 같은 여러 가지 생각을 덧붙

2부 생각의 전환 **79**

일 수 있었다.

이런 생각의 이면에는, 그녀가 직장을 그만두기로 결정하고, 2년짜리 연기 프로그램에 등록하고, 엄마의 재정적 지원을 받아들이고, 비교적 자유로운 시간에 일해야겠다는 생각이 자리하고 있었다.

주디는 이제 '모두 가질 수 있어.'라고 생각하게 되었다. 이런 생각은 그녀가 상상도 하지 못했던 방향으로 자신의 삶의 거울에 비춰지고 있었다.

'방법은 존재한다'

빌은 우리 모임에서 가장 다루기 힘든 구성원이었다. 매주 여러 가지 불행한 이야기들민 가득 갖고 왔다. 실직 상태라는 사실부터, 교수들이 자신을 얼마나 불공평하게 대하는지. 석사 학위를 소유하고 재능 있는 작가 지망생인데도 불구하고 아무도 자신을 알아 주지 않는다는 얘기 등등 끝이 없었다.

빌은 좌골신경통을 앓고 있었고 발에도 이상이 있었다. 그래서 서서 일하는 직장에서는 일을 할 수가 없었다. 수백 통의 이력서를 제출했는데도 아무 데서도 연락이 오지 않았다. 컴퓨터는 고장이 났고 인터넷 카페에 가기에는 너무 비싸다고 했다. 돈이 다 떨어져서 아파트에서 쫓겨나기까지 했단다. 그가 정부 지원을 신청했을 때, 담당직원들은 아파트가 있어야만 가능하다고 했다. 그래서 아파트를 구하려고 하자 정부 보조를 받고 있다면 아파트를 얻을 수 없다고 했다.

빌에게 효과가 있을 듯한 방향을 제시할 때마다 빌은 그런 조치가 소용없다는 이유를 대며 반박했다.

어느 날 생각의 전환 워크숍에서 그가 이야기를 막 시작하려고 했을 때였다. 일부 사람들이 실제로 자리를 박차고 나갔고, 나머지 사람들은 불만스러운 표정으로 자리에 앉아 있었다. 워크숍 분위기는 한마디로 엉망이었다.

빌이 자신의 불행에 대해 장황하게 늘어놓는 것을 가만히 들어보았다. 순간 나는 빌이 '방법이 없어.'라는 생각에 갇혀 살고 있다는 사실을 깨달았다. 불현듯 빌은 자신의 생각에서 벗어나기 어려울 것이라는 생각까지 들었다. 그래서 실패는 이미 정해져 있다고 말해 주었다. 그리고 놀리려고 한 말이 아니라고 덧붙였다. 나는 제안을 해줄 엄두를 내지 못했다. 왜냐하면 내가 어떤 제안을 해도 그가 받아들이지 않을 것이기 때문이었다.

처음에 빌은 당황스러워했다. 하지만 곧 자신의 생각이 삶에 실제로 영향을 미치고 있다는 것을 깨닫기 시작했다. 내가 여러 번 강조하고 재차 반복해서 언급하는 말이 있다. 자신의 '부정적인' 생각을 드러내는 것을 두려워해서는 안 된다는 점이다. 부정적인 생각을 발견하고, 그 생각은 인생의 거울에 반사되는 생각이라는 것을 알게 되면, 그것은 단지 생각에 불과하다는 사실을 받아들일 수 있게 된다. 외부의 힘이 아니라 당신의 생각이 삶을 이끌어간다는 점을 깨닫게 되는 것이다. 이런 생각으로 생각을 전환하면 인생이 변하는 것을 실제로 목격할 수 있다. 이런 사실을 알지 못하면, 왜 이런 일들이 나에게 생기는지 이해하기 어렵고, 이런 상황을 극복할 힘도 없어진다.

빌은 '아하! 방법은 존재한다.'는 생각을 하게 되었다. 그에게 무엇을 어떻게 해야 한다는 지침은 필요하지 않았다. 하지만 그의 잘못된

생각이 얼마나 깊게 각인되었는지를 고려해야 한다. 아마도 그는 10초마다 '방법이 없잖아.'라고 생각할 것이다. 그래서 나는 그런 생각을 '방법이 있어.'라는 생각으로 전환해야 한다고 말해 줬다. 그는 그날 워크숍을 떠날 때 "방법은 있어, 방법은 있어, 방법은 있어."라고 혼잣말을 하면서 떠났다.

우리 모임에서는 그다음에 어떤 일을 목격하게 될지 너무 궁금했다.

그날 사람들은 빌이 생각을 전환했다는 사실에 매우 기뻐했다. 사람들도 빌의 모습을 보고 매우 자극을 받았다. 왜냐하면 빌의 일로 인해 자신들도 두려워하던 생각들을 떠올렸기 때문이다. 이날 모임 이후 수많은 전화와 이메일을 받았다. 사실 그동안 매우 불안해했었는데, 그날부터 정말로 기회가 있을 수 있다는 사실을 깨달았다는 내용이었다. 빌이 실제로 극복해 낸다면 생각의 전환만으로 사람들은 자신에게 닥치는 어떤 어려운 일도 이겨낼 수 있을 것이다.

그 다음 주 빌이 돌아 왔을 때 그는 태도부터 완전히 달라져 있었다. 면접을 두 번이나 보고 그중 한 곳에서 자신에게 고용 제의를 했다고 한다. 아직 제의를 받아들이지는 않았다고 한다. 고용주에게 약간 석연치 않은 부분이 있어 보였고 거짓말을 한 부분이 있었기 때문이다. 하지만 빌은 직업을 가질 수 있다는 희망을 갖게 되었다. '방법이 존재했던 것이다.' 다른 분야의 유사한 문제에 대해서도 이야기를 해보았지만, 그의 반응은 예전과 사뭇 달랐다. 문제에 부딪혔을 때 각각 다른 조치를 취하려고 했다고 말했다.

그가 깨달은 것은 이력서를 팩스로 보내는 것은 효과적이지 않다는 점이었다. 그래서 이메일로 이력서를 보내고 답장을 기다렸다. 또한 주변 사람들에게 직접 물어보면서 일자리가 있는지 알아보기 시작했다. 아버지에게 약간의 재정적인 도움을 받을 수도 있었다. 우리는 빌이 변화하기 시작했음을 느낄 수 있었다. '방법은 존재한다.'는 생각이 효과를 발휘하고 있었다. 빌은 그런 생각을 분명히 계속 유지해야 했다. 간단하고 기억하기 쉽고 정곡을 찌르는 생각이기 때문이다. 빌은 문제가 생길 때마다 '방법은 없어.'라는 생각을 했었다. 하지만 이제부터는 '방법이 존재한다.'는 쪽으로 생각을 전환하겠다는 약속을 하고 모임을 떠났다.

그 다음 주에 빌에게 이메일이 도착했다. 모임에 참석할 수 없게 되어 죄송하다는 내용이었다. 일하느라 바쁘단다.

'1달러는 받지 않아요.'

우리 앞에 펼쳐진 세계의 거울에 보이는 모습은 생각이 그대로 반사된 것이다. 당신이 거울을 볼 때, 거울은 당신이 입고 있는 셔츠나 신발만을 반사하지 않는다. 당신의 표정이나 피부색만 반사하는 것이 아니다. 거울은 모든 세세한 것까지 모두 반사한다.

우리는 긍정적 확신에 대해 생각하는데 이 일이 우리 앞에 나타나지 않는 이유에 대해 궁금해할 것이다. 그러나 실제로 나타나는 것이 무엇인지 살펴봐야 한다. 그리고 어떤 생각 때문에 그런 모습으로 반사되는지 알아내야 한다.

예를 들어보자. 생각의 전환 워크숍에 참가하는 사람 중 한 명은 자신이 부유하고 무한하게 금전적으로 풍요로울 것이라고 확신했다.

그녀 옆에 앉아 있던 나는 그녀의 긍정적 확신에 대한 응답으로,

내 지갑에서 1달러짜리 지폐를 꺼내 건네주었다. "여기요. 가지세요."

황당해하면서 그녀는 1달러를 되돌려주려 했다. 그래서 난 "아니오. 이제 당신 거예요."라고 말했다. 그녀는 방안을 둘러보며 "이런 상황에 어떻게 대처해야 하죠?"라며 물었다. 그리고 헌금 상자에 넣으려고 했다. 나는 다시 "아니오. 그건 당신 거예요."라고 말했다. 그런 다음 오른쪽에 앉은 사람에게 그 돈을 주려 하자 그 사람은 거절하면서 "당신 거잖아요."라고 말했다.

무한한 풍요로움을 보장받을 것이라고 확신하는 사람이 1달러는 받을 수 없다는 사실이 흥미롭지 않느냐고 지적했다. 그래서 우리는 그녀가 어떤 생각을 하는지 알아보기로 했다. 그녀는 많은 생각들을 떠올렸다. '내가 벌지 않은 돈은 받으면 안 돼. 대가 없이 기부를 받아서도 안 돼. 출처가 어딘지 모르는 돈은 믿을 수 없어.'와 같은 생각들이었다.

우리는 그녀가 이 모든 생각을 전환하도록 했다. 그리고 그녀는 자신이 확신하고 있던 풍족함은 출처와 상관없이 받아들일 수 있게 되었다. 그런 다음 그녀는 내가 준 1달러짜리를 지갑에 넣었다.

> 새로운 생각에 대한 가장 큰 오해가 있다.
> 즉 당신이 올바른 방향으로 나아갈 때 기분이
> '좋을 거라고' 생각하는 것이다.

생각의 전환 쇼핑몰
9장

쇼핑하기에 훌륭한 장소

  우리는 새로운 생각을 할 수 있도록 하기 위해, 이른바 생각의 전환을 위한 '쇼핑몰'을 만들었다. 생각을 전환하면 생각을 바꿀 수 있다. 그러나 단순하게 생각을 바꾸는 것이 아니다. 지금 하고 있는 생각을 완전히 다른 생각으로 전환시키는 것을 말한다. 당신은 노드스트롬 백화점에 대해 들어보았을 것이다. '고객은 항상 옳다'는 서비스로 유명한 백화점이다. 노드스트롬의 다른 여러 가지 훌륭한 서비스 중에서도 단연 눈에 띄는 것은 무조건적인 환불 정책이다. 이보다 더 좋은 서비스를 제공하는 '생각의 전환 쇼핑몰'에서는 어떤 생각이든 환불할 수 있다. 당신이 50년 동안 품어온 아무리 낡은 생각일지라도 다른 생각으로 바꿀 수 있다. 24시간 운영하고, 재고는 항상 남아 있고, 찾는 물건이 정확히 무엇인지 모른다면 도와줄 판매 가이드도 있다.

  당신은 마음속으로 이 쇼핑몰에 가서 특정한 생각으로 전환할 수 있다. 그리고 특정한 새로운 생각을 선택할 수도 있다. 또 무엇을 찾아야 할지 모른다면 특정한 물건이 눈에 띌 때까지 둘러보아도 된다. 하루에 100번을 방문해도 항상 영업 중이고 친절한 서비스를 받을 수 있다. 당신이 환불해 둔 생각은 다른 사람이 사용하고 싶을 때 사용할 수 있도록 보관된다. 또한 당신은 '온라인' 시스템이나 내면의 버튼 시

템을 이용할 수 있다.(마음껏 상상해 보자.) 그러면 시간에 구애를 받지 않고 밤이든 낮이든 생각을 전환할 수 있다.

사람들은 저마다 생각의 전환 쇼핑몰에 있는 상품이나 서비스에 대해 다양한 생각을 한다. 생각의 전환의 초기 모임(생각의 전환을 시도했던 뉴욕 유니티 교회)에서 이에 대해 설명했다. 우리는 특별히 우대하는 고객은 없지만(모든 서비스가 누구에게나 항상 열려 있었다.) 특정한 서비스를 원할 경우 따로 요청할 수 있었다. 어떤 사람은 크고 멋진 리무진에서 내릴 때 '사모님'이라고 불리며 지배인의 환대를 받는 모습을 상상했다. 어떤 한 사람은 너무 오래되고 깊이 뿌리박힌 생각을 하고 있어서 상황을 극복하는 데 특히 어려움을 겪고 있었다.

그래서 그는 '생각의 전환 리츠 칼튼 호텔'에 투숙하기로 결정했다. 이곳은 일정 기간 동안 계속 쇼핑해야 하는 사람들을 위해, 생각의 전환에 부속된 5성급 호텔이다. 다른 사람들은 이곳에서 제공하는 다양한 상품들을 상상한다. 예를 들어, 어떤 이들은 전등이 달린 광부용 모자를 상상한다. 그 모자는 현실화되지 않은 세계의 '눈에 보이지 않는 잉크'로 표시된 것을 볼 수 있게 한다. 단지 그 위에 생각이라는 빛을 비춤으로써 말이다. 또 다른 이들은 쇼핑 대행인, 홈서비스, 개인적인 생각 상담사와 같은 서비스를 떠올렸다. 그런 서비스는 그들이 생각을 언제든 자유롭게 교환할 수 있다는 것을 깨닫게 했다.

이 모임에서 한 여배우는 '생각의 전환 백화점의 점원' 역할을 하는 것을 무척 좋아했다. 자리에서 일어나 "'생각의 전환에 오신 걸 환영합니다. 오늘은 무슨 생각으로 전환해 드릴까요?', '어머, 난 정말 쓸모없는 사람이야.'를 '난 할 수 있어.'로 전환하고 싶은가요? 좋아요. 도와 드릴 수 있어요. '난 정말 쓸모없는 사람이야.'라는 생각은 제가 가져갈게요. 카운터 진열장에 올려놓으세요. 그리고 여기 '난 할 수 있어.'라는 생각이 있으니 가져가세요. 이 생각은 가장 인기 있는 생각 중의 하나랍니다. 사람들은 항상 이 생각을 얻기 위해 찾아오죠. 왜냐하면 자신들에게 불쾌한 감각을 느끼게 하는 많은 일들을 하지 않도록 막아주니까요"

생각의 전환의 과정은 사람들의 인생을 바꾸는 데 있어서 매우 성공적이었다. 그래서 예술가 모임을 '생각의 전환 모임'으로 바꾸기로 했던 것이다.

초기의 생각의 전환 과정

단계별

생각의 전환 과정은 발전을 거듭해 다음의 형태로 자리를 잡았다.

소개 — 그룹이 처음 모임을 갖거나 또는 새로 온 멤버가 있으면, 나는 제6장에서 언급한 생각의 전환의 기본 원리를 설명해 준다.

명상 — 간단히 명상을 하도록 하고 모든 가능한 생각과 모든 가능한 일들이 현실화되지 않은 세계에 이미 존재한다는 사실을 상기시켜 준다. 우리는 여기에 앉아 있고, 현실화되지 않은 세계의 일부라는 사실도 상기시켜 준다. 또한 관심사를 찾기 위해 현실화되지 않은 곳을 둘러보게 한다. 이는 이미 모든 것은 존재하고 있다는 사실을 더욱더 강화해 준다.

명상과정은 다음과 같다.

"자 당신, 눈을 감고 숨을 깊게 들이 마시세요. 그러면 편안해집니다. 당신은 현실화되지 않은 세계에 이미 와 있고, 이미 그 일부라는 사실을 알고 있습니다. 현실화되지 않은 곳에서는 모든 생각과, 원하는 모든 것들, 또는 원하지 않는 것들, 성공, 실패, 사랑, 우정, 돈, 사업, 소유물건, 모든 생각, 감정, 감각이 모두 존재하고 있습니다. 당신이나, 이 방의 가구라든가, 이 빌딩처럼 볼 수 있는 것들도 있습니다. 그 밖의 다른 것들은 현실화되지 않은 형태로 있습니다. 하지만 우리에게 보이는 것들처럼 그곳에 이미 존재하고 있습니다.

이제 당신의 삶에서 현실화되었으면 하는 것들을 떠올려보세요. 눈을 감은 상태에서 주변을 둘러보면 당신이 원하는 것들을 현실화되지 않은 세계에 있다는 것을 볼 수 있을 겁니다. 저 모퉁이에 바로 그 수백만 달러가 놓여 있군요. 내 인생의 동반자도 있고. 성공한 프로젝트도 있습니다. 물론 실패도 보입니다. 불행했던 연인관계도 보이죠. 가난도 보입니다. 다른 것들과 함께 이것들도 함께 그곳에 존재하고 있습니다. 그렇다고 걱정하지 마세요. 그곳에 이런 기억들을 마음대로 남겨두면 됩니다. 애써 지우려고 하지 않아도 돼요. 당신이 쇼핑할 때 여러 가지 다양한 상품들을 보지만 찾는 물건이 아니기 때문에 사지 않는 것처럼, 이 모든 일들이 그곳에 존재하도록 놔두십시오. 그리고 당신이 찾던 물건이 무엇인지 알아보세요. 당신이 찾는 것이 무엇인지 모르겠다면, 현실화되지 않은 세계를 그저 응시하고 그곳에서 무엇이든 보려고 하세요. 1분 동안 이를 위한 명상의 시간을 가져봅시다.

🔓 1분 동안 명상

이제, 당신이 무엇을 보았든지, 관심을 가진 것이 무엇이든, 그것에게(마음속에서) 다가가 당신 바로 앞에 가져다 놓으세요. 그런 다음, 그것과 당신이 같은 공간에 있도록 그것이 있는 곳에 발을 들여 놓으

세요. 현실화되지 않은 세계에서 당신을 이렇게 해볼 수 있습니다. 왜냐하면 아무것도 물리적으로 존재하는 것은 없기 때문이죠.

어떤 느낌인지 한번 알아보는 시간을 가져보세요. 당신이 무슨 생각을 하고, 당신이 원하는 생각과 물건이 있는 장소에서 바깥세상을 바라보는 것이 어떤 느낌인지 알아보세요.

🔓 잠시 명상

그럼 이제, 당신이 눈을 떴을 때조차도 현실화되지 않은 세계에 부분으로 살아가고 있다는 사실을 알게 될 것입니다. 보이든 보이지 않든 당신과 모든 것들이 현실화되지 않은 세계의 외부에 존재할 수 있는 방법은 없습니다.

그러므로 천천히 이 방으로 돌아오세요. 눈을 뜨고, 당신은 자신이 원하는 것과 똑같은 공간에 여전히 앉아있습니다. 현실화되지 않은 세계에는 당신 주변에 있는 모든 것들(사실 이게 전부입니다.)과 함께 있습니다.

현실화되지 않은 세계에서 사람들이 무엇을 봤는지 논의 — 우리는 현실화되지 않은 세계에서 무엇을 봤는지 서로 이야기함으로써 공유하는 시간을 갖는다. 사람들이 어떤 형태의 꿈을 꾸는지, 또는 그 범위가 얼마나 되는지 알아보는 것이 목적이다. 그리고 사람들이 자신의 인생에서 무엇을 원하는지, 스스로 알 수 있도록 하는 것이 목적이다.

문제 제기 — 모임에 어떤 사람은 자신의 삶의 문제를 함께 공유하며 자세히 설명한다. 집단 내에 있는 사람들뿐 아니라, 그 사람도 그 문제가 무엇인지 명확해질 때까지 이야기한다.

당신의 삶이 당신의 생각의 거울이라면, 이 거울은 무슨 생각을 반영할 수 있을까? — 우리는 이렇게 질문을 던지고, 자신의 생각이 삶에 반영되고 있다는 것을 깨달을 때까지, 그 생각에 관해 논의한다. 그 생각은 때때로 매우 평범하거나 진부할 수도 있다. 하지만 그 사람의 깊은 기대를 방해하는 엄청난 힘과 영향력을 갖고 있다.

무슨 일이 일어나기를 바라는가? — 그 사람은 물리적, 현실화된 세계에서 일어났으면 하는 일에 대해 논의한다.

인생의 거울에 반영되었을 때, 무슨 생각을 하면 그 일이 현실화되게 할 수 있을까? — 우리는 그 사람에게, 할 수 있는 모든 생각들 중에서 그 사람이 원하는 생각을 떠올릴 때까지 계속 이야기한다.

확신하기 — 그 생각을 떠올리면, 모든 사람이 그 사람을 향해 손을 들고, 그 생각을 2인칭으로 말해 준다. 예를 들면 "당신은 글을 쓸 수 있어요." 또는 "당신의 동반자가 당신에게 나타날 거예요."라고 말해 준다.

쓰기 — 그런 다음, 사람들은 각각 그 생각을 자신의 종이에 1인칭으로 적는다. 이렇게 해 두면 그 사람과 함께 적어둔 생각을 항상 떠올

2부 생각의 전환

릴 수 있다. 또한 우리 자신의 생각인 것처럼 그 생각이 적힌 종이를 들고 다닐 수 있다. 그 생각은 모임에서 비롯된 것이기 때문에, 그 사람의 생각이지만 어느 정도는 우리의 생각이기도 하다. 해당하는 사람이 매우 특별하거나 우리의 상황에 맞지 않으면 약간 변형해도 된다. 예를 들어 '난 배우로 성공할 수 있어.'를 '나는 회계사로서 성공할 수 있어.'로 바꿔 표현해도 된다.

모든 생각을 읽어주기 — 모임이 끝날 즈음, 그동안 제시되었던 모든 생각들을 큰 소리로 읽는다. 나는 이런 생각들이 하나같이 서로 연관되어 있다는 사실에 놀라고는 한다. 이 때문에 나는 우리가 언제나 '하나'라고 생각한다. 큰 단체에서 같은 생각을 하기 위해 부단히 노력한다는 생각을 했다.(그 생각이 무엇이든 나는 생각의 전환 워크숍을 진행할 때마다 '다른 사람들'이 내놓은 문제들은, 곧 나 자신도 극복하려고 노력하는 문제라고 생각한다.)

명상 마무리 — 짧은 명상과 기도로 우리가 하나라는 사실, 모든 생각과 결과들이 이미 존재한다는 사실에 감사하며 마친다. 또 이곳에서 자유롭게 생각을 선택하고 탐구하고 사용할 수 있다. 언제든지 그 생각이 무엇이든, 생각과 경험의 무한한 풍요로움이 우리를 위해 존재한다는 사실에 감사하며 모임을 마친다.

모임이 있던 주에 할 일 — 생각의 전환 시간에 우리가 생각해 보았던 문제들을 되돌아본다. 문제가 있거나 자신의 삶의 거울에서 비춰졌으면 하는 것과 정반대가 되는 생각을 할 때마다, 그 생각을 워크숍에서 하기로 했던 생각으로 전환한다. 그리고 결과를 기다린다. 결과는 때때로 매우 놀라울 것이다.

> 모든 것은 현실화되지 않고 눈에 보이지 않는
> 세계에 이미 존재한다.
> 단지 표면으로 드러나도록 기다릴 뿐이다.

제3부

우리에게
방법이 있다

무엇이 생각을 사용할 수 없게 만드는 것일까?

11장
감각의 발견

그렇다. 우리가 원하는 것과 삶을 변화시키는 단순하고 쉬운 방법은 이미 그곳에 존재하고 있었다. 몇 주 후 사람들은 자신만의 문제를 갖고 모임에 오는데, 그 문제들이 반영하는 생각을 정확히 집어내고 그것에 대해 서로 생각을 주고받는다. 그 결과 그 문제들은 물리적인 세계에서 다른 모습으로 나타난다.

생각을 바꾸는 데 효과적인 방법을 알게 되었으면 그 방법을 사용해 보자. 그러면 인생도 바뀔 것이다!

하지만 시간이 흐를수록 그런 변화가 지속적이지 않다는 사실을 깨닫기 시작한다. 때때로 사람들은 예전에 했던 생각으로 다시 돌아가고는 한다. 어떤 경우는 그 문제가 해결된 것처럼 보이지만 또 다른 문제가 생겨난다. 겉으로 전혀 다른 문제인 것 같아 보이지만 사실 다른 형태의 같은 문제인 것이다.

사람들은 왜 변화를 유지하지 못하는 것일까? 왜 자꾸 퇴보하는 것일까?

무언가 부족한 점이 있어 보인다.

나는 이런 가정을 해보았다. 우리가 직면한 문제들은 너무나 여러 가지 복잡한 생각으로 얽혀 있기 때문에, 워크숍을 할 때 하나의 생각만을 다루어봐야 전체는 해결하기가 어렵다.

그래서 특별히 '생각의 전환 탐구 워크숍'을 마련했다. 생각의 전환을 몸소 체험한 네 명의 멤버들을 초대해서 각각 해결해야 할 문제를 하나씩 생각해 보라고 했다. 4주 동안, 우리의 임무는 그 문제와 관련된 모든 생각들을 하나씩 전환하는 것이었다. 이런 식으로 하면 아주 큰 문제도 해결할 수 있을 것이라 가정했다. 이 과정을 거치고 나면 우리는 오랫동안 겪어왔던 삶에서의 문제들을 깨끗이 청산할 수 있는 방법을 알게 된다.

참가자들의 출발은 순조로웠다. 다양한 계획표와 과정을 통해, 모든 생각들을 하나하나 파헤쳤고 전환해야 할 생각들을 찾아냈다. 그러자 사람들의 삶 속에서 변화가 일어나기 시작했다. 모두가 흥미로워했고 삶의 돌파구와도 같은 변화를 공유할 수 있었다.

그런데 4주째로 접어들었을 때였다. 이유를 알 수 없지만 갑자기 모든 것이 중단되어 버렸다. 마치 모두가 동시에 제동장치에 걸려버린 듯했다. 갑자기 모두가 의구심을 나타내기 시작하더니, 좌절하고 아무런 효과가 없는 것처럼 되어 버렸다. 다시 예전의 생각으로 돌아가고 있었던 것이다.

무엇이 문제였을까? 무엇이 모두를 낙담시킨 것일까?

워크숍을 4주 이상으로 연장하기로 결정한 시기는 바로 이때였다.(실제로는 3년이나 걸렸다.) 이 기간 동안 우리는 아주 중요한 질문에 대해 탐구하기 시작했다. 질문은 긍정의 확신보다 한층 더 나아가고, 새로운 사고의 열풍을 불어온 시발점이 된 책 '시크릿'을 뛰어 넘으면서도, 현실을 다루는 형이상학적인 방법을 초월하는 것이었다.

3부 우리에게 방법이 있다

새로운 생각을 선택하는 것과 그 생각을 유지하는 것은 별개의 문제이다.

원하는 것을 실현해 줄 생각을 왜 유지하지 못하는 것일까?
이것은 말도 안 될 것 같지만, 바로 우리 앞에 놓인 거울에 그 증거가 있다. 우리가 아무리 열심히 헤쳐 나가고 계속해서 노력해도 결국 또 포기하게 된다.
우리를 앞으로 나아가지 못하게 하는 것은 무엇일까?
경험의 순환으로 다시 돌아가 보았다.(생각은 감각을, 그 감각은 믿음을, 그 믿음은 현실화를 일으켰다.) 그리고 새로운 생각을 하게 되었을 때 우리에게 일어나는 모든 일들을 세심하게 살펴보기 시작했다.
우리가 알게 된 것은 사람들이 새로운 생각을 할 때, 특히 평생 우리가 원했지만 이루지 못했던 것에 대해 생각할 때, 우리가 겪는 감각은 너무나 불편하고 두렵다는 것이다. 그렇다면 이렇게 '긍정적인' 생각이 '부정적인' 감각을 일으키는 이유는 무엇일까?
당신은 부정적인 감각으로 바로 넘어가거나, 그 감각들을 바꾸려고 감각 자체에 변화를 줄 수는 없다. 이 때문에 우리는 그 감각들로부터 벗어나기 위해 할 수 있는 유일한 방법을 사용한다. 감각을 일으키는 생각을 다른 생각으로 전환하는 것이다. 예를 들어 감각을 불러일으키는 생각이 '나는 할 수 없어.'라고 하자. 그러면 그 감각을 느끼지 않게 하는 생각은 '나는 할 수 있어.'이다. 어떤 생각이 불쾌한 감각을 일으키면 반대의 생각을 떠올림으로써 그 감각을 없앨 수 있다.
물론 지금 단계에서도 하나의 허점을 발견할 수 있다. 당신이 생각의 전환의 과정을 밟고 있으면서, 원하는 것이 현실로 나타나고 있어도 육안으로는 볼 수 없다는 점이다. 바로 이 점이 우리가 좌절을 느껴야 했던 이유였다.

이는 무의식 속에서 자주 일어난다. 그리고 대부분의 사람들은 그런 일이 일어난다는 사실을 모른다. 생각의 전환이 빠르게 진행되어 자신이 어떤 감각을 느끼는지 깨닫지 못할 수 있는 것이다. 즉 '부정적'인 생각을 하면 변화되는 것을 느끼지 못하게 되는 것이다. 왜 그럴까?

우리는 진정으로 원하는 새로운 생각을 하면서 처음부터 시작해 보기로 했다. 그리고 우리가 새로운 생각을 했을 때 떠오르는 감각들을 아주 자세히 살펴보았다. 참가자들은 그 감각이 끔찍하고 참을 수 없이 고통스럽다고 했다. 사실 사람들은 그런 느낌을 감각이라고 생각하지 않으려고 했다. 그 대신 곧바로 그 감각들이 가진 의미에 대해 두려움을 느꼈다. 그리고 그 감각들을 제거하지 않음으로써 생기게 될 결과를 두려워하고 있었다.

사람들은 "머리가 폭발할 것 같은 느낌을 느꼈어요."라고 했다. 실제로 누군가의 머리가 폭발한 적은 한 번도 없었고, 앞으로도 그런 일은 없을 것이다. 그런 느낌은 자신이 경험하게 될 감각을 두려워한 나머지 스스로 만들어낸 생각에 불과하다. 그렇다면 그 감각은 정확히 무엇일까?

그 이유를 알기 위해 모임에서 한 사람을 집중적으로 탐구해 보았다. 이때 다른 사람들은 가슴이 두근거리거나 죄여옴, 화끈거리거나, 한기 또는 '공허'한 느낌을 받는다는 사실을 알 수 있었다. 이런 감각들은 평소에 흔히 겪을 수 있다. 깊이 생각해 본 적이 없는 지극히 평범하고 정상적인 감각일 뿐이다. 그런데 왜 특정 상황에서 그런 감각

들을 두려워하는 것일까?

　우리는 어린 시절로 돌아가 보기로 했다. 우리가 하고자 하는 생각은 어렸을 때는 매우 위험하고 위협적일 수 있다. 우리가 "난 훌륭해요.", "난 할 수 있어요.", "난 예뻐요.", "난 스타가 될 거예요."라고 했을 때, 누군가가 우리에게 벌을 주거나 혼내거나 무시했을 수도 있다. 어린아이에게 있어서, 부모님을 잃는다거나 매를 맞는다거나 하는 생각은 견디기 힘든 일이다. 의지할 곳도 없고 맞서 싸울 힘도 없는 어린아이의 생존은 전적으로 부모에게 달려 있기 때문이다. 이런 일에 대해 몸서리쳐지는 감각을 느끼게 되지만 어떻게 해야 할지는 잘 모른다. 이런 감각을 떨치기 위해 의지할 것도 없었고 우리가 느끼는 감정을 정당화할 수 있는 방법도 없다. 그래서 할 수 있는 일은 그저 그런 감각을 느끼지 않으려고 생각할 뿐이다. 그래서 '난 할 수 없고 하지도 않을 거야, 절대로 안 할 거야, 나는 해본 적도 없어.'와 같은 생각을 하게 된다.

　이렇게 생각하는 이유는 어릴 때 위험으로 느꼈을 감각으로부터 자신을 방어하려 하기 때문이다. 하지만 성인으로서 느끼게 되는 위험은 어릴 때와는 다르다. 왜냐하면 성인이 되어서는 어릴 때 위험하다고 느꼈을 감각을 견뎌낼 수 있기 때문이다. 뿐만 아니라 어떤 상황이 닥치더라도 대처할 수 있는 수단도 갖고 있다. 다만 그것을 인식하지 못하고 있을 뿐이다.

　생각의 전환의 과정 중에서도, 특히 이 과정은 고통스럽고 혼란스럽다. 왜냐하면 인생이 진정으로 원하는 방향으로 나아가고 있을 때, 기분은 점점 더 나락으로 떨어질 수 있기 때문이다. 하지만 이것이 생각의 전환을 위한 핵심 열쇠가 된다.

새로운 생각으로 전환하고 그 생각을 현실화시킬 수 있는 유일한 방법이 있다. 바로 그 새로운 생각에서 비롯되는 감각을 유지하는 것이다.

그런데 생각의 전환에 관해서는 아주 뿌리 깊은 오해가 있다. 즉 꿈을 이루어나갈 수록 기분이 좋아질 것이라는 생각이다. 하지만 그렇지 않다. 왜냐하면 우리는 원하는 것을 생각한 것이 아니라, 피하고 싶었던 것들을 생각해 왔기 때문이다.

이런 이야기를 들으면 다음과 같은 말을 자주 듣게 된다.

"그렇다면 피하고 싶은 감각은 평생 느끼면서 살아야 하나요?"

내 대답은 이렇다.

"네, 그렇습니다. 하지만 그 피하고자 하는 감각의 의미는 피하려 하지 않고 유지하려고 하면 급격히 변할 것입니다."

예를 들어보자. 제1부에서 언급했듯이. 스무 살 때 나는 심각한 공황장애를 겪었다. 어떤 경고도 없었고 아무런 이유도 없이 아주 끔찍하고 두려운 감각들을 겪어야 했다. 당시 나는 집 밖으로 한 발자국도 나가지 못할 것 같다는 생각을 했다. 지하철도 탈 수 없고 극장에 앉아 있지도 못할 것 같았다. 그래서 집 외에 다른 장소에는 갈 엄두를 내지 못했다. 그런데 내가 생각의 전환을 이루기 위한 행동을 실제로 실행했을 때 나는 깨달을 수 있었다. 그런 감각들을 견딜 수 없을 것 같다는 것은 내 '생각'에 불과했었다는 것을……

이런 감각들을 곰곰이 생각해 보니 손목에 찬 물건이 닿은 느낌 정도에 불과했다. 그리고 가슴을 죄어오는 느낌, 어지러워서 빙빙 도는 것처럼 느껴지는 감각에 불과했다. 공황장애는 그런 느낌이었다. 차가

3부 우리에게 방법이 있다　101

운 손목, 가슴 죄여옴, '빙빙 돌아가는 세상'을 느끼는 정도였다. 내가 과연 견뎌낼 수 있었을까? 물론이다. 만약 평생 그런 느낌을 느껴야 한다 하더라도, 나는 극장도 가고 지하철도 타는 등 내가 하고 싶은 것을 하기로 결심했다. 불안했지만 다시 내 삶을 살기 시작한 것이다.

시간이 지나도 이런 감각들은 사라지지 않았다. 하지만 의미는 퇴색되어 더 이상 인식하지 못할 지경에 이르렀다. 그런 감각은 한때의 경험일 뿐이었다. 예전에는 내게 공포였던 그런 상황들이 더 이상 두렵지 않게 느껴졌다. 결국 그런 감각에 전혀 신경을 쓰지 않을 수 있게 되었다.

그렇다면 한번 생각해 보자. 어린아이라면 긴 줄을 서서 기다려야 하는 상황에서 소리를 치고 울고불고 할 수도 있다.

무언가를 얻으려고 줄을 서서 겪는 고통을 참을 수 없기 때문이다. 어른인 우리도 줄 서는 것을 내켜하지 않는다. 그래서 '줄을 서서 기다리는 건 싫은데.' 또는 '줄을 설 시간이 없는데.'라고 생각한다. 하지만 저쪽에 내가 원하는 것이 있기에 긴 줄 서는 것쯤은 기꺼이 참아낼 수 있는 것이다.

이제 우리는 생각의 전환 과정에서 중요한 하나를 남겨 놓고 있다.

새로운 생각을 선택한 후, 당신은 잠시 멈춰서 자신에게 질문해야 한다. '이런 생각을 하면 어떤 느낌을 느끼게 될까?' 놀랍게도 그 생각이 흥미롭고, 새롭고, 기상천외한 것일수록 확실한 돌파구를 경험하게 된다. 그리고 당신은 더욱더 걷잡을 수 없는 감각을 느끼게 된다.

현실화된 세계에서 새로운 생각이 실현될 수 있을지의 여부는, 그 생각에서 비롯된 감각을 견뎌내며 계속 유지하느냐에 달려 있다.

만약 당신에게 "기분이 한결 좋아졌다면 정상궤도에 올라 있다는 것을 의미합니다."라고 조언하는 사람이 있을 수 있다. 그러나 이것은 사실이 아니다. 기분이 좋아질 때까지 기다린다고 원하는 것을 이룰 수 있는 것이 아니다.

공연 예술가로서, 나는 자주 무대 위에 서야 한다. 심장이 두근거리고 속은 메스껍고 온몸에서 느껴지는 긴장감은 언제나 따라다닌다. 누군가가 나에게 말했다. "브로드웨이에서 공연을 시작하는 날, 그곳에 당신이 서 있다면 얼마나 황홀할지 상상해 보세요." 물론 이런 생각을 여러 번 해보았다. 그러나 계속 토하고 싶은 느낌이 들었다. 물론 나는 브로드웨이에 진출하고 싶은 야망이 있었기 때문에, 그런 느낌을 기꺼이 수용하기로 했다.

다시 한 번, 생각은 물리적인 세계의 거울에서 현실화된다. 하지만 현실화하기 위해서는 그 생각들을 지속적으로 유지해야 한다. 그리고 그 생각을 유지할 수 있는 유일한 방법은 생각에서 비롯되는 고통스런 감각을 받아들이는 것이다.

생각의 전환의 과정을 이행하기 위한 최신의 방법

다음은 생각의 전환을 이룰 수 있는 새로운 방법이다.

현실화되지 않은 세계의 존재에 관한 명상으로부터 시작해야 한다. 당신의 삶에서 겪고 있는 문제들을 직시하고 그대로 설명해야 한다. '내 인생이 생각의 거울이라면, 이 거울은 무슨 생각을 반영하는 것일까?'라고 자신에게 물어야 한다.

무슨 일이 일어나길 바라는가?

인생의 거울에 생각이 반영된다면 어떤 생각이 원하는 일을 실현시킬 수 있을까?

그 생각을 새로운 생각으로 전환해야 한다.

가만히 앉아서 물리적 감각을 느껴야 한다. 분석하지 말자. 다른 생각이 떠오른다 해도 그저 그 감각으로 돌아가야 한다.

그 감각을 계속 유지할 수 있을 때 가능한 모든 생각의 세계가 당신 앞에 펼쳐진다.

"새로운 생각을 선택하는 것과 그 생각을 유지하는 것은 별개의 문제이다."

12장
물리적 감각

현실화되지 않은 세계로 들어가는 관문

　우리는 감각을 유지할 수 있을 때 무한한 가능성이 펼쳐진다는 사실을 알게 되었다. 어떤 행동을 하거나 의식적인 조치를 취하거나 어떤 일이 일어나도록 노력할 필요는 없다. 생각에서 비롯되는 감각들을 유지할 때 자연스럽게 변화가 일어나는데, 갑자기 어떤 아이디어가 떠올라 행동을 취하기도 했다. 우리의 능력 밖에 있는 일도 일어나기 시작했다. 예를 들어 뜻밖의 사람에게 전화가 걸려와 제안을 해준다거나, 때로는 기대하지 않았던 사람들을 우연히 마주치는 등의 경험을 하게 된다.

　생각이 유발하는 감각을 계속 유지했을 뿐인데, 어떻게 생각이 현실화될 수 있을까?

　그래서 생각의 전환에 대해 탐구하고, 그 감각을 유지하지 못하게 하는 원리와 이유를 연구해 보았다. 그리고 그 해답을 얻을 수 있었다.

　앞에서 언급했듯이, 어렸을 때 받은 큰 충격은 우리가 견디기 어려워하는 감각과 항상 관련되어 있다. 성폭력이나 육체적 폭력처럼 충격이 엄청난 것들일 수도 있다. 때로는 태어난 지 두 달 만에 엄마가 30분 동안 방에 없어서 아주 놀랐던 것처럼 사소한 일일 수도 있다.

　철부지 어린아이는 전적으로 부모에게 삶을 의존해야 한다. 그 밖

에는 의지할 곳도 없고 지금보다 체구도 훨씬 작다. 의식주를 부모가 해결해 주기 때문에 부모 곁을 떠나거나 스스로 돈을 벌 수도 없다. 이런 감각들은 성인이 된 우리로서는 다시 경험하지 못할 감각이다.

이렇게 생각해 보자. 당신이 생명유지 장치에 의존하고 있다고 해보자. 장치를 작동하는 사람이 자신이 원하는 대로 해주지 않으면, 장치의 작동을 멈추겠다고 한다. 그러면 당신은 그 사람이 원하는 식으로 해줘야 한다. 그렇지 않으면 기계에 전적으로 목숨을 의지하고 있는 당신은 장치의 작동이 멈춤과 동시에 목숨을 잃게 될 것이다.

이는 어린이들이 어른들에게 의존하는 수준과 거의 같다. 이 때문에 부모가 아무리 매정하게 대해도 아이들은 참고 견뎌내야 한다.

그렇다면 잠시 이런 일을 가정했을 때의 감각을 생각해 보자. 이때 떠오르는 감각들에 대해 생각해 보는 것이다. 이 감각들은 유지하기가 서의 '불가능'에 가깝다.

아이들의 삶은 전적으로 자신을 돌봐주는 사람의 손에 달려 있다. 그렇기 때문에 아이들은 고통스러운 감각을 느낀다. 아이들은 어른들처럼 정신적으로나 물리적으로 독립적이지 않다. 그래서 '끔찍하고', '견딜 수 없는' 감각에서 벗어나고 싶어 한다.

아이들이 대처하는 방법은 다시는 그런 감각을 느끼지 않으려고 하는 것이다. 또는 그런 감각이 느껴지는 상황에 다시는 처해지지 않으려고 생각한다.

이에 해당하는 것이 '나는 못 해. 나는 안 할 거야, 절대로.'와 같은 생각들이다.

당신이 독립을 시도하려고 할 때 보살펴주던 사람이, 독립하지 못하도록 위협한다면 어떻게 될까. 그 위협 때문에 느낄 수 있는 감각을 피하려고 독립을 포기하게 된다.

　당신이 성공의 문턱에 와 있을 때, 보살펴주던 사람이 당신을 위협한다면, 당신은 성공하려는 생각을 포기하고 싶은 생각에 머물게 된다.

　이렇게 생각해 보자. 방해가 되는 생각들은 너무 자연스럽게 떠오른다. 그래서 그런 생각으로 인해 비롯되는 감각을 깨닫지도 못한다. 예를 들어 '난 할 수 있어.'라는 생각을 하는 순간, '아냐, 못 해.'라고 방해가 되는 생각이 떠오른다. 이런 생각을 떠오르기 전에 분명 '나는 할 수 있어.'라는 생각에서 비롯된 감각이 있었을 것이다. 그런데 '나는 못 해.'라는 생각이 '할 수 있어.'라는 생각에서 비롯되는 감각을 느끼지 못하게 만든다. 따라서 생각이 바뀌는 속도를 늦추고 그 감각을 좀 더 유지할 수 있어야 한다. 그래야 '할 수 있어.'라는 생각에서 비롯되는 감각을 느낄 수 있게 된다.

　이 부분에서 우리는 속아 넘어간다. 이 모든 과정은 우리를 감각에서 멀어지게 한다. 그러므로 우리는 '나는 할 수 없어, 안 할 거야, 절대로 안 해.'라는 새로운 생각을 믿기 시작한다. 그리고는 성공이나 독립, 권력을 두려워한다고 생각한다. 따라서 우리는 두려워하는 이유를 밝혀내고, 자신의 감정을 표현하고, 대담한 행동을 취하기 위해 상담을 받기도 한다.

　하지만 이런 방법은 전혀 효과가 없다. 왜냐하면 우리가 두려워하는 것은 성공이나 독립, 권력이 아니기 때문이다.

우리가 두려워하는 것은 그런 상황이 만들어내는 감각이다.

이런 감각이 본질적으로 위험한 것은 아니다. 때때로 그런 감각은 배가 아프고 콧물이 흐르고 목이 멘 것처럼 간단한 일이다. 그런데도 우리는 이런 감각들을 위험과 연관시키기 때문에 피하려고 한다. 그리고 어떤 면에서 우리는 그런 감각을 경험하기보다는 두려워하는 게 낫다고 생각한다.

우리는 충격이 클수록 그런 감각으로부터 벗어나려고 더 애를 쓴다.

그리고 생각이 감각을 유발하기 때문에, 충격이 클수록 생각의 더 많은 영역에 접근하는 것을 꺼리게 된다.

세상은 생각의 거울에 불과하다. 이 때문에 우리는 내면세계, 즉 현실화되지 않은 세계에서 원하는 것이 무엇인지를 생각하지 않으면 원하는 것을 볼 수 없다.

삶이 위축되는 이유는 무언가를 두려워하기 때문이라고 생각하기 쉽다. 하지만 우리가 두려워하는 것은 두렵다는 생각에서 비롯되는 감각이다.

우리가 이 훈련을 통해 끊임없이 발견하는 것이 있다. 즉 가장 두려운 감각을 일으키는 것은 '나는 할 수 있어. 나는 강해.' 심지어 '가능해.'와 같은 생각이라는 것이다.

살면서 불쾌한 감각을 느끼지 않으려고 피하는 장소에 대해 살펴보자. 우리는 불쾌한 감각을 느끼고 견디기 힘들었던 경험(아이들에게 힘든 경험)과 연관된 장소에는 가지 않게 된다. 그곳에 가려고 생각하면 그에 따른 감각을 경험하고 유지할 의지가 있어야 한다. 할 수는 있지만, 그런 감각에 안 좋은 의미를 부여하며 살아왔기 때문에 의지를 갖기는 쉽지 않다.

보이지 않는 담장 안에 갇힌 개들을 한번 상상해 보자. 보이지 않는 담장을 설치하는 것은 개를 가둬 놓는 효과적인 방법이다. 마당 끝에서 전기신호를 보내는 철조망이 있다. 그 담장 안에서 사는 개는 목줄을 하고 있는데, 철조망 근처에 갈 때마다 목줄에 전기 충격이 가해진다. 처음에는 약하게, 담장 근처로 가까이 다가갈수록 강도가 점점 거세진다. 전기 충격은 생명에 위험을 줄 정도가 아니기 때문에 절대로 다치지는 않는다. 하지만 그 개는 전기 충격에 대한 불쾌한 느낌을 경험하고 철조망 주변으로부터 멀리 떨어져서 지내게 된다.

물론 어떤 개는 이런 전기 충격 때문에 불쾌감을 느끼면서도 자유가 더 중요하다고 생각한다. 그리고 이런 개들은 보이지 않는 담장을 뛰어넘는다. 전기 충격을 받긴 하지만 위험할 정도가 아니라는 것을 알게 된 것이다. 일단 이렇게 뛰어넘게 되면, 보이지 않는 담장은 개들을 더 이상 효과적으로 가둬놓지 못한다. 개들은 밖으로 나가고 싶어하고, 해롭지는 않지만 얼얼한 느낌인 전기 충격을 이겨내려고 한다.

우리 역시 삶에서 경험하고 싶지 않는 특정한 감각에 보이지 않는 담장을 쳐 놓는다. 하지만 보이지 않는 담장이라는 것은 착각에 불과하다. 그 담장을 뛰어 넘기 위해서는 그 감각을 경험하는 것뿐이다.

그러나 특정한 감각에 대한 담장을 없앤다는 것은 생각처럼 쉽지 않다. 왜냐하면 이런 담장은 한때 우리를 위험으로부터 보호하기 위해 구축되었기 때문에 담장을 뛰어넘는다는 것은 상당한 위협으로 다가온다. 그래서 위험을 느끼지 않으려고 방어하는 생각을 해온 것이다. 하지만 이렇게 되면 결국, 굳이 방어할 필요가 없는 감각들도 경험할 수 없게 된다. 꿈을 이룰 수 없게 만드는 장벽이 만들어지는 것이다.

3부 우리에게 방법이 있다

무대에서 공연하는 사람들에 대해 생각해 보자. 공연 예술에 종사하지 않는 사람들은 공연하는 사람들이 무대를 두려워하지 않기에 무대에 오를 것이라고 생각한다. 그러나 절대로 그렇지 않다. 앞서 언급한 거처럼, 나는 무대에 설 때마다 가슴이 두근거리고, 손에서 땀이 나고, 피가 솟아오르는 느낌을 받는다. 이 때문에 이런 느낌을 극복하려는 굳은 의지를 가졌을 때에만 무대에 올라갈 수 있다. 무대에 올라갈 때 긴장하는 것은 지극히 당연하고 정상적인 일이다. 무대 공포증은 무대에 올라갔을 때 느끼는 두려움이다. 유명한 인기스타들은 무대 공포증을 느끼지 않는다. 이들은 무대에 오르고 싶은 욕구가 더 강하고, 고통스러운 감각을 극복할 능력도 갖고 있다. 이들은 보이지 않는 담장을 뛰어 넘고 싶어 하는 개들과 같은 부류이다. 바깥 세상에 나가보고 싶어 하는 욕망이 너무 커서, 자유에서 비롯되는 감각들을 기꺼이 경험히고자 하는 것이다

우리는 특정한 감각을 경험하지 않으려고 경험이라는 무한한 가능성의 세계를 배제해 왔다. 어떤 감각이든 받아들일 의지가 있다면 감각을 경험하기 위해 행동하는 것만으로도 의미가 있다. 그러면 무한한 가능성의 세계가 문을 열어줘서 무한한 생각에 접근할 수 있게 된다. 세상은 우리의 생각을 그대로 반영하면서 펼쳐지기 때문이다.

이 과정에서 가장 중요한 것은 당신이 원하는 생각이 무엇인지 알아보는 것이다. 진정으로 원하는 것을 알게 되면, 잠깐 멈춰서 자신에게 물어보아야 한다. '나는 어떤 감각을 느끼고 있는가?' 그리고 그 생각이 현실화되는 것을 계속 확인하고 싶다면, 그 생각에서 비롯되는 감각도 유지할 수 있어야 한다.

원하는 생각이 현실화되지 않는다고 해서 당신의 생각이 효과가

없는 것은 아니다. 이는 그저 생각을 다른 것으로 대체해 버렸다는 것을 의미할 뿐이다. 당신이 생각을 전환한 이유는 진정으로 바라던 생각에서 비롯되는 고통스런 감각을 느끼고 싶지 않기 때문이다. 그리고 세상의 거울은 당신에게 그 대체한 생각을 보여준다. 생각의 거울과 굳이 대결하려고 하면 안 된다. 원하는 생각으로 돌아가서 그 생각에서 비롯되는 감각을 경험해야 한다.

이것이 바로 무한한 가능성과 무한한 현실화로 향하는 열쇠이다.

"새로운 감각을 유지했을 때 무한한 가능성이 펼쳐졌다."

13장
방어적인 생각

감각을 경험함으로써 현실화되지 않은 세계의 문이 활짝 열린다. 그런 다음 우리는 감각을 하나씩 들여다 볼 수 있다. 그리고 어린 시절에 받았던 상처를 치유하면서 무한한 가능성의 세계로 다시 들어갈 수 있다.

어떤 생각을 할 때마다 그 생각은 감각을 일으킨다. 이제 우리에게는 두 가지의 선택이 있다. 첫째, 현재의 생각을 유지하면서, 그 생각에서 비롯되는 감각을 경험할 수 있다. 둘째, 다른 생각으로 전환함으로써 그 감각에서 벗어날 수 있다. 이 다른 생각을 '방어적인 생각'이라 부를 것이다. 경험하기 두려워하는 감각으로부터 방어해 주기 때문이다.

이 책 앞부분에서 언급한 바와 같이 생각에서 비롯된 감각을 유지하면 그 생각은 믿음이 되고, 그 믿음은 현실화된 세계의 거울에 반사된다. 좀 더 쉽게 말하면, 생각에서 비롯된 감각을 유지하면 그 생각이 현실화된다.

방어적인 생각으로 전환함으로써 그 감각에서 벗어나려고 하면 어떻게 될까. 그러면 우리의 감각은 참을 만하고 안전한 감각으로 대체된다. 그 결과 방어적인 생각은 두려워하는 감각으로부터 우리를 안심할 수 있게 해주는 역할을 한다.
하지만 바로 이 부분이 문제가 된다.

방어적인 생각은 전혀 효과가 없다

방어적인 생각은 우리가 두려워하는 생각에서 벗어나게 해줄 수는 있다. 하지만 그런 생각을 하면 원하지 않는 결과를 초래할 수 있다. 사실 방어적인 생각은 항상 '나는 못 해. 안 할 거야. 절대로 그런 일은 없어.'와 같은 종류의 생각들이다.('나는 할 수 있어. 할 거야. 그런 일이 있을 거야.' 와 같은 불편한 감각을 초래하는 생각에서 벗어나게 하기 위해), 이런 방어적인 생각은 항상 우리가 원하는 것과 정반대의 결과를 가져온다.

방어적인 생각에서 비롯되는 감각은 일시적으로 안도감을 준다. 하지만 얼마 지나지 않아 원하는 것을 얻지 못했다는 사실을 깨닫게 해준다. 그리고 나서 다시 진정으로 원하는 생각으로 돌아가게 만든다.

두려워하는 감각으로 되돌아가도록 되어 있는 길

방어적인 생각을 우리가 진정으로 원하는 생각으로 전환하면 어떤 일이 생길지 추측해 보자. 그렇다! 두려워하는 감각을 다시 느끼게 된다. 그리고 또다시 같은 패턴을 되풀이하게 된다.

요컨대 그 감각에서 도망갈 수는 있지만 완전히 숨을 수는 없는 것이다! 진정으로 바라던 생각에서 비롯된 감각을 피한다면, 생각의 거

울은 '또 다른 문제에 부딪혀 봐!'라고 한다.

감각 - 유지 아니면 피하기 · 선택(일시적)

생각을 선택하면 곧바로 다른 생각에 빠지게 된다. 이 시점이 매우 중요한 선택의 순간이다. 생각으로 인해 생기는 감각을 유지하면서, 그 생각이 믿음이 되어 현실화될 때까지 기다릴 수도 있다. 아니면 방어적인 생각을 해서 방어적인 생각이 현실화되면 자신이 진정으로 원했던 건 그것이 아니라는 사실을 깨닫게 될 수도 있다. 이 과정을 거치고 나면, 진정으로 원하는 것이 무엇인지 알게 된다. 그리고 자신이 바라던 생각을 다시 하고, 예전에는 방어적인 생각을 하면서 피하려 했던 감가을 다시 느끼게 될 것이다.

모든 선택의 차트는 다음과 같다.

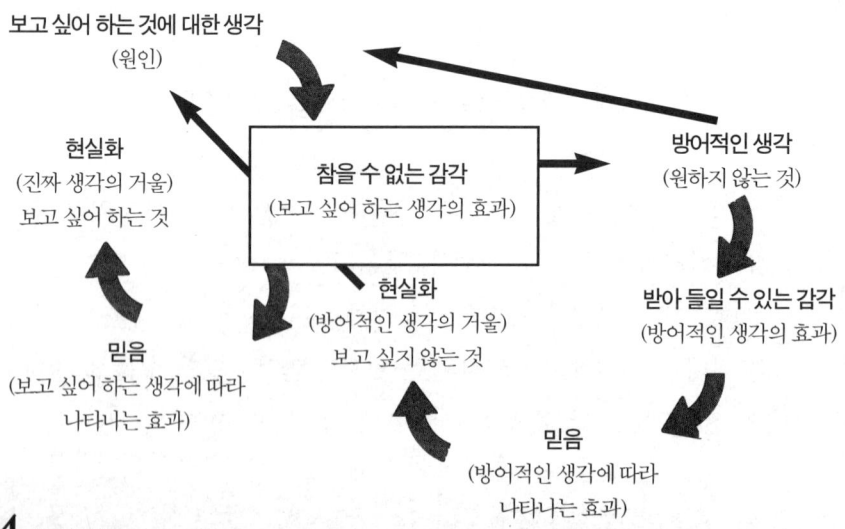

그림을 보면 모든 길은 우리가 원하는 생각을 지속할 수 있도록, 느껴야 할 감각으로 이어진다는 것을 알 수 있다. 원하는 생각을 하면 관련된 감각이 생긴다. 그리고 그 감각에서 멀어지면서 방어적인 생각을 하게 된다. 방어적인 생각을 하고 있다는 사실을 깨달으면, 그 생각에서 전환할 수 있고, 원하는 생각으로 다시 돌아갈 수 있다. 방어적인 생각을 하고 있다는 사실을 깨닫지 못하면, 방어적인 생각은 불쾌한 경험으로 현실화될 것이다. 그리고 곧바로 진정으로 원하던 생각으로 다시 돌아간다. 그리고 자신도 모르게 피하려고 했던 감각을 다시 느끼게 된다.

세상은 고정되어 있다. 원하는 생각에서 비롯되는 감각으로 되돌아가 그것을 경험하고 현실화되도록 되어 있다. 이런 관점에서 보면, 세상이 움직이는 방향도 알 수 있다. 세상은 우리를 좌절시키거나 절망스러운 곳으로부터, 관대하고 포용력이 있는 방향으로 이끌어나간다. 또한 관대함이 존재하는 이 세계는 원하는 것을 모두 볼 수 있게 해준다.

잃어버린 조각

우리가 왜 생각을 전환하고 새로운 생각을 유지하지 못하는지에 대한 답, 이것이 바로 본래의 생각의 전환에 있어서 잃어버린 조각이다.

우리의 삶에서 '문제'가 있거나 '결여'된 부분은 방어적인 생각의 반영일 뿐이다. 종종 우리들은 이런 문제들을 경험할 수 없는 일들의 '증거'라고 생각하기 쉽지만, 사실은 그 반대이다.

이런 일들은 우리가 진정으로 원하는 생각으로 우리를 이끌어준다. 하지만 문제는 그렇게 생각하면 우리가 기분이 좋아질 것이라고 기대한다는 점이다.

사실 우리가 원하는 생각이야말로 우리 자신을 두려운 감각으로 이끌어간다. 우리는 그런 두려운 감각을 예상할 수 있어야 한다.

또한 그런 감각이 사실 해롭지 않고 생각을 현실화할 수 있는 지름길이라는 것도 깨달아야 한다.

그렇게 된다면 우리는 그 감각들을 유지할 수 있고 생각이 현실화되는 것을 목격할 수 있다.

감각을 회피하는 것은 우리가 인생에서 헤쳐 나오려고 애쓰거나 우리를 계속 좌절시키던 모든 문제의 중심에 있다. 그런 문제들은 우리가 계속해서 시도했지만 결국 해결하지 못했던 것들이기도 하다. 우리가 원하는 것이 현실화되지 않는 이유는 단 하나다. 즉 원하는 것을 갖는다는 생각이 만들어내는 감각을 유지할 수 없다고 생각하기 때문이다.

따라서 우리는 원하는 것에 대한 생각을 방어적 생각으로 전환하여 우리가 원했던 바와 전혀 다른 결과를 보게 된다.

현실화된 세계에서 볼 수 있는 것은 단지 생각이 반영된 이미지이다. 쉽지는 않지만, 특정한 생각 때문에 감각이 생긴다는 것을 이해한다면, 모든 것을 현실화시키기 위해 우리가 할 수 있는 것도 있을 것이다. 그것은 감각을 유지하는 것뿐이다.

생각의 전환 도표를 다시 한 번 떠올려보자.

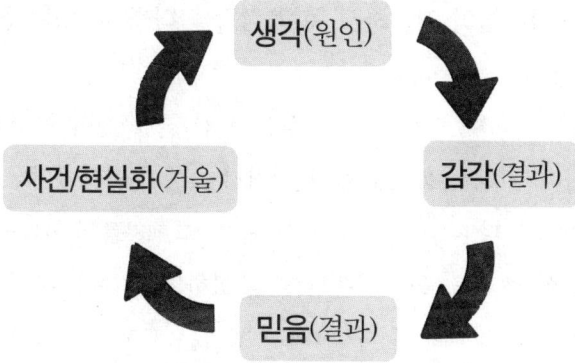

단순하다. 그러나! 이 표는 다음과 같이 느껴진다.

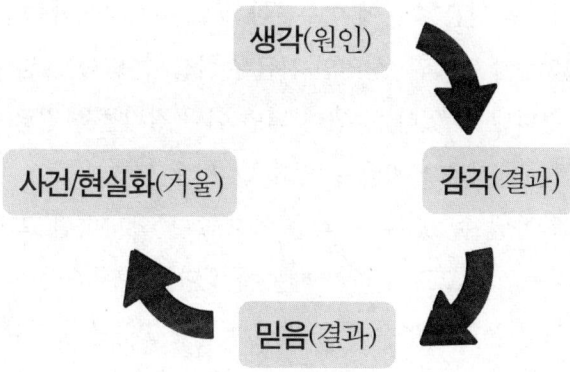

쉬운 일이 아니다.

원하는 생각이 현실화되는 것을 알기 위해 당신이 해야 할 일은 생각에서 비롯되는 감각을 유지해야 한다.

쉽게 말해 이는 성장을 의미한다.

의미를 하나씩 살펴보도록 하자.

성장 — 아이들이 감당하지 못할 감각을 다룰 수 있는 성인

두 살배기 아기가 과자가 먹고 싶은데 긴 줄을 서야 한다면 참기 힘든 경험이다. 그래서 울며불며 떼를 써서 줄에서 벗어났더니 과자를 얻지 못하게 되었다.(아니면 어른이 대신 줄 서주고 과자를 가져다 줄 수 있을 것이다.) 어른인 우리도 줄을 서는 것을 좋아하진 않는다. 하지만 진정으로 과자를 원하기 때문에, 줄을 서서 생기는 고통스런 감각쯤은 참을 수 있고 과자를 얻을 수 있게 된다.

그러면 우리가 원하면서도 얻을 수 없는 것들은 다음과 같이 생각할 수 있다. 생각으로 인해 생기는 감각을 유지할 수 없기 때문에, 단순히 어린아이와 같은 수준에 머무른다고 할 수 있다. 어렸을 때는 그 감각을 참을 수가 없지만, 성인인 지금은 참을 수 없다는 생각을 버리고 완전히 견뎌낼 수 있다. 성인이 되면 이런 감각들을 견딜 수 있고, 우리가 원하는 생각을 유지할 수 있게 된다.

감각을 참아낼 수 있다는 생각은 쉽지 않다. 왜냐하면 그 감각들은 위험했던 일들을 떠오르게 하기 때문에 상당히 고통스러울 수 있다. 하지만 이 고통을 치유할 수 있을 것인지는 이 고통을 유지할 수 있느냐 없느냐에 달려 있다. 즉 그 생각을 피하지 않고 유지해야 한다.

이 원리를 일단 이해하게 되면 고통은 치유되기 시작한다. 고통이 치유되면서 자신의 세계를 다시 재정립할 수 있다. 그리고 그동안 항상 원해 왔던 생각을 하면서 이에 따른 감각을 경험할 수 있다. 이렇게 되면 무슨 행동이든 할 수 있고 우리가 갈망해 온 일들도 경험할 수 있게 된다.

이쯤에서 많은 사람들은 다음과 같은 질문을 한다. "그러면 그 감각(정말 꺼려지는 감각)을 영원히 경험해야 하나요?" 그리 기분 좋은 소식은 아니지만 그럴 가능성이 매우 높다. 하지만 희소식은 감각과 함께 떠오르는 고통을 무시하고 그 감각만 느낀다면, 그 감각은 그저 평범한 느낌에 불과하다. 바로 일상적인 답답함이나 가려움, 열기나 한기와 같이 항상 견뎌낼 수 있는 지극히 평범한 느낌이 된다. 어렸을 때 생각했었던 위험하거나 견딜 수 없었던 그런 감각이 절대 아니다. 그래서 견딜 수 있을 뿐 아니라, 나중에는 그런 감각을 느끼는지조차 인식하지 못하게 된다.

원하는 물건을 얻으려고 긴 줄을 서서 기다리는 경험은 모두가 해보았을 것이다. 긴 줄을 서면서 경험했던 감각은 절대로 사라지지 않을지도 모른다. 하지만 줄을 오래 서는 것만으로 원하는 것을 항상 손에 쥘 수 있었다. 그래서 그 줄이 길다고 여겨지지도 않을 수도 있다. 원하는 것을 얻기 위한 자연스러운 일상이 되는 것이다.

특정한 문제에 대한 생각 때문에 어떤 감각을 느낄 때마다, 현실화되지 않은 세계의 문은 다시 열린다. 이 과정은 앞으로 남은 인생 동안 계속된다. 이것이 바로 인생이다. 생각하고, 감각을 경험하고, 그 감각을 유지하고, 그 생각이 현실화되는 과정이 바로 인생이다. 그다음 과정은 무엇일까? 그렇다. 우리는 다른 감각을 불러일으키는 또 다른 생각을 하게 된다. 그리고 그 생각에서 비롯되는 감각을 유지하면 그 생각은 또 현실이 된다. 인생의 목적은 고통스러운 감각을 경험하지 않기 위함이 아니다. 진정한 인생의 목표는 우리에게 모든 기회의 문이 항상 열려 있다는 사실을 깨닫는 것이다. 그리고 우리가 해야 할 일은 생각을 하고, 그 생각에서 비롯되는 감각을 유지하면서, 원하는 모든 것을 현실화시키는 것이다.

14장
한 번 해보자고

모든 문제 짚어보기

지금까지 관찰한 내용을 복습해 보자.

하고 싶은 생각은 무엇이든 선택할 수 있다.

생각을 하면 그 생각은 감각을 일으킨다. 그리고 그 감각을 유지하면 그 생각은 곧 믿음이 된다. 믿음이란 우리가 진실이라고 여기는 생각들이다.(하지만 어떤 생각도 진실일 수는 없다. 그저 생각에 불과하다.) 생각이 믿음이 되면 그 생각은 현실이 되어 나타난다. 그런데 그 현실화된 세계는 생각의 거울일 뿐이다.

감각을 이해하고 나면 우리에게는 두 가지 선택이 주어진다. 그 감각을 견뎌낼 수 있게 된다. 이렇게 되면 생각은 믿음이 되고 현실화된다. 참아낼 수 없다고 생각되는 감각이면, 그 생각을(그 감각을 유발시키는 생각) 다른 감각을 일으키는 생각으로 전환할 수 있다. 이 경우 우리가 두려워하는 감각은 느껴지지 않는다. 왜냐하면 새로운 '방어적인 생각'이 우리가 견딜 수 있다고 여기는 감각을 가져오기 때문이다. 하지만 새로운 방어적인 생각에서 비롯되는 결과도 우리가 원하던 것은 아니다.

이렇게 원하던 결과가 나타나지 않으면, 우리는 다시 진정으로 원하던 것이 무엇인지를 생각하게 된다. 그러면 원하던 생각은 우리가 두려워해 오던 감각을 다시 불러일으킨다. 그런데 원하던 것을 실현하려면, 그 생각에서 초래되는 감각이 아무리 힘든 경험이더라도 한동안 유지할 수 있어야 한다. 그렇게 하지 않으면, 진정으로 원하는 것을 얻지 못하는 절망적인 악순환을 계속하게 된다.

어떤 생각을 현실화하기 위해서는 그 감각을 계속 유지해야 한다. 우리는 스스로를 보호하기 위해 미리 예상되는 감각을 회피하려고 한다. 어렸을 때 불쾌한 감각을 경험했을 때, 그 당시에는 행동을 취하기가 너무 약한 존재였고 어떤 도움도 받을 수 없는 상황이었다. 그 후 비슷한 상황에 놓일 때마다 그 감각을 계속 피해 왔다. 이렇게 되면서 자신을 억누르고, 감각을 유지할 수 없고 진정으로 원하는 것을 이루어줄 생각도 유지하지 못하게 된 것이다.

이런 사실을 이해했다면, 가능성의 영역을 다시 열게 할 유일한 방법은 그 감각을 경험하기로 결정해야 한다는 사실을 알 수 있다. 감각은 생각이 일으키기 때문에, 감각을 경험할 수 있는 유일한 방법은 그 감각을 불러일으킬 생각을 하는 수밖에 없다.

우리가 원하는 생각을 하지 않고 있는지를(방어적인 생각을 붙잡고 있기 때문에) 알 수 있는 방법이 있다. 우리 주변을 둘러보았을 때, 자신이 진정으로 원하는 생각이 아니라 방어적인 생각이 현실에 반영되고 있지 않은지 살펴보는 것이다.

스스로 치유되기 위해서는 우리가 하고 있는 생각(우리가 진정으로 갈망하는 생각)의 거울 속에서, 그 감각을 경험할 수 있도록 계속 부딪쳐 보는 것이다. 그리고 그 감각을 계속 유지해야 한다. 그러면 갈망하는 생각은 현실화된 세계에 모습을 드러낼 것이다.

이런 사실을 알게 되었으니 원하지 않는 상황이라고 해서 피하지

말고 계속 직면해야 한다는 것을 더욱 확실히 알게 되었다. 불편한 감각을 불러일으키는 사건이 일어날 때마다 '이런 일이 나한테 일어나고 있는 거야.'라고 잘못 생각하기 때문에, 그런 생각에서 비롯되는 감각에서 멀리 도망가려고 한다. 그런 다음 무엇을 할까? 똑같이 고통스러운 감각을 경험하게 될 또 다른 상황에 직면하게 된다.

말에서 떨어졌다고 가정해 보자. 그런데 낙마의 두려움을 떨쳐내고 다시 말에 오를 수 있는 기회를 주기 위해 말은 계속 옆으로 지나가고 있다. 하지만 계속해서 말에 올라타고 떨어지는 감각을 느낄 것이다. 그래서 "못 견디겠어."라고 하면서 말에서 뛰어내린다. 그러나 다시 말을 타려면, 그로 인해 느껴지는 감각을 유지하면서 계속 말을 타고 있어야 한다는 사실을 분명히 알 것이다.

이제 그동안 반복되던 사건들을 이 원리에 맞춰 다시 생각해 볼 수 있다. 즉 당신이 어린 시절에 겪었던 일은 '진실'이라고 여겨지는 하나의 예가 아니라, 자신을 치유하기 위해 일어난 기회였던 것이다. 또한 어렸을 때 감당하기 힘들었던 일들은 어른이 된 지금은 감당할 수 있는 일이라는 것을 이해할 수 있는 기회도 된다. 어렸을 때는 참기 힘들었던 감각이 지금은 참을 수 있는 감각이라는 사실도 이해할 수 있다.

이런 맥락에서, 성인인 우리는 힘들었던 경험들을 지워버리거나 바꾸려고 해서는 안 된다. 어린아이에게 있어서 끔찍할 수 있는 감각은 어른이 된 상황에서는 겪을 수 없는 사건이므로 오히려 고마움을 느껴야 한다. 이렇게 고마움을 느낌으로써 얻는 대가는 예전에는 생각하지 못했던(전에는 그 생각이 일으키는 감각을 유지하지 못했기 때문에) 부와 성공, 행복에 대한 생각을 할 수 있게 된 것이다. 그리고 이런 생각들이 결실을 맺는 것을 볼 수 있다.

처음부터 감각 다시 경험하기

　인생 초기에 있었던 일 때문에 생긴 감각을 피하기 시작하면서 인생에도 제동이 걸린다. 그렇기 때문에, 성인이 된 지금 그런 경험들을 다시 겪을 방법을 찾아야 한다. 목적은 그 감각을 재생해서 유지할 수 있도록 하는 것이다.
　이를 위해, 많은 치료사들은 인생 초기에 경험했던 일을 탐구하려 한다. 그리고 그것을 경험했을 때의 느낌이 어땠는지 다시 느껴보게 한다. 이런 치료법의 문제는 성인이 된 지금은 같은 사건에 대해 어렸을 때와는 전혀 다른 느낌을 경험한다는 것이다. 이유는 어렸을 때는 대처할 수 없었던 일들이 어른이 된 이상 쉽게 처리할 수 있는 일이기 때문이다.
　이 때문에 처음에 어떤 사건이 일어났는지는 별로 중요하지 않다. 대부분의 경우, 그런 사건은 똑같은 영향을 미치지 않을 것이며 같은 감각을 불러일으키지도 않기 때문이다. 예를 들어 어렸을 때 엄마한테 얻어맞은 사건이 있었다고 하자. 오늘날 엄마가 다시 당신을 때리려고 한다면, 성인이 된 지금은 못 하도록 막을 것이다. 부모님 중 한 쪽이 당신을 힘들게 한다면 집을 나오면 된다. 어렸을 때 겪은 일이라면 전혀 다르게 느껴질 것이다. 그 당시에는 당신을 이해해 줄 어른이 없었지만, 지금은 당신과 함께 있다는 사실을 알았으면 한다. 바로 당신 자신이다.
　당신은 그런 감각을 경험하고 있는 내면의 어린아이와 함께 하고 있다. 그 아이를 안아서 그 감각을 경험할 수 있도록 해줄 수 있다. 어른인 당신이 그곳에 있었다면, 처음 사건이 있었을 때, 당신이 개입할

수도 있었고, 그 사건에 대한 아이의 경험을 바꿀 수도 있었다. 그러나 그 자리에 없었기 때문에, 그 아이는 자신이 할 수 있었던 최선의 방법으로 대응했던 것이다. 즉 똑같은 감각을 일으킬 어떤 상황으로부터 자신을 방어해 줄 생각을 하게 된 것이다.

그런 감각을 경험할 기회가 되는 사건을 만들려면, 어릴 적 경험만으로는 충분하지 않다. 어른들의 세계에는 다른 방식으로 영향을 줄 수 있다. 그렇기 때문에 어린아이로서 느꼈던 것과 유사하면서도 흡사한 영향력이 있을 만한 사건이 얼어나야 한다. 그리고 똑같은 영향을 미치려면 훨씬 더 큰 사건이어야 한다. 배우자가 당신을 떠나거나, 재산을 모두 잃거나, 큰 병에 걸리는 것과 같은 일일 수도 있다.

이런 사건들은 너무나 현실적이기 때문에 단지 생각의 거울이 비춰지는 것뿐이라는 사실을 망각하기 쉽다. 이를 기억해 낸다면, 생각의 전환에서 가장 기본적인 질문을 하며 사건을 바라볼 수 있다. '이 일이 나의 생각의 거울에 비춰진 것이라면, 나는 지금 무슨 생각을 하고 있었던 것일까?' 그러면서 '외부'로 반사된 '내면'의 생각을 찾으려 할 것이다. 병에 걸리거나, 재산을 잃거나, 가정불화와 같은 문제로 비춰지는 방어적인 생각을 하고 있는 것이다. 바로 우리가 진정으로 원하는 생각이 일으키는 감각으로부터 더욱더 멀어지게 하는 생각들이다.

병이나 가난, 불만스러운 생각을 '방어적인 생각'이라고 하면 제정신이 아니라고 할 수도 있다. 하지만 이런 생각들이 당신을 얼마나 방어해 주는지 알고 싶다면, 그 생각을 건강과 재산 또는 행복으로 전환하도록 해보자.

이런 방어적인 생각을 당신이 원하는 생각으로 전환하는 순간, 피하려 해왔던 감각의 힘이 순식간에 '쾅'하고 폭발음을 내며 실체를 드러낼 것이다. 즉 숨 막힘, 발열, 호흡 곤란과 같은 감각을 겪게 될 것이다.

이런 감각은 위험하지도 않고 보이지도 않는다. 그러나 위험과 연관시키기 때문에 위험하다는 생각을 하게 된다.

놀라운 점은 바로 이 부분이다. 우리가 해야 할 것은 이 위험하다고 생각하는 감각들을 유지하는 것이다. 감각을 유지하면 어떤 생각을 하든지 선택할 수 있다는 사실은 명백하다. 원하는 생각을 선택했을 때 문제는 사라지고, 원하는 대로 반드시 이루어진다.

내가 이렇게 얘기하면, 사람들은 "그렇게 시도해 봤어요, 감각도 경험했고요, 생각도 했거든요. 그런데 문제는 그대로 있던걸요." 하고 반응한다.

기억해야 한다. 거울은 바로 당신이 생각하는 바를 그대로 반영한다. 거울은 스스로 할 수 있는 것이 하나도 없다. 당신은 거울 없이 그 어떤 것도 생각해 내거나 반사하도록 할 수 없다. 따라서 당신이 원하는 생각을 하고 있는데 거울 속에 아직도 문제가 보인다면, 문제로 비춰지는 생각으로 원상 복구한 경우이다. 어떻게 알 수 있을까? 당신이 거울 속에서 문제를 보고 있기 때문이다. 셔츠를 갈아입고 거울로 돌아와서 보니 아까 입었던 옷이 거울 속에 보인다면 원인은 하나뿐이다. 아까 입었던 옷으로 다시 갈아입었을 경우일 뿐이다. 거울을 봤는데 5kg이 빠져 보였다. 몇 주 뒤 다시 봤더니 5kg이 더 쪄 보인다. 원인은 하나다. 몸무게가 5kg 늘어난 것이다.

이러한 사실을 전적으로 이해한다면, 우리 삶에 전반적인 변화를 줄 수 있을 것이다. 스트레스를 받지 않고 자신에게 닥치는 어려움을 받아들일 수 있을 것이다. 고통스러운 경험들은 오히려 우리를 치유해

주기 위해 일어나는 일이라고 생각할 수 있다. 또한 피하려고만 했던 고통스러운 감각을 경험할 수 있는 또 다른 기회라고 생각해야 한다. 그리고 그 감각을 유지하면서 진정으로 원하는 생각을 계속하면, 원하던 것이 현실화되어 그 모습을 드러낼 것이다.

14장이 끝나가는 시점에 한 가지 상기시켜 주고 싶은 것이 있다. 생각의 전환의 과정을 살펴보면, 우리가 견디기 힘들어 하는 고통스러운 감각은 우리가 진정으로 원하는 것을 생각하기 때문에 일어난다. 그리고 다시 강조하지만, 원하는 것을 성취했다고 기분이 좋아질 것이라는 생각은 잘못된 생각이다.

원하는 것을 성취했을 때 평생 피해 왔던 감각을 느끼게 된다. 그 감각은 원하는 것을 절대로 얻지 못할 것이라고 확신하면서, 그동안 피해 온 감가이다. 앞서 언급했듯이 '나쁜 소식'은 그런 감각을 평생 느끼며 살아야 한다는 점이다. '좋은 소식'은 그건 그저 감각일 뿐이라는 점이다. 그리고 그런 감각을 느끼지 않으려고, 그 감각에 따른 의미를 제거하면, 더 이상 고통스럽지 않을 것이다. 또한 그런 감각에 대해 전혀 다른 경험을 하게 될 것이다.

기분이 좋아질 때까지 기다리면 꿈은 절대 이루어지지 않는다.

제4부

해방

15장
현실세계

볼 수 없는 우리

현실화된 세계에서 볼 수 있는 모든 것은 그저 생각의 거울이다. 그리고 거울의 목적은 단 하나라는 사실을 알 수 있다. 즉 그동안 피하려 해왔던 감각에 초점을 맞추게 한다. 그래서 진정으로 원하는 생각을 할 수 있게 해주고, 우리가 추구해 온 것을 경험할 수 있게 해준다. 이 모든 것을 이해했다면, 당신의 삶은 완전한 전환점을 맞이하게 될 것이다.

이제 우리가 볼 수 있는 세계는 사실 볼 수 없는 경험의 세계를 비춰주는 거울임을 알게 되었을 것이다. 지금부터는 실제세계를 탐구해보려고 한다. 지금까지 우리는 물리적인 세계를 '현실세계'라고 불러왔다. 그리고 무의식이나 생각, 감각과 같이 보이지 않은 세계는 '상상의 세계'라고 말해 왔다.

하지만 사실은 정반대이다. 실제세계는 '현실화되지 않은 세계', 즉 볼 수 없는 세계이다. 실제로 당신은 이 볼 수 없는 세계에 존재하고, 이 볼 수 없는 세계에서만 존재한다.

사실 당신의 실체는 당신의 육체도 아니고, 소유물도 아니고, 이미 성취했거나 또는 앞으로 성취할 것들도 아니고, 당신에게 일어날 수 있는 일도 아니다. 모든 것은 당신의 생각이 반영된 것들일 뿐이다. 당신의 진정한 실체는 볼 수 없다. 물리적인 세계에서는 볼 수도 없고, 측정할 수도 없다. 또한 찾을 수도, 손이 닿거나, 파괴할 수도 없다. 즉 당신은 거울 속에서 반사된 자신의 모습 때문에 고통을 받을 가능성이 크다.

　이 책 첫 부분을 떠올려보자.

　나는 인생의 초기 십수 년을 돈과 성공과 사랑이 인생의 최대 목적이라고 생각하면서 살았다. 이것들은 '행복'을 위한 필수조건이었다. 지금은 이것들 중 어떤 것도 실제세계에서 존재하지 않는다는 것을 알기에 나에게 어떤 의미도 갖지 않는다. 사실 지금까지 우리는 물리적인 세계를 '현실세계'라고 여기며 살아왔다. 그리고 볼 수 없는 상상의 세계를 '비현실'이라고 해왔는데, 오히려 정반대의 결과를 발견하다니 정말 놀랍지 않은가?

　즉 물리적인 세계가 '비현실의 세계'이고, 상상의 세계가 '현실세계'인 것이다.

　그래서 우리는 거울 속에 비춰진 상(像)을 현실세계라고 하지 않는다. 당신 앞에 일어나는 일을 실제세계라고 할 것이다. 하지만 물리적인 세계가 우리의 생각의 거울이라면, 물리적인 세계는 생각의 반사체에 불과한 것이다. 그래서 우리의 상상이나 생각은 현실세계의 일부이고, 우리 눈앞에 펼쳐지는 물리적인 사물과 상황은 현실세계가 아닌 것이다.

　물론 이렇게 말하는 것과 당신이 실제로 경험하는 것은 다를 수도 있다.

　다음 명상을 따라 하면서 시작해 보도록 하자.

현실세계에 대한 명상

(이 부분을 읽고 나서 대사를 외우거나 녹음해 눈을 감고 실제로 명상을 할 수 있다. 녹음할 때 '명상의 시간'이라고 할 때마다 20초~30초의 간격을 두자.)

🔓 눈을 감는다

눈을 감은 채로 당신이 어떻게 이곳에 있는지 생각해 보자. 당신이 존재한다는 사실을 어떻게 알고 있는지 생각해 보자. 당신은 존재한다. 의식이 있고, '나'라는 존재감도 있다. 이런 의식에는 당신의 이름이 새겨져 있는 것은 아니다. 어떤 특정한 곳에서만 찾을 수 있는 것도 아니다. 사실, 의식은 볼 수 없다. 볼 수가 없다. 나 역시 당신의 의식을 볼 수는 없다. 당신도 의식을 볼 수가 없다. 하지만 그 의식이 경험으로써 이 자리에 있는 것은 분명하다. 보이지 않고 물리적이지 않으며, 찾을 수도 없는 경험 말이다.

그렇다면 당신이 누구인지는 볼 수 없는 의식이라 해도 될 것이다.

이제 당신에게 감각이 있다는 것을 느껴보자. 간지러움, 답답함, 호흡곤란, 더위, 추위, 통증, 두근거림, 안정, 침착, 쿵쾅거림, 성급함. 눈을 떴을 때는 이런 감각을 '물리적인' 감각이라고 생각할 것이다. 하지만 눈을 감았을 때는 당신이 육체가 있었는지조차도 확신하지 못할 것이다. 당신이 알고 있는 것은 의식 속에서 감각들을 느낀다는 점이다. 이런 감각들을 느끼는 것은 당신의 의식과 마찬가지로 볼 수 없다. 당신이 더위나 추위, 그리고 긴장감을 느끼는지 나는 볼 수가 없다. 당신 역시 감각을 볼 수 없다. 감각의 결과는 볼 수 있지만, 감각의 느낌 자체는 볼 수가 없다.

아마도 이런 이유가 물리적인 세계의 위치나 또는 '원인' 때문이라고 생각할 수도 있다. 예를 들어, 발에 난 경련, 가슴 두근거림, 뻐근한 목과 같은 것들이 있다. 하지만 이런 것들이 어떤 경험인지는 볼 수 없는 경험의 세계에서 알 수 있다. 이런 경험은 사람마다 다르다. 누군가에게는 견디기 힘들어 보이는 일이 다른 사람에게는 아무렇지도 않게 보일 수도 있다.

잠시 당신의 감각과 함께 하는 시간을 가져보자. 계속 같은 감각인지 아니면 계속 변화하는지 느껴보자. 그저 함께 느껴보자.

당신은 볼 수 없는 감각을 경험하는 볼 수 없는 의식의 존재라고 할 수 있다.

이제 당신의 생각에 초점을 맞춰보자. 그리고 어떤 생각이든지 할 수 있다는 것을 받아들여야 한다.

긴팔원숭이를 상상해 보자. 상상이 되면 "찾았다!"고 말해야 한다. 긴팔원숭이를 상상하는 데는 시간이 걸리지 않을 것이다. 무언가를 생각하는 데는 많은 시간이 걸리는 것이 아니다. 이제 토성의 고리에서 당신이 트위스트 춤을 추고 있는 모습을 상상해 보자. 상상이 되면 "찾았어."라고 말해야 한다. 이는 그저 당신에게 볼 수 없는 세계에서 볼 수 있도록 하는 것뿐이다.

이 영역에서 당신이 볼 수 있는 모든 것은 실제로 보이거나, 단단하거나, 물리적인 것이 아니라는 것을 깨달아야 한다.

당신이 이곳에서 볼 수 있는 것은 물리적인 세계와는 달리 무한하

다. 물리적인 세계에서는 그런 것들을 보기가 더 어렵다. 이 무한한 세계는 당신의 내면에 있고 당신이 손만 내밀면 언제든지 이용할 수 있다.

이렇듯 당신은 볼 수 없는 감각을 경험하고 볼 수 없는 무한한 생각을 할 수 있는 볼 수 없는 의식의 존재라고 할 수 있다.

사실 내가 방금 묘사한 것은 경험의 세계에 관한 것이다. 그리고 당신이 살아가는 유일한 장소이다.

생각해 보자. 무언가를 어떻게 경험할 수 있을까? 무언가가 저 밖에 있다는 것을 어떻게 알 수 있을까? 당신이 가진 것은 물리적인 감각을 경험하고 생각하는 의식뿐이다. 내가 당신을 칼로 찌르면 물리적인 감각을 느끼면서, 칼로 찔리는 물리적인 감각을 경험하게 될 것이다. 예컨대 이제 '죽는구나.'라거나 '괜찮을 거야.'라는 생각도 할 수 있을 것이다.

그렇다. 당신은 볼 수 없는 세계에서만 살 수 있다. 그리고 물리적인 세계로 들어오지 못한다. 여러 가지 사건들이 당신 앞에 나타나지만, 그것들이 그곳에 있다는 것을 어떻게 알 수 있을까. 경험으로만 알 수 있다. 당신은 이렇게 말할 수도 있을 것이다. '음…… 저기에 탁자가 있다는 사실은 모두 동의하는 사실인데요.'

하지만 당신이 그것을 '알 수 있는' 것은 당신의 내면에 있는 '모든 사람들'을 보고 있기 때문이다. '모든 사람들'이 정말 그곳에 있는가? 알 방법이 없다. 다만 당신은 '모든 사람들'에 대한 경험을 갖고 있을 뿐이다. 그 경험은 오직 당신의 내면에서만 일어난다.

그래서 당신이 거울 안으로 들어가지 못하는 것과 마찬가지로 현실화된 세계로 들어오지 못하는 것이다. 거울 속 반사체가 선명하게 보인다. 하지만 그 안으로 들어가려고 하면 유리에 부딪치고 만다. 어찌했든 거울 안으로 들어가지 못하는 이유는, 거기에는 아무것도 없기 때문이다!

이를 이해한다면 당신은 볼 수 없는 세계에 살고 있고 다른 모든 것들은 그곳의 반사된 모습이라는 것을 알 수 있을 것이다. 당신이 생각의 무한하고 볼 수 없는 세계, 또는 소위 현실화되지 않은 세계라고 부르는 곳이다. 우리가 처음 생각의 전환을 설명하기 시작했을 때, 모든 것은 그곳에 있었다는 것을 기억해야 한다. 모든 종류의 질병, 질병을 위한 모든 치료법, 무한한 돈, 여러 종류의 직업, 다양한 인간관계, 가정, 성공, 실패. 모두 그곳에 있다. 생각하기만 하면 모두 그곳에 존재한다.

이제 그곳에서 당신이 문제라고 여기는 것을 찾아보자. 당신이 찾지 못하고 있다고 생각하거나 부족하고 '변화가 필요하다.'고 생각하는 그 무언가를 찾아야 한다. 찾았는가? 자, 눈을 감은 채로(지금까지 계속 감은 상태여야 한다.) 그 '문제'를 꺼내서 당신 앞으로, 당신 밖으로, 거울 안에서 있던 모습 그대로를 놓아야 한다.

그런 다음 이제 '외부세계'에서 당신의 문제를 바라보는 것이다. 돈이 부족하다고 생각하는 것, 원만하지 못한 연인관계, 건강의 악화 등 당신의 생각을 바라보자. 하지만 당신이 바라보는 것은 문제가 아니라, 당신이 내면에서 초점을 맞추고 있는 문제라고 생각하는 생각의 반사체일 뿐입니다. 게다가 이 '문제'는 당신에게 일어난 일이 아니라, 당신이 그곳에 놓은 그것은 실제로 현실이 아니다. 아무런 뜻도 없다. 당신이 초점을 맞추고 있는 현실화되지 않은 세계의 무한한 생각 중의 일부 조각일 뿐이다.

4부 해방

이런 점을 인지하고 당신이 선택한 생각이나 상황을 현실화되지 않은 세계에 집어넣는다. 당신의 내면에 항상 존재했을 무한하고 무제한적인 생각의 수프에 넣자. 그 생각이 용해될 때까지 휘젓는다. 이제 그 특정한 문제가 다른 무한한 가능성에 섞여 '해결(용액)'되었다. 이제 그 문제를 선명하게 볼 수 없게 되었다. 그리고 이제 다른 일과 마찬가지로 중요할 수도 있고 또는 중요하지 않을 수도 있게 될 것이다.

이제 현실화되지 않은 세계의 '수프'로 다가가 보자. 문제가 그냥 용해되어 버렸다. 그러니 돈이 필요하면, 원하는 만큼 돈을 가질 수 있는 자신을 볼 수 있을 것이다. 돈이 어떻게 당신에게 왔는지도 모르면서 말이다.(이건 당신이 할 일이 아니라 얼마의 돈을 갖고 싶어 하는지 당신의 생각을 반영하는 거울이 할 일이다.) 당신이 원하는 것이 연인관계라면, 연애를 하고 있는 당신의 모습을 보자. 누구와 함께 있는지 어떻게 일어난 일인지 알 필요는 없다. 당신이 병에 걸렸다는 생각을 하고 있었다면, 완쾌한 모습을 보자. 과정은 생각하지 말자. 물리적인 세계에서 정말 그런지 보려고 하지 말라.(그렇게 되면 당신이 완쾌되지 않았다는 생각을 하는 것과 같다. 거울은 앞에 있는 것을 반사해야 하기 때문에, 물리적인 세계는 병이든 모습만을 반사할 것이다)

이제, 당신의 경험은 볼 수 없다는 것을 알게 되었을 것이다. 볼 수 없는 감각들과 볼 수 없는 무한한 가능성의 세계를 경험한다는 것은 무의식의 볼 수 없는 세계라는 것을 알 수 있을 것이다. 당신이 바라보는 '문제'가 무엇이든지, 그것은 당신이 하고 있는 생각을 정확하게 보여준다. 이제 천천히 눈을 뜨자. 당신은 그곳에, 내면에, 볼 수 없는, 안전한 곳에 있다. 당신은 거울을 보고 있다.

생각의 전환 워크숍에서는 우리가 '문제'라며 현실화하려고 선택한 것들을 모두 해결하려고 한다. 그동안 문제라고 여겼던 일은 방어적인 생각이었다는 것을 인지하고, 우리가 원하던 생각으로 전환한다. 그리고 방어적인 생각을 이용해서 원하는 생각이 불러오는 감각을 느끼고, 그 감각에서 도피(아마도 평생 이렇게 해왔을 것이다.)하지 않고 계속 유지하도록 한다.

> 당신의 실체는 볼 수 없는 감각을 경험하고,
> 볼 수 없는 무한한 생각을 하는 볼 수 없는
> 의식의 존재이다.

16장
당신의 실체

당신에게 일어난 사건이나 그로 인해 느끼는 감정, 생각 등 그 어떤 것도 자신에게 아무런 영향을 미치지 않는다고 상상해 보자. 우리는 이제 무슨 일이 일어나든, 무한한 가능성과 안전이 존재한다는 사실을 알고 있다.

사실 이것이 바로 실제 당신의 모습이다.

이를 직접 경험하려면, 다음 문단에 묘사한 명상을 읽고 녹음하여 눈을 감고 한번 시도해 보자. 이 명상은 당신이 생각이나 주변 환경 때문에 고통스러워 아무것도 하지 못하게 되었을 때, 언제든지 시도할 수 있다.

당신의 실체에 대한 명상

눈을 감는다. 당신이 갖고 있는 어떤 감각이든 느껴보자. 그냥 알아보자. 가슴 답답함, 간지러움, 충만함, 깊고 얕은 숨, 어떤 것이든지 알아보자. 크거나 작거나, 중요하거나 중요하지 않거나, 무섭거나 안전하거나 어떤 것이든 좋다. 이런 느낌들은 단지 느낌 그 자체일 뿐이다.

이제 생각을 알아보자. 당신이 느끼고 있는 감각에 대해 생각하거나 해석하거나, 감각들로부터 움츠러들거나, 또는 감각들을 즐길 수도 있다. 내일 저녁식사의 메뉴에 대해 생각하거나, 주식에 대해 생각하거나, 또는 몇 년 안에 빈털터리가 되겠지 하는 생각을 할 수도 있다. 또는 사랑하는 사람을 만나지 못할지 모른다는 생각을 할 수도 있다. 그저 생각을 알아보자. 그게 무엇이든지 상관없다. 생각을 분석하기 시작하면, 그저 분석하려 한다는 사실에 초점을 맞추면 된다.

잠시 감각들을 느끼는 시간을 가져보자.

생각을 느끼는 시간을 가져보자.

생각과 감각을 느끼는 존재는 생각이나 감각이 아니라는 사실을 당신도 알 것이다. 이를 느끼는 존재는 의견도 없고, 그런 생각이나 감각들로부터 상처도 받지 않는다. 그리고 감각과 생각을 바꿀 필요도 없고 감각과 생각을 관찰하면서 잃는 것도 없다. 당신의 감각이나 생각은 당신이 하고 있는 어떤 생각도 느낄 수 없는 존재이다. 감각과 생각은 느낄 수 있는 존재에 의해서만 느껴질 수 있는 것이다.

느끼는 존재가 바로 당신의 실체이다. 이는 어디서도 찾을 수가 없다. 이 존재는 이름도 없고 세상에서 일어나는 어떤 일에도 영향을 받지 않는다.(감지하는 존재는 관찰만 한다.) 당신의 몸에서 일어나는 일 또한 여기에 영향을 미치지 못한다. 왜냐하면 그것을 느낄 수 있는 존재는 당신의 몸에서 일어나는 일을 외부에서 관찰만 하기 때문이다.

이제 느끼는 존재가 바로 당신이라는 것을 깨달으면서 눈을 떠보자.

느끼는 존재가 바로 당신의 실체이다.

17장
새로운 세계에서 살아가기

두 개의 다른 세계 사이에서의 상처

다른 사람들처럼 지금쯤엔 당신도 놀라고 당황해할 수 있다.

명상이 끝나면 나는 항상 사람들에게 묻는다.

"어떤 경험을 하셨나요?"

사람들의 반응은 종종 이렇다.

"상상하는 것은 즐거운데, 현실세계에서 이게 내게 무슨 소용이 있겠어요? 제 남편이 없는 존재라는 건가요? 명상은 정말 좋긴 한데, 집세는 어떻게 내죠? 여기에 아무도 없고 단지 혼자만 존재한다고 생각하는 것은 너무 이기적이고 자아도취적인 생각이 아닌가요? 다른 사람이 나에게 무슨 짓을 한다면 어떻게 되는 거죠?"(다른 사람은 존재하지 않고 오직 당신만 존재한다. 이는 또 다른 혼란스러운 개념이다.)

보이지 않는 세계에 살고 있다는 것은 말도 안 되는 것처럼 느껴진다.

왜냐하면 이 책에 있는 여러 가지 정보들처럼, 우리가 살면서 알게 된 모든 것과 반대되기 때문이다. 갑자기 우리는 혼자라는 생각을 하게 되고, 교감할 수 있는 어떤 누구도 없고, 함께 일하거나 싸우고 비난할 대상도 없어지기 때문이다. 인간관계를 개선하기 위해 노력할 일도 없어진다.

우리가 보이지 않는 세계에서 산다는 것이 사실이라면 인생의 목적은 무엇일까?(이 말을 믿으라고 하는 것은 아니다. 이 책의 다른 내용들처럼 이에 대해 충분히 생각하고 불신을 내려놓고 결정은 여러분 스스로 하는 것이다.) 우리는 여기 왜 있는 것일까? 우리는 무엇을 해야 하는 것일까? 우리가 가게 될 곳은 어디일까? 아침마다 깨어나는 이유는 무엇일까?

첫째, 보이지 않은 세계에서 산다는 이 새로운 개념에서 각각의 상황이 어떻게 작용하는지 살펴보도록 하자.

당신의 진정한 실체는 두 개의 방어막으로 이루어져 있다

보이지 않는 감각의 세계의 내부와 물리적 세계 사이의 장벽에 관해 언급한 적이 있다. 당신은 물리적인 세계로 들어올 수 없다. 볼 수 없는 내면의 세계를 통해서만 물리적인 세계에서 일어나는 일을 관찰하고 경험할 수 있다. 감각을 느끼고 생각을 하면서 경험을 하는 것이다. 당신은 어떤 일이 있어도 볼 수 없는 당신 자신을 벗어날 수 없다. 왜냐하면 당신의 신체는 보이지 않는 세계, 즉 내면의 자신으로부터 제거되었기 때문이다.

그래서 두 개의 다른 세계가 있는 것처럼 보인다. 하나는 '외부'이고, 다른 하나는 볼 수 없는 방어막으로 방어된 내면의 세계이다.

이런 구조를 이해하면, 물리적인 세계에서 일어나는 일들은 어떤 일이든 볼 수 없는 세계의 장벽을 뚫고 통과할 수 없다는 것을 알 수 있다. 무언가를 보고 감각을 느끼게 되지만, 모든 변화는 볼 수 없는 세계인 내부에서 이루어진다. 변화는 외부세계에서 이루어지는 것이 아니다.

감각과 생각이라는 내부의 보이지 않는 세계가 바로 당신의 실체와 가장 근접한 것이다. 왜냐하면 당신이 그 보이지 않는 세계를 직접 경험할 수 있기 때문이다. 하지만 그것조차도 당신의 실체라고 할 수는 없다. 당신의 존재 뒤에는 무언가가 존재하고 그 무언가는 관찰자 또는 감지하는 자라고 볼 수 있다.

관찰자로서 자신을 발견하면 우리는 더 깊고 안전한 곳을 만들어 놓는다. 이유는 내면의 관찰자는 '외부' 세계에서 볼 수 없을 뿐 아니라, 감각과 생각의 세계로부터도 감춰서 있기 때문이다. 내면의 관찰자는 그저 바라보는 역할만 할 뿐이다. 이 때문에 어떤 생각이나 감각에도 영향을 받지 않는다. 그래서 내면의 관찰자는 그 어떤 것보다도 가장 잘 보호를 받고 있다.

관찰자는 '외부' 세계에 어떤 일이 일어난다 하더라도, 그리고 내부에 어떤 감각과 생각이 떠오른다 하더라도, 찔리거나 상해를 입는 등 내면의 관찰자의 무한한 가능성은 침해당하지 않는다. 내면의 관찰자는 어떤 선입견도 없고 두려움도 없고 도망칠 필요도 없다. 어떤 조건도 없고 특별히 선호하는 것도 없다. 모든 일을 그저 관찰하기만 하는 존재이다. 내면의 관찰자는 절대자의 존재에 대한 설명과 여러 면에서 맥을 같이 한다. 심판을 하기도 하고 특정한 기호도 없기 때문에 무한한 사랑과도 같다. 제한적이지 않기 때문에 무한한 가능성과도 유사하고, 강제성이 없기 때문에 무한한 자비와도 유사하다. 언제나 안전하고 모든 것이 존재하기 때문에 무한한 신념과도 비슷하다.(무인 동시에 무한한 가능성을 갖고 있기도 하다.) 무한한 평화가 평화 자체와 함께 할 수 있는 능력이라면, 내면의 관찰자는 무한한 가능성을 갖고 바라보기만 하기 때문에 무한한 평화와도 같다.

이 보이지 않고 무한하고 침해할 수 없는 관찰자가 바로 당신이다!

'당신은 절대로 물리적인 세계에 들어가지 못한다. 단지 내면에서 그것을 관찰하고 경험할 수 있을 뿐이다.'

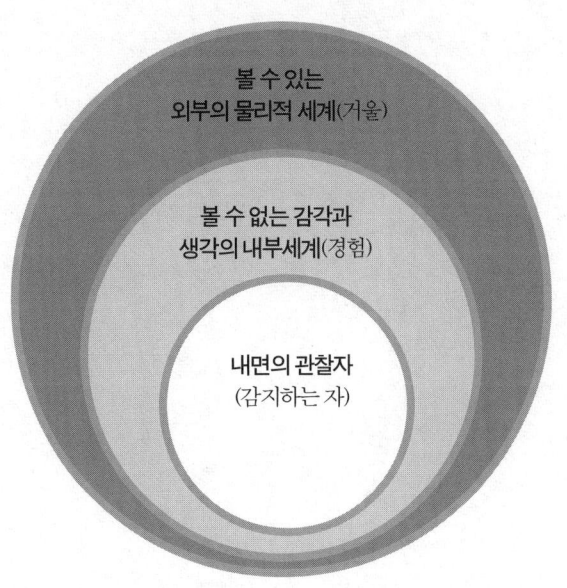

잠시 시간을 갖고 당신 안에 있는 관찰자를 찾아보도록 해야 한다. 걱정거리가 있거나 선입견을 갖고 있거나 특별한 기호를 갖고 있다면 그것은 관찰자가 아니다. 그저 현상을 살펴보기만 하면 된다. 내면의 관찰자로서 자신을 발견하게 되면 어떤 감각이든 경험하고 어떤 생각이든 할 수 있는 위치에 놓인다. 이런 경지에 이르면 우주의 풍요로움을 한껏 만끽할 수 있게 된다. 생각으로 인해 생기는 그 어떤 감각도 두렵지 않기 때문에 무한한 생각을 할 수 있다. 당신은 자신의 생각이 반영된 삶을 볼 수 있게 될 것이다.

이제 당신은 자유의 몸이다!

18장
당신 때문에
문제가 일어나는 것이 아니다

거울에서 일어나는 일일뿐이다

질병에 관해 자주 받게 되는 질문이 있다.
"제가 이 병의 원인일까요? 암 발생의 원인이 저일까요?"
물론 이런 질문을 하는 것은 타당하다. 이에 대한 답을 진정으로 이해한다면 삶에 대한 의식의 변화를 겪게 되고, 우리가 살고 있는 세계에 대한 관점도 바뀔 것이다. 실제 세상의 원리에 대한 전반적인 관점도 달라질 것이다. 자신에게 일어나는 모든 일에 대해서도 항상 준비를 하는 경지에 도달하게 될 것이다.

이미 알고 있듯이, 생각의 전환의 기본 원리 중의 하나가 현실화된 세계는 우리 내면의 생각의 거울에 불과하다. 거울에서 당신의 모습을 보고 있다고 생각해 보자. 거울이 당신 모습의 '원인'이라고 할 수 있을까? 거울 속에 나타나는 현상의 원인이 되려면 무언가가 거울 앞에 있어야 한다. 거울에서 비친 빨간색 셔츠를 볼 수 있다고 해서, 그 빨간색 셔츠가 실제로 거울 안에 들어 있는 것일까? 물론 아니다. 빨간색 셔츠의 반사체가 있고 평면 유리 조각 위에 빛이 있다. 진짜 셔츠가 아니다. 거울의 용도는 당신이 무엇을 입고 있는지를 볼 수 있게 할 뿐이다.

이런 사실을 이해했다면 현실화된 세계의 용도는 우리가 무엇을

생각하는지 볼 수 있도록 하는 것이라는 사실을 분명히 알 수 있다.

거울 속에서 자신의 모습을 보고 있으면서도 거울이라는 것을 인식하지 못하는 개를 생각해 보자. 개는 거울 속에 자신의 모습을 공격자이거나, 친구 아니면 놀아줄 상대로 여길 것이다. 하지만 거울의 모습을 보고 그렇게 대하려고 하는 순간, 거울 반사체는 개가 하는 모습만 따라 할 뿐이다. 그 개는 유리 앞에서 계속 부딪히기만 할 뿐이기 때문에 반사체에 도달하지 못하게 된다. 우리가 보는 것은 모두 반사체라는 사실을 일단 인식하고, 우리가 그 반사체를 마음에 들어 하지 않는다면, 그 반사체를 바꿀 수 있는 유일한 방법은 우리 자신이라는 사실을 깨달을 수 있다.

당신이 평생 시각 장애인이었다가 갑자기 시력을 찾았다면 어떨지 생각해 보자. 주변을 둘러보고 많은 사람들을 볼 수 있게 될 것이다. 그리고 서울을 보니 어떤 사람이 보인다. 물론 그 사람은 당신처럼 생겼다. 하지만 자신의 얼굴을 한 번도 본 적이 없기 때문에, 거울 속 모습이 자신의 모습인지 알지 못하고, 다른 사람을 보고 있는 것으로 생각할 것이다. 한참 후, 거울 속에 있는 사람이 자신의 행동을 따라 하는 짜증나는 습관을 가졌다는 것을 눈치 채게 될 것이다. '정말 짜증나는 사람이잖아! 자존심도 없고. 혼자 생각도 못 하고 나만 따라 하잖아!'

하지만 어느 순간 그 안에 아무도 없다는 것을 알게 되고, 그 사람과 대화를 할 수도 없고, 당신으로부터 독립하지도 못하고, 당신에게 아무것도 해줄 수 없는 존재라는 것을 깨달을 것이다.

당신은 이제 그 사람이 누구인지, 진실을 '깨우친' 상태가 되었다. 그리고 그 반사체를 당신 자신을 보는 용도로 이용하기 시작한다.

거울 속에서 멋지게 보이려고 좋은 옷을 차려 입는 것은 아니다. 당신에게 잘 어울리는 옷을 입는 것이다. 거울을 보고 마음에 들지 않는 부분을 발견했다면 옷매무새를 고치지 거울 속에 있는 모습을 고치지 않는다. 거울에 보이는 모습이 마음에 들면 거울에 보이는 이미지는 바로 당신이 마음에 들어 하는 모습이다. 그런 다음 당신은 집밖으로 나갈 것이다. 거울은 그 자리에 그대로 놓아둔 채로.

또 다른 중요한 점은 거울은 당신의 실체를 반영하지 않는다는 것이다. 현실화되지 않은 세계의 무한한 가능성인 당신의 생각의 일부만을 반사해 줄 뿐이다. 그렇기 때문에 거울 속에서 마음에 들지 않는 것을 보게 된다 하더라도 당신이 나쁜 마음을 가졌다거나 불운하다거나, 이러지도 저러지도 못하는 상황이라는 것을 의미하지 않는다. 그것은 단지 가능성이라는 무한한 자원으로 들어가 당신이 거울 속에서 보고 싶어 하는 것을 찾으라는 의미이다.

당신의 생각의 옷을 입는다고 '생각해 보자. 마음에 들지 않는 옷을 입고 있는 당신을 보면서, '어, 이 옷 정말 어울리네. 항상 검은색 옷만 입어야지.'라고 말하지 않을 것이다. 옷장에 화려하고 예쁜 옷으로 가득 차 있는데 원하는 옷이 없다면, 옷 가게에 가서 쇼핑을 하면 된다. 그래도 원하는 옷을 발견하지 못하면 천을 사서 디자이너에게 부탁해 특별 맞춤형 옷을 만들어 달라고 할 수도 있다. 생각도 이와 마찬가지다. 당신이 싫어하는 생각이 거울에 반사되는 것을 본다면, 무한한 생각 중에서 선택할 수 있다는 사실을 알아야 한다. 옷과 마찬가지로 생각을 전환하면 그 생각이 그대로 거울에 반영되는 것을 볼 수 있다. 볼 수 없다면 아직 생각을 전환하지 못해서 반영되지 않았다는 것을 의미한다. 다행히도(가장 이해하기 어려운 개념이긴 하지만) 거울은 항상

당신 앞에 있기 때문에 당신의 생각을 비춰준다. 그리고 그 거울이 현실화된 세계이다.

우리는 거울을 이용해 거울 안에 무엇이 있는지 파악하고 우리가 무슨 생각을 하고 있는지 스스로에게 보여준다. 이렇게 할 때 우리는 암, 재정적인 어려움, 실업 상태, 배우자의 부재 등에 대해 더 이상 집중하지 않게 된다. 이로 인해 우리의 관심은 무한한 가능성과 무한한 선택이 있는 곳으로 집중된다. 또한 우리가 원하는 모든 것을 항상 가질 수 있는 곳으로 관심을 돌리게 된다. 그 장소는 바로 현실화되지 않은, 즉 보이지 않는 세계이다.

환경은 중요하지 않다

이 책 첫 부분에서 내가 그랬던 것처럼, 많은 사람들이 오랫동안 생각해 온 인생의 의미와 목표가 무엇인지 기억하는가? 부를 얻는 것? 성공하는 것? 특정한 일들을 실현하는 것?

보이지 않는 세계에 살고 있다는 사실을 깨닫게 되면 이런 문제들은 더 이상 의미가 없다.

우리가 편안한 삶을 원하지 않는다는 뜻이 아니다. 물론 편안한 삶을 원하기도 한다. 하지만 우리가 실제로 살고 있는 곳이 보이지 않는 세계라고 생각을 전환해 보자. 우리가 원하는 이 모든 '물건'과 평온의 원천이 외부세계가 아니라 우리의 내면에 있다는 사실을 알 수 있을 것이다. 그러면 외부세계는 내부세계의 모습을 정확히 반영하기 때문에, 평온은 이미 우리 내부에 존재하고 있다는 것을 알 수 있을 것이다. 그 순간 내부의 평온은 현실로 나타나게 되는 것이다. 그러나 그 평온은 현실세계의 목표가 아닌 내부의 거울에 비춰진 반사체로만 인식될 것이다. 이런 사실을 받아들인다면, 어떤 상황에 처해져도 내부의 세계에는 항상 평온이 존재하고 있다는 사실을 알게 될 것이다.

하지만 내면의 평온이나 소유욕 같은 것은 그 자체로는 아무런 의미가 없다. 우리가 어떤 경험을 하느냐가 가장 중요하다. 볼 수 없는 내면의 경험만이 일어나는 일을 알 수 있게 해주는 유일한 길이기 때문이다. 또한 우리의 경험은 내면의 세계에서만 일어나기 때문이다.

아무리 백만장자여도 행복하지 않고, 내면의 평화를 누리지 못하는 사람이 얼마나 많은가? 반면 가진 것은 없지만 행복하고 안전하고 편안한 사람은 얼마나 많은가? 행복의 원천이란 돈이나 완벽한 몸매, 명성, 화려한 연애생활 같은 것이 아니라는 점은 확실하다. 진정한 의미에서 행복과 안정을 얻기 위해 우리는 행복의 원천이 무엇인지 알아야 한다. 만물의 원천은 이미 존재해 왔던 유일한 장소인 보이지 않는 세계인 것이다. 바로 우리의 내면에 있는 세계인 것이다.

현실화는 단지 우리의 생각을 볼 수 있는 방법이다.
물리적인 세계에서는 어떤 것도 본질적인 의미를 갖지 않는다.

이제 우리 자신이 문제의 '원인'이 아니라는 사실을 알게 되었으니 (왜냐하면 어떤 일도 원인은 없기 때문에, 세상에서 일어나는 모든 일은 생각의 반사체일 뿐이다), '반사된 생각을 살펴보는 것'에 어떤 의미가 있는지도 심도 있게 다루어야 할 단계가 되었다.

물리적인 세계에서는 어떤 것도 본질적인 의미를 갖지 않는다. 물리적 세계에서 볼 수 있는 유일한 것은, 우리가 생각하고 있는 것의 반사체일 뿐이다. 그리고 거기에는 의미가 부여되어 있다. 당신이 물리적인 세계의 '거울'에서 무언가를 볼 때, 그 순간 무슨 생각을 하고 있는지 알아야 한다. 아마도 당신이 보고 있는 것 때문에 '그런 생각을 하는 것'처럼 보일 수 있다. 하지만 당신에게 보이는 것은 생각의 반사체일 뿐이다. 물리적인 세계를 볼 때 당신이 알아챈 생각이 무엇이든, 그것은 당신의 생각일 뿐이다. 바로 당신의 눈앞에 보이는 그대로 나타나게 하는 생각인 것이다.

예를 들어 당신이 5kg 정도 과체중인데, 그것을 모르고 있다고 해보자. 그러면 인지하지도 못한 채 5kg 과체중인 채로 살아갈 것이다. 그러다 어느 날 거울을 봤는데 5kg이 과체중이라는 것을 알게 되었다. 그러넌 갑사기 '이런, 난 과체중이잖아.'라고 생각할 것이다. 거울이 당신을 과체중처럼 보이도록 한 '원인'일까? 당신이 거울로 하여금 과체중으로 보이도록 한 '원인'일까? 거울이 당신으로 하여금 '나는 멋져 보여.'라는 생각과 반대로 '어이쿠!'라는 생각을 하게 만들었을까? 물론 그렇지 않다. 당신은 단지 자신의 몸에 붙은 5kg의 살을 보았고 거울에 비친 모습 그대로가 바로 당신의 실제 모습이다.

거울의 유일한 용도는 거울 앞에 선 사람이 어떤 모습인지를 보여주는 것뿐이다. 때문에 물리적 세계의 유일한 목적은 우리가 생각하는 것을 우리에게 보여주는 것이다.

그 반사체가 어떤 형태이든 중요하지 않다. 많은 일들이 똑같은 생각으로 다시 비춰진다. 사실 모든 생각은 반사되어 비춰진다. 당신이 어떤 거울의 앞에 있든지 그 거울 속에서 당신이 하고 있는 생각을 보게 될 것이다. 이렇듯 물리적인 세계에서는 객관적인 현실은 없고, 당신이 그 현실에 의미를 부여하는 것일 뿐이다.

예를 들어보자.

거식증에 걸린 사람이 있다고 해보자. 거식증 환자는 자신이 뚱뚱하다고 생각한다. 거울을 보고 30kg 정도 나가는 거울 속 모습을 보고는 "난 너무 뚱뚱해."라고 말한다. 그럼 많은 사람들이 "그렇지 않아. 넌 야위었어."라고 말해 줄 것이다. 그러나 거식증 환자에게는 전혀 들리지 않는 말이다. 거식증 환자는 '난 너무 뚱뚱해.'라는 생각을 갖고 있기 때문에 거울 속에서 보는 것은 뚱뚱한 자신의 모습만 볼 수 있을 뿐이다.

거식증 환자에게 여러분이 원하는 음식을 강제로 먹일 수도 있을 것이다. 그 사람은 체중이 20kg도 안 될 수도 있다. 그렇다 하더라도 거식증인 사람의 생각을 바꿀 수는 없다. 왜냐하면 그 사람의 내면의 생각 때문에 거식증에 걸린 것이기 때문이다. 거식증 환자가 '정상' 체중이라고 바라보는 생각으로 전환했을 때에만 정상 체중으로 돌아올 수 있다.(정상 체중에 대한 생각이 불러일으킨 감각들 때문에 정상 체중이란 생각은 거식증에 걸린 사람에게는 매우 어려운 일일 수 있다. 그래서 거식증에 걸린 사람은 그런 감각으로부터 자신을 방어할 조건을 만들어낸다.) 따라서 거식증을 치료하는 것은 생각을 치료하는 것과 매우 비슷하다.

생각이 바뀌면 그 생각의 반사체는 더욱 '정상적인' 몸무게로 나타난다.(나는 계속해서 정상을 괄호 안에 표시해 놓을 텐데, 그 이유는 모두가 정상이라고 인정하는 수준만 정상이기 때문이다. 사실 정상은 존재하지 않는다.)

어느 드라마에서 나온 재미있는 에피소드가 생각난다. 외과 의사들이 너무 못생기게 태어난 어떤 사람을 성형수술하고 있었다. 장면에

서는 의사들의 손과 붕대가 감겨진 환자의 모습만 보인다. 에피소드 말미쯤에 환자가 붕대를 풀었는데 너무나도 멋진 금발의 여인이 화면에 나타난다. 순간 의사들은 수술이 실패작이라며 경악을 금치 못하면서 한탄하기 시작한다. 그러면서 카메라가 서서히 그 장면에서 멀어지더니 전체 화면을 보여준다. 의사들은 초록색 얼굴에 돼지코를 한 외계인이었다. 그들이 생각한 미의 기준은 우리가 생각하는 금발의 미녀가 못난이이고 돼지코에 초록색 얼굴이 미녀였던 것이다.

따라서 우리의 생각이 만들어내는 것과 우리가 바꾸려고 하는 것은 어떤 특정한 사건이 아니다. 우리는 어떤 사건을 바라봄으로써 우리가 무슨 생각을 하는지 알 수 있으며 그것이 바로 우리의 생각이 만들어내는 반사체이다. 따라서 이 반사체를 바꾸려고 노력하는 것이 목적이 되어서는 안 된다. 모든 가능한 생각들 중에서 그 반사체가 특정한 생각을 보여주고 있다는 사실을 이해하는 것이 목적이어야 한다. 그 특정한 생각으로 인해 감각과 믿음과 경험이 만들어진다. 그리고 우리가 이용할 수 있는 무한한 생각으로 전환할 수 있는 기회를 제공한다. 이런 경험이 우리가 만족스러워하는 것으로 거울에 나타날 때, 우리는 비로소 원하는 것을 얻을 수 있다.

내면의 경험은 외부세계에서 우리가 보고 싶어 하는 것으로 반사되도록 한다. 그리고 그것이 우리가 원하는 것이다.

하지만 혼동하면 안 된다. 우리가 원하는 것이 외부세계의 일이라고 생각하면 안 된다. 핵심은 그것이 아니다. 우리가 원하는 것은 내면의 것이다.(우리는 항상 내면의 생각을 바꾸길 원해 왔지만 깨닫지 못하고 있다.)

우리가 내면의 생각을 깨닫게 되었을 때, 외부의 상황과는 상관없이 우리가 원하는 데로 상황을 바라 볼 수 있게 된다.

우리는 물체들이 실제이면서 의미를 갖고 있다는 환상 속에서 살아왔다. 이 때문에 그런 점을 이해하기 어려울 수 있다. 사람들은 이런 관점을 자주 부인하려 한다. 이유는 물질적인 측면을 포기하고 싶지 않기 때문이다. 하지만 포기하라는 것이 아니다. 그저 있는 그대로를 바라보라는 것뿐이다. 즐거움과 슬픔의 반사체, 우리의 내면에 자리 잡고 있는 가능성과 불가능에 대한 생각을 응시하라는 것이다. 그리고 선택은 우리가 한다.

이 점을 이해하면 외부세계에서 우리가 원하는 것을 보지 못할 때의 반응은 달라진다. 외부세계의 사건들을 좇는 것보다(마치 거울 속에 물건을 좇는 것처럼) 자동적으로 모든 것들이 존재하는 곳, 즉시 손에 닿을 수 있는 곳으로 초점을 맞추게 된다. 즉 현실화되지 않은 세계로……. 이곳에서는 어디든지 빠르게 닿을 수 있다. 또한 무언가를 찾으려고 애쓰지 않아도 된다. 이미 모든 것이 존재하니까. 이를 깨닫게 되면 우리는 거울에 나타나는 모습을 개의치 않을 수 있게 된다. 중요한 점은 모든 것을 이미 갖고 있다는 것을 깨달아야 한다. 그리고 들여다보자. 거울에 틀림없이 모두 반영되어 있을 것이다.

하지만 이것에 대해 오해를 해서는 안 된다. 우리가 보이지 않는 세계에서 현재 모든 것을 갖고 있다는 것을 아는 것이 중요하다. 그것이야말로 우리에게 진정한 안정과 행복, 그리고 번영을 가져다준다. 이제 깨달았다면 그만 애쓰고 걱정을 내려놓아야 한다. 하지만 그렇다고 해서 감각을 느끼고 어떤 행동을 하는 것을 멈출 수는 없다. 우리의 삶은 거울을 들여다보는 과정이다. 우리는 거울을 통해 무슨 생각을

하고 있는지 보고 우리가 생각하고 싶은 것을 거울 속에서 찾게 된다. 이 과정에서 우리는 감각을 경험한다. 우리가 이런 감각을 유지할 수 있다면 우리는 생각을 유지할 수 있을 뿐만 아니라 모든 것을 가지고 있다는 사실을 알 수 있다.

물리적인 세계의 현실화는 우리의 생각을 즐길 수 있는 하나의 방법이 된다. 당신이 거울 앞에서 예쁜 드레스를 입은 자신을 보면서 드레스를 감상하는 것과 마찬가지이다. 하지만 그 드레스는 생각과 마찬가지로 당신이 몸에 걸치고 있는 것이지 거울 속에 존재하는 것은 아니다.

물리적인 세계에 살고 있다고 생각하면
그 어떤 영적인 것도 의미가 없다

보이지 않는 세계에 살고 있다는 사실을 깨달으면, 이상하거나 비현실적일 것 같던 영적인 원리들이 갑자기 이치에 맞는 것처럼 느껴진다. 아픈 사람이 "전 정말 괜찮아요."라고 말하면, 나의 첫 반응은 "아니에요. 당신은 독감에 걸렸어요."이다. 당신이 물리적인 세계가 진짜라고 생각한다면 그것은 사실이다. 하지만 물리적인 세계는 거울이라는 것을 알면 당신은 곧 깨닫게 된다. 우리가 독감을 볼 때, 우리가 볼 수 있는 것은 건강하지 않다고 하는 그 사람의 생각이다. 반사체를 이용해서 '난 건강해.'라고 생각하는 장소의 내면을 들여다볼 수 있다면, 그들은 지금 당장 건강해질 수 있다. 그리고 사람들이 정말로 그렇게 생각하면 건강한 모습이 물리적인 세계에 바로 반영되어 나타날 것이다. 아마도 독감이 사라지면서 나타게 될 것이다. 독감에 걸리고도 "완전히 괜찮아."라고 말하거나, 독감에 걸렸기 때문에 좋은 점도 볼 수 있을 것이다.

예를 들어 감기에 걸려 휴식을 취할 수 있다거나 생각할 수 있는 기회를 갖게 되었다는 점을 들 수 있다. 설사 그 사람이 죽어가는 상황일지라도 말이다. 상황은 중요하지 않다. 바로 이 점이 가장 이해하기 어려운 점이다. 하지만 일단 이런 경지에 이르게 되면, 어떤 상황에서도 순간의 행복과 안정, 그리고 풍요로움을 느끼는 여유를 갖게 될 것이다. 그리고 이런 행복과 안정을 반영하면서도 또 다른 행복과 안정을 위한 길을 만들어나갈 것이다.

우리가 보는 모든 것은 언제나 도움이 된다

우리가 현실화되지 않은 세계에 산다는 사실을 받아들임에 따라, 우리 주변에 일어나는 모든 일들이 점점 긍정적으로 보이기 시작한다. 그 이유는 주변에서 일어나는 모든 일은 사실 모든 것이 존재하는 곳으로 우리를 안내하는 반사체이기 때문이다. 그곳은 바로 우리의 생각이다. 그래서 모든 사건, 사고, 놀라운 일, 또는 안정적이고 편하거나 불편했던 일들은 원하든 원하지 않든 예전의 의미를 잃게 된다.

이를 알게 되면 모든 인생의 목표도 달라진다. 우리가 이미 모든 것을 소유하고 있다는 것을 깨닫는 것이 목표가 된다.(종교모임에서는 사람들은 '목표는 그저 신을 알게 되는 거예요.'라고 할 수 있다.) 생각의 전환에서는 절대자를 현실화되지 않은 세계이거나 세상 일이 돌아가는 이치,

우리 안에 언제나 존재하면서 무한하고 언제나 이용 가능한 가능성으로 여긴다.

일단 이 사실을 수용하고 나면, 무한한 가능성의 세계에서 살아가고 경험하는 것이 인생의 목적이 된다. 수영장과 큰 부엌, 그리고 피아노와 대형 TV 세트와 스테레오를 갖춘 호화로운 저택에 사는 것일 수도 있다. 이 모든 것을 모두 한 번에 이용할 수는 없지만, 거기에 항상 존재한다는 것은 알 수 있다. 그렇기 때문에 원한다면 언제나 모두 경험할 수 있다. 그곳에 없는 것들을 경험하지 못한다고 해서 걱정할 필요가 없다. 왜냐하면 당신은 항상 그곳으로 되돌아갈 수 있을 테니까.

우리는 언제나 안전하다(어떤 것도 빼앗길 수 없다.)

우리가 보이지 않는 세계에 산다는 것을 이해하면, 보이지 않는 세계에서만은, 어떤 일이 있더라도 항상 안전하다는 사실을 알 수 있다.

당신은 보이지 않는 무의식의 존재이다. 그래서 보이지 않는 감각과 보이지 않는 무한한 생각들을 한다. 이를 알게 되면 외부세계로 인해 상처받을 일은 없을 것이다. 외부세계로 인해 상처받을 수 있다는 생각은 거울에서 무언가가 튀어나와 당신을 해칠 수 있다는 생각과 마찬가지다.

어떤 것도 거울 속에서 나올 수 없는 이유는 유리 뒤에는 아무것도 존재하지 않기 때문이다. 거울은 그저 반사할 뿐이다. 앞에 있는 것을 그대로 반사해 주는 것이다. 당신이 거울 속으로 들어갈 수 없듯이 거울도 마찬가지다.

이는 당신에게서 그 어떤 것도 앗아갈 수 없다는 것을 의미한다. 거울에서 무엇을 보든, 보이지 않는 세계에서 무한한 생각의 가능성은 항상 존재한다. 돈을 모두 잃었다고 돈을 갖게 될 가능성이 영원히 없어진다는 의미가 아니다. 당신의 배우자가 떠났다고 해서 남은 평생 다시는 사랑할 기회가 없는 것이 아니다. 목표지점에 도달하기까지 수십 번 길을 잃었다고 해서, 그곳에 도달하지 못하는 것이 아니다.

때문에 당신의 거울 속에 무엇이 보이든지 언제나 안전하다는 것을 알아야 한다. 왜냐하면 그 안의 허상 속에서 살고 있기 때문이다. 허상 속에는 언제나 모든 것이 존재한다. 그 어떤 것도 빼앗기지 않는다. 당신이 어디에 있든 해를 입힐 수 없다. 물론 감각은 경험하겠지만, 감각도 당신을 해칠 수는 없다는 것을 기억해야 한다! 원하지 않는 감각을 경험할 때 화가 나는 이유는 우리의 생각을 현실화된 세계로 내비쳐 보였기 때문이다. 그리고 그 감각으로 무슨 일이 일어날 것 같다는 생각을 하기 때문이다. 사실 아무런 일도 일어나지 않는데 말이다.

당신이 그 감각을 유지하고자 한다면 치유될 수 있는 기회를 갖게 될 것이다. 자신의 세계를 확장할 수 있는 기회이자 스스로 닫았던 기회의 문을 다시 열 수 있는 계기가 된다. 그리고 당신이 이미 모든 것을 갖고 있다는 것을 깨닫는 기회가 될 것이다.

우리는 이를 이렇게 표현한다. '정신적으로는 아무것도 잃을 게 없다.' 물리적인 것이 아니기 때문에 본질을 잃어버릴 수 없다. 잠재력은 없어지거나 손으로 건드리거나 망가뜨릴 수 없고 빼앗길 수도 없다.

특정한 현실화는 중요하지 않다

실제로 우리가 사는 세계에서, 특정한 일을 현실화하는 것은 그리 중요하지 않다는 것을 알 수 있겠는가? 현실화는 우리가 무엇을 생각하고 있는지 우리에게 다시 비춰주는 신호이기 때문에 현실화는 더 이상 목표가 될 수 없다. 현실화는 그 자체로 목적이 아니라 우리가 모든 것을 갖고 있다는 것을 기억하기 위한 수단이다.

우리는 흔히 행복해지기 위한 조건으로 인생에 있어 특정한 성공, 상황, 사람이 있어야 한다고 생각한다. 하지만 그런 성공과 상황과 사람이 왜 필요할까? 우리가 갖고 있는 생각의 반사체를 보기 위해서다. 우리가 바라는 성공이나 상황, 그리고 사람이 우리 앞에 현실화되지 못한다면, 무언가 인생에서 놓치고 있다는 생각을 하게 된다. 또한 무언가 부족하고 원하는 것을 얻지 못할 수 있다는 생각을 하게 된다.

이런 개념을 이해하기가 쉽지는 않을 것이다. 하지만 큰 사건이 벌어졌을 때 기억해 둬야 할 만큼 중요한 사항이다. 가까운 사람이 죽거나, 재정적인 어려움을 겪고 있거나, 원하는 직장을 구하지 못했을 때, 이런 일들이 실제라고 느끼기 때문에 상실감을 느낀다. 하지만 죽은 사람을 다시 살릴 수는 없다. 집을 잃을 수 있는 위기에 처할 수도 있다. 이미 잃은 직장은 더 이상 당신의 것이 아니다.

이런 일들은 실제로 엄청난 것처럼 보인다. 왜냐하면 이런 일들은 큰 감각을 불러일으킬 뿐 아니라 물리적인 세계로 끌어들이는 감각들과 연관성이 있기 때문이다. 우리는 물리적인 세계에서 상실이나 위험과 같은 것들이 존재할 것이라고 생각하기 쉽다.

하지만 보이지 않는 경험의 세계에서, 누군가의 죽음이 의미하는 것은 무엇일까? 이런 고통스러운 감각은 좌절감과 상실감을 만들어낸다. 이런 감각으로는 더 이상 살아갈 수 없을 것 같기도 하고, 다시는 행복해지지 못할 것 같기도 하다. 정말로 그럴까?

　사랑하는 누군가가 죽었다고 가정해 보자. 다시는 행복해질 수 없을까? 그렇지 않다. 당신이 정말로 원하는 것은 여전히 당신과 함께 존재한다. 죽은 사람을 다시 살릴 수는 없다.(성경에 나사로의 이야기를 보면 죽은 사람도 되돌아올 수 있을 것 같지만.) 그 사람이 이 세상에 없다 하더라도 당신이 잃을 것이라 생각했던 것은 아직 그대로 남아 있다. 항상 그래 왔고 언제나처럼 당신의 내면에 존재해 왔기 때문이다.

　'내 남편이 죽는다고 해도 상관없다는 말씀인가요?'라는 의문을 가지면서 인생을 너무 냉소적으로 바라본다고 생각할 수도 있다. 물론 중요하다. 왜냐하면 강력하고 고통스러운 감각을 느끼게 될 테니까. 하지만 사실 당신이 사는 곳에서는 그리 중요하지 않다. 왜냐하면 모든 종류의 사랑과 행복이 여전히 당신을 위해 존재하기 때문이다. 또한 당신이 남편을 떠올릴 수 있는 무언가는 항상 존재하기 때문이다.

우리는 혼자가 아니다

　어떤 것도 외부세계에 존재하지 않는다. 어느 누구도 어떤 사건의 원인이 아니다. 어떤 문제도 없다. 그저 거울일 뿐이다. 이렇게 말하면 사람들은 자주 당황해한다. "그럼 이곳에 저 혼자 있다는 뜻인가요? 우리가 보는 사람들과 모든 것들은 실제가 아니라는 말인가요? 친구도 없나요? 배우자도? 직업도? 모든 것이 착각이라는 말인가요?"

그렇다. 모두 착각이다. 하지만 흥미로운 것은 이 모든 것들이 착각이다. 보이지 않는 세계의 모든 것들은 실제로 우리의 내면에 존재하니까. 이를 이해할 수 있을 때, 그리고 그것을 경험하게 될 때, 비로소 깨닫게 된다. 다른 사람들도 볼 수 없는 무의식의 세계에 있다는 사실을.

명상에서 당신의 의식에 주목했을 때 그 의식 위에 당신의 이름이 적혀 있지 않았음을 기억하는가? 의식은 그저 의식일 뿐이고 모든 사람들과 모든 것은 그 안에 존재한다. 그러므로 우리는 하나의 의식으로서 보이지 않는 세계에 함께 있는 것이다.

항상 하는 말이지만 우리가 하나라는 개념은 조금 어렵게 느껴질 수 있다. 그 이유는 거울로 보는 물리적 세계의 환상에서 우리는 하나가 아니기 때문이다. 우리는 서로 분리된 사람으로 서로에게 행위를 가하고 무언가를 습득하고 잃는다. 또한 우리는 우리 외부에 있는 것처럼 보이는 것을 원하기도 한다. 이런 세계에서는 누군가와 합쳐지거나 연결되는 것이 불가능하다. 우리는 분명히 따로 떨어져 있다. 따라서 우리에게는 거리, 시간, 고된 일, 분투와 손실 등의 문제가 존재한다.

당신이 무한한 가능성의 보이지 않는 세계에 산다는 사실을 알게 되면(이 사실을 알게 되면 감각도 뒤따른다는 사실을 기억해야 한다.), 무언가를 위해 노력할 필요가 없어진다. 포기할 필요도 없어진다. 모든 싸움, 전쟁도 사라진다. 왜냐하면 거울을 공격하면서 감각을 떨쳐버릴 필요가 없기 때문이다. 그 무엇도 당신을 해칠 수 없다. 그 무엇도 빼앗기지 않는다. 모든 것이 달라 보이게 된다.

모두에게 익숙한 예를 들어보자. 세계무역센터 테러 사건이 터졌을 때, 많은 사람들은 즉각적으로 반응했다. "누가 이런 짓을 했지? 반드시 추적해서 응징해야 해!"였다. 그 이유는 그들이 엄청난 감각을 겪고 있었고 그 감각을 제거해야 한다고 생각했기 때문이다. 그들은 그 감각을 일으킨 '외부세계'의 무언가를 '공격함으로써' 그 감각을 제거할 수 있다고 생각했다.

하지만 나는 '이런 일을 '일으켰다.'고 생각하게 만드는 것은 무엇일까?'라는 의문을 가졌다.(내가 '일으키다'를 괄호에 넣은 이유는 내가 일으킨 것이 아니기 때문이다. 하지만 그저 내가 생각의 반사체를 보고 있다는 것을 말하고 싶어서다.)그 사건은 나의 내면에서만 일어날 수 있는 일일 수도 있다. 나는 위험을 감지한 나의 생각이 반사된 것을 보고 있음에 틀림없었다. 그리고 그 위험은 이번 사건으로 현실화되었다. 이 일에 내가 책임이 있는 것은 아니지만 어느 누구의 책임도 아니다.

세상 모두가 이런 식으로 생각한다면, 911과 같은 사건은 터지지 않았을지도 모른다. 세상 사람들이 그렇게 생각하지 않기 때문에 이 사건을 현실이라고 생각한다. 사람들이 거울을 보고 있다는 것을 깨닫지 못하는 한 우리가 할 수 있는 일이라고는 추가적인 전쟁을 일으키거나 불쾌하고 끔찍한 감각을 주고받는 것뿐이다. 이런 일들에 대해 해결책이 없을 것이라는 엄청난 착각 때문에 일어날 수 있는 일이다.

우리가 보이지 않는 의식을 경험할 때, 거울의 외부와는 달리 모든 사람들과 만물은 볼 수 없는 세계에 존재한다는 사실을 알 수 있다. 또한 모든 사람과 사물은 서로 깊은 연관성이 있다는 사실을 알 수 있다. 이제 전 세계의 모든 사람들과 모든 것이 우리 내면에 존재하고 있다는 사실을 깨달았을 것이다.

이 때문에 당신이 어떤 생각을 하게 되면 그 상황은 외부에서 일어

나는 것처럼 보인다. 사람들은 멀리서 도움을 청하고 자신들의 상황에 변화를 준다. 사람들이 처한 상황들은 해결의 실마리가 없는 것처럼 보인다. 하지만 바로 그것으로부터 돌파구를 찾을 수 있게 된다. 이유는 볼 수 없는 세계에서는 우리 모두와 모든 것은 시간과 장소로 분리되어 있지 않기 때문이다. 사실 우리는 전혀 분리된 존재가 아니며 모두 하나이다.

그렇기 때문에 볼 수 없는 세계는 '어느 누구도' 존재하지 않는 외로운 장소가 아닌 세상만사, 모든 사람과 항상 연결되어 있다. 물리적인 세계에서는 불가능한 일일 수도 있지만, 당신이 실제로 살고 있는 곳에서는 일어날 수 있다. 이렇게 생각을 전환하면 볼 수 없는 세계에서는 당연한 일이 된다. 뿐만 아니라, 만족감과 평화와 안전은 일종의 생활방식이 된다. 인생의 유일한 생활방식으로 당신의 현실화된 세계의 거울 앞에서, 당신이 무엇을 보든지 아무 상관없을 것이다.

인생의 목적(새로운 목적)

사람들이 볼 수 없는 세계에서 살고 있다는 것을 처음 깨닫게 되면 당황해 한다. 그들은 이런 생각을 한다. '그럼 이제 어떻게 하지? 평생 동안 무언가를 실현하는 것이 중요하다고 생각하며 살아왔는데, 이제 보니 별로 중요한 것이 아니었잖아.' 두려워할 필요가 없다. 현실화는 아직 중요하다. 단 다른 의미에서 중요하다. 우리 자신을 보기 위해 거울이 필요한 것처럼, 우리 자신의 생각을 들여다볼 수 있으려면 현실화를 가능하게 할 도구가 필요한 것이다. 우리가 모든 것을 항상 가지고 있다는 것을 기억할 수 있도록 하기 위해서다. 예쁜 옷을 입고 화장을 한 자신의 모습을 마음껏 보기 위해 거울을 사용하는 것처럼, 모든 것이 항상 가능하다는 것을 기억하기 위해 현실화를 사용할 수 있다.

따라서 우리가 보이지 않는 세계에 살고 물리적 세계가 생각의 거울이라는 것을 알고 있을 때도 삶의 풍요로움을 즐기고 경험하기 위해서는 현실화를 사용한다. 그래서 우리가 원하는 것을 계속 추구하고, 쇼핑도 하고, 집을 장식하고, 데이트도 하며 결혼도 한다. 이 모든 것이 본질적으로 아무런 의미가 없다는 사실을 알면서도 계속하게 된다. 왜냐하면 그렇게 함으로써 우리 자신을 볼 수 있기 때문이다. 또한 자신을 치유하기 위해 이런 일을 하면서 생기는 감각을 경험하는 것이다.

이를 알면 비현실적인 일을 위한 사투 따위는 하지 않고 전쟁을 하거나 서로에게 책임을 전가하는 일도 하지 않게 된다. 다시금 하고 싶은 유혹이 생기지만, 금세 착각이었다는 것을 깨닫는다. 삶은 전혀 변화가 없는 것처럼 보이지만, 우리가 하는 모든 일과 경험 아래에는 기쁨, 안전, 즐거움, 성취감이 존재한다.

그렇다고 오해는 하지 말아야 한다. 삶이 이렇게 바뀌었다고 해서 당신의 인생에서 사건들이 발생하지 않는다는 의미가 아니다. 깨달은 사람들 역시 고통을 경험하고, 질병에 시달리기도 하고, 실망하기도 하고 힘겨운 인간관계를 경험한다. 하지만 이제 그들은 인생을 배우는 과정의 한 부분으로써 그런 경험을 한다. 그리고 모든 것을 소유하고 있다는 사실을 계속 상기하면서 세상사를 경험하려고 한다.

그러면 돈과 성공과 사랑은 어떻게 되는가? 돈과 사랑과 성공도 여전히 존재한다. 아직도 거울 속에 나타나고 있다.(또는 나타나지 않기

도 한다.) 하지만 나는 돈과 사랑 성공을 이미 갖고 있다는 사실을 안다. 돈과 사랑과 성공은 내면에서 비로소 중요한 의미를 갖는다. 그리고 지금까지 우리의 내면에서 항상 존재해 왔다.

'먼저 그의 나라를 구하라. 그리하면 모든 것이 주어지리라.'

이 말은 다음과 같이 요약할 수 있다.

그의 나라(하느님의 나라라고 해도 좋다.)는 볼 수 없고 무한하고 당신 안에 있다. 그의 나라에 가면 당신이 모든 것을 갖고 있다는 사실을 즉시 알게 된다. 당신이 모든 것을 갖고 있다는 것을 알게 되면 곧 바로 세상에 반영된다.

이렇게 생각을 하기는 쉽지 않다. 풍요로움이나 성공, 그리고 어렸을 때 위험하다고 생각했던 생각들을 떠올렸을 때 느껴지는 감각들은 고통스럽고 상당히 불쾌한 경험일 수 있기 때문이다. 하지만 감각 자체는 우리를 해치지 않는다. 그리고 그런 감각을 만들어낸 사건들이 그저 다른 방식으로 우리에게 도움을 준다는 사실을 이해하면, 그 사건들과 감각을 치유의 신호로 받아들일 수 있게 될 것이다.

이 책의 한 부분만을 기억한다면 다음의 구절들을 명심해야 한다.

감각적인 삶으로의 열쇠

힘들거나 혼란스럽고 화가 나거나 감당하기 힘든 상황에 처할 때마다, 당신이 무언가 필요로 하거나 무언가 부족하다는 생각이 들 때마다, 해야 할 일은 딱 한 가지가 있다.

감각에 의지해야 한다!

생각도 하지 말고, 분석도 하지 말고, 고군분투할 것도 없다. 답답함, 두근거리는 가슴, 발열, 오한, 모든 물리적인 감각들을 그저 겪으면 된다.

어떤 의미도 부여하지 말고 도망가려고도 하지 말고 사라질 때까지 기다리지도 말고 그저 그 감각을 경험해야 한다.

이렇게 하면, 무한한 가능성의 세계의 문이 당신을 위해 활짝 열릴 것이다.

그리고 무엇을 해야 할지, 무슨 생각을 해야 할지도 알게 될 것이다. 그렇게 되면 그 자체로 적절한 행동을 할 수 있게 된다.

감각을 피하지 않을 때, 당신이 진정으로 원하는 생각을 할 수 있고, 그것이 현실화되는 것을 볼 수 있다.

문을 열기 위해 감각의 열쇠를 사용해야 한다

이제 당신은 원하는 모든 것을 이미 갖고 있다는 사실과, 그것을 매 순간마다 기억하게 해줄 감각의 열쇠를 손에 쥐었다.

감각을 경험해야 한다

이는 간단하다. 충분히 경험하면 쉬워진다.

여러분은 자유롭다. 모든 것을 이미 갖고 있다. 어떤 것도 잃지 않는다.

한번 해보자.

여러분의 감각의 삶을 즐겨야 한다.

'우리는 감각의 치유를 통해 우리의 세계를 되찾는다.'

제5부

감각과 함께 하기

19장
감각 견디기

느낌 그대로 느끼는 것

　내가 말한 것처럼, 생각을 받아들이면 감각이 생기고 삶이 형성된다. 그리고 생각은 세상이라는 거울에 발현되어 나타난다. 어떤 사건이나 믿음, 감각(생각이 발현되어 이루어지게 하는 데 있어서 필수적이다.)은 생각의 결과로 일어난다. 그리고 우리는 그 생각의 결과로 일어나는 사건이나 믿음, 감각들을 두려워한다. 사실 사람들은 어떤 생각이 좋은 결과를 가져온다는 것을 알면서도 그렇게 생각하지 못한다. 왜냐하면 생각이 물질세계에서 이루어지고, 생각의 결과로 경험하게 될 감각을 견디기 어렵기 때문이다.

　이런 두려움은 무의식에 작용해서 그런 감각을 느끼지 못하게 막는다. 그래서 단순하게 그런 생각에서 멀어지게 하거나(방어적인 생각을 하게 함으로써), 생각을 하다가도 두려운 느낌이 드는 순간, 곧바로 방어적인 생각으로 옮겨가게 만든다. 좀 헷갈리긴 하지만 이런 일은 매우 단순하게 일어난다.

　예를 들어 당신은 거미를 무서워한다. 그런데 수천 마리의 거미가 북적대는 길을 한번 걸어가 보자. 그러면 거미에 대한 두려움이 싹 가실 것이다. 하지만 당신은 절대로 그렇게 해볼 생각을 하지 않는다. 거미 무리 속을 헤치고 걸어가는 것이 정말로 거미에 대한 두려움을 극복하는 길이라고 믿는다고 하자. 그렇다 하더라도 실제로 실행하기에는 너무 끔찍한 일이기 때문이다. 당신은 두려움 때문에 거미 무리 속을 걸어가지 않든지, 아니면 저항하는 다른 생각(방어적인 생각)을 하게 될 것이다. '그렇게 해봤자 소용이 없어. 그냥 거미는 무서워. 거미를 두려워 할 수도 있지 뭐.'라고 하면서. 아무튼 저항을 불러오는 모든 생각의 목적은 단 하나다. 바로 자신이 두려워하는 것, 즉 거미 사이를 걸어갈 때 느낄 감각에서 자신을 멀어지게 하는 것이다. 하지만 두려움을 극복하고 싶고, 극복하는 방법이 거미 무리 속을 걸어가는 것이라면, 거미 무리 속을 걸어갈 때 느껴지는 감각을 느끼면서 참아야 한다. 이런 능력, 즉 감각을 느끼고 참는 능력은 그 자체로 이미 두려움을 극복하는 것이나 같다. 이제 알겠는가?

 이 글을 쓰면서 나는 지금 사랑스러운 애인 숀과 함께 배를 타고 카리브 해로 가는 중이다. 이 여행의 첫 번째 코스는 스노클 잠수다. 나는 이 소식을 듣고 매우 설레었다. 보트를 타고 구경하는 멋진 장관에, 아름다운 물고기며 산호초, 뜨거운 태양 아래 차가운 바다까지 만날 수 있다니. 숀 역시 아름다움과 여유로움을 즐기는 사람이다. 그런데 이번에는 이 코스가 내키지 않는다고 한다. 무슨 이유에서일까? 그것은 바로 숀이 코를 움켜쥐고 귀를 막지 않고서는 물속에 얼굴을 넣을 수 없기 때문이다. 나는 숀이 얼굴을 물에 넣을 수 있도록 수영장에서 가르쳐 본 적이 있다. 하지만 그는 결국 혼자서는 그렇게 할 수 없었다. 왜일까? 숀이 원래 얼굴을 물속에 넣을 수 없는 사람이기 때문일까? 물론 아니다. 그 이유는 바로 얼굴을 물속에 넣는 것이 숀에게 어릴 적의 목록을 상기시키는 일이었기 때문이다. 그는 얼굴을 물에 넣는 순간 일어나게 될 감각을 경험하는 것이 두려웠다. 그래서 감각

이 일어날 것 같은 상황을 피하기 위해 '나는 할 수 없어.'라는 방어적 생각을 하게 되었다. 그리고 더 나아가 '나는 그렇게 하고 싶지도 않아.'라는 생각을 한 것이다.

숀은 목구멍이나 가슴이 조여 오는 감각을 피하기 위해 그가 무척이나 즐겼을 만한 활동을 시도조차 해보지 않았다. 스노클 잠수 같은 건 사실 별 것도 아니지 않은가. 하이킹을 가거나 해변에 놀러 가는 것과 다를 게 없다. 하지만 우리의 삶을 한 번 가만히 들여다보자. 우리도 정말로 하고 싶었던 것, 정말로 경험하길 원했던 성공으로부터 얼마나 멀리 떨어져 있는지 모른다. 아무런 해도 끼치지 않고 얼마든지 참을 만한 감각을 피해야 했기 때문이다. 그까짓 두려움 때문에 말이다.

두려움, 수치심, 죄책감

이 시점에서 두려움이 도대체 무엇인지에 대해 정의를 내려 보는 것이 좋을 것 같다. 두려움은 많은 사람들이 생각하듯 어떤 감각이 아니다. 두려움은 감각에 대한 생각이다. 당신이 두렵다고 말할 때 실제로 말하고 있는 것은 '내가 느끼고 싶지 않은 감각이 느껴져. 그래서 뭔가가 위험하다는 생각이 들어.'라는 것이다. 따라서 모든 두려움은 어떤 감각을 피해 가기 위한 전략이라고 말할 수 있다. 수치심과 죄책감도 마찬가지이다. '나는 이런 일이 일어났다는 게 너무 수치스러워. 죄책감이 느껴져.' 수치심이나 죄책감도 감각이 아니다. 감각을 불러오는 뭔가를 더 이상 하지 못하게 만드는 생각이다. 그리고 모든 방어적 생각과 마찬가지로 수치심이나 죄책감은 우리가 그 감각에서 멀어지게 한다. 물론 그 결과 우리는 현실화된 세계에서 자신이 바라는 것들을 볼 수 없게 된다.

두려움을 막아서는 안 된다 — 감각에 맞서야 한다

당신이 하는 일들을 떠올려보자. 그중에는 어느 정도의 두려움을 감수하고 해야 하는 일들이 많다. 누군가는 할 수 있지만 누군가는 두려워서 하지 못하는 일이다. 예를 들면 운전, 수영, 무대 위에서 연주하기, 스키 타기, 대중 앞에서 말하기 등이 있다. 별 생각 없이 예사로 하는 활동들일지라도 거기에는 약간의 두려움이 내포되어 있다. 조금만 더 깊게 생각해 보면 두려움을 절대 갖지 말아야 하는 게 아니라 두려움에 익숙해져야 한다는 사실을 알 수 있을 것이다. 어떤 일에 대해 '생각'하지 않는 게 아니라 당신이 시도하고 있는 수영, 스키, 연주 등에 대해 계속 생각을 해야 한다. 생각이 낳는 감각에 집중하기보다 원하는 것을 생각하는 데 집중해야 한다. 그래야 감각을 뿌리치지 않고도 원하는 것을 할 수 있다.

두려워하는 생각을 하고 있다는 사실을 깨달으면 그 생각을 전환해야 한다. 원하는 것이라면 무엇이든지 할 수 있다는 생각으로 전환해야 한다. 그러면 두려움은 단지 감각을 뛰어 넘고 있다는 신호가 된다. 감각으로 돌아가서 감각과 맞붙어야 한다. 그렇게 할 때 본래 가졌던 생각을 지킬 수 있고 그토록 바라던 결과가 나타나는 것을 볼 수 있다.

어떤 생각을 고수하고 생각의 결과가 삶 속에 나타나게 만들고 싶

은가? 그렇다면 어떤 감각이 일어나든지 그것을 참을 수 있어야 한다. 그 생각 때문에 불안에 떨거나 두려움, 죄책감, 수치심으로 내달려서는 안 된다. 예를 들어 어릴 적에 사람들 앞에서 말을 하다가 망신을 당한 적이 있다고 하자. 당신은 그때 갖게 된 생각 때문에 사람들 앞에서 말하는 것이 껄끄럽다. 그렇다면 당신은 어릴 적에 겪은(또는 겪을 뻔했던) 기억에서 느껴지는 감각을 견딜 수 있어야 한다. 지금의 상황은 그때와 다르다. 당신은 더 이상 어린아이도 아니다. 그리고 아무도 그때처럼 당신에게 뭐라고 할 수 없다. 당신도 이 점을 알고 있다.(그리고 만약 그런 일이 일어난다 해도 당신은 그런 상황을 막거나 견뎌낼 수 있다.) 그런데도 당신은 안심할 수 없다. 금세 그런 감각이 밀려들어올 것만 같다. 당신이 감수해야 할 것은 공격을 당할 것이라는 사실이 아니다. 바로 비난을 당할 위기에 처할 때 느껴질 감각이다. 이 둘 사이의 차이를 알겠는가? 우리는 주로 비난당할 것이 두려워 남 앞에서 발표하는 게 싫다고 말한다. 그러나 논리적으로 생각을 해보면 이 말은 사실이 아니다. 우리가 정말로 두려워하는 것은 지난 경험에서 밀려오는 감각이다. 다시 우리는 역설로 돌아왔다. 우리는 진정으로 원하는 것을 생각할 때 두려움을 느낀다.

따라서 하고 싶은 생각을 지속할 수 있는 방법을 알려 주겠다.

첫째, 자신이 두려워하는 생각을 하고 있다는 사실을 깨달아야 한다. 둘째, 스스로 이렇게 말해야 한다. "'두려워.'라는 생각을 떨치지 못하는 이유는 원하지 않는 감각을 느끼고 있기 때문이다." 셋째, 원래의 생각이 불러일으켰던 감각으로 돌아가서 그 감각과 맞붙어야 한다. 원하는 생각을 하면 언제나 바라던 결과가 따라온다. 하지만 그 생각을 계속할 수 있으려면 생각에서 오는 감각을 느끼고 참아내야 한다. 이것은 물론 쉽지는 않다. 하지만 매우 간단하다. 감각은 고통스러울지라도 정말로 당신을 해치지는 않는다. 감각을 참아내는 의지를 발휘해야 한다.

많은 사람들이 효과가 있다고 말하는 방법을 하나 소개하겠다. '참는다.'는 말 대신 '함께 한다.'는 말을 쓰는 것이다. 이 말을 써서 "나는 내 감각과 함께 할 수 있어."라고 말해 보자. 말 그대로 당신은 감각과 함께 있을 수 있다. 감각과 같은 공간에 있고, 그것을 경험하며, 자신의 생각을 지속할 수 있다. 감각이란 당신을 공격하거나 당신에게 찾아오는 무언가가 아니다. 살아가는 동안 함께 해야 하는 삶의 일부이다.

따라서 어떤 생각에 따라 그저 어떤 감각이 느껴지는지를 관찰해야 한다. 당신은 편안할 수도, 긴장이 될 수도, 불편할 수도, 숨이 막힐 수도 있다. 어떤 감각이든 그것과 함께 있어야 한다. 그것과 함께 존재해야 한다. 그냥 감각을 느끼고 있어야 한다. 감각에 대해 뭔가를 하려고 해서는 안 된다. 감각에 반응하거나 감각을 밀어내려고 해서는 안 된다. 감각을 다른 사람에게 돌리지도 말아야 한다. 그냥 감각을 갖고 있으면 된다. 만일 당신이 처한 상황이 계속 어렵게만 보인다면 오히려 감각이 드러나도록 부추겨보자. '이리 와봐. 나는 널 경험하고 싶어. 도대체 네 정체가 뭔지 직접 보고 싶어. 한번 나타나 봐.'

덧붙여 말해 둘 것이 있다. 원하는 생각을 한다고 해서 무조건 좋은 느낌과 의욕적인 느낌을 기대해서는 안 된다. 감각에 대한 가장 큰 저항 중 하나는 다음과 같은 말이다. '오, 그런 감각을 느낄 일은 없을 거야. 내가 왜 굳이 그걸 느끼려고 애쓰겠어? 감각 따위에 신경 쓰기 싫어.' 하지만 저항을 하는 대신 그냥 감각과 만나고 생각을 지켜야 한

다. 그러면 그에 따른 행동과 결과가 저절로 나타난다. 게다가 당신이 경험하는 감각은 해롭지도 않고 특별한 의미도 없다.

단순히 감각과 같이 있을 수 있는 능력을 계발한다면 지키고 싶은 생각을 지킬 수 있다. 뿐만 아니라 그 감각에 깃든 오래된 상처가 치유되기 시작한다.

문제와 곤란한 상황을 일으키고 원하는 생각을 하지 못하게 하는 것은 감각이 아니다. 우리를 계속해서 무너뜨리려는 것은 감각에 대한 두려움과 저항이다. 생각을 지켜야 한다. 생각에서 일어나는 감각이 무엇이든 간에 감각과 함께 존재해야 한다. 그러면 발현(Manifestation)의 기술을 마스터할 수 있을 것이다. 나머지는 당신이 애쓰지 않아도 저절로 이루어진다.

부정적인 생각 — 선택의 마약

새로운 생각의 흐름을 갖게 되면 다른 사람에게 이런 충고를 하기 쉽다. "부정적인 생각에 중독되었구나.", "부정적으로 생각하는 게 버릇이야." 이런 말은 단순히 생각을 바꾸라는 충고로 들릴지 모른다. "더 이상 그렇게 생각하지 마!"라는 말로도 들린다. 하지만 사실 이것은 굉장히 심한 말이다. 아무리 그 말이 사실이라 할지라도 알코올 중독자에게 "너 중독됐어! 술 좀 그만 마셔!"라고 하는 말과 같다.

알코올이나 약물 중독이 술이나 약물을 그만 복용하면 해결되는 문제라고 생각하는 것은 얼마나 순진한 생각인가. 중독에서 회복되자면 술이나 약물을 끊어야 하는 것이 맞다. 하지만 내 경험상 중독 문제는 약물 복용을 그만둘 때 본격적으로 시작되는 문제이다. 아니면 그 때로부터 제대로 드러나는 문제이다.

"너는 부정적인 생각에 중독됐어."라는 말에 대해 이런 의문이 들었다. '우리가 무언가에 중독되는 이유는 무엇인가? 왜 술을 마시고 약물을 복용하는 것인가?' 그러자 우리가 중독에 빠지고 위험한 선택에 빠지는 단 하나의 이유를 깨달았다. 그것은 바로 고통을 피하기 위해서였다.

그러자 다시 질문이 떠올랐다. "우리는 언제 '부정적인' 생각에 빠지며, 부정적인 생각은 어떻게 우리가 고통으로부터 멀어지게 만드는가?"

보통 많은 사람들은 부정적인 생각이 고통을 유발하는 것이라고 생각한다. '부정적인' 생각을 '긍정적인' 생각으로 전환시키기만 하면 기분이 좋아질 거라고 생각한다. 하지만 그렇다면 왜 그토록 똑똑하고 의욕적인 사람들이 자꾸만 '부정적인' 생각을 선택하는 것일까? 왜 많은 사람들이 자신의 소원과 꿈에서 멀어지게 만드는 생각에 중독되는 것일까? 그건 분명 부정적인 생각이 그들을 무언가로부터 보호해 주기 때문이다. 그렇지 않다면 굳이 그 약물을 선택할 이유가 없다.

따라서 당신이 하고 있는 생각이 자신이 바라던 결과와 멀어지게 만드는 것이라면 스스로에게 질문해야 한다. '어떤 고통스럽고 힘든 감각으로부터 벗어나기 위해 이런 생각을 하고 있는 것일까?'

알코올 중독자가 술병을 내려놓고 약물 중독자가 약물을 끊는 것과 마찬가지로 감각에 직면하고 감각을 치유하려면 다음과 같이 결심해야 한다.

'내가 바라는 결과를 가져올 생각을 유지하겠어. 감각을 누그러뜨

리기 위해 약물에 의존하지 않을 거야.' 당신은 약물이나 알코올을 끊을 때와 마찬가지로 초조해지거나 '무기력해'질 수 있다. '약물'로 완화시켜 두었던 고통을 다시 경험할 수 있다. 그러나 '약물'을 끊으면 감각을 경험하고 참을 수 있는 능력이 생긴다. 감각을 이겨 내면 자신이 바라던 세계로 펼쳐질 생각을 지킬 수 있다.

문제의 원인은 감각이 아니다. 감각에 대한 저항이다

몇 년 전 한 마사지사에게서 마사지를 받은 적이 있다. 그녀는 아이들이 놀이를 하듯이 하는 마사지인 롤프식 마사지를 만든 사람이었다. 그녀는 팔꿈치를 내 명치 위에 올렸다. 그러더니 몸무게를 실어 지그시 눌렀다. 처음에는 가볍게 누르는 느낌이 났다. 그런데 그녀는 점점 힘을 강하게 주더니 몸의 곳곳을 세게 눌러댔다. 몸속의 깊은 근육까지 풀어주기 위해서였다.

"죽을 것 같아요. 못 참겠어요." 나는 결국 소리를 질렀다. 하지만 그녀는 아랑곳하지 않고 계속 세게 힘을 주었다. 그렇게 몇 분이 흐른 뒤 나는 말했다. "이제 세게 누르는 건 끝난 건가요? 갑자기 하나도 안 아프네요." 그러자 그녀는 말했다. "지금 더 세게 누르고 있는 걸요. 당신이 저항하기를 그만둔 거예요."

누구나 쉽게 감각을 느낀다. 우리는 모두 여러 가지 감각을 느끼고 있다. 초조함, 쿡쿡 쑤심, 뜨거움, 차가움, 가려움, '아픔'까지도. 대개 이런 감각을 느끼는 것은 뭔가가 잘못될 때이다. 하지만 뭔가 굉장한 일이 일어날 때도 이런 감각을 느끼고는 한다. 예를 들면 사랑에 빠지거나 게임에서 이기거나 큰돈을 벌 때 말이다. 일단 감각을 받아들여 보면 그 감각이 쉽게 참을 수 있고 지극히 평범한 것이었다는 것을 알 수 있다. 하지만 감각에 대해 생각하거나 감각에 저항하기 위해 '만일 그렇게 되면 어쩌지.'하는 염려를 할 때는 감각을 느끼는 것이 어렵다.

감각에 대한 재미있는 예가 하나 떠오른다. 몇 년 전 나와 숀은 둘 다 명치에서 사타구니에 이르는 부위에 이상하게 떨리는 느낌이 있었다. 이 느낌은 4개월 동안이나 지속됐다.

숀은 이 느낌이 차크라(신체에서 기가 모이는 부위)가 새로운 영적 지각을 위해 열리는 신호라고 해석했다. 심기증(心氣症)을 앓은 적이 있는 나는 이것이 대동맥류가 생겼다는 신호라고 해석했다. 숀은 이 증상이 나타날 때마다 "아, 나는 성장하고 있어."라고 말했다. 반면 나는 "어, 나는 죽어가고 있어."라고 말했다. 4개월이라는 시간 동안 숀은 설레는 시간을 보냈고 나는 끔찍한 시간을 보냈다.

마음 상태와 행복을 결정하는 것은 겉으로 드러나는 증상 그 자체가 아니라 우리가 그것에 부여한 의미라는 사실을 알 수 있겠는가?

20파운드의 무게

난생처음 강력하고 속상하고 견디기 힘든 감각을 느낄 때가 있다. 사람들은 그 감각을 꾹 눌러 참으라고 말한다. 그러면 이런 생각이 들 것이다. '나보고 앞으로 계속 이런 느낌으로 살라고? 차라리 죽는 게 낫겠어.'

사실 그 감각들은 남은 일생 동안 계속 머물러 있을지도 모른다.

아니면 최소한 그때의 상황과 비슷한 스트레스성 상황이 닥칠 때마다 튀어나올 것이다. 그러나 그렇다고 그 감각들이 결코 참을 수 없는 감각이라는 뜻은 아니다. 감각이 달라져야 하는 것도 아니다. 그것을 견디는 우리의 능력이 달라져야 한다.

20파운드짜리 역기를 예로 들어 설명하겠다. 당신은 몇 년째 운동을 한 적이 없다. 이제 막 헬스장에 다니기 시작했다. 그렇다면 20파운드짜리 역기를 들어 올리는 것은 무척이나 힘든 일이다. 역기를 들어 올릴 때 엄청난 압박감을 느낄 것이다. 금세 힘이 다 빠져서 오랫동안 역기를 들고 있을 수 없을 것이다.

하지만 만약 몇 년 동안 운동을 꾸준히 해왔다고 생각해 보자. 운동을 통해 들 수 있는 무게를 조금씩 늘려온 것이다. 그렇다면 그리 큰 힘을 들이지 않고도 100파운드짜리 역기를 들 수 있다.

당신이 일 년 동안 역기 드는 연습을 하면서 역기를 들 수 있는 능력을 키워 왔다고 하자. 이제 20파운드짜리를 다시 들어본다면 어떨까. 그것은 놀라울 만큼 가볍게 느껴질 것이다. 역기를 드는 것은 식은 죽 먹기처럼 쉬울 것이다. 그런데 사실은 무엇인가. 당신이 든 것은 여전히 20파운드짜리 역기이다. 그 사실은 변하지 않았다. 역기는 더 가벼워진 적이 없다. 무게가 어디로 사라진 것도 아니다. 역기는 달라진 게 없다. 오직 당신의 능력이 달라진 것이다.

감각도 이와 같다. 지금은 절대 참을 수 없을 것 같은 감각이 있을 수 있다. 하지만 점점 익숙해지다가 나중에는 거의 느껴지지 않을 수 있다. 감각은 여전히 그 자리에 있고 어디로 가 버리거나 사라지지 않았다. 하지만 감각은 더 이상 문제로 인식되지 않고 심지어는 전혀 의식이 되지 않는 정도에까지 이른다. 왜냐하면 당신이 그것과 함께 하는 능력을 키웠기 때문이다.

감각과 함께 하게 하도록 도와주는 생각

감각의 압박에 억눌려 있고 아무리 오래된 생각을 새로운 생각으로 전환하려고 해도 견딜 수 없는 감각이 지속된다면 잠시 모든 노력을 멈춰야 한다. 이럴 때는 보다 효과적으로 감각을 재조명하고 감각과 함께 할 수 있도록 도와주는 새로운 생각이 없는지 알아봐야 한다.

엘렌은 자신의 가능성을 충분히 표현할 수 없다고 느꼈다. 그녀는 자신의 이런 생각을 발견했다. '자신을 솔직하게 표현한다면, 놀림을 받고 저지를 당할 거야.' 그녀는 이 생각을 "나는 크게 외칠 거야!"라는 피터 팬의 대사로 전환시켰다. 그녀에게 있어서 매우 중요하고 필수적인 요소는 감각이었다. 그녀의 결심은 이런 감각을 구체적으로 표현하겠다는 뜻으로 보였다. 어떤 장애물이 막아선다 해도 자신을 표현할 수 있는 의지를 발휘하겠다는 뜻이었다.

다음 주 그녀를 만났을 때 그녀는 생각의 전환 덕분에 온갖 놀라운 결과가 나타났다고 말했다. 그런데 그녀는 불안해하고 있었다. 그녀도 자신이 불안한 생각을 하기 시작했다는 것을 알아챘다. '나는 분명히 계속 이런 생각을 할 수 없을 거야. 이 생각은 위험해.' 그녀는 이런 생각이 들 때마다 그것을 '나는 크게 외칠 거야!'라는 생각으로 전환시키기 위해 얼마나 노력했는지 모른다. 하지만 그녀의 노력에도 불구하고 불안감은 계속 커져만 갔다.

우리의 목적은 불안감을 없애는 게 아니라 불안감을 극복하는 것

이라고 이미 논의했었다. 그녀는 용기 있게 '나는 크게 외칠 거야!'라고 생각했었지만 좌절할 수밖에 없었다. 이것이 자신의 어릴 적 경험에서 오는 불안감이라는 것을 알게 되었다. 당시 그녀는 그 불안감을 견딜 수가 없었다. 그 결과 '나는 분명히 계속 이런 생각을 할 수 없을 거야. 이 생각은 위험해.'라는 생각을 갖게 되었다. 이렇게 함으로써 어릴 적의 감각을 다시 경험하는 일이 없게끔 했던 것이다. 그녀는 어릴 적에 겪었던 상황이 지금도 존재하는 것은 아니라는 걸 알고 있었다. 하지만 여전히 그때의 감각 때문에 힘들어하고 있었다. 따라서 우리는 '나는 크게 외칠 거야!'라는 생각으로 전환하려면 새로운 생각이 필요하다는 것을 알 수 있다.

우리가 이야기한 대로 엘렌에게 새로운 생각이 필요하다는 사실은 분명하다. 그녀의 감각에 새로운 의미를 부여해 줄 생각이 필요하다. 문제는 그녀가 '나는 크게 외칠 거야!'라는 생각을 할 때마다 감각을 느낀다는 사실이 아니다. 문제는 그녀가 그 감각에 '나는 분명히 계속 이런 생각을 할 수 없을 거야.'라는 생각을 부여한다는 것이다.

그녀에게 마침내 떠오른 생각은 '감각은 그저 감각일 뿐이다.'라는 생각이었다. 그녀는 '나는 크게 외칠 거야!'라는 생각에서 '불안한' 감각이 느껴졌다. 그리고 '나는 분명히 계속 이런 생각을 할 수 없을 거야.'라는 생각이 들었다. 하지만 이런 생각이 들 때마다 즉시 '감각은 그저 감각일 뿐이다.'라는 생각으로 전환시킬 수 있었다.

이 생각은 그녀가 불안감을 재해석하고 견딜 수 있게 해주었다. 그래서 그녀는 '나는 크게 외칠 거야!'라는 생각을 계속 유지하고 이 생각이 어떻게 그녀의 삶에 반영되는지를 지켜볼 수 있었다.

그녀는 '나는 크게 외칠 거야.'라는 생각으로 돌아갈 수 있었다. 이 생각을 뒷받침해 준 생각은 '감각은 그저 감각일 뿐'이었다. 그녀는 불안감이 떠오를 때마다 의식적으로 이 생각을 활용했다.

내가 직접 겪은 예를 하나 더 들어보겠다. 나는 20년을 기다린 끝에 코네티컷에서 꿈의 집을 발견했다. 하지만 무슨 수로 저 집을 살 수 있겠는가 하는 생각이 들었다. 그런데 '원하는 것을 얻을 수 없다.'라는 생각에서 '원하는 것을 얻을 수 있다.'는 생각으로 전환하자 이 생각에서부터 집을 살 만한 돈이 생겨나기 시작했다. 원래 갖고 있던 아파트를 엄청난 이득을 보고 팔 수 있었고, 뉴욕 시에서도 꿈의 임대 아파트를 발견할 수 있었다. 나는 이 모든 일에 대해 너무 흥분되고 행복했다. 그러나 동시에 점차 불안감이 커지고 있다는 것도 알았다. 좋은 집의 행복을 누릴 수 있을까 걱정이 되고 혹시 질병이나 재앙이 덮치진 않을까 두려워했던 것이다. 이런 불안한 마음으로 살던 어느 날 나는 길을 가다가 넘어지고 말았다. 그러더니 지하철에서 기둥에 머리를 박고 상점 창문을 들여다보다가 코를 찧었다. 이 모든 일이 하루 저녁에 일어난 일이었다. 다행히 심각한 상처를 입은 건 아니었다. 하지만 넘어지고 박고 찧는 사건을 당하는 동안 이것이 일종의 경각심을 일깨우는 신호 같다는 생각이 들었다. 불안감이 느껴진다는 이유로 '내가 갖고 싶은 것을 가질 수는 있지만 앙갚음을 당할 것이다.'라는 생각을 갖고 있었다는 사실을 깨달았다. 그러자 갑자기 어렸을 때의 기억이 떠올랐다. 나는 원하는 무언가를 얻으려고 심하게 떼를 쓰고 있었다. 그러나 그걸 얻는 대신 다른 무언가 아주 중요한 것을 빼앗기게 될 거라는 소리를 들었다. 그렇다면 '원하는 것을 얻을 수 있다.'라는 생각은 상황의 모든 면을 커버해 주지는 못하는 생각이었다. 나는 이것을 두 개의 생각으로 확대해서 전환시켰다. 하나는 '나는 내가 원하는 것

을 앙갚음 없이 얻을 수 있다.'이며 또 하나는 '나는 내가 원하는 것을 얻고 그것을 누릴 수 있다.'였다. 이런 생각을 하게 되자 넘어지고 머리를 부딪치고 코를 찧는 일은 없어졌다. 그리고 새집과 새집에서 누릴 수 있는 모든 것들을 누리기 시작했다.

에드윈 게인즈의 21일 동안 불평하지 않기 작전

작년에 에드윈 게인즈는 뉴욕 유니티에서 워크숍을 열었다. 에드윈은 내가 아는 한 가장 진취적인 자기계발 전문 교사였다. 그녀는 언제나 만나는 모든 사람들의 삶을 변화시켰고 방문하는 모든 교회나 공동체에 풍요와 번영을 가져왔다.

에드윈은 워크숍 과정 중에 우리 모두 불평하지 않기 작전을 해보자고 제안했다. 21일 동안 불평을 하지 말자는 것이었다. 실수로 불평을 하거나 우연히 불평을 할 수는 있겠지만 절대 자신을 비난하는 일은 없어야 한다고 했다. 그렇게 21일간의 작전이 시작되었다.

에드윈이 떠나고 일주일이 지난 다음 나는 생각의 전환 미팅을 가졌다. 사람들은 아직 21일 작전을 수행하는 중이었다. 그런데 실망스럽게도 그들은 화가 나거나 분통이 터지는 것을 멈출 수 없다고 말했다. 사실 그들의 분노의 감각은 더 강해진 상태였다. 나는 에드윈이 화를 내거나 분노하지 말라고 한 게 아니라 다만 불평하지 말라고 한 것이라고 지적해 주었다. 그녀는 아무것도 느끼지 말고 믿지 말라고 한 게 아니었다. 그녀는 불평하지 말라고 요청한 것이었다.

사실 불평을 멈출 때 더 나쁜 감각이 느껴진다. 왜냐하면 자신의 생각과 감각을 더 의식하게 되기 때문이다. 아무것도 느끼지 않으려고 노력해서는 불평을 멈출 수 없다. 불평을 멈출 수 있는 유일한 길은 기꺼이 자신의 생각과 감각을 경험하고 받아들이는 것이다.

어느 날 내 친구 중 한 명이 나에게 이런 말을 했다. "내가 왜 이렇게 술을 많이 마시는지 모르겠어." 나는 정말로 그 이유가 궁금하냐고 물었다. 그는 "응, 정말 알고 싶어."라고 말했다. 나는 이렇게 대답해 주었다. "술을 그만 마셔봐. 그 이유를 바로 알 수 있을 테니까." 우리는 주로 참기 어려운 수준의 감각이 느껴질 때 그 감각을 지우기 위해 술을 마신다. 하지만 술을 마시지 않는 순간 그 감각이 다시 밀려온다. 그렇다면 우리의 과제는 술을 마시지 않고 깨어 있는 상태에서 '삶의 거울'에 반영되어 나타나는 감각을 견딜 수 있는 새로운 생각을 갖는 것이다.

이런 과제는 알코올 중독자 협회와 같은 기구에서도 기초 원칙으로 삼고 있는 것이다. 사람들은 자신의 행동을 바꾸고 싶은 마음에 이런 기구를 찾아 간다. 그리고 감각을 견딜 수 있게 해주는 새로운 생각과 사람들의 지원에 힘입어 결국 목표를 이루어 낸다.

감각을 이기게 해주는 도움 받기(치료법의 유익과 위험)

당신은 생각의 전환을 하는 동안, 받아들이기 어려운 강한 감각들에 맞서고 그 감각들을 다루기 시작한다. 이 과정을 잘 통과하기 위해서는 여러 가지 방법(생각의 전환과 관련해서 시행할 수 있는 방법)의 도움을 받을 수 있다. 이 방법들은 생각의 전환을 이루는 동안 당신이

감당해야 할 과제들을 잘 감당할 수 있게 도와주고 당신을 지지해 줄 것이다.

물론 그중에서도 가장 도움이 되는 방법은 전문적인 치료법이다. 이것은 당신의 감각(당신의 감각에 대한 생각)이 드러나고 이해되고 해결되는 데 도움을 줄 것이다. 하지만 생각의 전환을 시도할 때 중요한 점은 이미 일어난 일에 대한 원인과 세부 사항을 캐는 데 빠져들지 말아야 한다는 점이다. 우리는 생각을 전환하려는 입장에서만 상황에 접근해야 한다. 자연스러운 치유가 저절로 일어나게 해야 한다. 하지만 만일 이 과정에서 감각을 견디는 것이 극도로 힘들고 감각들로부터 도망치려는 생각(당신이 바라는 결과를 볼 수 없게 만드는 생각)을 이길 수 없다면 그때는 치료사들의 도움을 받는 것도 좋다.

게슈탈트(Gestalt), 신체적 경험(Somatic Experiencing), TMS 치료법, 내면 아이 치료(Inner Child Work), 동반의존 치료(Codependency Work) 등 수많은 다양한 치료법들은 감각을 견디거나 감각을 그냥 하나의 감각으로써 받아들일 수 있는 능력을 직접적으로 길러준다. 이런 방법들은 당신이 감각에서 뛰쳐나와 새로운 생각을 형성하도록 도와주는 것이 아니다. 대신 궁극적으로 당신이 지키고 싶은 생각에 머물 수 있게 도와준다. 그리고 당신이 보기를 원하는 결과가 이루어지게 해준다. 치료법을 사용할 때 얻을 수 있는 또 다른 이점은 좋은 부모처럼 당신의 감각을 정립하는데 도움을 주는 누군가가 곁에 있어준다는 점이다.

하지만 주의할 점이 있다. 치료사나 요법사가 '감각을 제거'해 준다거나 '감각을 이완'시켜 주겠다고 하면 약간 의심을 해봐야 한다. 우리는 감당하기 어려운 감각을 경험하고 있을 때 그것을 피하게 해준다는 약속에 쉽게 넘어갈 수 있다. 이것이 우리가 방어적 생각으로 도망치는 이유이기도 하다. 하지만 만일 감각이 당신이 원하는 생각과 관련되어 있는 것이라면 그것을 피해서는 안 된다. 그 생각의 발현을 지켜보아야 한다. 그 감각들을 통과해야만 한다. 감각을 무조건 이완시켜야 한다고 하는 것은 잘못된 생각이다. 감각을 경험하고 감각을 당신의 경험에 통합시켜야 한다. 이렇게 할 수 있을 때 우리는 더 이상 감각에 주목하지 않아도 되고 감각들의 방해를 받지 않아도 된다.

치료법의 또 다른 위험은 치유를 위해서는 감각을 불러일으키는 원래의 사건을 기억하고 그것으로 돌아가야 한다고 생각하는 것이다. 그 사건이 무엇이었는지를 아는 것은 물론 도움이 된다. 과거의 사건에서 어떤 '근거'와 '정당성'을 찾을 수 있는 것도 사실이다. 하지만 원래의 사건을 기억하고 그것을 다시 체험해야 한다는 주장에는 두 가지의 오류가 있다.

첫 번째 오류는 원래의 사건은 당신이 아이였을 때 일어난 일이며 어른이 된 당신에게는 효력이 없다는 점이다.

예를 들어 나는 어릴 적에 여름 캠프에 가는 것이 싫었다. 여름 캠프에 안 가려고 몇 개월 동안이나 불평을 하고 다녔다. 엄마를 조르고 설득도 해보았다. 하지만 엄마는 꿈쩍도 안 하셨다. 결국 캠프를 떠나는 날이 되어 나는 최대한의 짜증을 부렸다. 그러자 엄마도 화가 끝까지 치밀어 이렇게 말씀하셨다. "좋아, 그렇게 가기 싫으면 가지 말고 집에 있어. 대신 여름 내내 식구들이 아무도 너에게 말을 걸어 주지 않을 거야." 나는 12살이었다. 캠프에 가야 하는 나이였다. 그리고 여름 내내 아무도 나에게 말을 걸어주지 않을 거란 생각은 도저히 견딜 수 없었다.

만약 지금 어른이 된 나에게 이런 일이 일어난다면 나는 이렇게 말

할 것이다. "좋아요. 여름 내내 저한테 말 걸지 마세요." 내가 이렇게 할 수 있는 이유는 첫째, 이 상황을 견딜 수 있기 때문이다. 그리고 둘째, 부모님들이 10분도 안 되어 마음을 누그러뜨리고 다시 나에게 말을 걸어줄 거라는 걸 알고 있기 때문이다.

따라서 수년 전에 일어났던 상황을 파악한다고 해서 그것이 지금의 나에게 같은 효력을 줄 리가 없다.

그동안 피해 왔지만 견뎌야 하는 감각으로 돌아가기 위해서는 감각을 실제로 일으키는 현재의 상황을 살펴보아야 한다. 지금의 우리는 돈을 잃거나 심각한 불화를 겪기도 하며 때로는 병에 걸리기도 한다.

과거의 원래의 사건으로 돌아가기보다 현재의 사건들을 활용해서 감각을 경험하고 감각과 함께 한다면 두 가지 상황이 일어난다. 우선 치유가 일어난다. 그리고 치유와 동시에 우리가 억눌러 두었던 원래의 사건이 마음에 찾아온다. 끔찍이 두려워 억눌러 두었던 사건이 다시 떠오르는 것이다. 일단 감각을 경험할 수 있게 되면 과거의 경험을 억눌러 놓을 필요가 없어진다. 따라서 그 사건이 자연스럽게 우리 앞에 등장한다. 그리고 모든 것이 치유된다. 감각을 참을 수 있게 되면 그 감각을 유발했던 과거의 사건을 일부러 재현하지 않더라도 삶이 진정으로 변화되기 시작한다.

원래의 사건을 기억해야 한다는 주장의 두 번째 오류는 우리가 주로 이 방법을 현재의 감각을 피하기 위해 사용한다는 점이다. 나는 생각의 전환 워크숍에서 수많은 사람들을 만났다. 그들은 몇 년째 자신의 어릴 적에 일어났던 일에 관해서 떠들어대고 있었다. 그리고 그것이 현재 그들이 원하는 생각을 할 수 없는 이유라고 말한다. 그런데 이것은 사실이 아니다. 그들이 지금 원하는 생각을 할 수 없는 이유는 지금 살고 있는 세계에서의 감각을 경험하는 대신, 그리고 현재 일어나는 사건 주변을 맴도는 대신, 과거의 사건(어른이 된 지금으로선 견디기가 훨씬 쉬워진)이 주변을 맴돌며 현재의 감각을 피하기 위해 과거의 감각을 경험하는 데에만 치중하기 때문이다.

감각은 견딜 수 없는 게 아니다
(우리가 가끔 그렇다고 생각하는 것뿐이다)

이 책에서 여러 번 말한 대로 거의 모든 감각은 누구나 견딜 만한 것이다. 다만 어떤 특정 감각이 견딜 수 없는 것으로 보이는 이유는 우리가 그 감각에 부여하는 특별한 의미 때문이다.

'이 감각은 견딜 수 없어.'라는 것은 하나의 생각이다. 그리고 그 생각은 사실이 아니다. 당신은 무언가를 느낀다. 어떤 느낌이 온다. 아프다, 따갑다, 고통스럽다. 그러나 '이것을 견딜 수 있다, 이것을 견딜 수 없다, 이것이 나를 치유하고 있다, 이것이 나를 파괴하고 있다.'라고 말하는 것은 당신의 생각이다. 감각과 함께 할 수 있으려면 이 둘 사이의 차이를 알고 있어야 한다.

나는 가끔 감각에 완전히 압도당했다고 말하는 사람을 만난다. 이들은 자신이 느끼는 감각은 굉장히 강하고 특별한 것이라고 생각한다. 나는 모임 중에 이런 사람을 만나면 잠시 모임을 멈추고 사람들에게 이렇게 묻는다. "누구 이분과 같은 느낌을 느끼고 있거나 느껴본 사람이 있나요?" 그러면 예외 없이 모든 사람들이 손을 든다. 그러면 힘든 감각을 견디고 있는 사람일지라도 자신만이 특별한 감각을 느끼는 게

아니라는 사실을 알게 된다. 대부분의 사람들도 비슷한 감각을 겪고 있는 것이다.

감각은 치유과정에 있어서 매우 중요한 부분이다. 어쩌면 가장 중요한 부분일지도 모른다. 따라서 감각을 제거하려고 해서는 안 된다. 감각은 사실상 우리가 무슨 생각을 하고 있는지, 궁극적으로 어떻게 치유가 일어나고 있는지를 보여주는 표지판이다. 우리는 감각과 함께 있어야 한다. 감각을 그저 감각으로서 경험하고 감각에 다른 '생각을' 주어서는 안 된다. 이 사실을 지각할 때 감각의 배후에 어떤 생각이 있었는지를 깨닫게 된다. 만일 그 생각이 우리가 지키고 싶은 생각이라면 단순히 그 감각과 함께 하기로 결심해야 한다. 그 생각은 곧 믿음이 되어 물질세계의 거울에서 발현될 것이다.

다시 한 번 강조해서 말하자면 새로운 생각을 한다고 해서 그 생각과 '연결되는' 감각을 반드시 느끼게 되는 것은 아니다. 하지만 떠오르는 감각이 무엇이든 간에 그것과 함께 있을 수 있는 능력을 길러보자. 그러면 당신의 생각, 감각, 믿음, 그리고 생각의 발현이 점차 서로 의미가 통하고 하나로 연결되는 것을 알게 될 것이다.

반드시 감각을 바꿀 필요는 없다. 생각에 따라 감각이 나타난다는 사실을 알고 감각을 두려워하지 않으면 된다. 그러면 시간이 지남에 따라 감각을 거의 의식하지 못하게 될 것이다.

우리 모임의 어떤 사람이 이런 말을 한 적이 있다. "감각을 느끼고 있을 때 치유가 일어나는 중이다."

이 말을 다르게 표현하면 이런 뜻일 것이다. '마음의 건강 상태가 좋아지려면 감각을 더 잘 '느껴야' 한다.'

'당신이 왜 그렇게 술을 많이 마시는지 알고 싶나?
술을 그만 마셔봐. 그 이유를 바로 알게 될 테니까.'

제6부

삶의 다양한 영역에 생각의 전환 적용하기

20장
사랑, 관계, 건강, 돈, 다이어트

이번 장에서 나는 생각의 전환이 특히 우리 삶의 다양한 주제들과 어떤 관련을 맺고 있는지를 살펴볼 것이다. 이 주제들은 우리가 그동안 여러 가지 방식으로 접근해 온 것들이다. 하지만 생각의 전환이라는 하나의 방식으로 다양한 상황과 적용 사례들을 깊이 있게 살펴보는 것은 큰 도움이 되리라고 생각한다.

사랑 찾기

나는 한 사람과 오랫동안 교제를 해왔다. 그와 내 삶의 남은 시간을 함께 하기로 작정하고 있었다. 세상에는 내 마음대로 안 되는 것들이 많다는 사실을 알고 있었기 때문에 나는 매일 기도를 하기로 작정했다. 내 애인이 내가 사랑받고 싶어 하는 방식대로 나를 사랑하게 해달라고 기도했다. 그런데 14년 후 나의 기도는 이렇게 바뀌어 있었다. '나는 내가 사랑받고 싶은 방식대로 사랑받고 싶습니다.' 그러자 내 안의 목소리, 하느님 또는 영(靈), 우주라고 불리는 목소리가 말했다. "정말로 네가 사랑받고 싶은 방식대로 사랑받기를 원하느냐?" 나는 대답했다. "네."

　나는 그를 떠나야겠다고 마음먹은 적이 없었다. 하지만 세상의 거울은 생각을 반영하기 마련이었다. 내가 원하는 방식대로 사랑을 받는 것은 그 사람으로부터는 불가능한 일이었다. 어느 날 그는 바람을 피우고 나를 떠나갔다.

　어떻게 이것이 나의 생각 '나는 내가 사랑받고 싶은 방식대로 사랑받고 싶다.'의 반영이 될 수 있는 것일까? 나는 3년간 완전히 상실감에 빠져 살았다. 그가 나를 떠나는 일은 내가 절대 일어나지 않았으면 하고 바랐던 일 중의 하나였다.

　나는 3년이라는 세월 동안 그가 나를 떠난 사건에 기초해서(왜냐하면 그 당시 나는 생각, 감각, 느낌이 '나에게 일어난 일'에 의해 생겨난다고 생각했었다. 내가 그런 생각을 선택하는 것이라는 사실을 모르고 있었다.) 내가 무가치하다는 생각을 했다. 아무도 나를 사랑해 주지 않을 것 같았다. 나에게 관심이 있는 사람은 아무도 없을 것 같았다. 그 누구도 다시 만날 수 없을 거라고 생각했다. 그렇게 보낸 3년이라는 시간 동안 놀라운 상황이 벌어졌다. 몇 번의 아주 처참한 데이트를 빼고는 거의 제대로 된 데이트를 한 번도 해보지 못했던 것이다.

　오래된 애인이 떠나간 지 3년이 지난 어느 날이었다. 나는 한 수행 프로그램에 참여하고 있었다. 프로그램의 주제는 '마음 치유'였다. 나는 수행원에 들어가는 동안 머리로는 삶을 다시 일으키고 싶다는 생각을 했다. 하지만 마음이 이렇게 갈기갈기 찢어져 있는데 어떻게 그렇게 할 수 있겠느냐는 생각도 들었다. 수행 프로그램에 참여하는 동안 나는 자신의 마음속에 들어가 보기도 하고 새로운 생각을 해보기도 했다. 그렇게 5일간의 수행이 지나간 다음 작은 예배당에 혼자 앉아 있

을 때였다. 갑자기 마음에 어떤 깨달음이 찾아왔다. '부서진 건 내 마음이 아니야. 내 마음은 깨어질 수 없어. 내 마음은 무한한 가능성과 무한한 생각, 무한한 감각들로 가득 차 있어. 깨어진 건 내 머리야. 내 생각이라고.'

그리고 갑자기 이런 생각도 들었다. '패티 루폰은 브로드웨이에서 캣츠 오디션을 봤지만 배역을 딸 수 없었지. 베티 버클리가 그 자리를 차지했으니까. 하지만 패티는 오디션에서 떨어졌다고 해서 브로드웨이에 진출할 수 없다는 생각은 하지 않았어. 그녀는 결국 엄청나게 많은 무대에서 연극을 할 수 있었지. 왜 나는 한 남자가 나를 차버렸다고 해서 내가 아무 가치도 없는 사람이라고 생각하고 있는 걸까? 나는 멋진 사람인데. 나에게는 좋은 점도 많아. 누군가를 멋진 남자친구로 만들 수 있을 거야.' 그렇게 내 생각이 전환되는 순간이었다. 새로운 생각을 하게 된 바로 그 순간 문이 열리더니 숀이 걸어 들어왔다. 그는 그전부터 몇 년간 알고 지내던 사람이었는데 꽤 괜찮은 사람이었다. 그는 이번 수행 프로그램에서 명상을 지도하고 있었다. 숀은 나에게 다가와 앉더니 이야기를 하기 시작했다. 그렇게 10분이 흐른 뒤 문득 그를 바라보며 생각했다. '이 사람 나에게 관심이 있는 거였구나. 3년 동안이나 그걸 모르고 있었다니.'

이후로 숀과 나는 애인 사이가 되었고 지금까지도 관계를 유지하고 있다.

재미있는 뒷이야기를 하자면 숀은 5년간이나 나를 좋아했었다고 한다! 그러나 나는 '아무도 나를 사랑하지 않을 거야.'라는 생각을 갖고 있었기 때문에 그를 볼 수 없었던 것이다. '아무도 나를 사랑하지 않을 거야.'라는 생각이 버티고 있는 한 자신을 사랑하는 누군가가 눈앞에 보일 리가 없다.

하지만 이후 몇 년 동안 나는 '내가 사랑받고 싶은 방식대로 사랑받고 싶다.'는 생각을 갖는 게 두려웠다. 그 생각을 가졌을 때 일어난 일이 당시의 애인이 나를 떠나는 일이었기 때문이었다. 그 일은 나에게 일어난 최악의 일로 보였다. 하지만 그것은 결국 나의 생각을 완벽하게 반영하는 우주의 방식이었다. 왜냐하면 그때의 그 사람에게서는 내가 사랑받고 싶은 방식대로 사랑을 받을 수가 없었기 때문이다. 그 사람은 나의 생각(내가 그런 생각을 갖고 있었다는 사실도 의식하지 못했었지만)의 반영이었다. 나는 스스로를 자신이 원하는 사랑과 존경을 받을 만한 가치가 없다고 여겼던 것이다. 그는 사실 자신의 일을 훌륭하게 해내는 사람이었다. 비난받을 일이 거의 없는 사람이었다. 다만 그는 15년 동안 거울로서 나를 반영하는 역할을 하고 있었다. 그래서 나의 생각을 전환시키자 곧 사라졌던 것이다.

관계

생각의 전환은 연애, 우정, 또는 사업상의 관계에서 발생하는 문제들을 해결하는 데도 유용한 방법이다. 우리는 사람들과의 관계에서 문제가 발생할 때 그 원인을 주로 상대방에게서 찾는다. 상대방이 이상하게 행동하기 때문이라고 생각한다. 또는 상대방이 정신을 차리지 않기 때문이라고 생각한다. 그래서 그가 달라져야 문제가 해결된다고 생각한다. 결국 우리는 상대방을 바꾸려고 시도하거나 그 사람으로부터 멀어지는 실수를 한다. 다른 곳에서 또 똑같은 조건과 환경을 만날 뿐

인데 말이다. 이런 태도는 마치 거울을 보면서 입고 있는 옷이 마음에 들지 않는다고 다른 거울을 보는 것과 같다. 뭔가 다른 모습을 기대하며 다른 거울을 들여다보는 것이다. 이건 말도 안 되는 소리 같지만 정확히 똑같은 방식으로 우리는 다른 사람들과 관계를 맺고 있다. 관계 속에 자신의 생각이 반영된다는 사실을 모르는 것이다.

따라서 만일 관계성에 문제가 있다면 우선적으로 스스로에게 이런 질문을 던져보자. '만일 거울 앞에서 이 상황을 보고 있다면 나는 무슨 생각을 하고 있는 것일까?' 당신은 이런 생각이 들 수 있다. '나는 무가치한 사람이야. 나는 내가 원하는 것을 절대 얻을 수 없어. 나는 사랑받을 수 없어. 나는 이 모임의 일원이 될 수 없어. 사람들은 나를 좋아하지 않아.' 스스로 인정하기에도 부끄러운 수많은 '부정적인' 생각에 사로잡혀 있는 것이다. 반면 당신은 이렇게 말할 수도 있다. '아니야, 나는 완전히 긍정적인 사람이야. 최고의 것을 받을 자격이 있다는 걸 알고 있어.' 하지만 그 생각의 반영이 눈앞에 나타나지 않는다면 당신은 자신의 생각을 솔직하게 말하고 있지 않은 것이다.

관계 속에 반영되는 특정 생각을 발견하면 관계를 바꾸려는 노력 대신 생각의 전환에 힘쓸 수 있다. 생각을 전환시킬 때 눈앞에 보이는 관계에도 변화가 나타나기 시작한다는 것을 깨달을 것이다.

이런 과정에서 흥미로운 점은 당신이 어떻게 그런 변화가 일어나는지를 결정하지 않는다는 점이다. 당신은 그저 그 변화를 지켜볼 뿐이다. 예를 들어 매우 까다롭게 구는 사람과 관계를 맺고 있다고 하자. 그는 당신이 어떤 감각을 표현하거나 의견을 내면 사사건건 비판이나 반대를 하고 나선다. 그러면 우선 이런 생각이 들 수 있다. '이 사람이 나에게 좀 관대하게 대해 주면 좋겠어. 이렇게 저렇게 해주면 좋겠어.

이 사람이 변했으면 좋겠어.' 하지만 그가 당신을 용납하지 않는 것은 당신의 생각이 반영되어 나타나는 것이다. 이 사실을 깨달을 때 당신은 또한 다음과 같은 생각을 하고 있었다는 것을 발견하게 될 것이다. '나는 관심을 받을 자격이 없어. 누군가가 나의 필요를 알아주고 채워주는 일은 일어날 수 없을 거야.' 만일 이런 생각을 전환시켜 '나는 아직 발현되지 않은 무한한 잠재력을 갖고 있어. 나는 나를 소중히 대해주는 사람과 관계를 맺을 수 있어.'라고 생각한다면 어떨까. 당신은 정말로 그런 일이 일어나는 것을 보게 될 것이다. 하지만 당신은 어떻게 해서 그런 일이 일어나는지는 마음대로 결정할 수 없다. 현재의 파트너가 변해서 당신을 좀 더 용납해 줄 수도 있고 당신의 현재 파트너가 사라지고 당신을 받아줄 다른 사람이 등장할 수도 있다. 어떤 식으로 생각이 발현되는지에 대해서는 당신이 관여하지 않는다. 그냥 그런 일이 일어나는 것이다. 이 사실이 이해되는가? 사람들은 자주 특정한 사람이 자신이 원하는 것을 반드시 해주어야 한다고 생각한다. 또는 특정한 사람이 절대 당신에게 도움을 줘서는 안 된다고 생각한다. 이 때문에 곤란한 상황에 빠지는 것이다. 이런 식의 생각이 얼마나 사람들 간의 관계에 방해가 되는지 알겠는가?

만일 관계상의 문제를 겪고 있다면 두 가지의 선택사항이 있다. 첫째는 얼마나 나쁜 문제가 발생하든 간에 그 관계에 평생 머물러 있는 것이다. 두 번째는 그 관계를 떠나 각자 진실한 행복을 찾는 것이다. 당신이라면 어떤 선택을 하겠는가? 놀랍게도 대부분의 사람들은 첫 번째 선택을 한다.

삶 속에 만족이나 불만족으로 반영되는 것은 자신의 생각이다. 이 사실을 발견하기 시작할 때 생각에 변화를 주기 위한 노력이 시작된

다. 당신은 세부사항에 더 이상 신경을 쓰지 않게 된다. 생각을 전환할 때 놀라운 일이 일어난다. 즉 당신의 파트너가 정말로 다른 사람으로 보인다. 당신이 얻을 수 있으리라고 꿈도 꾸지 않았던 것들을 당신에게 가져다준다. 당신이 기대도 안 했던 일들을 이루어준다.

실제로 나와 숀과의 관계에서도 이런 일들은 일어났다. 사실 우리의 관계가 성공적일 수 있는 것은 생각의 전환 덕분이다. 나는 파트너가 나를 행복하게 해주고 내가 원하는 것을 해주는 사람이 아니라는 것을 깨달았다. 파트너에 대해 이런 생각을 하게 된 것은 내 일생 최초의 일이었다. 대신 파트너란 내가 관계에 대해 갖고 있는 생각을 반영해 주는 사람이라는 것도 알게 되었다. 그렇다면 내가 무슨 생각을 하고 있는지, 그 생각이 내 안에서 어떤 작용을 하는지는 파트너를 통해 드러나게 되어 있다. 따라서 나는 관계를 통해 이룰 수 있는 것들에 대한 지식을 넓혀 나갔다. 이에 따라 실제로 우리의 관계도 확장되어 갔다.

몇 년 전, 이전 애인과의 오랜 관계가 끝나버린 직후였다. 나는 마음 훈련의 일환으로서 내가 다음번 관계에서 바라는 모든 것들을 적어두었다. 다음 파트너에게 원하는 모든 것들을 적어 본 것이다. 그런 다음 그 목록은 어딘가에 처박혔다. 나는 그것에 대해 까맣게 잊고 살았던 것이다. 몇 년이 지나 숀과 좋은 관계를 유지하고 있을 때였다. 우연히 그 목록을 발견한 나는 너무 놀랐다. 그것은 나의 현재 파트너 숀에 관해 쓴 것이었다. 숀은 내가 써 놓은 목록에 하나하나 완전히 맞아 떨어지는 사람이었다. 나는 너무 흥분해서 그것을 숀에게 보여주었다. 그는 매우 좋아하면서 이렇게 대답했다. "이런 바보. 왜 백만장자라고는 쓰지 않았어?" 물론 농담이었다. 우리는 함께 충분히 감동하고 있었다.

　불교도들은 관계를 맺는 것이 어려운 일이긴 하지만 영혼의 성장을 위한 기회라고 말한다. 왜냐하면 관계 속에 있다는 것은 언제나 거울 앞에 서 있는 것과 같기 때문이다. 따라서 당신이 어떤 관계를 맺고 있는지를 관찰하고 생각의 전환이라는 관점에서 관계를 보도록 노력해야 한다. 생각의 변화가 관계에 어떤 즉각적인 변화를 가져오는지를 주목해서 보자.

관계에서 문제가 되는 생각	성공적인 관계를 가져오는 생각
나는 내가 원하는 사랑을 할 수 없어.	내가 원하는 사랑은 이미 나에게 이루어져 있다.(아직 겉으로는 나타나지 않았을 수도 있다.)
아무도 나와 데이트 하고 싶어 하지 않을 거야. 나는 매력이 없어. 나는 똑똑하지 않아. 나는 나이가 많아. 이미 너무 늦었어.	이미 지금 나의 모습에 반한 사람이 많다.
나는 이 모임의 일원이 아니야.	모임 같은 건 없다. 내 생각대로 모임을 만들면 된다.
지금 나의 관계에 대해 어떤 생각을 하고 있는가	**지금 생각을 어떤 생각으로 바꿀 것인가**
_____	_____
_____	_____
_____	_____
_____	_____

이번 장의 앞부분에서 나는 내가 원하는 방식대로 사랑받기를 원했다는 이야기를 했다. 그 결과 당시의 파트너가 나를 떠나는 일이 일어났다. 그리고 3년간의 힘든 시기를 겪은 후 다음 파트너를 만나게 되었다.

숀은 모든 면에서 이전 파트너와 완전히 다른 사람이었다. 그런데 시간이 흐르면서 점점 이전 파트너와 똑같은 특징들을 보여주기 시작했다. 어찌 된 일이었을까? 내가 고른 파트너들이 하나같이 처음에만 완벽해 보이는 이유는 무엇이었을까? 나중에는 왜 모두 똑같은 문제를 갖게 된 것일까? 내가 '운이 나빴기' 때문일까?

하지만 결국 나는 운이 좋은 셈이었다. 이 두 번의 관계에서 공통분모가 나라는 사실을 깨달았기 때문이다. 상황이 어찌 되었든 그들과의 관계는 나의 생각의 반영이었다.

그렇지민 그때 낭시 나는 점점 더 불행해지고 있었다.

그런데 나에게 생각의 전환이 찾아온 순간이 있었다. 숀과 내가 파리에서 휴가를 보내고 있을 때였다. 우리는 함께 저녁식사를 하고 있었다. 나는 숀에게 내가 원하는 방식대로 대해 주지 않는다고 불평을 늘어놓았다. 나에게 왜 더 친절하게 굴지 않느냐고 따져 물었다. 그런데 갑자기 숀이 식사를 멈추더니 내 눈을 바라보며 이렇게 말했. "네가 그런 것들을 누릴 준비가 되어 있을 때 아마 그렇게 될 거야." 이 말에 나는 이렇게 대답했다. "나도 알아. 하지만 당신하고의 사이에서는 그런 일은 일어나지 않을 거야." 그러자 그는 이렇게 말했다. "그래. 그건 그때 가서 생각하자. 너는 그냥 네가 원하는 것들을 계속 원하고 있어. 무슨 일이 일어나는지 지켜보자."

그때 이후로 나는 숀이 앞으로 내 옆에 남아 있을 것인가 말 것인가에 대한 생각을 흘려보냈다. 대신 내가 관계 속에서 원하는 것들을 가질 수 있다는 생각에만 집중했다. 여전히 숀이 내가 원하지 않는 방식으로 행동하는 것을 볼 때가 있었다. 그러면 단순하게 그것이 나의 생각의 반영이라고만 생각했다. 그래서 나의 생각을 바꾸려고 노력했다.

그런데 이게 웬일인가. 숀이 놀랍게 변하기 시작했다. 예전에 문제 삼았던 것들이 전혀 문제가 되지 않았다. 내가 원하는 것을 위해 나를 떠나야 했던 이전의 파트너와는 달랐다. 숀은 결국 내가 원하는 모습을 보여줬던 것이다.

당신은 어떻게 해서 어떤 일이 일어나게 되는지를 알 수 없다. 그러나 당신이 생각하고 있는 것이라면 언젠가 반드시 일어나게 되어 있다.

질병

생각의 전환은 신체적 질병과 의학적 상태를 다루는 데 있어서도 매우 유용한 방법이다. 그러나 이 주제로 넘어가기 전에 몇 가지 중요한 사항을 말해 두고 싶다.

수많은 형이상학적 가르침에 따르면 우리의 정신, 생각, 믿음이 질병을 '유발한다.'고 한다. 물론 나는 이 말이 진실이라고 확신하긴 하지만 질병을 이런 식으로 다루는 데에는 치명적인 문제가 있다. 이 방식은 사람들이 죄책감을 느끼고 비난을 감수하도록 만든다. 사람들이 질병이 자신의 '잘못' 때문이라고 생각하게 만든다. 또한 도가 지나친 심리요법사들은 이런 식으로 말하고는 한다. "왜 당신한테 이런 짓을

하고 있는 겁니까? 왜 스스로 아프게 만듭니까? 당신은 진짜 아픈 게 아닙니다. 당신이 스스로 그렇게 느끼게 만들 뿐입니다. 질병은 환상입니다. 환상에서 깨어나세요!"

나는 질병을 다루는 데 있어서 생각의 전환을 이용한다. 하지만 누군가를 비난하거나 죄책감, 수치심이 들게 만들려는 의도는 전혀 없다. 잘못을 따지려는 것이 아니다. 다만 내가 하고 싶은 말은 질병이 우리의 생각의 반영일 수 있다는 점이다. 또한 질병은 고통스럽거나 위험하게 느껴지는 감각들을 피하려는 시도에서 생기는 것일 수 있다. 위험, 두려움, 슬픔, 좌절, 심리적 고통, 또는 기타 어려움들을 다루는 방식에서 생기는 것일 수도 있다. 질병은 이런 어려움들에 맞서고 대처하는 신체적인 방식일 수 있다.

나는 생각의 전환이라는 관점에서 질병이 어떻게 우리의 생각과 결부되는지를 알아보려고 한다. 그래서 신체적 질병을 생각의 영역으로 가져오려고 한다. 생각의 영역이야말로 우리가 변형시키고 전환시킬 수 있는 영역이기 때문이다.

우리 자신이 질병을 생성하는 것이 아니라는 점을 기억해야 한다. 거울 속 모습을 우리가 '생성하는' 것이라고 말할 수 없는 것과 마찬가지다. 우리가 거울 앞에 서 있으면 우리의 반영이 거기에 나타나는 것뿐이다. 거울 속 모습은 실제가 아니며 반영에 불과하다. 같은 방식으로 질병도 실제가 아니라고 말할 수 있다. 그것은 확실한 게 아니다. 그것은 우리의 생각의 반영에 불과하다. 따라서 우리는 질병을 생성하는 것이 아니다. 우리에게 질병을 생성할 만한 것이 없기 때문이다. 질병은 마치 거울이 그러하듯 우리를 반영하는 표지판일 뿐이다. 거울 속에 보이는 모습을 변화시키는 것은 거울 앞에 있는 존재의 변화이다. 즉 우리의 생각의 변화이다.

따라서 암이라는 것은 존재하지 않는다. 암처럼 '보이는' 것의 '형상'으로 비춰지는 당신의 생각만이 존재한다. 질병을 통해 당신의 생각을 볼 수 있을 뿐이다. 실제로 그곳에는 아무것도 없으며 당신은 아무것도 생성하지 않았다.

이 개념은 우리가 지금까지 논의했던 모든 개념 중에서도 가장 황당하게 느껴지는 개념일지도 모른다. 당신은 이렇게 반문할지도 모른다. "당신은 지금 이 세상이 진짜가 아니라고 말하는 겁니까? 이 테이블이 여기 있는 게 아니라고 말하는 겁니까? 나한테 있는 암이 실제가 아니라는 말입니까?"

물론 나는 그런 뜻이 아니다. 그러나 나는 거울에 나타난 당신의 반영을 반영으로 인식하듯이 질병도 실제로 그것이 무엇인지에 따라 인식해야 한다는 말이다. 즉 질병을 당신의 생각의 반영으로 인식해야 한다.

만일 암이 당신의 생각을 반영하는 것이라고 하자. 그렇다면 당신의 내면에 들어가 그 생각을 발견하고 전환시키면 된다. 그럴 때 그 반영은 더 이상 암으로 보이지 않게 될 것이다.(또는 암이 당신에게 아주 다른 의미가 될 것이며 전혀 다른 방식으로 경험될 것이다.) 중요한 점은 변화가 당신 내부에 존재한다는 점이다. 거울을 바꿔서는 거울 속 이미지를 바꿀 수 없다. 당신은 당신 자신 안에 있는 것을 바꿔야 한다.

따라서 거울을 활용해서 우리의 생각을 보기 시작한다면 무슨 일이 일어날까. 우리는 더 이상 어떤 질병이 찾아오든 질병에 집중하지 않게 된다. 우리의 관심을 돌려 실제로 무한한 잠재력과 무한한 선택권이 있는 곳, 원하는 모든 것이 언제나 존재했었고 현재도 존재하며

앞으로도 존재할 곳으로 향하게 된다. 그곳이 바로 현실화되지 않은 세계이다. 즉 눈에 보이지 않는 세계이다.

이 사실을 마음에 새긴 다음 질병에 대해 어떤 생각을 갖고 있는지를 발견해야 한다. 그 생각을 어떤 생각으로 전환하면 좋을지 알아보자.

우선 나의 질병에 대한 가장 중요한 생각을 알려 주겠다. 그것은 '모든 질병에는 치료법이 있다.'라는 것이다. 내가 이렇게 말하면 사람들, 특히 의사들은 발끈하고는 한다. "그건 말도 안 된다. 세상에는 치료법이 없는 병이 많다!" 그런데 사실 이 말도 맞는 말은 아니다. 우리가 아직 치료법을 발견하지 못한 병이 많다고 해야 맞다. 병이 생겨났다면 그 병을 없애는 방법도 있기 마련이다.

생각해 보자. 100년 전에는 불치병이었는데 지금은 쉽게 고칠 수 있는 병이 많다. 결핵, 소아마비, 천연두, 문둥병, 페스트 등은 원인도 모르고 아무런 치료책이나 예방법도 없었던 병이다. 그런데 지금은 이런 병에 걸린 사람들을 거의 볼 수 없다. 우리가 그 치료법을 만들어낸 것인가? 아니다. 치료법은 이미 있었다. 그것은 이미 존재하고 있었다. 우리는 그저 치료법을 발견한 것뿐이다. 어느 날 치료법이 밝혀진 것뿐이다. 그렇다면 우리는 어떻게 치료법을 밝혀낼 수 있었을까? 사람들이 치료법이 반드시 존재한다는 생각을 갖기 시작했기 때문이다. 이 생각을 갖고 취한 행동이 세상의 거울에 반영으로 나타난 것이다. 그래서 치료법이 등장한 것이다.

만일 당신이 걸린 병이 통계상 생존율이 0.1퍼센트밖에 안 되는 병이라고 하자. 하지만 이것은 그 병에서 회복될 방법이 존재한다는 뜻이다. 그것은 이미 만들어져 있다. 질병을 없애는 신체적, 화학적, 또는 정신적 작용이 이미 존재한다. 약이나 약초, 또는 기타 치료책이 이미 존재한다. 당신이 먹거나 생각하거나 행동을 취할 수 있는 뭔가가 있는 것이다. 그것이 그 병을 사라지게 만들 것이다. 아직 드러나지 않았을 뿐 치료법은 분명 존재하고 있다.

따라서 우리는 '모든 질병에는 치료법이 있다.'는 생각이 사실이라는 완벽한 확신을 가질 수 있다. 이런 생각에서 완벽한 치유의 가능성이 존재하는 것이다.

이런 생각을 바탕으로 질병이나 증상을 볼 때 당신이 그것에 대해 어떤 생각을 선택하는지를 살펴보자. 내가 누누이 말해온 대로 보통은 무슨 일이 일어나기 때문에 어떤 생각을 하는 것처럼 보인다. 하지만 생각의 전환이라는 관점에서는 그 반대다. 생각의 반영으로서 어떤 일이 일어난다고 보는 것이다. 그래서 우리는 생각을 통해 어떤 결과를 얻게 될지를 관찰한다.

이런 전제에 따라 우리는 최초의 생각의 전환 궤도(생각이 감각을, 감각이 믿음을, 믿음이 사건이나 현상을 유발한다.)로 돌아가야 한다. 특히 그중에서도 사건의 발생 지점으로 돌아가 보자. 이번 경우 우리가 보고 있는 사건이나 현상은 질병이다. 우리는 질병에 대해 어떤 생각을 선택하고 있는지를 관찰할 수 있다. 생각이 원인이며 현상이 결과라는 사실을 알 때 인과론적 생각에 도달할 수 있다. 즉 질병이라는 현상으로서 세상의 거울에 나타나는 것은 우리의 생각이다. 질병(현상)은 바뀔 수 없는 반면 생각은 바뀔 수 있다. 따라서 우리가 질병에 어떤 작용을 할 수 있는 위치는 무엇이든 바뀔 수 있는 곳, 즉 생각의 위치이다.

나의 경우를 예를 들어보겠다. 나는 공연 일주일 전에 초조함, 두통, 경련 등의 신체적 증상이 나타나는 경우가 자주 있었다. 그래서 나

는 이런 증상들에 대해 무슨 생각을 하는지를 살펴보았다. 보통 나의 생각은 이런 것이었다. '어 안 돼! 이러면 내가 공연을 할 수 없잖아.' 지금은 내가 당시에 공연을 하는 것 자체를 불안해하고 있었다는 점을 알고 있다. 나는 공연을 하는 것이 위험하다고 생각하고 공연을 피할 수 있는 방법으로써 방어적 생각을 선택했었다. 그럼에도 나의 어른 자아는 공연에서 도망치고 싶어 하지 않았다. 하지만 나의 아이 자아는 어릴 적의 기억을 상기시켰다. 그 기억은 내가 하려는 것이 위험하다는 감각을 갖게 만든 기억이다. 위험이 닥칠 상황을 피하게 하려고 나의 몸이 신체적 증상을 만들어냈던 것이다.(이에 대해 더 알아보려면 내면의 아이에 관한 장을 보자.)

이런 사실을 알게 된 후 나는 공연에 대한 새로운 생각을 할 수 있었다. 새로운 생각이 만들어내는 감각(불편할 수는 있지만 그것은 그냥 감각일 뿐이라는 것을 알고 있다.)을 피하려고 하지 않았다. 이제 나는 내가 바라던 결과가 눈앞에 펼쳐지는 것을 볼 것이다.

몇 년 전, 브로드웨이에서 '노래와 무용'의 지휘를 맡은 적이 있다. 그 쇼는 아무 대사도 없고 계속 음악만 나올 뿐인 매우 힘든 공연이었다. 연습 기간은 짧은데 연습해야 할 것은 너무 많았다. 나는 기간 내에 준비를 마칠 수 있을까 하며 매우 초조해졌다. 그런데 리허설 기간 동안 점점 귀가 먹먹해지는 증상이 나타났다. 심하게 아프진 않았지만 많이 거슬렸다. 나는 뉴욕에서 약 처방을 많이 해주는 것으로 유명한 귀 전문 의사를 찾아 갔다. 그 의사는 프레드니손, 스테로이드 등 여러 가지 약물을 처방해 주었다. 약을 먹었더니 먹먹했던 귀가 뚫리는 것 같았다. 그러나 곧 약물의 부작용을 경험했다. 입이 마르고 잠을 설쳤다. 잠시도 가만히 있지 못할 정도로 초조해졌다. 그런데 갑자기 나는 내가 경험하고 있는 증상들이 약물의 '부작용'이 아니라 쇼를 잘 해내지 못할 거라는 두려움에서 나오는 증상이라는 사실을 깨달았다. 나는 브로드웨이 쇼를 준비하는 동안 생각했던 것보다 훨씬 두려워하고 있었다. 그 두려움 때문에 귀가 막히는 증상이 생긴 것이다. 강제적으로 증상을 없앨 수는 있었지만 그다음으로 또 다른 증상이 나타난 것이다.

그래서 나는 스스로 이렇게 다짐했다. '약을 치워 버리자. 불안해하지 않을 거야. 귀가 좀 먹먹해지겠지만 쇼가 시작되면 바로 괜찮아질 거야.' 그리고 현실은 생각대로 이루어졌다. 사실 쇼가 시작되기도 전에 증상이 없어졌다. 왜냐하면 쇼에 대해 불안해하더라도 그런 불안감에 상관없이 쇼를 잘해낼 수 있을 거라는 사실을 알고 있었기 때문이다. 또한 불안감을 참을 수 있게 되자 더 이상 신체적 증상이나 불안감이 나타날 필요가 없어졌기 때문이다.

질병에 관해 다음 사항을 기억하기 바란다.

우리의 몸은 언제나 상황에 대처할 준비를 하며 스스로를 돌본다. 그런데 우리에게는 때때로 생각하지 못했던 어렵고 불가능해 보이는 상황이 닥친다. 그럴 때 우리의 몸은 이런 것을 막아서기 위해 질병이라는 증상을 나타내기도 한다. 따라서 만약 당신이 질병을 앓고 있다면 스스로에게 물어보자. '이 병에 대해 나는 무슨 생각을 하고 있는가? 이 증상은 나를 무엇으로부터 막아서려는 것일까? 나는 이 병에 대해 어떤 느낌을 느끼는가?' 그리고 혹시 당신에게 질병으로 나타날 생각이 있는 건 아닌지 살펴보자. 그 생각은 아마 이런 것일 것이다. '내가 병에 걸린다면 다음 주 공연을 할 수가 없을 거야, 내가 아프다면 그곳에 갈 수 없을 거야, 너무 화가 난다, 너무 아프다, 나는 너무

약하다, 나는 정말 멍청이다.'

당신은 이처럼 원하지 않는 생각을 하고 있을 수 있다. 그렇다면 자신에게 관대하면서도 냉정하게 대해야 한다. 당신이 정말 하고 싶지 않은 생각, 또는 당신을 겁먹게 하거나 화나게 만드는 생각을 하고 있다는 사실을 인지하고 받아들여야 한다. 당신이 실제로 어떤 생각을 하고 있는지를 파악해야 한다.

그래야 생각을 전환할 수 있는 힘이 있는 위치로 갈 수 있다. 그곳에서 질병으로 반영되는 생각을 건강으로 반영될 생각으로 전환할 수 있다.

당신은 처음에 이런 생각을 하고 있을 수 있다. '나는 이것을 해낼 수 없다.' 하지만 이것은 다음과 같은 생각으로 전환될 수 있다. '나는 이것을 해낼 수 있다.' 이 생각은 사실이다. 우주에는 이미 당신이 그것을 해낼 수 있게 하는 힘과 생각이 만들어져 있다. 여기 현실화되지 않은 세계에 이미 존재하고 있다. 문제는 그것을 생각을 통해 드러낼 수 있느냐이다.

질병은 생각을 통해 치료될 수 있다.

당신이 우선적으로 선택해야 할 생각은 병을 고치는 게 가능하다는 생각이다. 치료법은 이미 존재한다.

두 번째로 가져야 할 생각은 증상을 보고 이 증상이 어떤 생각을 가져오는지를 관찰한 다음 그것이 질병으로 반영되는 생각이라면 건강으로 반영될 생각으로 전환하는 것이다.

이것은 계속 진행되어야 하는 과정이다. 끊임없이 질병으로 반영되는 생각을 파헤친 다음 건강으로 반영될 생각으로 전환시켜야 한다.

건강 문제로 반영될 생각	치유와 완벽한 건강을 위한 생각
이 질병에는 치료법이 없다.	이 질병에 대한 치료법은 이미 존재한다. 아니면 누군가 이 병에 대해 알고 있는 사람이 있을 것이다. 그 사람을 찾아내는 것은 가능하다. 아니면 아직 세상에 밝혀지진 않았지만 치료법은 확실히 이미 존재한다.
이 질병에 관해 생각할 때 나에게 찾아오는 생각과 감각을 감당할 수 없다.	이 질병에 대해 생각할 때 나에게 떠오르는 두려움, 감각, 생각, 문제들은 내가 감당할 수 있는 것들이다.
내 몸은 이 증상에서 회복될 수 없다.	내 몸은 치료 가능하다. 그리고 이미 방법도 알고 있다.
나는 아프다.	어떠한 병이든지 내 마음속에 존재하는 것뿐이다. 나는 고칠 수 있다는 확신이 있다.
나의 질병에 대해 지금 나는 무슨 생각을 하고 있는가	**현재의 생각을 어떤 생각으로 전환할 것인가**
_____	_____
_____	_____
_____	_____

    중요한 점은 원하는 생각을 할 때 감각이 매우 잘 느껴진다는 점이다. 나는 종종 질병을 '제2의 방어선'이라고 부른다. 즉 무슨 일이 일어나고 이에 따라 감각이 느껴진다. 그런데 당신은 그 감각을 경험하고 싶지 않다. 견딜 수 없다고 생각했던 사건을 기억나게 만들기 때문이다. 그래서 그 감각으로부터 멀어지게 하는 어떤 질병이 생긴다. 그

래서 당신은 질병에 집중하게 된다. 병이 낫기만 하면 모든 게 괜찮아질 거라고 생각한다. 그러나 질병이 사라지면 바로 이전에 두려워했던 감각으로 돌아간다. 그런데 여전히 그 감각을 견딜 수 없다고 생각하고 있다면 그 감각에서 도망칠 수 있게 다시 병이 생길 수 있다. 이 과정의 중심에 있는 것은 원하는 생각을 할 때 찾아오는 감각을 견디는 능력이다. 감각을 피하지 않고 그냥 있는 그대로 경험할 수 있게 되면 당신이 원하던 건강과 성공의 생각을 할 수 있을 것이다.

일을 시작한 지 얼마 안 되었을 무렵이다. 나는 브로드웨이에서 오프닝 나잇을 준비해야 했다. 그런데 오프닝 나잇을 준비할 때마다 체온이 39도까지 올라갔다. 이렇게 몸이 아프면 오프닝 나잇을 준비해야 한다는 두려움에서 벗어나게 된다. 왜냐하면 쇼를 진행하는 동안 쇼가 끝나면 집에 가서 침대에 누워야겠다는 생각밖에 안 나기 때문이다. 지금은 그때 내가 오프닝 나잇을 준비하는 데서 오는 압박감을 견딜 수 없다는 생각을 하고 있었음을 알고 있다. 그래서 무의식중에 내 몸에서 그런 증상이 나타났던 것이다. 나는 압박감을 느끼고 있다면 쇼를 제대로 해낼 수 없을 거라는 믿음을 갖고 있었다. 그래서 오프닝 나잇을 피하게 만드는 증상이 생겼던 것이다.

브로드웨이에서 그리스(Grease)라는 뮤지컬을 맡았을 때였다. 그때 다시 한 번 열이 나려고 했다. 그래서 나는 갑자기 하던 일을 중단하고 생각을 하기 시작했다. '내가 두려워하고 있기 때문에 또 열이 나고 있다. 나는 두려워할까 봐 두려워하고 있다. 그리스는 준비가 어렵지 않은 쇼다. 그냥 두려움을 느끼는 채로 무슨 일이 일어나는지 두고 볼까?' 그래서 나는 그렇게 하기로 했다. 그냥 그 감각을 경험했다. 두려움을 느꼈다. 그런데 오프닝 나잇 당일 열이 나지 않았다. 그뿐 아니라 전혀 두렵지도 않았다.

나는 자신의 생각을 파악하고 생각을 전환했다. 또 무슨 경험이든지 기꺼이 경험하려고 했다. 이런 과정을 통해 나에게 닥치는 문제를 직접 해결할 수 있게 되었다. 질병이 나타나 나를 문제로부터 멀어지게 할 필요가 없어졌다.

질병이 당신의 주의를 다른 데로 돌리게 해서는 안 된다. 질병의 기저에 있는 생각과 감각에 직면해야 한다. 그러면 당신의 모든 행동은 질병이 사라지게 하는 방향으로 작용할 것이다.

분명히 말해 두건대 내가 하는 말은 질병을 치료하지 말라는 말이 아니다. 단지 질병이 생각의 반영이라는 말이다. 질병이 단지 생각의 반영이라면 생각의 전환을 통해 당신의 행동은 치유로 이어질 것이다. 그 행동은 의학적인 것일 수도, 정신적인 것일 수도, 또는 이 둘의 복합작용일 수도 있다.

돈

돈에 관해 우선 알고 있어야 할 사실은 세상에는 누구나 사용할 수 있는 무한한 돈이 있다는 것이다. 돈은 실제가 아니다. 돈에 대해 생각해 보자. 모든 억만장자, 백만장자, 모든 회사와 기업, 그리고 세상 모든 사람들의 돈을 합쳐보자. 세상에 있는 순자산은 과연 얼마가 되겠는가? 당신은 세상에 이렇게 많은 진짜 돈이 있다고 생각하는가? 분명히 아니다. 돈은 아이디어고 에너지고 개념이다. 돈은 생각의 반영이다.

우리는 돈 속을 헤엄치고 있다. 대부분은 눈에 보이지 않는 돈이다. 하지만 우리 주변에는 돈이 가득하다. 문제는 어떻게 그것이 나타나게 만드느냐이다. 우리는 돈을 절대 소유할 수 없다. 돈이 나타나고 우리가 그것을 사용한다. 그리고 돈은 다시 현실화되지 않은 세계로 돌아간다.

나는 눈에 보이지 않는 돈더미를 헤치고 가는 모습을 상상하는 것이 좋다. 돈이 너무 많아서 제대로 걷기도 힘들다. 여기저기에 돈이 널려 있다. 돈이 나오는 곳은 노동이나 특별한 지식, 운이나 특권(비록 이런 것들은 돈이 나타나게 하는 과정에서 등장하는 것들이긴 하지만)이 아니다. 바로 생각이다.

따라서 재정 상태를 점검할 때면 당신의 재정 상태로 반영될 수 있는 생각을 살펴보자. '부자는 언제나 불행하다. 부자가 되는 건 이기적이나.' 당신은 이런 생각을 하고 있을 수 있지만 동시에 다음과 같은 생각도 갖고 있을 수 있다. '돈이 별로 없다. 내가 원하는 것을 가질 수 없다. 다른 사람에게 있는 것이 나에게는 없다. 주식시장에서 돈을 버는 것은 불가능하다. 부자가 되려면 특별한 지식이나 기술이 있어야 한다.' 이런 생각은 나열하자면 끝도 없다.

돈은 생각이 우주의 거울을 통해 나타나는 가장 주요한 방법 중의 하나다. 어떻게 하면 돈을 벌 수 있을지 고민하고 있는가? 그렇다면 거울 속 당신의 생각의 반영과 싸우는 대신 당신의 생각을 살펴보자. 당신의 의식을 점검해야 한다. 자유와 풍요로움을 소유할 수 있는 능력에 관해 무슨 생각을 하고 있는지를 관찰해야 한다. 당신의 생각을 파악하고 생각의 전환 여행을 떠나야 한다. 삶의 거울에서 당신이 보고 싶은 돈으로 반영될 생각으로 전환해야 한다. 그리고 아이디어, 직업, 뜻밖의 돈과 유산 등 당신이 꿈도 꾸지 못했던 것들이 나타나는 것을 보자.

'나는 눈에 보이지 않는 돈더미를 헤치고 가는 모습을 상상하는 것이 좋다. 돈이 너무 많아서 제대로 걷기도 힘들다.'

돈 문제로 반영될 생각	재정적 풍요와 성공을 위한 생각
나한테는 돈이 많이 있을 리가 없다.	세상에는 모든 사람이 똑같이 이용할 수 있는 무한한 돈이 있다.
내가 주식시장이나 사업에서 돈을 번다는 건 불가능하다.	이 분야의 모든 사람이 돈을 벌 수 있는 가능성은 이미 존재한다.
나는 부자가 될 만한 기술이나 지식, 재능이 없다.	부자가 되는 것은 전혀 기술이나 지식, 재능과 관련이 없다.
부자가 되는 것은 악한 일이다. 부자가 된 사람들은 비참한 삶을 산다.	부자가 되는 것은 악하거나 비참한 것과 상관이 없다. 우리가 그렇다고 생각하지 않는 한 돈은 이런 다른 것들과 연관되지 않는다.
돈에 관해 나는 무슨 생각을 갖고 있는가	**어떤 생각으로 전환할 것인가**
_____	_____
_____	_____
_____	_____
_____	_____
_____	_____

일단 돈에 관한(또는 돈과 관련된 것에 관한) 새로운 생각을 하게 되었다면 그 생각을 유지해야 한다. 새로운 생각이 실제 세상에서 반영되어 나타나게 하려면 감각을 통과해야 한다는 사실을 기억해야 한다.

당신은 돈에 관한 새로운 생각, 즉 당신이 하고 싶은 생각을 할 때 신체적 감각을 경험할 것이다. 돈이란 어릴 적부터 자주 들어온 중대한 문제이다. 돈을 갖겠다는 생각은 위험하다는 느낌을 준다. 이 때문에 우리는 새로운 생각을 하려고 하다가도 일단 겁을 먹고 돈이 부족한 상태의 생각으로 돌아간다. 이 두려움을 무시하고 감각을 경험할 수 있어야 한다. 우리는 옛 생각으로 돌아감으로써 감각을 피하려고 하는 것이다. 일단 우리가 긴장감, 동요 또는 공허함과 함께 할 수 있게 되면 새로운 생각을 계속 유지할 수 있다. 하지만 감각을 돈을 가질 수 없다거나 돈을 버는 것은 위험하다는 등의 의미로 해석한다면 새로운 생각을 유지할 수 없다. 하지만 이런 해석 없이 단순히 감각을 감각으로서 경험해야 한다. 그러면 눈앞에 돈이 보이든 보이지 않던 간에 돈은 무제한적이며 누구에게나 유효하다는 생각에 머무를 수 있다. 그리고 이 새로운 생각은 세상에 반영되어 나타날 것이다.

큰 부를 경험하는 사람은 매우 드물다. 그것은 큰 부에 따르는 감각을 경험할 수 있는 사람이 거의 없기 때문일지도 모른다. 많은 사람들이 큰 부에 대한 생각을 감당하기 어려워 불편하게 느껴지는 감각을 피하거나 돌아간다. 부에 대한 생각을 한다 해도 돈이 불어남에 따라 감각도 같이 커지기 때문에 '돈을 갖는 건 위험하다.'라는 생각이 들 수 있다. 그래서 결국 실제로는 돈을 절대 가질 수 없는 방법을 찾아가는 것이다. 큰 부에 동반되는 감각은 아주 불편하거나 놀라운 것일 수 있다. 하지만 어떤 감각이냐에 상관없이 감각을 기꺼이 경험할 때만이 부가 실제로 나타나는 것을 볼 수 있다.

몇 년 전 나는 재정적 재앙을 경험했다. 주식에 큰돈을 투자했었는데 주식이 갑자기 폭락한 것이다. 갑자기 청구서 빚도 못 갚을 정도로 빈털터리가 되었다. 대출이 3개나 있었고 2대의 자동차 할부금도 내는 중이었다. 당시 고가의 사무실까지 쓰고 있었다. 나는 진짜 심각한 문제에 빠졌다. 패닉 상태가 되어 이런 생각을 했다. '왜 나한테만 이런 일이 일어나는 거지? 완전히 망했구나. 갖고 있는 건 다 팔아야 될지도 몰라. 이러다 거리에 나앉게 되겠지. 너무 수치스럽다.' 생각은 끝도 없이 이어졌다.

나는 상황이 악화되는 것을 속수무책으로 바라만 보고 있었다. 그러던 어느 날이었다. 나는 갑자기 멈춰 서서 이렇게 말했다. '잠깐, 생각의 전환이 있잖아! 내가 말한 대로 실행해 보자. 다른 사람들에게 가르치느라 바빴던 원칙들을 나한테도 적용해 보자!'

나는 즉시 상황을 살펴보았다. 그리고 스스로에게 기초적인 생각의 전환 질문을 던졌다. '만일 이 상황을 거울 속에서 본다면 무슨 생각을 하게 될까?' 그때 드는 생각은 이런 것이었다. '나는 돈을 가질 수 없어. 나는 항상 돈을 잃을 거야. 결국 모든 것이 나에게서 사라지고 말 거야.'

나는 갑자기 이번에 돈을 잃어버린 것이 사실이 아니라는 생각이 들었다. 그것은 내면 깊은 곳에 있던 결핍에 대한 생각의 반영에 지나지 않았다. 거울은 단순히 돈을 가질 수 없다고 생각하고 있는 나를 보여주고 있었다.

이런 새로운 지각을 갖고 나의 내면으로 들어갔다. 현실화되지 않은 세계로 가서 그곳에 내가 항상 사용할 수 있는 무한한 돈을 갖다 놓

6부 삶의 다양한 영역에 생각의 전환 적용하기

앉다.

 나는 이런 진실을 깨달은 후 내가 원래 갖고 있던 생각을 '지금 여기 내가 언제나 사용할 수 있는 돈이 무한하게 있다.'라는 생각으로 전환했다.

 다음으로 나는 감각을 찾아다녔다. 그것은 찾기가 어렵지 않았다. 가슴속에 아주 큰 무거운 짐이 보였기 때문이다. 나는 그곳에 가서 감각과 함께 앉아 있었다. 그리고 감각을 경험했다.

 이런 일이 일어났을 당시 나는 어떤 쇼의 리허설을 맡고 있었다. 그 일은 내가 정말 좋아하는 일이었다. 나는 단순히 내가 쓸 수 있는 무제한적인 돈이 있다는 생각을 유지했다. 그리고 스스로 가슴속 중압감을 경험하면서 계속해서 쇼 준비를 해나갔다. 가슴속 중압감을 경험하는 동안에도 하루 종일 이곳저곳 걸어 다니며 즐거운 시간을 보냈다. 주식시장은 들여다보지 않기로 결심했다. 그것에 대해 내가 할 수 있는 일은 아무것도 없었기 때문이다.

 주식을 다시 확인해 본 건 3주가 지나서였다. 놀랍게도 원래 내가 갖고 있던 돈보다도 많은 돈이 돌아와 있었다.

 다음 해가 되어 그때 리허설을 맡았던 극장에서 다시 강연을 하게 되었다. 나는 사람들에게 작년의 이야기를 들려주었다. 사람들은 깜짝 놀랐다. 내가 그곳에 있는 동안 심각한 재정 문제를 안고 있었다는 사실을 전혀 몰랐던 것이다. 그들은 내가 리허설 기간 내내 너무 행복하고 편안해 보였다고 말했다. 위기를 겪고 있다는 어떤 기색도 볼 수 없었다고 했다.

 이것은 현실화되지 않은 세계에 언제나 내가 사용할 수 있는 무제한적인 돈이 있다는 생각을 고수했기 때문이다. 이 생각이 주는 감각을 피하지 않고 경험할 수 있었기 때문이다. 그 덕분에 나는 내가 바라는 생각을 선택할 자유가 있었다. 나 자신을 즐기기로 선택할 수 있었다.

돈에 대해 가져야 할 생각을 한 가지만 꼽으라면 그것은 돈은 무한히 많다는 생각이다. 만일 이 생각과 함께 있는 감각을 경험할 수만 있다면 당신은 언제나 무한한 재정적 풍요로움 속에 살 수 있다.

내가 말한 대로 해보자. 정말 그렇게 된다는 것을 알게 될 것이다.

다이어트

생각은 우리의 식습관과 신체 사이즈와 모양에 반영된다. 이런 전제에 따라 다이어트에 접근한다면 다이어트를 하는 동안 겪게 될 문제들에 대한 해결책을 얻을 수 있다.

당신의 몸무게와 다이어트에 대해 살펴보자. 다이어트에 '문제'로 반영될 당신의 생각을 살펴보자. 사람들은 전형적으로 이런 생각을 갖고 있다. '나는 살을 뺄 수 없어. 체중을 줄이는 것은 어려워. 날씬해지려다가 굶어죽을 거야.' 당신 앞에 나타나는 결과는 당신의 생각과 일치한다. 따라서 만일 몇 개월째 다이어트를 하고 있는데도 몸무게가 늘고 있다면 그것은 '나는 체중을 줄일 수 없어.'라는 생각의 반영일 수 있다. 일반적으로 '나는 체중을 줄일 수 없어.'라는 생각을 갖게 되는 이유는 한 달 동안 다이어트를 해봤지만 몸무게가 전혀 줄지 않기 때문이다. 그러나 생각의 전환이라는 전제에서 살펴볼 때 살을 빼는 데 실패하는 이유는 다른 데 있지 않다. 그것은 바로 생각의 반영 때문이다.

당신의 삶의 거울에 바라던 결과를 가져올 생각을 찾아내야 한다. 예를 들어 당신은 '살을 뺄 수 없어.'라고 생각할 수 있다. 하지만 '살을 뺄 수 있어.'라고 생각할 수도 있는 것이다.

여기서 우리의 목적은 자신의 주장을 눈앞에서 확인하려는 것이 아니다. 시각화와 확언은 멋진 도구이다. 하지만 우리의 목적은 지금 무엇이 진실인가를 찾는 것이다. 당신이 '나는 날씬해. 완벽한 몸무게를 갖고 있어.'라고 말할 때 그것은 지금 진실인가? 아니다. 그렇다면 당신이 정말로 확언할 수 있는 것은 무엇인가? 우리가 알고 있는 진실은 무엇인가?

우리가 알 수 있는 진실은 현실화되지 않은 세계의 영역에 존재하는 무한한 가능성 중에는 완벽한 몸무게를 갖고 있는 당신의 모습도 존재한다는 것이다. 그것은 이미 만들어져 있다. 거기에 도달할 수 있는 방법을 지금 당신은 모르고 있을 수 있다. 하지만 그것은 당신이 생각할 수 있는 것이며 당신이 할 수 있는 것이다. 충분히 일어날 수 있는 일이다. 따라서 당신은 그 가능성이 이미 존재한다는 것을 확언할 수 있다. 이것은 확실히 사실이다. 가능성은 존재하고 있다. 이미 여기에 있다. 이제 유일한 과제는 그것을 가져오는 것이다. 그리고 우리는 실험을 통해 생각이 실제로 그것을 가져올 수 있느냐를 테스트하는 중이다.

따라서 당신이 원하는 가능성으로서 거울에 반영될 생각을 해야 한다. '나는 체중을 줄일 수 있다.' 또는 '나를 날씬하게 만들어 줄 다이어트는 이미 존재한다.'와 같은 생각 말이다.

이 생각의 과정은 매우 섬세하다. '나는 쉽게 살을 뺄 수 있다.'와 같은 생각은 좋은 소리로 들릴지 모른다. 하지만 이것이 지금 당신에게 사실이 아니라면 그렇게 생각하지 않는 게 좋다. 그것은 지나친 확언이다. 우리는 '부정적인' 생각 위에 '긍정적인' 확언을 덧씌우려는 게 아니다. 이 점을 확실히 기억하기 바란다. 우리가 바라는 것은 생각의 바닥까지 내려가 자신이 정말로 어떤 생각을 하고 있는지를 보고 깨닫는 것이다. 일단 실제로 어떤 생각을 하고 있는지를 알게 되면 그 생각을 다른 생각으로 바꿀 수 있는 힘이 생긴다. 실제 당신의 생각을 인정하지 못하거나 알지 못한다면 그 생각을 전환할 힘을 잃게 된다. 당신의 실제 생각을 파악하는 가장 좋은 방법은 당신이 얻게 되는 결과를 보는 것이다. 삶에 실제로 무슨 일이 일어나고 있는지는 무슨 생각을 갖고 있는지를 보여주는 확실한 거울이다. 거울을 보면 당신이 무슨 옷을 입고 있는지를 확실히 볼 수 있는 것과 마찬가지다.

따라서 당신에게 나타나는 결과를 살펴보자. 결과로서 반영되는 생각을 찾으라. 그리고 당신의 완벽한 몸무게가 나타나게 만들 생각을 해야 한다. 그런 다음 무슨 일이 일어나는지를 관찰해야 한다. 어떤 아이디어, 어떤 정보를 만나게 되는지, 어떤 습관과 다이어트 요령이 생기는지를 그저 보고 있으면 된다. 어떤 감각을 느끼게 될지 신경을 쓸 필요는 없다. 그 감각이 다이어트에 도움이 될지 해가 될지 염려할 것도 없다. 그 생각을 믿고 있는지 아닌지에 신경을 쓸 것도 없다. 내가 이미 말했듯이 생각 과정 중에는 당신이 무슨 감각을 느끼는지, 무엇을 믿고 있는지가 중요하지 않다. 단지 무슨 생각을 하고 있느냐가 중요하다. 생각이 앞으로 나타나게 될 결과의 원인이다. 우주는 어떤 방식으로든 당신을 생각이 반영되는 길로 인도할 것이다. 그 길에는 어려움과 두려움도 포함되어 있을 수 있다. 그러나 그 길에 무엇이 있든 간에 생각을 유지한다면 결과는 반드시 삶의 거울에 나타나게 되어 있다. 따라서 어떤 과정이 펼쳐질까, 어떤 느낌이 들까 하며 걱정할 필요

가 없다. 생각을 계속 붙잡고 무슨 일이 일어나는지를 보기만 해야 한다. 불편한 감각이 느껴지더라도 불편함에 집중하지 말고 생각을 고수해야 한다.

다음은 생각의 전환을 다이어트에 어떻게 활용하면 좋을지를 보여주는 몇 가지의 예이다.

실패하는 다이어트로 반영되는 생각	성공적인 다이어트를 위한 생각
내가 살을 빼는 건 불가능하다. 나는 원래 몸무게가 많이 나가게 되어 있다. 이건 선천적인 문제이다.	완벽한 몸무게, 또는 내가 바라는 몸무게를 가질 수 있는 가능성은 이미 현실화되지 않은 세계에 존재한다. 그것은 이미 만들어져 있다.
나는 다이어트 방법을 모르겠다. 다이어트는 나에게 효과가 없다.	나를 완벽한 몸무게로 만들어줄 다이어트는 이미 존재한다.
나는 완벽한 몸무게에 도달할 수 없다.	내가 원하는 몸무게에 도달하는 것은 가능하다.
나는 할 수 없다.	나는 할 수 있다.
나의 몸 또는 다이어트에 대해 지금 무슨 생각을 하고 있는가	**어떤 생각으로 전환할 것인가**
_____	_____
_____	_____
_____	_____
_____	_____

이번 장에서 논의되고 있는 다양한 주제 중에서도 특히 다이어트는 우리의 감각 경험 능력에 가장 많이 의존하고 있다.

우리가 자신이 바라는 몸무게를 가질 수 있다는 생각을 할 때 그 생각으로부터 자연스럽게 여러 가지 다이어트 방법이 나올 것이다. 100명 중 99명이 불편한 감각을 억누르기 위해 과식을 하며 체중을 늘리고 있다. 다이어트를 시작하는 순간 우리는 이 감각을 경험할 것이다. 스스로 이런 감각과 함께 할 수 없다면(지금은 해가 없는 감각이지만 과거에 우리가 두려워했던 무언가와 결부되어 있는 감각 때문에 이렇게 하는 것이 어려울 수 있다.) 우리는 왜 계속 먹어야 하는지에 대한 이유를 백만 가지도 더 댈 수 있다.

내가 잘하는 것 중의 하나는 다이어트를 하다가 빨리 체중이 줄기 시작하면 갑자기 이렇게 생각하는 것이다. '오, 안 돼. 너무 빨리 체중이 줄고 있어. 어딘가 아픈 게 분명해. 다시 몸무게를 늘릴 수 있는지 알아보기 위해 많이 먹어봐야겠어.'

참 웃기는 말이라는 것을 나도 알고 있다. 하지만 이것은 억눌렀던 감각이 다시 떠오를 때 그것으로부터 도망치기 위해 사용하는 수법 중의 하나이다(과식).

다이어트를 지속하기 위해 필요한 한 가지는 배고픔과 같은 감각을 경험하는 능력이다. 이것이 다이어트의 전부다. 다이어트에 실패하는 유일한 원인은 먹고 싶은데도 먹지 않는 감각을 참는 것이 어렵다는 점이다. 다이어트를 하다가도 음식을 먹게 되는 이유는 이 감각을 멈추기 위해서이다.

이 책에서 내가 계속 언급한 대로 당신이 원하는 생각을 한다고 해서 반드시 기분이 좋아지는 것은 아니다. 그러나 감각과 함께 머무를 수 있다면 그 감각은 아무 의미 없고 해가 없는 것이 될 것이다. 감각과 함께 있을 때만이 바라던 것을 볼 수 있다.

21장
창조적 예술 분야에 있는 사람들을 위해

나는 음악가라는 직업을 통해 최초로 생각의 전환을 접하게 되었다. 그때 얻은 수많은 통찰들은 나의 개인적인 직업 분야에 있어서도 유용했다. 이번 장은 음악에 관한 것이다. 음악에 대해 말할 수 있는 이유는 내가 음악 분야에 경험이 많기 때문이다. 하지만 음악이 춤, 그림, 기타 창조적 예술에 쉽게 적용되는 분야이기 때문이기도 하다.

두려움을 통해 노래하기

생각이 어떻게 현상으로 나타나는지를 보여주는 최고의 방법 중의 하나가 노래이다. 나는 작곡가, 지휘자, 음악 연출가로서 수년 동안 전국을 돌아다니며 노래에 대한 강연을 해왔다. 나는 사람들에게 우리의 생각이 얼마나 강하게 세상에 드러나는지를 말해 준다. 생각의 전환만으로 세상을 얼마나 빨리 바꿀 수 있는지를 깨우쳐 주기 위해 여러 가지 설명을 해준다.

나는 일단 생각의 전환의 원칙에 대해 간단히 설명한 후 자신의 노래 실력이 형편없다고 생각하는 사람이 있으면 앞으로 나와 보라고 한다. 그러면 누군가가 벌벌 떨면서 앞으로 나온다. 나는 그들에게 자신의 노래에 대해 어떻게 생각하고 있는지 얘기해 보라고 한다. 그러면 주로 이런 대답을 들을 수 있다. "나는 노래를 못 불러요. 목소리가 이상해요. 음정이 맞지 않아요. 노래를 부르면 사람들이 저를 놀릴 거예요." 보통 이들은 예전에 선생님으로부터 노래를 못 한다거나 합창 연습 때 조용히 있으라는 말을 들은 적이 있다고 한다. 노래를 하면 부모나 형제들이 놀렸다고 한다. 어떤 사람은 노래를 부르는데 "음정이 안 맞아."라는 말을 직접 들었다고 한다. 사람들은 주로 이런 기억들 때문에 자신이 노래를 못 한다고 여기는 것이다. 하지만 노래를 못 부르게 된 진짜 원인은 그런 말을 해준 사람이 아니다. 지금까지 노래를 못 부른다고 생각(과거에 그런 소리를 들었을 때의 감각을 피하기 위해서)해 온 자기 자신 때문이다.

　이렇게 일단 자신의 노래에 대해 어떤 생각을 갖고 있는지를 듣고 나면 나는 모두가 알 만한 친숙한 노래를 몇 소절 불러보라고 한다. 그러면 보통은 바들바들 떨면서 헛기침을 몇 번 하거나 쭈뼛쭈뼛하다가 노래를 시작한다. 과연 노래는 음정이 안 맞았다. 눈을 제대로 뜨지도 못한다. 똑바로 청중을 바라볼 수가 없다. 가사도 잊어버린다. 나는 노래가 끝난 뒤 청중에게 물어본다. '자 이 사람이 노래하는 것을 잘 들었죠? 노래가 어땠나요? 자신이 생각했던 그대로인가요?' 그러면 항상 이런 대답이 나온다. "네. 음정이 안 맞고 불안정해요. 목소리도 이상했어요."

　그러면 나는 질문을 또 던진다. "자신이 멋진 목소리를 갖고 있다는 걸 알고 있는 유명한 가수들은 자신의 노래에 대해 어떻게 생각할까요?"

우리는 가수들은 이런 생각을 갖고 있을 거라고 생각한다. '나는 여기에 나의 재능을 보여주려고 나왔다. 모두들 내가 노래하는 것을 들으면 흥분한다. 나는 멋진 목소리를 갖고 있다. 나는 음정도 정확하다. 청중은 내 노래에 전율한다. 나는 사람들에게 들려줄 중요한 메시지가 있다.'

그런데 사실 가수들은 언제나 이런 생각을 하기 위해 분투하고 있다. 자신이 노래를 잘한다는 생각이 사실이 아니기 때문일 수 있다. 하지만 그뿐 아니라 사람들 앞에 서야 하고 사람들을 바라봐야 하는 등의 두려움 때문이기도 하다. 나는 가수들에게 억지로 자신이 노래를 잘한다고 생각하고 그렇게 믿어야 한다고 조언하지 않는다. 다만 현실화되지 않은 세계에 존재하는 모든 무한한 가능성 중에는 그런 생각도 존재하고 있다는 것을 받아들이라고 한다. 또한 기분이 좋아야 한다거나 특별한 느낌이 들어야 한다고도 말하지 않는다. 그저 현재의 생각을 새로운 생각으로 바꾸라고 한다. 그 생각에 따라오는 감각을 경험하고 무슨 일이 일어나는지를 지켜보라고 한다.

마침내 스스로 새로운 생각을 하게 될 때면 언제나 같은 결과가 나온다. 감각이 상승하면서 동요와 혼동에 빠지긴 하지만 즉시 정확한 음정을 내고 청중을 똑바로 응시한다. 세상은 정확하게 그들이 하고 있는 생각을 반영한다. 그리고 그들의 노래는 의미심장하고 감성 가득한 노래가 된다. 어떻게 그들이 느끼고 있는지에 상관없이 그들의 노래는 새로운 생각에 대한 정확한 반응으로서 놀라운 도약을 한다. 예외 없이 기립박수가 터져 나온다. 이런 경험이 반복됨에 따라 가수는 자신이 노래를 잘할 수 있다는 생각에 따라 생기는 감각에 익숙해지고 청중 앞에서 자신감 있게 노래를 부를 수 있게 된다.

성공 경험이 많다고 해서 두려움이 없는 것은 아니다

지휘자로서 브로드웨이에서의 첫 번째 공연을 하게 되었을 때였다. 지휘대 앞에 서 있는데 찰리 블랙웰이라는 무대 매니저가 다가왔다. 그는 30년 동안이나 브로드웨이에서 일해 온 사람이었다.

"데이비드, 이번이 브로드웨이에서의 첫 번째 공연이죠? 저는 이번이 50번째랍니다. 우리 두 사람의 차이를 알려 줄까요? 당신은 아마 곧 죽을 것 같은 느낌이 들 거예요. 그리고 진짜로 그렇게 될지도 모른다는 생각을 할 거예요. 나 역시 곧 죽을 것 같은 느낌이 든답니다. 그런데 당신과의 차이점은 진짜로 죽지는 않을 거라는 걸 알고 있다는 점이죠."

찰리의 말은 얼마나 초조한 느낌을 느끼느냐 하는 것은 문제가 되지 않는다는 뜻이었다. 공연가들은 자주 끔찍한 감각을 느낀다. 그런 감각은 절대 쉽게 가시지 않는다. 그러나 무대에서 원하는 공연을 완수할 수 있느냐를 결정하는 건 그런 감각에 대한 생각이다. 나는 이 분야에서 일을 하는 동안 계속 찰리의 말을 마음에 새기고 있었다. 지금의 나는 많이 달라졌다. 몇 년 동안의 경험을 통해 공연 중에 진짜로 죽는 일은 없다는 걸 알고 있기 때문이다. 비록 꼭 그럴 것 같은 느낌이 든다 해도 말이다.

노래에 관한 부연 설명

노래를 부르는 방법은 잘못 이해되고 잘못 가르쳐지기 쉽다. 사람

들은 계속 테크닉에 관한 얘기를 한다.

하지만 테크닉이란 정말로 무엇일까? 당신은 성대 또는 폐를 각각의 음표에 맞게 어떻게 움직여야 하는지, 또는 입이 어떤 모양을 내야 하는지를 정확하게 알고 있는가?

실제로 노래가 나오는 원리는 무언가를 듣고 그 소리를 어떻게 내는지를 아는 것은 우리의 몸이라는 사실이다. 기본적으로 노래를 부르려면 두 가지의 작용이 일어나야 한다. 첫 번째는 우리가 듣고 싶어 하는 소리가 무엇인지를 아는 것이다. 두 번째는 우리의 몸(우리의 악기)이 그 소리를 끄집어내는 것이다. 듣고 싶은 소리를 정확하게 낼 수 있는 것은 몸이 그 소리를 내는 방법을 알고 있기 때문이다.(어떻게 그렇게 할 수 있는지는 우리가 알 수 없다.)

예를 들면 '헬로우.'라고 말해 보자. 그리고 이번에는 당신의 느낌내로 영국 악센트를 넣어서 '헬로우.'라고 말해 보자. 잘해야 할 필요는 없다. 그냥 당신의 느낌대로 해보자. 당신은 어떻게 그렇게 할 수 있었는가? 일부러 입 모양을 다르게 만들었는가? 물론 아니다. 당신은 그냥 머리에서 다른 소리를 듣고 머릿속에 들리는 소리에 기초해서 다른 소리를 냈다. 완전히 다른 근육을 사용하고 숨도 다르게 쉬면서 당신의 몸이 완전히 다른 소리를 낸 것이다. 이 가운데 당신이 의식적으로 움직인 건 없다.

무슨 말을 하든지 간에 당신이 의식적으로 입을 움직이는 법은 없다. 당신은 단순하게 단어를 생각한다. 그러면 당신의 생각의 반영으로 입의 모든 부분, 목구멍, 횡경막이 저절로 움직인다. 마음속 보이지 않는 세계에서 생각한 단어가 실제세계의 몸에서(단어로서) 반영되는 것이다.

따라서 노래를 부르는 테크닉이란 어떻게 하면 원하는 소리, 톤, 음정, 단어를 정확하게 생각해 내느냐 그리고 어떻게 몸에서 그 소리를 꺼내느냐를 배우는 것이다. 이것을 특정 음에서 반복해서 연습하는 것이 우리가 테크닉이라고 부르는 것이다. 우리가 일부러 그 음을 내려고 하는 것처럼 보일지 모른다.

하지만 사실 그 방법을 터득하는 것은 우리의 몸이다. 이것은 저절로 일어나는 과정이다.

노래의 원리를 알려주기 위해 내가 즐겨 사용하는 훈련방법이 있다. 일단 어떤 사람에게 피아노에서 2피트 정도 떨어져 서라고 한다. 그리고 검지로 피아노의 어느 지점을 터치하라고 한다. 물론 누구나 쉽게 이렇게 할 수 있다. 그런데 나는 그에게 다시 한 번 그렇게 해보라고 한다. 그리고 이번에는 내가 그 사람이 손가락을 움직이는 순간 팔을 낚아채 아까 터치했던 지점으로 가져간다. 그러면 사람들은 하나같이 팔을 마구 흔들면서 피아노를 제대로 터치하지 못한다. 내가 어떻게 하려는 것처럼 보이냐고 물으면 사람들은 항상 이렇게 대답한다. "제가 피아노를 터치하는 것을 방해하려고 하는 거 아닌가요." 반대로 그들이 피아노를 터치할 수 있게 팔을 잡아준 거라고 말하면 그들은 매우 놀란다. 쉽게 믿지 못하는 그들을 위해 나는 다시 한 번 그들도 나에게 똑같이 해보라고 한다. 이 훈련의 요점은 우리의 팔이 피아노를 터치하는 법을 알고 있다는 점이다. 그래서 다른 사람이 도와주려고 하는 순간 팔은 그것을 방해로 인지하고 저항한다.(팔이 어떻게 움직이는지를 우리가 알고 있는 게 아니라 팔이 알고 있기 때문이다.) 그래서 일단 팔을 뿌리치려고 하는 것이다.

이와 같은 방식으로 어떤 음을 들으면 목소리가 그 소리를 어떻게

내는지 정확하게 알고 있다. 우리가 "헬프"라고 말하려고 할 때(신체적인 정보 입력 또는 조정을 통해) 목소리가 즉각적으로 그것을 입 밖으로 내뱉는다. 자신의 목소리가 형편없다고 생각하면 이 생각이 즉각적으로 형편없는 목소리로 나타난다. 목소리는 정확하게 우리의 생각을 반영할 뿐이기 때문이다.

노래에는 자신의 목소리에 관한 생각이 세세하게 나타난다.(거울에 비춰진다.)

예를 들어 만일 음정에 맞게 노래를 할 수 없다고 생각하면 머릿속에는 음정에서 벗어난 음이 들릴 것이다. 그러면 목소리는 음정에 맞지 않는 음을 낼 것이다. 만일 자신의 목소리가 이상하다고 생각하면 머릿속에는 이상한 목소리가 들릴 것이다. 당신의 목소리는 정확하게 당신이 듣는 소리를 반영해 이상한 소리를 낼 것이다.

가끔 신체적 수단을 동원해서 자신의 목소리를 고치려고 노력하는 사람들이 있다. 왜 그런 노력을 하느냐고 물으면 그들은 이렇게 대답한다. "내 노래 소리가 싫어요. 그래서 고치려고요." 그러면서 자신의 목소리를 들어보니 마음에 드는 목소리가 아니라고 말한다.

하지만 이건 말이 안 된다. 목소리는 우리가 생각하는 것을 반영할 뿐이다. 따라서 그들은 머릿속에서(자신이 노래를 못 한다고 생각한다는 생각에 기초해서) 자신이 원하지 않는 음을 듣고 있는 것이 분명하다. 모든 목소리의 역할은 생각을 반영하는 것이다. 따라서 만일 당신의 목소리가 마음에 들지 않는다면 그 목소리를 뜯어 고치려고 하면 안 된다. 대신 당신의 머리로 가서 머릿속에서 당신이 좋아하는 것을 들어야 한다. 그것이 정확하게 당신의 목소리로 나올 것이다.

4장의 앞부분에 나왔던 명상 부분을 다시 보면 우리는 보이지 않는 의식의 총체라는 사실이 기억날 것이다. 우리는 보이지 않는 감각을 경험하고, 보이지 않는 생각을 한다. 또한 우리의 생각에는 무한한 잠재력이 있다.

물질세계는 우리의 정체성과 관련이 없다. 우리는 물질세계에 속할 수도 없고 물질세계에서 어떤 행동을 할 수도 없다. 우리는 오로지 그것에 반영되는 우리의 생각을 볼 뿐이다.

이 말이 무슨 의미인지를 깊이 생각해 보면 우리가 실제로 하는 것은 아무것도 없다는 것을 알 수 있을 것이다. 우리는 단지 생각을 할 뿐이다. 그것을 행하는 것은 신체 또는 물질세계이다.

노래에서 음정을 고치거나 신체의 움직임을 조정하려는 시도는 실제로 무언가를 하는 게 아니다. 단지 이런 시도는 목소리가 음을 낼 줄 모른다거나 목소리에 무슨 문제가 있다고 생각하는 우리의 생각을 반영하는 것뿐이다.

그리고 반복해서 살펴본 대로 노래는 우리가 하는 생각을 반영한다. 따라서 머릿속의 음을 듣고 거기서 방법을 찾아야 한다. 그 외의 다른 시도는 소용이 없다. 만일 뭔가 다른 시도를 하는 중이거나 여전히 당신의 목소리가 마음에 들지 않는다면 다시 생각으로 돌아가야 한다.

그리고 그냥 당신의 몸이 소리를 만들어내는 것을 지켜보자. 아마 놀라운 결과가 있을 것이다.

이것은 분명 당신의 모든 삶에 적용된다. 그리고 이것은 생각이 즉시 물질세계의 거울에 나타난다는 사실을 보여주는 또 다른 예가 된다.

'노래의 테크닉이란 어떻게 하면 당신이 원하는 소리를 분명하게 생각해 내느냐 그리고 어떻게 몸에서 그 소리를 꺼내느냐를 배우는 것이다.'

노래를 못 부르는 것으로 반영되는 생각	성공적이고, 편안하고, 멋진 노래를 부를 수 있게 하는 생각
나는 노래를 못 불러.	나는 노래를 부를 수 있어.
나는 음정을 못 맞춰.	나는 음정을 잘 맞출 수 있어.
내 목소리는 저음을 못 내.	내 목소리는 내가 듣는 모든 것을 어떻게 소리 내는지 알고 있어.
내 목소리가 어떻게 나는 것인지를 알아야 해.	나는 머릿속에서 내가 원하는 것이 무엇인지만 들으면 돼.
노래에 대해 지금 내가 갖고 있는 생각은 무엇인가	어떤 생각으로 전환할 것인가

오케스트라 지휘하기

생각의 전환을 낳는 아이디어와 이론을 의식적으로 처음 경험한 때는 바로 브로드웨이에서 지휘를 할 때였다.

나는 언제나 브로드웨이에서 지휘를 하는 게 꿈이었다. 그런데 정신없이 보내던 20대의 어느 날이었다. 놀랍게도 내가 브로드웨이에서 대형 쇼를 지휘하고 있는 것이 아닌가. 나는 경험은 부족했지만 나만의 재능과 감각을 활용해서 쇼를 제법 잘 이끌어갔다. 얼마 지나지 않아 성공적인 지휘자가 되었고 브로드웨이의 다양한 쇼에서 활약하기 시작했다. 그런데 한 가지 문제가 있었다. 도대체 어떻게 지휘를 하는 것인지를 알 수 없었던 것이다. 팔을 열심히 흔들면서 최선을 다하긴 했지만 사실 나는 내가 오케스트라를 통제하는 게 아니라 오케스트라가 나를 통제하고 있다는 사실을 알고 있었다. 이 때문에 나는 매우 심기가 불편했다. 다음에 무슨 일이 일어날지 모른 채 그저 상황이 닥치는 대로 살아가야 하는 괴로운 심정이 들었다.

그렇게 2년을 버티자 나의 상태는 충분히 두렵고 불안정한 지경에 이르렀다. 나는 이 사실을 인정하고 롭 카필로우라는 저명한 지휘자 스승을 찾아갔다. 그에게서 지휘를 배우기 위해 일을 당분간 쉬면서 3년 동안 일주일에 6시간의 수업을 받았다. 지휘를 정말로 어떻게 하는 것인지를 배웠다.

코스를 마친 후 브로드웨이에서 '노래와 무용'이라는 쇼를 지휘하게 되었다. 나는 그동안 배운 것이 얼마나 효과가 있는지 보고 싶었다.

'노래와 무용'의 첫 공연에서 서곡을 지휘하고 있을 때였다. 나는 오케스트라가 계속 나보다 약간씩 뒤처지는 것을 알았다. 내가 원하는

것보다 약간씩 느리게 연주가 되고 있었다. 서곡은 일정한 리듬의 빠른 곡이었다. 같은 박자로 이어지기 때문에 지휘하기가 매우 쉬운 곡이었다. 매일 밤 나는 지휘를 더 분명히 하려고 노력했다. 박자를 끌었다가 악센트를 줬다가 하면서 내가 원하는 박자를 정확하게 보여주기 위해 노력했다. 그러나 오케스트라는 여전히 약간씩 느리게 연주했다.

나는 왜 이런 일이 일어나는지 의아했다. 내 주변 사람들이 내가 원하는 것을 해주지 않으려고 한다는 생각이 들자 마음이 괴로워지기 시작했다. 그들은 내가 마음에 들지 않는 걸까? 일부러 나를 따르지 않는 걸까? 내가 생각했던 것보다 재능이 없는 사람들인 걸까? 나를 안 보고 연주하는 걸까? 내가 지휘를 똑바로 못 한 것일까? 원래 세상이란 나를 잘 따라주지 않는 것일까? 여러 가지 이유를 대보았지만 분명한 사실은 나의 밖에 있는 사람들이 나의 요구를 들어주지 않으려고 한다는 것이었다. 나는 기분이 나빠졌다.

그러나 나는 다행히 이런 추측으로 헤매는 대신 이유를 알아내고 진실을 밝혀야겠다는 결심이 들었다.

오케스트라 내에는 내가 진심으로 신뢰하는 몇 명의 연주자들이 있었다. 그래서 그들에게 내 지휘가 어땠는지를 물어봤다. 놀랍게도 그들은 모두 내가 완벽하게도 분명한 지휘를 하고 있었다고 했다. 내가 보여주는 지휘를 따라가는 데 전혀 문제가 없었다고 말했다.

사실 이것은 나에게 좋은 소식이 아니었다. 나를 더욱 깊은 절망으로 몰아넣었다. 그 질문을 하기 전까지는 환상 속에 살 수 있었다. 나의 바깥에 있는 사람들이 잘못이라고 생각했던 것이다. 그들이 바뀌기만 한다면, 나를 잘 따라주고 나에게 집중하기만 한다면 모든 것이 좋아질 거라고 생각했다. 이 모든 문제의 책임을 오케스트라에게 돌릴 수 있었다. 화가 나는 일이긴 했지만 그래도 그들이 변화되면 내가 원하는 것을 얻을 수 있다는 가능성이 있었다. 그런데 이제 오케스트라가 완전히 나에게 협력적이라는 사실을 알게 되었다. 그들은 재능과 열정이 있는 사람들이었다. 내가 보여주는 모든 것을 연주하려는 열망을 갖고 있었다. 원하는 것을 보여주지 못한 사람은 바로 나였다. 오히려 나는 분명하게 내가 원하지 않는 것을 보여주고 있었다. 이걸 어떻게 알 수 있느냐고? 왜냐하면 그들은 내가 완벽히 분명한 지휘를 하고 있었다고 했기 때문이다. 내가 보여주는 것을 보고 그대로 연주하는 것이 쉬웠다고 했다. 그들은 내가 보여주는 것을 연주하고 있었던 것이다. 그들 모두 완벽하게 내가 원하지 않는 것을 함께 연주하고 있었다. 모든 사람이 똑같은 것을 보고 있었던 것이 확실하다.

문제의 원인이 그들이 아니라 나라는 달갑지 않은 소식을 받아들여야 했다. 오케스트라는 내가 보여주는 것을 연주하고 있었다. 문제는 오케스트라의 부주의함이나 무능력이 아니라 그들에게 원하는 것을 보여주지 못한 나의 무능력이었다. 나를 거부하는 것과는 정반대로 오케스트라는 사실 나의 명령대로 하고 있었다. 내가 그들에게 보여주는 것을 신중하고 완벽하게 그리고 열렬하게 반영하고 있었다. 유일한 문제는 내가 그들에게 사실은 내가 원하지 않았던 것을 보여주고 있었다는 점이었다.

왜 나는 내가 원하는 것을 보여줄 수 없었나? 실제로 내가 보여주고 있었던 것은 무엇이었나? 나는 왜 그것을 보여주고 있었나?

나는 스승에게 전화를 걸어 문제에 대해 이야기를 했다. 그리고 내 지휘에 무슨 문제가 있나 한번 와서 봐달라고 요청했다. 그는 쇼를 보러 왔다. 시작하기 바로 전 나에게 이렇게 말했다. "한 가지 지침을 주

겠네. 오케스트라가 무슨 연주를 하고 있는지 생각하지 말게. 자네의 손이 어디에 있는지를 생각하지 말고 음악이 어떻게 흘러가는지만 생각하게. 그냥 머리에서 음악이 어떻게 들리는지만 생각해. 손이 움직이는 대로 놔두고 오케스트라도 연주하는 대로 내버려두게."

나는 두려워졌다. 왜냐하면 그건 오케스트라를 '통제'하는 것을 포기하라는 말이었기 때문이다. 스승은 오케스트라가 제멋대로 연주하게 놔두라고 했던 것이다. 나는 그 두려움을 받아들였다. 눈을 감고 무대 안으로 걸어 들어갔다. 그리고 서곡을 지휘하기 시작했다. 시작하자마자 내가 오케스트라보다 반 박자 빠르게, 완전히 다른 박자 패턴으로 지휘하고 있다는 사실을 알아챘다. 나는 박자를 더 강하게 지휘하기보다 그냥 오케스트라가 반 박자를 메우며 연주하게 놔두고 계속 그다음 박자로 넘어갔다. 통제 불능이라는 생각이 들면서 점차 몸이 떨리는 느낌까지 들기 시작했다. 천 명이 넘는 관객 앞에서 지휘를 하고 있다는 사실이 문득 떠올랐다. 그러나 아주 놀랍게도 오케스트라가 내가 마음속으로 듣고 있는 것을 정확하게 연주하고 있다는 사실을 알게 되었다. 그것은 정확히 내가 그들이 연주하길 바라는 것이었다.

나는 쇼가 끝나서야 자리에 앉은 다음 어떻게 된 것인지를 곰곰이 생각할 수 있었다. 이전에 지휘를 할 때는 내 지휘가 제대로 전달이 안 돼서 힘들다는 생각을 했었다. 오케스트라가 나를 따르기 싫어해서 내가 원하는 것보다 약간 천천히 연주를 하는 거라고 생각하고 있었다. 이 생각을 보상하기 위해(예를 들면 오케스트라가 내가 두려워하는 것을 하지 못하게 하기 위해) 나는 박자를 극도로 분명하고 강압적으로 보여주려고 노력했다. 그런데 나는 그렇게 하면서도 사실 박자를 약간씩 늦추고 있었다. 연주자들은 이것을 볼 수 있었고 무의식중에 내가 박자를 젓는 것을 기다렸다가 연주를 한 것이었다. 오케스트라가 느리게 연주할 거라고 생각했던 나의 믿음으로 말미암아 나는 머릿속에서 느린 연주를 듣고 있었다. 내 손은 내가 듣고 있는 느린 박자를 보여주고 있었다. 연주자들은 나의 손을 보고 있었다. 그러니 그들은 느린 연주를 할 수밖에 없었다.

내가 단순하게 머릿속에서 들리는 음악에 집중했을 때(오케스트라가 그것을 어떻게 이해하는지에 집중하는 게 아니라) 나의 손은 내가 듣는 대로 정확하게 음악을 보여주었다. 내가 듣고 있는 바로 그 순간의 박자대로 움직였다. 오케스트라는 전혀 어렵지 않게 내가 원하는 것을 정확하게 연주했다.

기억해야 할 점은 오케스트라가 나의 두 가지 지휘의 차이점을 보지 못했다는 점이다. 두 번 다 그들은 단순히 무의식적으로 내가 보여주는 것을 연주했을 뿐이었다. 내 마음속 음악이 느리면 그들의 음악도 느려졌다. 내 마음속 음악이 빨라지면 그들의 연주도 빨라졌다. 그들은 어떤 가치판단을 하거나 의견을 말한 적이 없다. 그냥 보이는 대로 연주를 했다. 다만 내가 한 번은 오케스트라를 보면서 그들이 연주할 거라고 생각하는 믿음에 집중했고 또 한 번은 내 안을 들여다보며 음악에만 집중했던 것이다. 그 차이는 놀라웠다. 그리고 그 순간 지휘를 하는 것이 즐거워졌다.

뒷이야기로 몇 년 후 나의 자작곡으로 피아노 연주를 하게 되었을 때였다. 그 연주는 대형 오케스트라와 코러스, 유명한 지휘자까지 함께 하는 대형 공연이었다. 우리의 첫 번째 리허설 날이었다. 처음으로 곡을 맞춰본 뒤 나는 지휘자에게 말했다. "좀 더 빠르게 가야 할 것 같아요." 그러자 지휘자가 대답했다. "나야말로 당신이 좀 더 빨리 가게

하려고 했는데 당신이 그렇게 따라주지 않았어요." 이건 정말 놀라웠다. 나는 그를 주의 깊게 응시하면서 그가 보여주는 박자에 정확하게 맞춰 연주를 했기 때문이다. 그런데 그가 "당신이 좀 더 빨리 가게 하려고 했는데 당신이 그렇게 따라주지 않았어요."라고 말했다. 나는 무슨 일이 일어나고 있는지를 알 것 같았다. 그는 나를 좀 더 빨리 가게 만들지 못한다는 생각을 했던 것이다. 그의 손이 그 생각을 보여주고 있었다. 나는 이 저명한 지휘자에게 그대로 말할 수는 없어서 대신 "죄송해요. 다시 한 번 해보죠. 이번에는 더 잘 따라가도록 노력할게요."라고 말했다.

그는 두 번째로 곡을 맞춰볼 때도 똑같이 느린 박자로 지휘를 했다. 하지만 나는 그가 지휘하는 것보다 조금 빠르게 연주했다. 연주가 끝이 나자 그는 말했다. "이제 박자가 맞네요!" 그리고 그 후로 지휘자는 곡을 정확하게, 제 박자에 맞게 지휘할 수 있었다. 무슨 일이 일어난 것일까? 나는(그가 나에게 보여주는 박자대로 연주하기보다) 그가 자신이 원하는 박자대로 연주하게 했다는 경험을 하도록 연주를 좀 더 빨리 했다. 그래서 그는 무의식중에 자신이 빨리 연주하게 할 수 없다는 생각을 버릴 수 있었다. 그리고 자신이 그렇게 할 수 있다는 생각으로 바꿀 수 있었다. 그래서 쉽고 편안하게 정확한 박자로 지휘를 할 수 있게 된 것이다.

> '오케스트라는 언제나 당신이 보여주는 것을 연주한다.'

형편없는 지휘로 반영되는 생각	분명하고 훌륭한 지휘를 위한 생각
오케스트라는 나를 따라오지 않을 것이다.	오케스트라는 언제나 내가 보여주는 것을 연주한다.
개인적인 음악적 해석이 있어야 한다.	내 안의 음악을 듣고 있을 때 음악적 해석이 나오는 것이다.
오케스트라가 왜 나를 따라올 수 없는지 이해 못 하겠다.	왜 오케스트라가 나를 따라올 수 있는지를 이해할 필요는 없다. 그냥 그들이 그렇게 할 수 있다는 것을 알면 된다.
오케스트라가 연주했으면 하는 것을 보여주기 위해 내 손의 움직임을 정확하게 알고 있어야 한다.	단순하게 내가 원하는 것을 생각하면 된다. 손이 움직이는 대로 놔두고 오케스트라가 내 생각을 반영하게 놔두면 된다.
지금 내가 지휘에 대해 갖고 있는 생각은 무엇인가	**어떤 생각으로 전환할 것인가**
_____	_____
_____	_____
_____	_____
_____	_____
_____	_____

　단순히 원하는 것에 대한 생각을 하고 우주가 정확히 그 생각을 반영하게 해야 한다. 그리고 언제나 그렇듯 생각에 따른 감각을 경험하게 되리라는 점을 기억해야 한다. 그러면 감각과 함께 밀려오는 어린 시절의 기억과 관련해 이런 생각이 들 것이다. '나는 감각에 완전히 휘말리고 있어. 상황은 통제 불능이야. 나는 절대 성공하지 못할 거야.'

　이런 생각이 단순히 감각으로부터 벗어나려는 시도라는 것을 지각

해야 한다. 그리고 감각을 해가 없고 무의미한 것으로서 경험해야 한다. 그렇게 할 수 있을 때 단순하게 생각을 하고 생각하는 것이 우리 앞에 나타나게 할 수 있다.

나는 누군가 "나는 통제권을 포기하기로 했어."라고 말하면 언제나 이렇게 대답한다. "언제 그런 걸 가지기는 했었어?"

우리는 직접적인 통제권을 갖고 있지 않다. 하지만 생각하는 것은 무엇이든 우리 앞에 나타난다는 사실을 알고 있다. 이로 말미암아 우주의 작동을 조정할 수 있다. 이렇게 할 수 있는 것은 어떤 생각을 갖고 있을 때 떠오르는 감각을 경험하고 생각이 아무 방해 없이 우주에 반영되게 할 때이다.

따라서 마음속에서 당신이 듣고 싶은 소리를 들어야 한다. 그리고 거기서 나오는 감각을 경험해야 한다. 그러면 당신의 마음속에 있는 것이 당신 앞에 나타날 것이다.

좀 더 간단히 말하자면 이렇다. '생각해야 한다, 느껴야 한다, 생각하는 것이 나타나는 것을 보아야 한다.'

'생각해야 한다, 느껴야 한다, 생각하는 것이
나타나는 것을 보아야 한다.'

22장
생각의 전환 원칙을 기업 코칭에 적용하기

놀라운 사건들과 깨달음을 통해 나는 거대 기업 코칭 회사에서 생각의 전환 프로젝트를 수행하게 되었다. 내가 포춘 500대 기업과 고위 간부들을 상대하게 된 것이다.

처음에는 이런 생각이 들었다. '기업가들과 나 사이에 무슨 공통점이 있을까?' 그러나 나는 그들과 함께 하는 동안 그들도 여느 사람과 다를 바 없는 보통 사람이라는 사실을 깨달았다. 그들도 똑같은 기본적 욕구를 갖고 있었고 똑같은 우주의 기본 법칙에 따라 살아가고 있었다. 크기에서 차이는 있었지만 그들의 목표, 열망, 성취욕도 일반 사람들과 별로 다르지 않았다. 나는 그들이 어떻게 그런 높은 수준의 성취를 이룰 수 있었는지 궁금했다. 뿐만 아니라 그들의 인생을 막아서고 있는 것에는 어떤 것들이 있는지에 대해서도 관심이 갔다.

기업 문화

기업 문화는 생산성을 강조한다. 하지만 그토록 강조하는 생산성 때문에 기업의 몰락이 초래될 수도 있다.

기업 문화는 자연스럽게도 생산성, 성과, 돈, 결과 그리고 '손익'에 초점을 맞춘다. 당신도 알겠지만 이런 것들은 모두 물질세계에 속한 것이다. 당신도 이 책을 읽고 알게 되었듯이 물질세계는 생각이라는 보이지 않는 세계를 반영할 뿐이다. 거울에 비춰지는 것이 실제가 아닌 것처럼 물질세계는 실제가 아니다. 그곳에 존재하고 있는 것처럼 보이지만 눈에 보이는 대로 진짜가 아니며 실제의 반영일 뿐이다.

기업 문화는 이런 물질세계의 '물질'을 추구하고 있다. 따라서 그들에게 이 모든 것이 실제가 아니라는 개념은 이해시키기가 매우 어렵다. 하지만 이 개념을 이해하기만 하면 막강한 아이디어를 이해할 수 있다. 그들이 보는 것은 실제가 아니며 그것은 물질세계에서 어떤 노력을 한다고 조종할 수 있는 게 아니다. 마치 거울을 조종해서 거울에 비치는 모습을 바꿀 수 없는 것과 마찬가지다. 이런 것들의 진정한 변회를 볼 수 있는 유일한 깊은 실질적인 원천, 실제가 존재하는 곳으로 가는 것이다. 그곳이 바로 생각이다. 문제를 해결하기 위해 우리는 그것의 배후에 있는 생각을 찾아가야 한다. 그 생각을 전환시켜서 우리의 고객이 그 생각을 유지하게 만들어야 한다.

기업 코치들은 주로 특정 결과를 '생산'하기 위해 어떤 행동을 '바로 잡으라.'는 요청을 받는다. 우리는 대개 사람들을 이렇게 평가한다. 경영을 잘못한다, 의사소통이 부족하다, 소극적이다, 도망치려고 한다, 꾀를 부린다, 협력을 잘못한다 등.

코치의 역할은 이런 행동들을 분석하는 것이다. 그 사람이 어떻게 인식되고 있는지를 파악하기 위해 그 사람의 주변에 있는 모든 사람들을 인터뷰하기도 한다. 그리고 그의 행동을 고쳐주기 위해 각종 전략, 과제, 테크닉을 제공한다.

회사에서 나를 불러들이는 건 이 모든 노력이 효과가 없을 때이다.

이야기를 이어가기 전에 말해 두고 싶은 게 있다. 바로 수많은 코칭 기업들, 특히 내가 같이 일했던 회사가 제공하는 코칭 방법이 매우 훌륭하고 유용하다는 사실이다. 그러나 그럼에도 불구하고 문제가 해결되지 않는 경우가 있다. 이런 경우는 그 모든 시도가 생각의 전환이라는 맥락에서 이루어지지 않았기 때문이다. 또한 전환된 생각에서 오는 감각을 경험하는 능력과 이어지지 않았기 때문이다.

'문제'의 원천

문제를 효과적으로 다루기 위해서는 문제의 원천으로 돌아가야 한다. 행동, 생산성, 성과 등은 모두 결과이다. 원인이 아니다. 원인으로 돌아가지 않고 결과를 바꾸려는 시도는 아무 소용이 없다. 원인이 반영되는 방식을 바꾸는 것뿐이기 때문이다.

따라서 나는 문제의 해결을 요청받으면 그 문제에 직접적으로 접근하지 않는다. 내가 처음 던지는 질문은 다음과 같다. "이 사람의 어떤 생각이 문제로 나타나는 것일까?" 이 질문에 대답을 할 수 있는 사람이라면 스스로 자신의 생각을 바꿀 수 있다. 그리고 놀랍게도 눈에 보이는 세상의 모습 역시 즉시 달라진다. 모든 것을 생각의 반영으로 보기 시작할 때 풀리지 않을 것 같던 문제도 즉각적으로 풀리기 시작한다. 우리는 고객이 예전의 문제로 돌아가려고 할 때 그들을 다시 돌려놓으려면 어디로 가야 하는지 알고 있다. 즉 문제 그 자체가 아니라 문제를 만드는 생각으로 돌아가야 하는 것이다.

이것은 기업 코칭 용어로 '자신의 이야기 바꾸기'라고 불린다. 수많은 기업 코치들의 첫 번째 임무는 "이것에 대한 당신의 이야기는 무엇인가?"라는 질문을 던지는 것이다. 그런 다음 그들은 "그 이야기를 어떻게 다른 이야기로 바꿀 것인가?"라는 질문을 던진다. 이 방법은 사실 훌륭한 방법이다. 하지만 그럼에도 불구하고 반복해서 어려움이 발생하는 이유는 무엇일까? 그것은 바로 사람들이 자신의 이야기를 바꾼 지 얼마 안 되어 다시 예전의 이야기로 돌아가기 때문이다.

나는 이런 '꽉 막힌' 시점에 투입되고는 한다.

따라서 나는 이런 질문을 한다. "무엇 때문에 사람들이 자신의 이야기를 바꾸지 못하는 것일까? 그리고 일단 이야기를 바꾼 다음일지라도 왜 새로운 이야기에 머물러 새로운 결과를 얻는 것이 어려운 것일까?"

성공적으로 이야기를 바꾸는 비결
(그리고 새로운 이야기에 머무르기)

이 책에서 말해 온 대로 생각은 신체적 감각을 생성한다. 내가 말하는 것은 분노, 슬픔, 사랑 등의 느낌이 아니다. 고통, 뜨거움, 차가움, 텅 빈 느낌, 떨림, 얼얼함, 긴장감, 마비 등의 실제적인 신체적 감각에 대해 말하는 것이다.

당신이 새로운 생각을 하게 될 때 그 생각을 없애려고 하는 이유는 주로 당신이 어린 시절에 위험한 것으로 감지했던 감각이 발생되기 때문이다.

예를 들어 당신이 어린아이였을 때를 기억해 보자. 당신은 '윗사람'에게 묻지 않고 마음대로 결정을 내릴 때 제멋대로 행동한다고 혼이 났을 것이다. 당신은 이것을 위험에 처해 있다는 신호로 감지하는 감각을 갖게 된다. 이 감각은 평범하고 무해한 감각으로써 긴장감 또는 얼얼함 등일 것이다. 그러나 이것은 당신에게는(또는 당신이 기억하지 않고 있더라도 특히 그것을 기억하고 있는 당신 안의 아이에게는) 위험한 신호가 될 수 있다. 당신은 이 감각으로부터 도망치기 위해 생각을 전환할 것이다. 아마 이런 생각을 하게 될 것이다. '누군가의 허락 없이는 어떤 결정도 내리지 않는 게 좋다.'

물질세계에서 이런 생각은 허락 없이는 아무것도 하지 못하는 '의존적' 모습으로 나타날 것이다. 당신은 상사로부터 주도적이고 독립적으로 생각하라는 소리를 들을지도 모른다. 하지만 그렇게 하려고 할 때 오는 감각을 견딜 수 없다면 재빨리 이전의 행동으로 돌아갈 것이다. 당신을 바꾸고 싶어 하는 상사와 코치들은 당신이 비협조적이고, 무능력하고 반항적이라고 생각할 것이다.

이런 결과는 당신의 생각의 반영에 불과하다. 하지만 당신은 자신의 행동을 보고 이렇게 생각할 것이다. '거봐, 나는 주도적이 될 수 없어.' 그리고 이렇게 생각한 것을 더욱 강화해 갈 것이다. 그러면 강화된 생각에 의해 '나는 독립적으로 살 수 없어'라는 결과가 나올 것이다. 이 사이클은 계속 확대될 것이다.

거울의 목적이 단순히 우리가 생각하는 생각을 되비추는 것뿐이라는 것을 이해하고 있다면 '나는 허락 없이는 아무 결정도 내릴 수 없어.'라고 생각하는 고객에게 자신만의 생각, 즉 변화가 일어날 수 있는 유일한 장소로 되돌아가라고 가르칠 수 있다. 일단 고객이 하고 있는

생각을 규정한 다음(세상의 거울을 들여다보고 거기에서 자신의 생각을 보는 방법으로) 고객에게 다른 생각을 선택하라고 요청하는 것이다.

그러나 고객은 새로운 생각을 선택하는 순간 오래된 감각을 경험할 것이다. 고객이 어린 시절부터 두려워했던 감각 말이다. 이 시점에서 우리는 고객이 단순하게 그 감각과 함께 앉아서 그것을 경험하게 해야 한다. 감각을 해석하거나 감각 때문에 무슨 일이 일어나게 될지를 걱정하게 하지 말고 그냥 감각을 감각으로써 경험하게 해야 한다. 이렇게 할 수 있을 때만이 새로운 생각에 머무를 수 있다.

새로운 생각이란 원래 감각을 동반하기 마련이며 그 감각은 무해하다는 것을 이해하게 해야 한다. 그렇게 할 때 고객은 새로운 생각을 유지하고 새로운 결과를 볼 수 있다.

우리가 두려워하는 것은 성공이나 '질책' 등의 어떤 결과가 아니라는 사실을 기억해야 한다. 우리가 두려워하는 것은 단순히 새로운 생각을 할 때 생기는 감각이다. 어른이 된 지금 우리가 이런 감각을 두려워해야 할 아무런 이유가 없다. 우리는 그 감각을 견딜 수 있다. 그리고 바로 이것이 새로운 생각의 결과를 얻을 수 있는 비결이다.

나는 경영자들이 단순히 감각 때문에 자신이 바라는 결과와 반대의 결과를 낳게 되는 결정을 내리는 것을 보고 매우 놀랄 때가 있다. 한 거대 기업의 사장은 CEO가 자신에게 소리를 지를 때마다 직장을 때려치우고 싶다는 생각이 들었다. 이유를 조사해 본 결과 그는 이런 일이 일어날 때마다 가슴에 통증을 느끼고 있었다. 이 통증은 그가 어린 시절 아빠가 소리를 지를 때마다 경험했던 것과 같은 것이었다. 그는 이 감각을 그냥 있는 그대로 경험할 수 있게 되었다. 그러자 즉시 CEO에 대한 생각을 이렇게 바꿀 수 있었다. '그는 방안을 돌아다니며 윙윙거리는 벌레일 뿐이야.' 직장을 떠나고 싶어 했던 충동은 가슴의 '통증'을 참을 수 있게 되면서 사라졌다.

당신이 원하는 것을 얻을 때 기분이 좋아질 거라는 생각은 현대의 사고방식이 갖고 있는 큰 오해 중의 하나이다. 사실은 그 반대이다. 원하는 것을 얻고 성공을 거두려면 그런 성취를 얻게 해주는 생각과 관련된 감각을 느껴야 한다. 그 감각은 편안할 수도 불편할 수도 있다. 하지만 어떤 감각이든 간에 그것과 함께 할 수 있을 때 원하는 생각을 유지하고 당신 앞의 거울에서 원하던 결과를 볼 수 있다.

생각의 전환을 통한 기업 코칭 단계

나는 세상이 생각의 반영에 불과하다는 사실을 지각하고 위의 원칙들을 마음에 새겼다. 그리고 이를 바탕으로 코칭 기업 고객들에게 생각의 전환을 이용한 단계별 지침을 제시했다.

마음속에서 문제가 해결되는 것을 보자

생각의 전환 코칭은 상황에 대한 자신의 생각을 확인하는 것에서부터 시작된다. 우리 앞에 보이는 모든 것이 생각의 반영이라면 모든 문제들 역시 우리가 갖고 있는 생각의 반영에 불과하다는 사실을 기억해야 한다. 따라서 그것은 다른 사람의 문제가 될 수 없다. 우리 자신의 문제이다.

우리는 어떤 상황에 맞닥뜨리거나 상황에 대한 설명을 들을 때 일단 그것을 뭔가 잘못된 문제라고 인식하는 버릇이 있다. 코칭의 첫 번째 단계는 코치가 자신의 생각에 존재하는 무제한적인 가능성의 세계를 찾아가는 것이다. 그리고 문제가 해결되는 것을 보는 것이다. 해결책이 무엇인지를 알아야 하는 것은 아니다. 하지만 상황에 대한 해결책이 무한한 가능성의 세계에 이미 존재한다는 사실을 알고 있어야 한다. 따라서 성과가 부진한 어떤 사람에 대해서도 아직 그 방법은 모르지만 그가 잘해 낼 수 있을 거라는 사실을 볼 줄 알아야 한다. 생존율이 1%밖에 안 되는 심각한 질병에 걸렸을지라도 그 병을 고치는 것이 가능하다는 사실을 아는 것과 마찬가지이다. 문제의 해결책이 반드시 존재한다는 사실에 완전히 집중해야 한다.

코치를 받는 사람과 함께 문제 확인하기

해결책이 존재한다는 사실을 알고 있는 상태에서 코치를 받는 사람에게 문제점을 제시해야 한다. 이때 두 개의 시나리오가 가능하다. 하나는 코치를 받는 사람이 자신에게 그 문제가 있다는 사실을 알고 있는 경우이다. 또 하나는 코치를 받는 사람이 자신에게 그런 문제가 있다는 사실에 동의하지 않거나 저항하는 경우이다.

이 두 가지의 모든 경우, 코치를 받는 사람에게 스스로의 관점에서 상황이 어떻게 보이는지를 말해 보라고 해야 한다. 그가 자신이 보는 그대로 정확하게 표현할 수 있도록 배려해야 한다. 예를 들어 그는 이런 식으로 말할 수 있을 것이다. "저 사람이 나를 배신하려고 해요. 나는 내가 하지도 않은 일 때문에 비난을 받고 있어요. 나는 이 일을 잘할 수 있을 것 같지 않아요. 사람들은 나를 좋아하지 않아요." 또는 "나는 억울하게 비난을 받고 있어요. 제대로 되는 일이 없어요. 내가 아니라 다른 사람들의 잘못 때문이에요." 우리가 알고 싶은 것은 코치를 받는 사람이 세상의 거울에서 무엇을 보고 있는가 하는 것이다. 따라서 그를 지도하거나 바로잡으려고 하지 말고 그냥 그가 하는 말을 듣고만 있어야 한다. 코치를 받는 사람의 생각을 알려면 그가 보고 있는 반영의 정확한 그림을 얻어야 하기 때문이다.

코치를 받는 사람이 무슨 생각을 해야 하는지 확인하기

코치를 받는 사람이 무엇을 보고 있는지 파악했다면 이렇게 말해야 한다. "당신이 보고 있는 것은 당신의 생각을 정확하게 반영하고 있어요. 그렇다면 어떤 생각을 하는 것이 좋을까요?" 이 질문에 대한 대답은 쉽지 않다. 코치를 받는 사람이 비난을 당하거나 수치심을 느끼게 해서는 안 된다. 그냥 이런 식으로 질문을 던지는 게 좋다. "당신은 거울에서 검은 드레스를 보고 있군요. 우리가 어떤 옷을 입는 게 좋을까요?"

코치를 받는 사람은 잠시 생각을 해보다가(이것은 코칭에 있어서 가장 긴 시간을 차지할 수 있다. 코치는 그가 생각을 해낼 때까지 기다려야 한다.) 주로 다음과 같이 말할 수 있다. "아무도 나를 좋아하지 않아요. 나는 잘하는 게 없어요. 나는 직장에서 필요한 도움을 받을 수 없어요. 모든 사람들이 나를 반대해요." 꼭 이성적이어야 할 필요는 없다. 사실 사람

6부 삶의 다양한 영역에 생각의 전환 적용하기

들은 자신이 어떤 생각을 갖고 있는지도 모를 때가 많다. 자신의 생각을 안다는 것은 세상을 거울로 바라볼 때 얻을 수 있는 이득이다. 눈앞에 보이는 것을 통해 우리가 생각하고 있는 것이 무엇인지를 알 수 있는 것이다.

무엇을 보고 싶습니까?

코치를 받는 사람이 세상에 '문제'로 반영되는 생각을 갖고 있다는 점이 확인되면 다음과 같이 질문해야 한다. "세상이 어떻게 보였으면 좋겠어요?" 이에 대한 대답은 문제가 이미 해결된 것으로 볼 수 있는 방법이다. "나는 나 자신과 회사의 만족을 위해 내 일을 성공적으로 완수하고 싶어요. 동료 직원들이 나를 존경했으면 좋겠어요. 나는 직장에서 사람들의 지지를 얻고 싶어요."

생각 전환하기

코치를 받는 사람이 마음속으로 바라던 결과가 무엇이었는지를 알게 되면 그에게 이렇게 물어보자. "당신이 갖고 있는 생각을 어떤 생각으로 전환할 건가요? 당신이 전환한 생각이 당신이 보고 싶은 것으로 세상에 나타날 것입니다." 그리고 새로운 생각이 나타날 때까지 계속 찾게 해야 한다. 그 생각은 어떤 사실을 확정하는 생각이 아니다. 앞으로 어떻게 될 거라는 식의 생각도 아니다. 그것은 우리가 보고 싶어 하는 방식대로 세상에 반영되어 나타날 생각이다. 그 생각은 이런 것일 것이다. '나는 직장에서 필요한 지지를 얻을 수 있다. 나는 직장 업무를 완수할 수 있다. 나는 동료들과 잘 지낼 수 있다.' 이렇게 가능성을 인정하는 생각은 이미 존재하고 있다. 가능한 모든 생각이 존재하는 보이지 않는 무한한 세계에서 이런 생각을 발견할 수 있다. 우리가 그것을 어떻게 이룰 것인가는 걱정할 필요가 없다. 우리에게 있는 결과가 거울에 어떻게 반영되는지를 걱정할 필요가 없듯이 말이다. 그저 '생각'을 하면 거울이 나머지를 알아서 반영한다. 그 방법은 우리가 상관할 바가 아니다.

신체적 감각을 감지해야 한다

이것은 가장 중요하면서도 가장 많이 무시되어 온 부분이다. 기업세계와 영적세계가 제시하는 수많은 방법들은 모두 새로운 생각에 대해 말하고 있다. 그러나 우리가 왜 새로운 생각을 유지하지 못하는지에 대해서는 아무 말이 없다. 내가 찾으려는 것이 바로 이 질문에 대한 해답이다. 그리고 내가 알게 된 사실은 우리가 특정한 생각에 저항한다는 것이다. 그 생각에는 우리가 참을 수 없다고 생각하는 감각이 동반되기 때문이다. 그리고 그 감각을 참을 수 없는 이유는 우리가 어린 시절에 그 감각을 참을 수 없었기 때문이다. 예를 들어 당신이 어린 시절에 이런 말을 했다고 하자. "나는 저것을 할 수 있어." 그런데 당신이 그 말을 하자 누군가 당신의 뺨을 때린다. 그러면 당신은 어른이 되어서도 '나는 저것을 할 수 있어.'라고 생각할 때마다 뺨을 맞을 때 느

겼던 것과 비슷한 감각을 느끼게 된다. 본능적으로 당신은 그 감각에 움찔하고 자신이 위험에 처했다고 생각한다. 감각에서 도망치기 위해 방어적인 생각을 하게 된다. 그리고 그 생각은 확실히 이런 식으로 변할 것이다. '나는 저것을 할 수 없어.' 그러면 이제 당신은 그 감각에서 벗어나 안전해질 것이다. 그러나 물론 당신은 당신이 하고 싶었던 것을 할 수 없게 된다.

새로운 생각 또는 새로운 이야기와 함께 하려면 새로운 생각 또는 이야기에 동반되는 감각을 경험할 수 있어야 한다.

그리고 이런 감각들은 보통 사람들이 생각하는 것과는 반대로 불편한 것들이다.

따라서 코치를 받는 사람이 새로운 생각을 찾게 되면 이렇게 물어보자. "새로운 생각을 할 때 어떤 감각이 느껴지나요?" 감각은 느낌이 아니다. 느낌은 분노, 슬픔, 두려움 같은 것으로 단지 우리의 감각에 대한 해석이다. 어떤 사람들은 가슴이 쿡쿡 쑤시는 느낌을 느낀다. 그리고 "나는 화가 났어."라고 말한다. 또 어떤 사람은 그것과 똑같은 것을 느끼고 "나는 사랑에 빠졌어."라고 말한다. 같은 감각에 다른 해석이 나온 것이다. 우리가 말하고 있는 것은 감각이다. 쑤시는 느낌, 조이는 느낌, 숨이 가쁜 느낌, 뜨거움, 차가움, 비어 있는 느낌, 아픔, 수축되는 느낌, 안락함, 편안함 등 말이다.

코치를 받는 사람이 감각을 확인하게 되면 감각에 대해 해석을 하지 말고 그냥 그것과 함께 있으라고 말해야 한다. 새로운 생각을 유지하면서 말이다.

우리는 '나는 못 해. 나는 안 될 거야. 그건 불가능해.' 등의 생각을 통해 스스로 이런 감각에서 벗어나려고 한다. 하지만 오직 감각과 함께 있을 때만이 새로운 생각을 지킬 수 있다.

새로운 생각과 함께 하기

코치를 받는 사람에게 직장에서 일을 하는 동안 단순하게 새로운 생각과 그 생각에서 비롯되는 감각과 함께 있으라고 요청해야 한다. 만일 그들이 원하던 결과를 얻지 못한다면 그 이유는 새로운 생각이 효과가 없었기 때문이 아니다. 그들이 감각에서 벗어나기 위해 새로운 생각을 버렸기 때문이다. 그럴 때마다 단순히 새로운 생각으로 돌아가서 감각을 경험하라고 말해 주어야 한다.

코치를 받는 사람이 자꾸 새로운 생각에 실패하는 것을 본다면 코칭을 하고 있는 당신도 스스로의 생각을 점검해 보자. 당신의 생각이 '이건 불가능해.'라고 바뀌지는 않았는지 살펴보자.

기억해야 한다. 모든 것은 당신 안에서 일어나는 일이다.

순위, 360도 다면 평가, 테스트에 관하여

생각의 전환의 세계에서 순위, 360도 다면 평가, 테스트 등은 진실을 말해 주지 않는다. 이런 것들이 유용하지 않다는 말이 아니다. 사실 이런 평가들은 코치를 받는 사람이 자신에 대해 무슨 생각을 하는지를

보여주는 데 매우 유용하다. 예를 들어 다면 평가에서 어떤 사람이 '경영적으로 우수'하지 않다는 결과를 받았다면 이것은 그 사람이 스스로를 경영적으로 뛰어나다고 생각하지 않는다는 뜻이다.

이런 테스트 결과와 보고서를 볼 때, 생각의 전환 모델을 사용해서 이런 질문을 해야 한다. "이런 결과가 당신 앞의 거울에 나타나게 만든 바로 당신 자신에 대해 무슨 생각을 하십니까?"

코치를 받는 사람이 이런 결과를 생각의 전환이라는 관점에서 볼 수 있게 되면 비난이나 공격을 받을 일이 없어진다. 좋은 점수를 얻을 수 있을 것이다. 남들이 자신을 어떻게 보는지가 아니라 자신이 자기 자신을 어떻게 보는지에 집중하기 때문이다. 이들은 자신의 내부에서 일어나는 작용을 통해 세상에 나타나는 결과를 바꿀 수 있다.

"내가 던지는 첫 번째 질문은
'저 사람의 어떤 생각이 문제로 나타나는 것일까.' 이다."

23장
생각의 전환을 통한 용서

당신은 누구를 용서할 것인가?

종교 그리고 심리요법에서 뿐만 아니라 새로운 생각에서도 치유와 회복에 가장 중요한 요소 중의 하나는 용서이다. 우리는 용서와 용납은 다르다고 말한다. 즉 사람은 사랑하되 그 사람의 죄는 사랑하지 말라고 말한다. 과거는 '흘려보내야' 한다고 한다. 그리고 '원한을 갖고 있는 것은 독을 지니고 있으면서 다른 사람이 죽었으면 하고 바라는 것과 같다.'

나는 이런 말을 들으면서 갖가지 방법으로 다른 사람들을 용서하려고 애썼다. 그러나 나는 항상 뭔가가 부족하다는 생각을 했다. 누군가가 나에게 한 일 또는 하지 않은 일 때문에 그를 용서하려고 할 때 뭔가 근본적으로 '놓치는' 것이 있는 것 같았다.

나는 생각의 전환을 접하게 되면서 만일 '타인'이 단지 나의 생각의 반영에 불과하다면 용서할 '타인'이 실제로 존재하지 않는다는 것을 깨달았다. 모든 작용은 내 안에서 일어나는 것이었다. 내 안에서의 작업이 끝나면 그것이 세상에 반영될 것이고 다른 사람은 다른 모습으로 나타날 것이다.

나는 에드윈 게인즈와 함께 1주일간 번영 세미나에 참석했다. 그녀는 모든 재정적 부채는 용서를 하지 않은데서 비롯된다고 했다. 나는 당시 약간의 재정적 부채를 갖고 있었기 때문에 용서를 해보기로 결심했다.

에드윈이 권해 준 첫 번째 방법은 아침에 35번, 저녁에 35번 1주일 동안 다음과 같이 적어보라는 것이었다. '나 데이비드는 나 자신을 용서한다.'

이 훈련의 전제는 예수가 말한 대로 7번씩 70번 용서하는 것이었다. '나는 나 자신을 용서한다, 나는 나 자신을 용서한다.' 나는 반복해서 이렇게 쓰기 시작했다. 그런데 갑자기 의문이 들었다. '뭐 때문에? 뭐 때문에 나를 용서하지? 나는 나의 무엇을 용서하고 있는 거야?'

나는 화나는 일이 일어나거나 누군가가 나에게 어떤 짓을 할 때 문제가 되는 것은 그 실제 사건이 아니라는 사실을 깨달았다. 오히려 문제는 내가 그것에 대해 갖고 있는 생각이었다. 그 생각은 내가 원하는 것을 얻기 위해 애쓰거나 좌절하고 상처를 입었을 때 경험했던 감각으로부터 멀어지기 위한 것이었다.

따라서 어릴 적에 누군가에게 맞은 기억이 있다면 지금 남아 있는 것은 그때의 사건 자체가 아니었다. 현재 남아 있는 것은 '나는 위험에 빠졌어. 나는 벌을 받아 마땅해. 나는 내가 원하는 것을 가질 수 없어.' 등의 생각이었다. 원래의 사건에 연관된 감각을 다시 느끼지 않도록 하기 위해 이런 생각을 갖게 되는 것이다. 사건을 재현하거나 다른 사람을 비난한다고 해서 이런 생각이 줄어드는 것은 아니었다. 다른 사람에게 친절해지려고 하고 괜찮다고 말하고, 또는 어떤 방식으로든 그 사람을 용서한다고 해도 내가 원하는 생각을 할 때마다 떠오르는 감각을 줄일 수는 없었다. 그것을 극복하는 유일한 방법은 새로운 생각을 하는 것이었다. 내가 원하는 것에 대한 생각을 하고 그것과 함께 오는 감각을 견뎌야 했다.

나는 다른 사람을 용서하기보다 나 자신을 용서해야 한다는 것을 깨달았다. 내가 하고 있던 생각과 그런 생각에 기초해서 한 행동들을 용서해야 했다. 그 생각이 나의 현재적 삶에 반복해서 반영되고 있었던 것이다. 일단 이런 생각의 주체가 나라는 사실을 깨닫자 그 생각을 전환할 수 있었다. 새로운 생각에 동반되는 감각(예전에는 함께 할 수 없어서 몇 년째 피해 왔던 감각)을 느낄 수 있었다. 그리고 새로운 삶으로 나타날 새로운 생각을 유지할 수 있었다.

삶의 감각적인 부분은 아무리 강조해도 지나치지 않는다. 누구나 새로운 생각을 선택하는 과정을 통과하고 새로운 생각을 하는 법을 알지 못하면 예전의 생각으로 돌아갈 수밖에 없다. 만일 몇 년째 멀리했던 생각(고통이나 위험과 연관되어 있지만 무해하고 의미 없는 감각을 경험하게 하는 생각)을 선택하는 중이라면 그 새로운 생각은 우리가 불편해 하거나 위험하다고 생각할 수 있는 감각을 동반할 거라는 점에 대비하고 있어야 한다. 새로운 생각을 유지할 수 있는 것은 오직 새로운 생각이 가져오는 감각과 함께 있을 수 있을 때이다.

나는 이런 이해를 바탕으로 그동안의 삶을 돌아보며 나를 제한했던 생각과 관련해서 나 자신을 용서했다. 나는 실패에 대한 생각을 했던 나를 용서했다. 직장을 관두는 것에 대한 생각을 했던 나 자신을 용서했다. 괴로워서 머리를 처박게 만들었던 생각에 대해 나 자신을 용서했다. 투자를 잘못 했다고 생각했던 나를 용서했다. 엄마가 돌아가신 것에 대한 생각에 대해 나 자신을 용서했다.

6부 삶의 다양한 영역에 생각의 전환 적용하기

내가 이런 이야기를 생각의 전환 교실에서 나누었을 때 어떤 사람이 질문을 해왔다. "왜 그런 것들 때문에 당신 자신을 용서해야 하죠? 대부분이 당신의 잘못도 아니었는데요." 그것은 정곡을 찌르는 말이었다. 나는 내가 겪은 사건들이 나의 잘못이기 때문에 나를 용서한 게 아니었다. 이런 것들에 대해 나의 삶을 제한시키는 생각을 했기 때문에 나를 용서한 것이었다.

나는 곧 나 자신에 대한 용서를 확장시켜서 다른 사람들이 보기에는 좋은 것이라고 여길 수 있는 것까지도 용서하기로 했다. 히트송을 작곡한 것에 대해서도 나 자신을 용서했다. 왜냐고? 그 히트송 때문에 '다시는 그렇게 할 수 없을 거야.' 또는 '그것만큼 좋은 곡을 써야만 해.'와 같은 생각을 했기 때문이다. 이런 생각들 때문에 나는 곡을 쓸 때 개방적이고 편안한 마음으로 임할 수가 없었다. 또한 나는 디즈니 영화 음악을 성공적으로 해낸 것에 대해서도 나 자신을 용서했다. 일을 좀 쉬게 되거나 가끔씩 일하면서 돈을 조금 버는 기간이 될 때면 예전처럼 성공적인 결과를 거두지 못한다고 자신을 몰아붙이게 되었기 때문이다. 이 때문에 예술가에게 매우 중요한 부분인 자연스러운 흐름에 따라 일을 즐기는 것이 어려워졌던 것이다.

용서의 항목은 계속 늘어갔다. 나는 매일 목록을 읽어가며 내용을 덧붙였다. 이렇게 하면서 나는 점차 치유가 되었고 삶에 개방적인 태도를 갖게 되었으며 현재의 삶을 누리게 되었다. 게다가 돈도 많이 벌고 빚도 청산할 수 있었다.

당신의 목록도 한번 만들어보자. 당신이 용서해야 할 유일한 대상은 당신 자신이다. 세상의 거울에서 본 반영에 기초해서 당신이 했던 생각에 대해 용서해야 한다. 당신이 이렇게 하게 되면 세상은 다른 모양으로 나타날 것이다. 왜냐하면 세상은 거울처럼 당신의 생각을 반영하기 때문이다.

'용서할 '다른 사람'은 존재하지 않는다.
용서는 내 안에서 이루어져야 한다.'

24장
공황 (장애, 발작)

당신의 감각에 놀아나서는 안 된다

이 책의 1부에서 언급했듯이 나는 20세에 공황장애를 겪었다. 나는 개인적인 경험과 특히 생각의 전환에 대한 연구 덕분에 이 주제에 있어서 일종의 전문가가 되었다. 내가 겪었던 것과 같은 어려움을 겪는 사람들에게서 도와달라는 요청을 자주 받는다. 이렇듯 나는 공황 분야에 있어서 성공적인 연구 성과를 갖고 있다. 만일 당신이 공황을 겪고 있다면 제대로 찾아온 것이다. 공황장애가 무섭고 혼란스러운 것이긴 하지만 그것에서 회복되는 것은 사실상 매우 간단한 과정이다. 물론 그 과정이 어려울 수도 있다. 하지만 확실히 당신이 생각했던 것보다 빠른 시간 내에 해결될 수 있다.

왜 내가 발작과 장애를 괄호에 넣어 표기하는지 궁금할 것이다. 당신이 이 증상을 한번 겪어 본다면 공황은 발작도 장애도 아닌 단순히 감각에 대한 잘못된 해석이라는 사실을 알게 될 것이다. 따라서 이번 장에서 나는 그냥 그것을 공황이라고 부를 것이다.

나의 공황은 대학에서의 마지막 학년에 시작되었다. 나는 뉴잉글랜드 콘서바토리 코러스와 함께 하는 합창공연에서 노래를 부르고 있었다. 그런데 갑자기 별다른 이유 없이 곧 실신할 것 같은 느낌이 들었다. 그러면서 '여기서 나가야 한다.'는 생각이 들었다. 나는 안간힘을 쓰고 노래를 끝까지 부르긴 했지만 노래가 끝나자마자 서둘러 무대를 떠나야 했다. 무대를 떠나자 좀 살 것 같았다.

하지만 이후 몇 주 동안 이 증상은 계속 재발했다. 공황 상태에 빠질 때마다 나는 그것으로부터 도망치려고 했다.(물론 그것은 내 몸 안에서 일어나는 일이었기 때문에 도망칠 곳은 없었다.) 나는 겁에 질렸다. 무슨 일이 일어나고 있는 것인지 알 수 없었다. 우선 내 몸에 무슨 심각한 문제가 생긴 거라고 생각했다. 하지만 의사는 아무 문제가 없다고 했다. 나는 공황 상태에 빠지거나 공황에 대한 두려움 속에 살거나 둘 중의 하나였다. 집 밖에만 나가면 머리가 돌고 심장이 쿵쾅거리고 세상이 울렁거렸다.

나는 지하철도 탈 수 없었고 극장에 앉아 있을 수도 없었다. 공연을 할 수도 없었다. 차를 타거나 비행기를 타는 것도 겁이 났다. 온갖 종류의 심리적 증상을 갖고 더 많은 의사들을 찾아다녔지만 여전히 아무 효과가 없었다. 여러 가지 신경 안정제를 먹어 봤지만 졸리기만 했다. 심리치료 역시 공황을 멈추게 하지 못했다. 자신의 과거, 분노, 부모와의 관계 등을 파헤치는 것은 감각적 이해는 높여주어도 공황 증상을 없앨 수는 없었다. 긴장을 풀고 호흡을 깊게 해봤지만 역시 도움이 안 되었다. 기분이 좀 더 좋아지게 휴가를 가져보기도 하고 별 짓을 다 해봤지만 언제나 공황은 다시 돌아올 뿐이었다. 그리고 언제라도 공황이 일어날 수 있다는 생각에 내가 할 수 있는 일도, 갈 수 있는 곳도 점차 줄어들었다.

얼마 후 나의 삶은 정지되었다. 나는 정신과 병원에 입원했다. 2개월 동안 엄청난 양의 약을 복용하면서 그룹치료와 심리치료 등을 받았다. 가끔씩 짧은 여행을 떠나 내가 '그것을 할 수 있는지' 알아봤지만

공황 증상은 그대로였다. 나는 결국 퇴원했다. 병원에 있어봤자 증상은 계속되었기 때문이다. 내 삶은 끝났다는 생각이 들었다. 나는 다시는 행복해질 수 없을 것 같았다. 나의 꿈과 목표는 저 멀리 사라져 버렸다.

만일 당신도 공황을 경험한 적이 있다면 나의 경험 중 전부는 아니지만 상당 부분에 공감할 것이다. 공황은 당신 안에서 일어나는, 당신이 통제할 수 없는 상황이다. 그것은 예고도 없이 뚜렷한 이유도 없이 제멋대로 왔다가 간다. 따라서 당신은 얼마 지나지 않아 절망 상태에 빠진다. 잠시 괜찮아 질 때도 있지만 공황은 언제나 다시 돌아올 가능성을 갖고 있다.

나는 당신과 같은 처지에 있어본 사람이다. 그래서 당신에게 무슨 일이 일어날지도 확실히 알고 있다. 그런데 다행스럽게도 나는(그리고 이 책을 읽고 있는 당신에게도 다행스럽게도) 우연히 일어난 것처럼 보이는 몇 가지 사건들을 통해 그리고 나의 훈련과 연구를 통해 어떻게 공황이 일어나게 되는지, 공황을 완전히 없애려면 어떻게 해야 하는지를 알게 되었다.

이번 장의 앞부분에서 말했듯이 나는 이 주제에 관해 광범위하고 직접적인 경험을 갖고 있으며 스스로 연구를 통해 많은 것들을 발견할 수 있었다. 덕분에 지금 나는 공황을 경험하는 많은 사람들을 돕고 있나. 그들과 함께 지하철도 다고 산책도 하며 종종 사적인 만남도 갖는다. 가끔은 어렵기도 하지만 단순한 과정을 통해 그들은 모두 짧은 시간 안에 정상적인 삶으로 돌아올 수 있었다.

나의 첫 번째 돌파구

(공황이 사라지게 하려는 노력 멈추기)

내가 첫 번째 돌파구를 만난 건 우연히 클레어 위크스의 '당신의 용기에 대한 기대와 도움'이라는 책을 읽었을 때이다.

이 책에서 위크스 박사는 공황 증상이란 당신의 신체 시스템이 예민해져서 아드레날린이 다량 분비되는 것이라고 말했다. 그녀는 공황 증상에 대해 당신이 경험하는 감각을 살펴보고 그것을 따라 흘러가라고 제안한다. 감각에 대해 공황을 느끼면 아드레날린이 더욱 많이 분출되고 상황은 더 악화된다. 그런데 사실 아드레날린의 분비에는 한계가 있기 때문에 우리의 느낌과는 달리 감각이 상승하는 데에도 한계가 있다고 한다. 그렇다면 공황을 극복하는 첫 번째 단계는 감각이 존재한다는 사실을 받아들이고 그것과 대결하지 않는 것이다.

이런 공황에 대한 '전문적인' 설명은 나에게 큰 위안이 되었다. 나는 심리요법 마인드가 강한 사람이었기에 지속적으로 문제를 분석하려고 애썼다. 공황의 감각적 원인을 발견해서 공황을 없애려고 했다. 하지만 감각은 공황을 없애는 게 아니라 공황을 발생시키는 요인이었기 때문에 공황 문제를 해결하는 데 별로 도움이 되지 않았다.

공황에 대한 전문 지식이 생기자 나는 실제로 이런 감각을 갖고도 삶을 살아갈 수 있다는 것을 연습하기 시작했다. 감각 경험은 계속되었지만 그 감각과 함께 있을 수 있는 능력이 생겼다. 그러다 나는 치유의 큰 전환점을 맞게 되었다. 나는 이런 말을 할 수 있게 되었다. "그래, 괜찮아. 살아가는 동안 내내 이런 감각들을 느낄지도 몰라. 그렇다면 난 지금 뭘 해야 하지?" 처음에는 이런 생각이 들기도 했다. '나는

자살하게 될지도 몰라. 이런 '끔찍한' 감각을 갖고 평생을 살아간다는 건 불가능하니까.'

언뜻 보기에 평생 그런 감각을 갖고 살아야 한다는 것은 삶의 희망을 포기하는 것과 마찬가지였다. 하지만 그것은 사실 치유의 시작이었다. 형이상학의 기본 원칙을 기억해야 한다. '그것은 당신이 저항할수록 사라지지 않으려고 버틸 것이다.' 공황에 있어서는 이것이 말 그대로 감각이 사라진다는 뜻으로 해석되지 않는다. 그러나 감각에 저항하지 않는다면 감각은 당신의 삶에 통합되기 시작한다. 그러면 당신은 감각을 느끼는 중일지라도 이전보다 훨씬 많은 것을 할 수 있다.

따라서 나는 인생의 나머지 기간 동안 이 증상을 계속 갖고 있을 가능성이 있다는 전제하에 삶을 살기 시작했다. 하지만 나는 크리스마스이브에 메이시 거리를 걸어 다닐 수 있다는 걸 알았다. 그때 또 감각이 느껴질 수 있겠지만 그래도 거리를 걸어 다니는 것은 가능하다는 것을 알고 있었다. 비록 긴장되고 떨리겠지만 지하철도 탈 수 있다는 걸 알았다. 그리고 나는 정말로 지하철을 탈 수 있게 되었다. 몇 년이 지나 뉴욕의 브로드웨이에서 지휘까지 하게 되었다.

당시 나의 공포가 어떠했을지 상상해 보자. 나처럼 공황을 겪고 있는 사람이 도망갈 데도 없는 작은 오케스트라 좌석에 갇혀 있어야 한다. 천 명이 넘는 관객들 앞에 서 있어야 한다. 2시간 동안은 도중에 멈출 수도 없다. 이건 공황이 있는 사람에게 최악의 조건이다!

나는 악보대에 이런 사인을 걸어 두었다. '죽었다!' 이 사인의 뜻은 이런 것이었다. '네가 죽는다면 누군가가 너를 싣고 나갈 것이다. 그러니 무슨 느낌이 들어도 절대 지휘대를 떠나지 마라.' 몇 년째 감각은 계속되었다. 하지만 나는 점차 감각에 익숙해졌고 감각을 예측할 수 있게 되었으며 감각을 다룰 수 있게 되었다. 얼마 후 감각은 내 삶의 일부가 되었다. 감각은 귀찮은 것이긴 했지만 나의 삶을 막을 수는 없었다. 물론 미미하게 지장을 주는 부분이 있는 건 사실이었다. 왜냐하면 중요한 결정을 내리는 데 있어서 언제나 고려해야 할 요인이었기 때문이다. 충분히 내 능력으로 할 수 있는 일이고 나처럼 공황이 없는 사람이라면 두 번 다시 생각하지 않을 일도 나에게는 큰 결정이 될 수밖에 없었다.

그런데 나는 공황을 다루는 것뿐 아니라 정말로 치유하는 것이 가능하다는 사실을 알게 되었다. 그것은 몇 년 후 생각의 전환에 대한 연구를 펼치면서였다.

공황을 한 번에 완전히 없애기

나는 생각의 전환을 통해 공황에 대한 충분한 이해에 도달할 수 있었다. 공황은 감각이다. 주로 무의미하며, 어린 시절의 충격적인 사건과 관련된 감각이다. 현재의 상황이 무의식중에 어릴 적의 정신적 상처를 상기시키고 당시에 위험한(현재는 전혀 위험하지 않은) 것으로 인식했던 감각을 불러일으킬 때 처음으로 공황이 발생할 수 있다. 곧 첫 번째 공황이 발생했던 것과 비슷한 상황에서 똑같은 감각을 다시 경험하기 시작한다. 그러다가 감각을 일으키는 상황들이 점점 더 많아지고 우리는 거의 언제나 두려움으로 마비되는 수준에 이른다. 우리는 어른이기 때문에 논리적이고 분석적인 마음으로 이런 감각을 느끼는 데에는 현재 무슨 이유가 있기 때문이라고 생각한다. 그렇지 않다면

왜 이런 공황 상태에 빠지겠는가? 따라서 감각이 느껴질 때마다 우리의 마음은 뭔가 위험한 것을 찾아 계속 탐지한다. 그리고 이런 생각까지 하게 된다. '나는 죽어가고 있다. 여기서 나가야 한다. 나는 다시 행복해질 수 없을 것이다. 나의 커리어는 끝났다. 나는 이 기차 터널에 영원히 갇혀 있게 될 것이다.'

그러나 상황을 조사해 보면 그런 생각은 논리에 맞지 않다는 걸 알 수 있다. '나는 지하철 터널에 갇혀 있다. 하지만 나는 15분 아니면 30분 후에 밖으로 나갈 거라는 걸 알고 있다. 여기는 공기도 많다. 나는 읽을 책도 갖고 있다. 뭐가 문제인가?' 아니면 좀 더 심각한 상황도 있을 수 있다. '나는 길을 걷고 있다. 또는 앉아서 컴퓨터를 하고 있다. 그런데 갑자기 발작을 일으키는 것 같은 느낌이 온다.' 그런데 사실 우리가 두려워하는 것은 상황이 아니다. 그것은 감각이다. 상황을 극복하고 정복하는 유일한 방법이 상황을 똑바로 직면하는 것인 것처럼 우리는 감각을 똑바로 직면해야 한다. 어떻게 그렇게 할 수 있을까? 그 방법은 바로 감각에 의미나 해석을 덧붙이지 않고 감각으로써 경험하는 것이다. 우리가 단순하게 감각과 함께 하고 그것을 해석하기를 거부하면 감각은 금세 아무것도 아닌 것이 된다. 감각에는 아무 의미도 없다. 우리는 그것을 제거할 필요가 없다. 또한 감각이 우리를 저지할 수도 없다. 그러면 얼마 지나지 않아 우리는 삶을 살 수 있는 능력을 다시 얻을 것이다. 만일 그동안 감각과의 사투를 벌인 시간이 길었다면 감각에 익숙해지는 데 시간이 좀 걸릴 수는 있겠지만 치유는 놀라울 만큼 빠른 시간 내에 이루어질 것이다.

예를 하나 보여주겠다.

어느 날 공황 증세가 있는 사람이 나를 찾아왔다. 그는 지난 10년간 안정제의 도움 없이는 지하철을 탈 수가 없었다고 했다. 지하철을 타면 어떻게 되냐고 물어보자 그는 혀가 마비되고 공황 상태에 빠지며 자신이 참을 수 없는 데까지 증세가 심해질 거라는 두려움에 휩싸인다고 했다.

그와 나는 공황이 무엇인지에 대해 알아보고 감각과 함께 하는 것이 유일한 해결책이라는 이야기를 나누었다. 우리는 다음에 함께 지하철을 타보기로 했다.

지하철에서 그를 만났을 때 나는 느낌이 어떤지를 물어보았다. 그는 겁이 난다고 했다. 너무 무서우면 지하철에서 내리겠다고 했다. 나는 그러라고 했다.

우리는 지하철에 탔다. 문이 닫혔다. 기분이 어떤지 물어보았다.

"무서워요." 그는 대답했다. "혀가 마비되고 있어요." 나는 혀의 감각을 그대로 느끼고 있을 수 있겠느냐고 말했다. 그는 더 심해질까 봐 두렵다고 했다. 나는 말했다. "뭐가 더 심해지겠어요? 마비는 그냥 마비예요. 심해져봤자 혀의 감각이 없어질 뿐이에요."

그는 몇 초 동안 자신의 혀를 느끼다가 말했다. "그런데 내 왼쪽 다리가 마구 떨리고 있는데요." "떨리게 내버려 둘 수 있죠?" "네." "혀는 어떻게 되었나요?" "아, 그거요. 괜찮아요. 그런데 맥박이 마구 뛰고 있어요. 당신도 느낄 수 있나요?"

나는 그의 목을 만져보고 별로 세게 뛰는 것 같지는 않지만 그렇게 느낄 수도 있겠다고 말해 주었다. "왼쪽 다리는 어때요?" "괜찮아요." "그냥 맥박이 뛰는 대로 두세요."

그런데 갑자기 그가 말했다. "괜찮아졌어요. 전혀 긴장되지 않아

요."

그날 우리는 지하철을 타고, 강을 건너고, 정류장을 놓쳐서 다시 돌아오고, 터널을 통과해서 걷기도 하면서 1시간가량을 함께 돌아다녔다. 그는 전혀 불편한 감각을 느끼지 않았다. 그는 멀쩡했다.

이제 재미있는 사실을 말해 주겠다. 이 이야기에서의 승리는 그의 느낌이 괜찮아졌다는 것이 아니다. 진정한 승리는 그가 지하철을 탈 수 있게 되었다는 것과 여러 가지 감각이 일어났지만 그가 단순히 그것과 함께 할 수 있었다는 점이다. 일어났던 최악의 일은 그가 지하철을 타자 심장이 뛰고 혀가 마비되고 다리가 떨렸다는 것이다. 이 증상들은 각각 45초 또는 그보다 더 오래 지속됐다. 이런 감각들은 얼마든지 더 길어질 수 있다. 하지만 이런 증상들의 목적은 그가 어린 시절 위험하다고(그가 어릴 적에 지하철을 두려워했던 것은 아니었다. 그러나 뭔가 다른 경험이 그를 그렇게 만들었다.) 생각했던 것을 하지 못하도록 하는 것이었기 때문에 그가 그 감각에 직면하고 그것과 함께 있기로 작정하자 목적을 잃고 사라져버린 것이다.

그러나 사라졌다는 것은 실제로 무엇을 의미하는가?

나도 몇 년 동안이나 지하철을 탈 수 없는 사람이었다. 그런데 그와 함께 지하철을 타고 가는 동안 아무 느낌이 없는 것에 놀랐다. 잠시 생각을 해보고서야 나는 내가 사실은 그 복잡한 지하철 내에서 많은 것들을 느끼고 있었다는 걸 깨달았다. 심장 박동이 좀 빨라졌고 계단을 올라갈 때 왼쪽 다리가 무거웠고 뇌졸중을 일으킬지도 모른다는 생각이 스쳐지나가기도 했었다. 나는 이 모든 증상을 갖고 있었지만 두렵지 않았기에 전혀 신경 쓰지 않았던 것이다. 그래서 인식조차 못했던 것이다.

이것은 내가 브로드웨이 쇼를 하고 있을 때도 마찬가지이다. 나는 쇼가 임박해도 내가 초조해졌다는 사실을 인식하지 못한다. 하지만 쇼 전에 인터뷰 또는 미팅을 갖게 되거나 어떤 이유에서든 스케줄이 방해를 받으면 내 손이 떨리는 것을 보게 된다.

따라서 공황을 극복하기 위해 할 일은 그것을 100% 받아들이는 것이다. 그러면 공황은 별것 아닌 일이 되고 당신이 느끼는 감각에 불과한 것이 된다. 그리고 피로나 배고픔, 목마름을 느끼지 못하는 마라톤 선수처럼 어느 지점에서는 감각을 느끼지만 계속 달리다 보면 감각이 무의미해지고 감각의 방해도 받지 않게 된다. 얼마 안 가 당신은 그것을 알아보지도 못하게 될 것이다. 그리고 만약 알아본다 해도 두려워하지 않게 될 것이다.

그리고 정말 신기하게도 우리처럼 이런 경험을 한 사람들은 더욱 강해진다. 다른 사람들은 견디기 어려운 극도로 강한 감각과 큰 두려움을 참을 수 있기 때문이다. 그리고 당신이 원하는 것을 할 수 있게 하는 것은 감각과 함께 할 수 있는 능력이다.

> '첫 번째 단계는 감각을 받아들이고 그것과 싸우지 않는 것이다.'

25장
할 수 없다, 할 수 있다

이것은 생각의 전환 수업의 마지막 시간에 반 전체에게 내주는 과제이다. 나는 이것이 특별한 도전이나 문제를 다루는 데 매우 도움이 된다는 사실을 발견했다.

당신의 삶에서 이루고 싶거나 보고 싶은 결과가 있다면 종이를 가져와서 가운데에 위에서 아래로 줄을 긋는다. 그리고 왼쪽 위에는 '할 수 없다.'를, 그리고 오른쪽 위에는 '할 수 있다.'라고 쓰자. 그런 다음 각각의 칸에 당신이 원하는 것을 쓴다. 예를 들면 다음과 같다.

할 수 없다	할 수 있다
책을 출판한다	책을 출판한다

어떤 결정을 내려야 하는 순간마다 '할 수 없어.'가 사실이라면 당신이 어떻게 할 것인지, 또 '할 수 있어.'가 사실이라면 어떻게 할 것인지를 쓴다. 그러면 당신의 목록은 다음과 같은 것이 될 것이다.

할 수 없다	할 수 있다
책을 출판한다	책을 출판한다
원고를 다시 읽고 편집하지 말자.	원고를 다시 읽고 편집하자.
다른 사람에게 원고를 돌리지 말자.	다른 사람에게 돌려 읽게 하자.
출판사에 전화하지 말자.	출판사에 전화하자.
등등.	

우리가 진짜 말하려는 것은 이런 것일 것이다. '내가 만일 이것을 할 수 없는 사람이라면 ……할 것이다.' 그리고 '내가 만일 이것을 할 수 있는 사람이라면 ……할 것이다.'

나는 최근 집을 사는 데 이 방법을 유용하게 사용했다. 나는 언제나 코네티컷에 전원주택을 갖는 것이 꿈이었다. 나의 파트너가 노르워크에 있는 실용 영성연합회의 목사가 되면서 우리는 뉴욕에 아파트를 갖는 것뿐 아니라 코네티컷에 집을 하나 갖게 되면 매우 좋을 것이라는 생각을 하기 시작했다. 어떻게 그 값을 지불할 수 있을지 몰랐지만 마음을 열고 집을 찾아보기로 했다.

그리고 얼마 지나지 않아 우리를 위한 완벽한 집을 찾을 수 있었다. 한적하고 강이 흐르는 2.5에이커 정도의 땅에 지어진 집이었다. 손의 교회에서 8분 정도 거리밖에 안 되는 곳이었다. 그곳에서 기차를 타면 겨우 세 정거장을 지나 45분 만에 뉴욕에 도착할 수 있었다. 그 집은 정말 꿈의 집이었다. 집값은 수십만 달러에 이르렀다. 우리가 지불할 수 있는 금액을 훨씬 넘는 값이었다. 그러나 우리는 마음을 열고

무슨 일이 일어나는지 두고 보기로 했다.
그래서 우리는 차트를 만들었다.

할 수 없다	할 수 있다
꿈의 집을 갖는다	꿈의 집을 갖는다

제일 먼저 드는 의문은 대출을 받을 수 있을까 하는 것이었다. 나는 뉴욕에 7개월 전에 사둔 값비싼 아파트를 갖고 있었다. 비록 아파트값이 많이 오르긴 했지만 나의 재무구조가 더 이상의 대출을 허용할지 몰랐다.
그러나 차트의 목적이 왼쪽에는 내가 집을 가질 수 없을 때 어떻게 할 것인지를 쓰고 오른쪽에는 집을 가질 수 있을 때 어떻게 할 것인지를 쓰는 것이기 때문에 나는 다음과 같이 썼다.

할 수 없다	할 수 있다
모기지 브로커에게 전화 걸지 말자.	모기지 브로커에게 전화를 걸어야 한다.

나는 진화기를 들어 변호사에게 전화를 걸어 그녀가 추천하는 모기지 브로커의 이름을 알아냈다. 그 브로커는 전에 나에게 상담을 해준 적이 있었다. 나는 그에게 전화를 걸어 나의 특별한 사정을 얘기하고 대출을 좀 알아봐 달라고 부탁했다.
그는 몇 가지 사실을 묻더니 나의 신용 평가 보고서를 확인하고 전

화를 다시 주겠다고 했다. 그리고 곧 전화가 왔다. "최근에 대출을 값은 적 있죠? 당신의 신용 상태는 최상입니다!" 이에 덧붙여 그는 계약금을 20%로 하면(나는 음악가이기 때문에 수입이 들쑥날쑥했다.) 무수입자 모기지를 해줄 수 있을 것 같다는 긍정적인 말을 했다. 그리고 그날 바로 승인을 내주었다.

나는 전율했다. 다만 계약금을 낼 돈을 어떻게 마련할지가 걱정이었다. 나의 재산은 모두 아파트와 주식에 묶여 있었다. 둘 다 지금 시점에서 갑자기 팔릴 만한 것이 아니었다.

주식은 장기간 투자였고 그 당시 하락세에 있었다. 부동산 붐 덕분에 뉴욕의 아파트값은 작년에 수십만 달러가 올라 있었지만 법에 의하면 2년 안에 집을 팔려면 어마어마한 세금을 물어야 했다. 나는 아파트를 너무 팔고 싶었다. 뉴욕에서 다른 집을 하나 렌트하면 될 것 같았다. 그러나 그러자면 9개월이나 기다려야 했다. 문제는 지금 당장 계약금을 마련해야 한다는 것이었다.

첫 번째 방법으로 생각한 것은 아버지께 도움을 요청하는 것이었다. 그러나 아버지와의 관계 때문에 아버지에게 돈을 빌리는 것은 좀 복잡한 문제였다. 가끔은 자연스럽게 돈을 빌릴 때도 있었지만 보통은 너무 수치스럽고 원망스럽고 혼란스러웠다. 나는 아버지가 돈을 선뜻 주실까 의심이 되었다.

그러나 나는 차트를 기입하던 중이었으므로 이렇게 썼다.

할 수 없다	할 수 있다
아버지에게 돈을 부탁하지 말자.	아버지에게 돈을 부탁해야 한다.

6부 삶의 다양한 영역에 생각의 전환 적용하기

나는 전화기를 들어 약간 떨면서 아버지에게 상황을 설명했다. 나는 지금 돈이 없으며 가족 신탁으로 묶여 있는 주식은 팔 수 없고 9개월 후 아파트를 팔 수 있는데 그러면 대출금을 갚을 수 있을 거라고 했다. 하지만 지금 계약금을 낼 돈이 필요한데 그 돈을 좀 빌려줄 수 있는지 궁금하다고 했다.

아버지는 새 집과 아파트, 나의 재정 상태에 관해 몇 가지 질문을 하시더니 이렇게 말씀하셨다. '그래, 알았다. 그 정도 돈은 될 거 같구나. 문제없을 것이다.'

너무 놀라웠다. 만일 '할 수 없어.'라는 생각에 갇혀서 아버지에게 얘기조차 못 꺼내봤다면 어떻게 되었을까? '할 수 있어.'라는 생각으로 옮겨간 것뿐인데 나는 아버지에게 어려운 질문을 드리고 내가 바라던 대답을 들을 수 있었다.

이제는 협상을 할 차례다.

우리는 그 집이 내놓은 지 6개월이나 되었고 그 집 주인들은 이미 다른 집까지 지어 놓은 상태라서 집을 파는 데 안달이 나 있을 거라는 걸 짐작할 수 있었다. 우리는 뉴욕에 있는 아파트를 팔지 않고는 그들이 부르는 액수 근처에도 못 갈 형편이었기 때문에 훨씬 낮은 금액, 그들이 부른 액수보다 200,000달러나 낮은 금액을 생각하고 있었다. 우리는 가격 협상 때문에 초조해졌다. 하지만 나는 앉아서 차트에 이렇게 썼다.

할 수 없다	할 수 있다
낮은 금액을 부르지 마라.	낮은 금액을 불러라.

우리의 브로커는 그쪽의 브로커에게 전화를 걸어 구두로 이 제안을 전했다. 그는 단호히 거절했다. '그것보다는 적어도 100,000달러는 더 줘야 한대요.' 우리의 부동산업자는 이 소식을 전해 주었고 우리는 더 이상 방법이 없다고 생각했다.

그것은 어찌했든 합리적인 결론이었다. 그러나 우리는 그 집을 정말 원했기 때문에 겉으로만 판단하지 않기로 했다. 아니면 루스 고든의 '무슨 일이 있어도 절대 나쁜 사실을 받아들이지 마라.'는 말을 따르기로 했다. 따라서 우리는 차트로 돌아와서 이렇게 썼다.

할 수 없다	할 수 있다
부동산업자에게 전화하지 마라.	부동산업자에게 다시 전화해야 한다.
모기지 브로커에게 다시 전화하지 마라.	모기지 브로커에게 다시 전화해야 한다.

우리는 전화를 했고 그들은 모두 만일 100,000달러를 올려주면 결국 우리에게 너무 높은 금액이 되는 거라고 말했다. 그쪽에서 100,000달러를 요구했지만, 다시 서면으로 50,000달러를 제안해 보는 게 좋을 것 같다고 했다.

나는 차트로 돌아와서 또 썼다.

할 수 없다	할 수 있다
50,000달러를 더 제안하지 마라.	50,000달러를 더 제안해야 한다.

우리는 서면으로 제안을 했고 곧 우리 부동산업자가 전화를 걸어왔다. 그런데 그쪽에서 전혀 반응이 없다고 했다. 그쪽의 부동산업자는 급할 게 없다고 하면서(우리 정보통에 의하면 그것은 사실이 아니었다.) 우리의 제안을 받아들이지 않겠다고 했다고 했다. 그들은 협상에 그리 적극적이 아닌 것처럼 보였다. 우리는 그다음의 협상안을 준비한 게 없었기 때문에 협상은 끝이 난 것으로 보였다.

그러나…… 우리는 그 집을 원했다. 숀과 나는 이야기를 더 나누었다. 우리가 이 집을 소유하게 되어 있다면 예측할 수 없는 그 어떤 방법으로라도 결국 그렇게 될 것이라는 생각이 들었다. 우리는 우리가 감당할 수 있는 금액에 그 집을 얻을 수 있기를 원한다고 얘기했었다. 숀은 그렇게 될 수 있는 방법은 두 가지가 있다고 했다. 하나는 그들이 가격을 낮추는 것이고 또 하나는 우리가 더 높은 금액을 제시하는 것이었다.

그래서 우리는 이렇게 썼다.

할 수 없다	할 수 있다
포기한다.	적정한 금액에 그 집이 우리의 것이 된다는 생각을 유지한다.

우리는 또한 우리를 포함해서 모든 사람들이 자신이 원하는 것을 얻을 수 있는 세상에 살고 싶다면 그들 편에서도 좋은 것을 바라야 한다는 것을 깨달았다. 그래서 이렇게 덧붙여 썼다.

할 수 없다	할 수 있다
그들은 원하는 금액을 받을 수 없고 거래는 수포로 돌아간다.	세상 모든 사람들의 번영을 생각하며 그들을 위한 결정을 한다.

우리가 감당할 수 있는 금액에 그 집이 우리 것이 될 수 있다는 생각을 유지하면서 나는 뉴욕에서 떨어진 곳을 더 살펴보기로 했다. 뉴욕에서 멀리 떨어져서 살고 싶진 않았지만 혹시나 하는 마음에 더 집을 찾아보기로 했다. 나는 부동산업자와 좀 더 외곽에 있는 마을에서 만나기로 했다. 그러나 막상 가보니 괜한 수고를 하고 있다는 것을 알 수 있었다. 우리가 좋아했던 노르워크의 집에 비하면 너무 형편없는 집들뿐이었다. 게다가 직접 운전을 해보니 뉴욕에서 그렇게 멀리 떨어져서 살고 싶지 않다는 생각이 더 확실해졌다. 그러나 나는 생각했다. '나는 내가 원하는 집을 가질 수 있다는 생각을 여전히 갖고 있다. 이 여행에는 분명 무슨 이유가 있다.'

그 이유는 곧 밝혀졌다. 운전을 하며 돌아다니던 중에 나는 나에게 집을 보여주던 자상한 남자와 수다를 떨었다. 그러다 나의 뉴욕 아파트에 관한 이야기가 나왔다. 나는 아파트를 팔려면 아직도 9개월이나 더 갖고 있어야 한다고 말했다. 또한 그 집을 소유하기 전 7년 동안 그곳을 임대해서 살았었다는 이야기까지 했다. 그러자 그는 2년 이상 주요 주거지로 사용했었다면 9개월을 마저 채울 필요는 없을 거라는 얘기를 했다. 그것은 나에게 엄청난 소식이었다. 나는 당장 전화기를 꺼내 나의 회계사에게 전화를 걸었다. 그녀는 5년 중에 3년을 나의 주요 주거지로 사용했던 주택이라면 세금을 내지 않고 팔 수 있다는 사실을

확인시켜 주었다.

이것은 정말 대단한 뉴스였다. 집을 살 수 있는 돈뿐 아니라 가구도 들이고 수리도 하고 뉴욕 집의 렌트도 유지할 수 있는 돈이 생길 수도 있게 된 것이었다.

그다음은 어떻게 되었느냐고?

할 수 없다	할 수 있다
뉴욕 부동산업자에게 전화하지 말고 아파트를 내놓지 마라.	뉴욕 부동산업자에게 전화해서 아파트를 내 놓아라.
코네티컷 부동산업자에게 전화하는 것을 미루고 있어야 한다.	코네티컷 부동산업자에게 전화해서 뉴욕의 아파트를 정리할 때까지 가능성을 열어 두라고 해야 한다.

나는 코네티컷 부동산업자에게 전화를 걸었다. 그는 브로커에게 전화해서 우리에게 상황의 변화가 생겼다고 말해 주겠다고 했다. 그리고 우리한테 계속 소식을 알려 주겠다고 했다. 나는 곧 뉴욕의 부동산업자에게도 전화를 했다. 그런데 그는 우리에게 다시 전화를 걸어오지 않았다.

나는 내가 불안해한다는 걸 알 수 있었다. 그래서 가만히 앉아서 그 감각을 감각으로서 경험했다. 그리고 다시 목록으로 가서 이렇게 적었다.

할 수 없다	할 수 있다
조바심을 낸다.	마음을 편하게 먹고 하느님이 다음 단계로 인도해 주시리라 믿는다.

이렇게 쓴 다음 펜을 내려놓는데 바로 전화가 울렸다. 부동산업자였다. 그는 지금이 그 집을 팔기에 아주 좋은 타이밍이라고 했다. 우리는 다음 날 만날 약속을 잡았다.

나는 다음 날 아침이 되어 뉴욕 타임스를 펼쳤다. 부동산이 떨어지기 시작했다는 기사가 대서특필되어 있었다. 특히 방 2개짜리 아파트 값이 많이 떨어질 거라고 했다. 그것은 나의 아파트 얘기였다. 나는 또 마음이 가라앉았다. 비록 내 아파트는 큰 건물의 높은 층에 위치해서 전망이 끝내주는 곳이긴 했지만 점점 초조해지기 시작했다.

그래서 나는 다시 종이를 꺼내 이렇게 썼다.

할 수 없다	할 수 있다
그 기사를 믿는다.	겉만 보고 판단하지 않는다.

나는 부동산업자를 만났다. 그는 이렇게 말했다. "그래요. 아무래도 계획했던 것보다는 약간 낮은 금액으로 시장에 내놓아야 할 것 같아요." 하지만 그는 내가 일 년 반 동안 아파트에 지불한 돈보다는 많이 받을 수 있을 테니 집을 파는 데 별 문제는 없을 거라고 했다. 나는 계약을 하기 전에 며칠 더 생각을 해보겠다고 말했다.

그날 점심 때 나는 내 친구 미첼을 만났다. 그는 자신의 아버지에 관한 놀라운 이야기를 해주었다. 그의 아버지는 몇 년 전에 새로운 벤처기업들에게 큰돈을 투자했었다고 했다. 그런데 한 친구가 전화를 걸더니 이렇게 말했다고 했다. "너 지금 뭐하는 거야? 불황이 오고 있는 거 몰라?"

그의 아버지는 그 말에 이렇게 대답했다고 한다. "그래, 알아. 하지만 나는 불황에 참여하지 않을 거야."

이 이야기에 우리는 한바탕 웃었다. 그리고 나는 '겉만 보고 판단하지 않는' 용기가 생겼다.

그다음에 일어난 일은 날씨의 변화였다. 2주 동안 좋았던 날씨가 갑자기 바뀌었다. 매일 흐리고 비가 왔다. '전망 좋은' 아파트의 전망이 얼마나 좋은지를 사진으로 보여줘야 하는데 광고 마감시한까지 좋은 사진을 찍을 수 없게 생겼다.

그러나 우리는 미첼의 이야기를 기억하고 이렇게 썼다.

할 수 없다	할 수 있다
날씨 때문에 조바심내고 부동산 거품이 꺼질까 걱정한다.	부동산 거품에 참여할 필요가 없다는 걸 안다. 누군가 한 사람만 내 집을 살 사람이 있으면 된다. 날씨 때문에 집을 못 파는 일은 없다.

그 다음 날 아침, 신문을 읽는데 지구 온난화와 북극 해빙에 대한 기사가 있었다. 이것은 물론 여러 가지 면에서 좋지 않은 현상이지만 의외로 이점도 있다고 했다. 지금처럼 기름 값이 계속 치솟는 시대에 (높은 이자율과 경제적 우려를 낳기 때문에 부동산의 하락을 초래한다.) 새롭게 거대한 기름 창고가 발견될 가능성이 높아지기 때문이다.

이 기사를 읽자 특히 날씨와 관련해서 무슨 일이 일어날지 또는 무슨 결과가 나올지 아무도 모른다는 생각이 들었다. 그래서 나는 이렇게 썼다.

할 수 없다	할 수 있다
걱정한다.	걱정하지 말고 하느님이 다음 단계로 인도해 주실 것을 믿는다.

화요일 아침 우리는 우리의 코네티컷 부동산업자에게 전화를 걸어 그 집에 대한 제안을 꺼냈다.

집 주인 쪽에서도 제안을 들고 나왔다. 금액이 크게 달라진 것은 아니었지만 우리를 협상으로 끌어들이기에 충분했다. 다음 단계를 생각하며 나는 이렇게 썼다.

할 수 없다	할 수 있다
포기하거나 그 집을 사지 못하게 될까봐 두려워하며 그들이 제안한 가격대로 한다.	우리가 제시할 금액을 정하고 서로 중간 정도에서 맞출 수 있게 계속 협상을 진행한다.

이렇게 해서 우리는 15,000달러를 낮추어 달라고 하기로 했다. 그들도 원래 가격에서 10,000달러를 낮춘 만큼 우리도 처음보다 호의를 보여 15,000달러로 정한 것이다.

결국 우리는 정확히 이 둘 사이의 중간 금액으로 합의에 도달했다.

같은 날 아파트 경비로부터 전화가 왔다. 그는 우리가 아파트를 내 놓는다는 얘기를 들었다고 했다. 나는 아직 그렇게 결정한 것은 아니지만 그럴 예정이라고 했다. 그러자 그는 그 건물에 이미 살고 있는 사람 중에 집을 보고 싶어 하는 사람이 있다고 말해 줬다. 우리는 그녀에

게 연락을 해달라고 말했다.

곧 어떤 아름다운 여자가 찾아왔다. 내가 이사를 오기 몇 년 전부터 이 아파트를 임대해서 살고 있던 사람이었다. 그녀는 한번 둘러보더니 "얼마 부르실 건가요?"라고 말했다. 나는 그녀에게 마음에 생각해 둔 금액이 있긴 하지만 시가를 알아보기 위해 다음 주 일요일 오픈 하우스에 집을 내 놓을 거라고 했다. 그녀는 시장을 통하지 않고 그냥 사면 얼마에 살 수 있느냐고 물었다. 나는 우리가 생각했던 금액보다 160,000달러나 더 높은 금액을 불렀다. 그러자 그녀는 이렇게 말했다. "제가 살게요. 저는 모기지는 필요 없어요. 현금으로 지불하겠어요!"

(재미있게도 내가 나쁜 일이라고 생각했던 지난주 비 때문에 우리는 부동산업자와의 계약을 미루고 있었다. 하지만 덕분에 나는 집을 팔 때 수수료를 지불할 필요가 없었고 그 돈으로 새 집에 근사한 욕실을 꾸밀 수 있었다.)

따라서 우리는 어떻게 값을 치룰 수 있을지 방법이 보이지 않던 집을 열망하던 데서 꿈의 집을 소유하고 우리의 아파트를 기록적인 금액에 팔 수 있는 데까지 이르렀다. 이것은 모두 '내가 원하는 것을 가질 수 없다.'는 생각을 '나는 내가 원하는 것을 가질 수 있다'라는 생각으로 전환한 덕분이었다. 그리고 끊임없이 '할 수 있다.'에 항목을 적고 '할 수 있다.'의 행동을 취한 덕분이었다. 이런 결과는 언제나 현실화되지 않은 세계에 존재하는 무한한 가능성 중의 하나로 존재한다. 우리는 그것을 재빨리 그리고 아주 쉽게 꺼내올 수 있었다. 단순히 우리의 생각의 전환을 통해서 말이다.

나는 이 모든 과정을 통해 내가 자동적으로 그리고 수월하게 원하는 것을 향해 움직여 갈 수 있었다는 사실을 발견했다. 이렇게 할 수 있었던 것은 지속적으로 그리고 정기적으로 생각을 전환했기 때문이었다. 실패로 반영되는 생각을 성공, 즉 내가 보고 싶은 것으로 반영되는 생각으로 바꾼 것이다. '할 수 있다'라는 생각 내에서 행동을 취했을 때 마음이 편안해지고 고민을 누그러뜨릴 수 있었다. 그리고 바라던 결과를 가져올 수 있었다.

따라서 만일 바라는 어떤 결과가 있고 그 방법은 알지 못한다면 할 수 없다, 할 수 있다 차트를 만들어보자. 그리고 어떤 일이 일어나는지를 지켜보자.

주의할 점: 할 수 없다, 할 수 있다 기술 또는 생각의 전환 기술이 세상을 통제하거나 어떤 일을 마술같이 일어나게 만드는 것과는 상관이 없다는 점을 분명히 해야 한다. 이것은 생각 또는 마음속의 가능성을 유지하는 것에 관한 것이다. 마음속의 생각을 통해 어떤 행동을 취하고, 무슨 일이 일어나는지를 지켜보고, 그리고 무슨 일이 일어나든지 상관없이 그 생각을 계속해서 유지하고, 바라던 결과가 나타날 때까지 전진해 가는 것을 의미한다. 크레이그 퍼거슨은 자서전 '목적에 관한 미국인'에서 다음과 같이 말했다. '나는 내 아들에게 성공하기 전까지는 계속 실패하는 것이라고 가르쳤다.'

우리는 자신이 갖고 있는 생각 내에서 자신이 가려고 하는 방향으로 계속해서 움직여야 한다. 그리고 이렇게 할 때 우리에게는 원하는 곳으로 갈 수 있는 최대한의 가능성이 부여된다.

아버지가 우리에게 돈을 빌려주지 않았더라도 우리는 할 수 있다는 생각을 유지하면서 그 돈이 마련될 수 있는 다른 길을 찾아봤을 것이다. 하지만 낙담해서 할 수 없다는 생각으로 전환했다면 돈 구하기를 포기했을 것이고 따라서 집을 사는 일도 불가능했을 것이다. 또는 이런 특별한 집이 다른 사람에게 팔리거나 금액이 서로 맞춰지지 않

고, 우리에게 더 이상의 돈이 없었더라도 우리는 '꿈에 그리던 집을 가질 수 있다.'라는 생각을 유지했을 것이다. 그럼으로 말미암아 꿈의 집(이 경우에는 다른 집)이 나타나고 우리 것이 되기까지 그 생각에 따른 행동을 계속해서 취했을 것이다.

'그래, 불황이 올 거란 걸 알아.
하지만 나는 불황에 참여하지 않을 거야.'
— 세비지(C. B. Savage)

제7부

당신의 삶 전체를 가로막는 '큰 난관' 통과하기

26장
영혼의 어두운 밤

'보통 명상을 한다고 하면 나무도 물도 없고 아름다운 것이라고는 보이지 않는 사막을 통과하는 것으로 생각한다. 영혼은 황무지에 들어가 비전에서 멀어지고 성취와 즐거움에서 멀어지는 길로 무작정 걸어간다. 이런 길을 가다보면 마른 뼈가 가득한 황량한 곳에 도달하리라는 것은 거의 확실하다. 우리의 모든 희망과 선한 의도가 사라지는 곳 말이다. 이런 황무지의 경치를 보면 대부분의 사람들은 오싹해져서 굳이 뜨거운 모래를 밟으며 바위 사이를 걸어가고 싶지 않아진다.

그러나 이상하게도 우리의 기쁨이 시작되는 곳은 이런 황폐한 곳이다. 우리는 우리가 가만히 있는 한 고통은 그리 나쁘지 않으며 오히려 그곳에는 어떤 평화, 풍요로움, 힘, 우정조차 존재한다는 것을 발견한다.

그러면 영혼에 평화가 깃들고 자신이 무엇이며 무엇이 아닌지를 인정하게 되면서 우리는 이 가난이 가장 재산이라는 것을 깨닫게 된다. 한때 우리의 것이었으며 우리를 곤란에 빠뜨릴 뿐이었던 부를 박탈당할 때, 진실한 결말과 행복을 가져다주지 못하는 지식과 욕망에서 멀어질 때 우리는 삶의 모든 의미가 가난과 공허라는 것을 깨닫게 된다. 그것은 패배와는 거리가 멀다. 진정한 힘을 가진 모든 초자연적 선

물을 약속받는 것이다.'

명상의 씨 — 토마스 머튼

    생각의 전환 수업을 하다보면 수많은 상급 코스 학생들이 생각의 전환은 하면 할수록 쉬워지는 게 아니라 어려워진다는 말을 한다. 처음에는 이 말이 이상하게 들릴지 모른다. 하지만 좀 더 깊이 생각해 보면 이치에 맞는 소리라는 것을 알 수 있다.

    우리는 생각의 전환을 하면 할수록 우리를 저지하던 감각을 경험하는 데 더욱 적극적이 된다. 생각의 전환을 처음으로 배우기 시작할 때는 작은 문제들에서 시작해 자신이 감각을 참고 통과할 수 있다는 사실을 발견하고 놀란다.

    하지만 점점 깊이 들어갈수록 '거물급' 감각에 시비를 걸기 시작한다. 그동안 피해 왔던 온갖 감각을 생성하는 상황과 기억으로 나아가는 것이다. 이런 감각들은 다른 모든 감각들과 마찬가지로 해가 없지만 우리를 두렵게 만든다. 처음 발생했을 당시에 너무 두려운 것이었기 때문이다. 우리는 두려워 떨고 있거나 예전의 '방어적' 생각과 행동으로 돌아감으로써 감각을 피해 가려고 한다.

    나는 상급 생각의 전환 그룹이 스스로 저항에 부딪힌다는 사실을 발견하고 다음의 훈련방법을 만들었다. 이것은 간단해 보이지만 사실상 당신이 스스로 세워둔 전체 방어 구조를 드러내고 해체할 수 있는 막강한 방법이다. 이것을 통해 당신은 어린 시절로부터 당신을 보호하려고 했던 감각에 접촉하게 될 것이다. 이것은 진정한 치유가 일어나

게 하는 감각을 만나고 경험하는 것이지만 그 과정은 고통스럽고 무서운 것일 수도 있다. 따라서 이 방법을 시행해 보기로 결심했다면 해줄 말이 있다. 놀라지 않게 '정신 바짝 차려야 한다.'

먼저 종이를 가져와서 가운데에 세로줄을 긋는다. 왼쪽 제목란에 '내가 주로 하는 '부정적'인 생각'(나는 '부정적'이라는 말에 따옴표를 했는데 왜냐하면 내가 전에도 말했듯이 부정적 생각 같은 건 존재하지 않기 때문이다. '부정적'인 생각은 단순히 당신이 바라지 않는 결과를 생성하는 생각일 뿐이다. 어떤 사람은 그와 똑같은 생각을 '긍정적'이라고 볼 수도 있다.)이라고 쓴 다음 오른쪽 제목란에는 '전환'이라고 쓴다.

이제 왼쪽 칸에 당신이 버릇처럼 하는 모든 부정적 생각의 목록을 만든다. 부정적 생각이란 '원래 그런 식이다, 삶이란 그런 것이다 등'으로 보이는 것들이다. 당신에게 나와 비슷한 면이 있고 당신도 정말로 이렇게 해본다면 매일의 삶을 살면서 아무 의심 없이 하는 생각의 양과 질에 놀랄 것이다.

이것은 내가 만든 목록이다.

- 내가 원하는 것은 나에게 주어지지 않는다.
- 구해도 얻지 못할 것이다.
- 나는 나쁜 사람이다.
- 니는 내가 원하는 것을 가질 수 없다.
- 결국 모든 것은 빼앗기고 만다.
- 나는 진정한 가치가 없다.
- 나의 꿈은 이루어지지 않는다.
- 나는 부자가 될 수 없다.

- 나는 재능도 있고 훌륭하지만 성공할 수 없다.
- 나는 밀어붙이다가 저지당하고 만다.
- 나의 힘은 다른 사람을 죽이거나 나를 죽일 것이다.
- 나는 내가 무엇을 하고 있는지 모르겠다.
- 치료법은 효과가 없다.
- 내가 행복해지는 건 불가능하다.
- 내가 보호막을 내리면 모든 것이 무너질 것이다.
- 나는 훌륭한 원칙을 갖고 있지만 나에게 효과가 없다.
- 나는 언제나 잘못된 것을 바란다.
- 나는 절대 성공할 수 없다.

놀랍지 않은가? 이런 생각들이 내 일상적인 생각의 주를 이루고 있었다니 충격적이다. 그러니 나의 삶의 거울이 원치 않은 반영을 보여주고 있었다는 건 놀라운 일도 아니다.

당신이 생각할 수 있는 모든 생각의 목록을 작성했다면 그것을 다시 한 번 읽어보자. 판단하지 말고 그냥 확인만 하면 된다. 생각을 경험하고 느껴지는 느낌을 그대로 느껴야 한다.

목록의 내용은 사람을 화나게 만드는 것처럼 보인다. 그런데 이상하게도 당신은 놀라울 만큼 거기서 편안한 감각을 느낄 것이다. 물론 그 이유는 이 생각들이 방어적 생각이며 당신이 그 반대의 생각을 할 때 느끼는 감각들을 느끼지 않게 하는 생각이기 때문이다.

나는 당신이 우리가 어디로 가고 있는지를 알 수 있으리라고 확신한다. 이 각각의 생각이 당신이 참을 수 없다고 생각하는 감각을 생성하는 생각의 반대 생각이라면 당신이 그것들을 모두 전환시키기 시작

할 때 무슨 일이 일어날지 상상해 보자.

'정신 바짝 차려야 한다!'고 말한 건 농담이 아니었다.

따라서 이제 목록에서 각각의 생각을 세상에서 당신이 보기를 원하는 것으로 반영될 생각으로 전환시켜야 한다. 새로운 생각을 믿을 필요는 없다. 그것에 대해 좋은 감각을 느낄 필요도 없다.(사실 대개는 좋은 감각을 느낄 수 없을 것이다.) 그냥 그 생각을 전환시키면 된다.

생각과 전환에 대한 나의 목록은 다음과 같이 생겼다.

내가 주로 하는 부정적인 생각 (내가 바라던 결과를 생성하지 않는 생각)	전환
내가 원하는 것은 나에게 주어지지 않는다.	내가 원하는 것은 내게 주어진다.
구해도 얻지 못할 것이다.	구한 것은 이미 받은 것이다.
나는 나쁜 사람이다.	나는 좋은 사람이다.
나는 내가 원하는 것을 가질 수 없다.	나는 내가 원하는 것을 가질 수 있다.
결국 모든 것은 빼앗기고 만다.	모든 일은 마지막에 좋은 결과로 이어진다. 아직 좋은 결과가 아니라면 그것은 아직 마지막이 아니라는 뜻이다.
나는 진정한 가치가 없다.	나는 진정한 가치가 있다.
나의 꿈은 이루어지지 않는다.	나의 꿈은 이루어질 수 있다. 내가 해야 할 일은 그렇게 되도록 내버려두는 것이다.
나는 부자가 될 수 없다.	세상의 모든 돈은 이미 내 것이다. 내가 편하게 쉽게 사용할 수 있다.
나는 재능도 있고 훌륭하지만 성공할 수 없다.	나는 다른 사람들만큼이나 수월하게 성공할 수 있다.
나는 밀어붙이다가 저지당하고 만다.	내가 원하는 것, 내가 이룬 성공은 모든 사람들에게 유익한 것이다.

나의 힘은 다른 사람을 죽이거나 나를 죽일 것이다.	나의 힘은 나를 즐겁게 해주고 사람들을 즐겁게 해주며 세상을 즐겁게 해준다.
나는 내가 무엇을 하고 있는지 모르겠다.	나는 내가 무엇을 하고 있는지 알고 있다.
치료법은 효과가 없다.	치료법은 효과가 있다.
내가 행복해지는 건 불가능하다.	모든 순간에 나는 행복해질 수 있다.
내가 보호막을 내리면 모든 것이 무너질 것이다.	내가 보호막을 내리면 모든 것이 제자리로 돌아간다.
나는 훌륭한 원칙을 갖고 있지만 나에게 효과가 없다.	나의 원칙은 효과가 있다. 따라서 만일 나의 원칙이 효과가 없다면 그건 내가 그 원칙에 따라 살지 않고 있기 때문이다.
나는 언제나 잘못된 것을 바란다.	나는 내가 원하는 것은 무엇이든지 원하고 가져도 된다.
나는 절대 성공할 수 없다.	나는 쓰는 것보다 더 많은 돈을 버는 것이 가능하다.

이후 며칠 동안, 문제를 만나거나 당신이 원하는 대로 되지 않는 일이 생길 때마다 목록의 왼쪽을 보고 그 문제로 반영될 만한 어떤 생각을 하고 있는지 확인해야 한다. 확인이 되면 그것을 전환시키면 된다.

목록에 있는 생각 중 아무것도 적합해 보이지 않을 때는 멈춰 서서 당신 자신에게 물어보자. '내가 이 문제를 세상의 거울에서 본다면 나는 무슨 생각을 해야 하는가?' 이 특정 문제로써 반영되고 있는 생각을 확인할 때 그것을 당신의 목록에 추가하고 그것을 전환시키면 된다. 내가 평생 겪어왔던 문제에 대해 진정한 통찰을 얻게 된 최근의 예를 여기서 보여주겠다.

나는 숀과 함께 앉아 있었다. 숀은 목사가 되어 있었다. 나는 주식 문제 때문에 힘들어하고 있다는 이야기를 했다. 나는 돈 때문에 무척 걱정하고 있었고 계속 긴장을 늦출 수가 없었다. 그는 성실한 사람이었기에 나에게도 내 앞에 보이는 조건에 상관없이 자신을 성공적인 사람으로 여길 수 없겠느냐고 말했다.

나는 놀랍게도 나 자신을 성공적인 사람으로 생각하는 것이 불편하고 위험한 느낌이 든다는 것을 깨달았다. 내 목록에는 이런 생각이 표현된 적이 없었다. 그래서 나는 더 깊이 생각을 해본 끝에 전에는 내가 갖고 있다고 생각하지 못했던 생각을 발견했다. 그 생각은 이런 것이었다. '내가 성공적이라고 생각하는 것은 위험하다.' 이 생각은 적어도 나에게는 이치에 맞는 소리였다. 왜냐하면 나는 어린 시절에 내가 원하는 것을 표현하거나 그것을 가질 수 있는 능력이 있다고 확신하면 그것을 빼앗기거나 가질 수 없었던 경험이 있었기 때문이다.

나는 이 생각을 이렇게 전환시켰다. '성공적이라는 느낌은 성공적이라는 느낌이다. 이상!' 이런 방법으로 나는 현실화되지 않은 세계에 존재하는 무한한 가능성에는 성공적이라고 느끼는 것이 박탈이나 손실로 이어지지 않는다는 사실도 포함되어 있다는 것을 발견할 수 있었다.

며칠 후, 나는 다른 문제로 고심하고 있었다. 내 기도 파트너는 하느님께 보호를 요청했느냐고 물었다. 이 질문을 스스로에게 던져본 나는 내가 그것을 원치 않는다는 사실을 깨달았다. 이로 인해 나의 잘못된 생각을 또 발견할 수 있었다. '하느님은 언제나 나에게 옳지 않은 대답을 주신다.' 이 생각은 확실히 나의 오랜 경험과 결부되어 있었다. 나는 나를 돌봐줄 것으로 기대했던 사람들로부터 잘못된 대답, 특히 나보다는 그들을 위한 대답을 얻었던 것이다. 그리고 이것을 영적세계, 우주, 하느님, 나의 생각방식, 내적인 소리에 적용해 왔던 것이다. 이유야 무엇이든 간에 나는 직관적이고 내적인 보호에 대해 신뢰하지 못하고 있었다. 이 생각을 발견하자 나는 그것을 이렇게 바꾸었다. '나는 지금 바로 올바른 대답을 얻을 수 있다.'

이후로도 나는 이전에는 나에게 있는 줄 몰랐던 생각을 발견하게 해주는 몇 가지 사건을 더 만났다. 최종 목록(또는 지금까지의 목록이라고 해야겠다. 왜냐하면 이 목록은 사는 동안 계속해서 추가될 수 있기 때문이다.)은 다음과 같다.

성공을 경험하는 것은 위험하다.	성공을 경험하는 것은 성공을 경험하는 것이다. 이상!
나는 그것을 절대 얻을 수 없다.	나는 그것을 이미 얻었다.
내가 원한다면 나는 그것을 얻을 수 없다. 따라서 나는 아무것도 원해서는 안 된다.	나는 내가 원하는 것을 충분히 얻게 되어 있다. 그리고 무엇을 원한다는 것이 그것을 얻을 수 없는 이유는 될 수 없다.
하느님은 나에게 잘못된 대답을 주신다.	모든 올바른 대답은 지금 나에게 주어져 있다.
감사할 게 뭐 있나?	나는 모든 것을 갖고 있다.
나는 언제나 한 발 늦다.	언제나 나에게는 또 다른 기회가 있다.
내 직감은 맞지 않다.	나의 직감은 뛰어나다. 그것을 따라가기만 하면 된다.
사람들은 내가 주려는 것을 원하지 않는다.	사람들은 내가 주려는 것을 원한다.
뭔가 필요해지면 그것은 없어진다.	나는 내가 필요로 하는 것을 언제나 갖고 있고 언제나 갖게 될 것이다.

나는 온갖 일을 해도 돈을 벌 수 없다.	나는 급여를 잘 받을 것이다.
나는 내가 원하는 것을 가질 수 없다.	세상은 항상 내가 생각으로 요청하는 것도 정확하게 나에게 제공한다.
나는 좋은 생각을 할 수 없다.	나는 내가 원하는 생각을 언제나 생각할 수 있다.
나는 뒤로 가는 쳇바퀴를 굴리고 있다.	나는 내가 원할 때면 언제든지 쳇바퀴에서 뛰어내릴 수 있다.

방어적인 생각의 요새

　이렇게 해서 나는 내가 생각할 수 있는 모든 '부정적' 생각의 목록을 작성했다. 그리고 그 모든 생각을 전환시켰다. 당신은 내가 오랫동안 지켜온 '부정적' 생각을 캐내고 그것을 전환시킴으로써 더 행복해지고, 더 편안해지고, 더 안전해지고 더 자신감이 생겼으리라고 생각할지 모른다.(당신은 이 책을 읽고 있기 때문에 그렇게 생각하지 않을지도 모른다. 하지만 열심히 '긍정적 생각'을 연습하는 많은 사람들은 그렇게 생각할 것이다.)

　그러나 이 훈련의 결과는 당시 나에게 매우 놀라운 것이었다. 사실 나는 이런 과정을 거치면서 더욱 초조해진 것이다. 나는 실제로 이렇게 생각하기 시작했다. '생각의 전환은 효과가 없다. 그건 나를 문제로 끌어들이고 화나게 만들고 절망과 실망을 느끼게 할 뿐이다.'

　나는 이런 생각을 들고 생각의 전환 특별 그룹을 찾아갔다. 그들과 함께 논의하면서 새로운 사실들을 깨달을 수 있었다.

　우리는 나의 생각을 주제로 해서 연구를 시작했다. 나의 생각의 전환이 왜 효과가 없었는지에 대한 멤버들의 의견이 모였다. 내가 문제에서 빠져나올 수 없었던 이유는 한 가지였다. 그것은 생각을 전환시킬 수 있는 능력은 없으면서 생각의 전환의 효과를 없애는 또 다른 생각의 전환이 존재한다는 것이었다.

우리는 내가 놀랍게도 순환적이고 불가해한 생각 시스템을 발달시켰다는 것을 깨달았다. 그 생각 시스템은 내가 문제를 통과하고 해결책을 찾는 것을 막도록 설계되어 있는 것으로 보였다. 나는 사실 대부분의 생각을 믿음으로 발달시키고는 했다. 그렇게 함으로써 생각이 다른 것으로 전환되는 것을 막고(기억해야 한다. 믿음은 우리가 사실이라고 여기는 생각이다. 따라서 다시 전환되기가 어렵다.) 생각이 세상의 거울에 나타나게 만들었다.(믿음은 생각의 전환 사이클에서 발현이 나타나기 직전 단계이기 때문이다.)

이 점을 주목하고 우리는 질문을 했다. '나는 왜 이런 '생각의 요새'를 만들게 된 것일까? 그것은 나를 무엇으로부터 보호하려는 것일까?(기억해야 한다. 우리가 갖는 모든 생각은 그것이 얼마나 부정적이거나 파괴적이냐에 상관없이 정당성을 갖고 있다—바로 우리 자신을 감각 경험으로부터 보호하기 위해서다.)'

요새의 역할은 내가 알기를 두려워하는 무언가를 알 수 없도록 나를 보호하는 것이었다. 따라서 나는 내가 두려워하는 것이 무엇인지를 확실히 볼 수 없었다. 그러나 우리가 '요새'를 이루는 수많은 생각들을 폭로하고 전환시켰기 때문에 요새는 흔들렸고 마치 누군가가 성으로 들어오는 다리를 내린 것처럼 '적군'이 들어올 가능성을 허락했다.

우리는 '요새'에 의해 설치된 시스템 밖으로 나가게 해주는 생각을 찾을 수 있는지 알아보기로 결심했다. 사람들은 '무력한 자신을 인정

하고, 포기하고 하느님께 맡기는 것' 같은 게 아닐까 하고 제안했다. 나의 질문은 이것이었다. '어떤 생각이 나를 이렇게 만들었나?' 그리고 나는 이런 생각에 이르렀다. '이 문제의 해답은 내가 해답이라고 알고 있는 것 밖에 있다.' 이 말을 달리 표현하면 이런 뜻이었다. '나는 모든 것을 알지는 못한다.'

문제는 내가 만일 보호막을 내리고 요새를 무너뜨린다면 내가 통제할 수 없는 끔찍한 일이 일어나 나를 집어삼킬 거라고 확신하고 있었다는 것이었다. 따라서 나는 이런 생각을 해본다는 것 자체가 어려운 일이었다. 생각을 하면 내가 함께 하기 힘든 고통스러운 수많은 감각들이 일어나기 때문이었다. 그러나 나는 직관적으로 비록 고통스러울지라도 이런 감각과 함께 있어야 할 이유가 있을 거라고 깨닫기 시작했다. 그리고 현재 내가 겪고 있는 특정 불쾌한 사건들이 이런 감각을 불러일으키고 있다는 사실을 깨달았다. 이것이 내가 살아가면서 똑같은 불쾌한 상황을 반복적으로 만나게 되는 이유였다. 아마 나에게 치유가 일어나면서 어린 시절의 나에게는 너무 압도적이었던 감각을 느낄 수 있는 능력이 생기는 것 같았다. 그래서 나는 얼마나 무섭고 고통스러운지에 상관없이 내가 감각들과 함께 머물 수 있게 해주는 생각을 찾기로 결심했다.

그리고 나는 생각했다. '덤벼라!', '고통아 올 테면 와봐라! 실패야 와봐라! 내 모든 돈이 없어질 거라면 다 없어져버려라! 집을 가져가야겠다면 그래 한번 그렇게 해봐라! 나는 길바닥에서 살면 된다, 그래, 난 길바닥에서 살 거야! 참을 수 없는 감정, 그게 뭔지 한번 데리고 와 봐라!'

이런 생각을 하면서 매우 재미있는 일이 일어나기 시작했다. 형이상학의 기본 전제가 '그것은 당신이 저항할수록 사라지지 않으려고 버틸 것이다.'라고 한다면 내가 저항해 온 실패, 좌절, 모든 손실들은 저항에도 불구하고 그 자리에서 물러나지 않을 것이라는 것을 깨달았다. 내 삶에는 무슨 일이 있어도 절대 일어나서는 안 되는 일들이 많았다. 그런데 나의 저항은 오히려 그런 일들이 일어나게 만드는 역할을 하고 있었다. 하지만 실패는 얼마든지 일어날 수 있는 일이라는 사실을 인정하자 실패에 대한 저항을 내려놓을 수 있었다. 그러자 즉시 끈질기게 버티던 것들이 물러났다. 이런 깨달음 끝에 나는 기꺼이 모든 것을 잃어버릴 준비가 되었다. 나를 사로잡았던 저항의 힘이 느슨해졌다.

그 결과 다음에 일어난 일은 내가 감각을 느끼기 시작한 것이다. 그것도 아주 많이 말이다. 이것은 매우 힘든 일이었다. 왜냐하면 내가 느끼고 있었던 것은 나의 어릴 적으로부터 비롯된 난감한 고통이었기 때문이다. 즉 그것은 내가 어렸을 때에는 느낄 수 없었고 해결할 수 없었던 고통이었다. 제27장 '내면의 아이'에서 나는 이에 대해 보다 자세히 이야기할 것이다. 여기서는 과거의 느낌을 느끼는 것은 극도로 괴로운 일이었다고 말하는 것으로 충분할 것 같다.

이 사실을 깨닫고 나의 깊은 고통을 느끼려는 의지가 생기자 다음으로 일어난 일(또는 내 생각의 반영으로 거울에 나타난 일)은 치명적인 실패의 연속이었다. 12년 동안 나의 주요 수입원이었던 쇼가 종영되었다. 그리고 주식시장이 폭락하면서 '안전한' 마지노선(물론 내가 만들어놓은 마지노선) 아래로 떨어졌다. 그리고 유명한 스타가 내가 작곡한 곡을 부른다고 해서 참석한 콘서트에서 그는 결국 내 노래를 부르지 않았다. 중요한 강의 스케줄이 있어서 강의 여행을 떠났는데 기획 부진으로 취소되었다. 그리고 집에 와보니 나에게 아주 중요했던 프로젝트(사실, 그

것은 지금의 이 책이었다. 당시에는 집필 초기 단계였다.)가 손을 쓸 겨를도 없이 거절되어 있었고 이 프로젝트를 좋아했던 에이전트는 나를 고객으로서 받아들이지 않겠다고 했다.

영혼의 어두운 밤

이 모든 사건들은 내가 '영혼의 어두운 밤'에 빠졌다는 소리를 듣기에 충분했다. 나는 완전히 수치스러웠고 모든 열정을 잃었다. 살아가고자 하는 의지도 잃었다. 내가 무엇을 하든 그것은 실패로 돌아갈 것이라는 생각이 들었다. 그러니 내가 뭔가를 시작해야 할 이유가 없지 않은가?

나는 포기했다. 항복했다. 노력을 집어치웠다.

나는 시를 쓰기도 했다. 그것은 내가 오랜 시간을 들여 쓴 첫 번째 시였다. 나는 이 시를 통해 이 '불가능한' 상황에서 느끼던 분노, 굴욕, 무기력함을 거침없이 표현했다.

그 시를 소개하겠다.

포기
(데이비드 프리드만)

나는 할 수 있는 모든 것을 시도했다.
그러나 어느 길로 가야 할지 알 수 없었다.
나는 태양을 향해 달렸고

그것을 움켜잡으려고 했다.
그러나 대답은 여전히 노(NO)였다.

나는 내가 가진 모든 것을 주고
할 수 있는 모든 것을 했다.
열심히 노력했고
기도했고 울부짖었다.
그러나 아무 소용이 없었다.

이제 나는 마지막 줄을 잡고 있다.
나는 내가 희망을 포기했다는 것을 안다.
내 안에는 아무것도 없다는 느낌이 들기 때문이다.
그러나 아직 시도하지 않은 한 가지가 남아 있다.

포기하라, 항복해야 한다.
내가 이길 수 없다는 건 확실하다.
애써 싸우지 마라.
바로잡아 보려는 시도를 그만두라.

내가 시도했던 모든 일은 실패했다.
내가 세웠던 모든 계획은 실현되지 못했다.
이제 내가 살아갈 이유는
아무것도 없다.
내가 할 수 있는 것도 더 이상 아무것도 없다.

나는 왜 내가 여기 있는지 궁금하다.
왜 내가 머물러야 하는지 묻고 싶다.
나를 학대하는 세상에서
나를 구타하고 이용해 먹는 세상에서
하루하루가 고통스럽다.

그러나 내 마음에 대답은 찾아오지 않는다.
내가 찾아서 얻은 모든 것은
과거에 기초한 미래이다.
그리고 그것은 나에게 결국 항복하라고 말한다.

포기하라, 항복해야 한다.
내가 이길 수 없다는 건 확실하다.
애써 싸우지 마라.
바로잡아 보려는 시도를 그만두라.

하느님, 당신께 나를 드립니다.
하느님, 누군가 다가오고 있다면
그건 내가 아니라 당신입니다.

포기하라, 항복해야 한다.
내가 이길 수 없다는 건 확실하다.
애써 싸우지 마라.
바로잡아 보려는 노력은 끝이 났다.

당신이 바로잡길 원한다면

그렇게 해봐라. 나는 싸우지 않을 것이다.

나는 포기한다.

나는 이루 말할 수 없는 고통을 겪고 있었다. 그러나 나는 마침내 내 마음속 어느 구석에선가 내가 일생 피해 왔던 것이 느껴지고 있다는 것을 알았다. 그것은 어린 시절의 사건과 그때의 감각들이 생성한 분노, 슬픔, 좌절 등의 '난감한' 조합이었다. 감각들로부터 벗어나려는 나의 노력에서 그토록 강한 느낌(분노, 슬픔, 좌절)이 느껴졌던 것이다. 하지만 사건이 발생할 당시에는 감각을 내보낼 아무런 배출구도 없었고 감각을 해결할 길도 없었다. 따라서 감각을 느끼는 것을 피하기 위해 그것을 신체적 증상으로 바꾸었다. 신체적 증상은 스스로 할 수 있다는 것을 알면서도 그것을 시도하거나 성취하지 못하도록 방해하는 역할을 했다. 이 전략은 자기를 망가뜨리는 바보 같은 짓처럼 보일지 모른다. 그러나 그것은 내가 무서워했던 감각이 발생하는 상황을 피해 갈 수 있게 해주는 효과가 있었다.

하지만 동시에 나는 원래의 감각을 생성하는 상황을 계속해서 연속적으로 가져오고 있었다. 그래서 내가 감각을 경험하고 그것과 함께 하고 그것을 마스터할 수 있게 하는 것이었다. 그러나 감각이 튀어 나오는 순간 너무 견디기에 힘들어 보였고 나는 한 발짝 비켜났다. 이제 그것들을 느끼고 있는 순간 나는 죽을지도 모른다는 생각이 들었다.

이런 지각은 무의식적인 생각의 전환을 가져왔다('이런 감각과 함께 하는 것은 불가능해.'에서 '이런 감각들과 함께 하는 것은 가능해'로). 이것은 사람들이 나에게 스스로 떠나온 감정여행을 계속해서 통과하라고 말해

주는 방식으로 세상에 반영되어 나타났다. 아마 그들은 이전에도 나에게 이런 말을 해준 적이 있었을 것이다. 하지만 나는 새로운 생각(내가 당시에는 모르고 있었던)을 갖게 된 이후에야 그 말이 귀에 들어왔다.

지인들이 해준 말들 중에는 도움이 되는 말들이 많았다. 숀은 마침내 얼마나 내가심한 고통에 빠져 있었는지를 '이해'했다. 나를 고치거나 나를 거기서 빼내려고 하는 대신 이런 말을 해주었다. "이것은 중요한 치유과정이야. 내가 여기 있어줄게. 내가 너와 함께 할 거야. 감각을 잘 느껴봐. 그리고 내가 얼마나 당신을 사랑하고 당신이 얼마나 좋은 사람인지를 당신도 알았으면 좋겠어."

나의 친구 미첼은 나와 비슷한 위기에 처했을 때 '이 다음에 뭔가가 있다.'는 생각을 통해 어려움을 이겨냈다고 했다.

기도 파트너인 하미는 개인적인 사정을 떠나 공개적으로 "내가 왜 여기 있는가." 하는 질문을 해보라고 제안했다.

나는 '덤벼라!' 하는 생각을 역시 지키고 있었다.

나의 치료사는 내가 어렸을 때 엄청난 감각과 느낌의 공격을 받았을 거라고 말해 주었다. 뿐만 아니라 어떤 이유에서인지 그때의 상황이 스스로 이런 감각을 갖고 있다는 것을 알지 못할 정도로 억압적이었을 거라고 지적해 주었다. 따라서 감각을 지각하는 것이 끔찍하고 혼란스럽고 내 삶이 위험에 처했다는 느낌으로 이어지는 것이 당연한 것이라고 했다. 그는 내가 감각을 알게 되면 죽을 거라고 생각했지만 사실은 그렇지 않았다는 사실도 지적해 주었다(내가 게이였다는 사실을 알게 된다면 죽을 거라고 생각했던 지난 몇 년 동안처럼 말이다. 나는 사실 결국은 게이라는 사실에 편안해지고 행복해졌다).

숀이 말한 두 가지의 조언도 매우 도움이 되었다. 그는 내가 힘들어할 때 이런 명언을 들려주었다. "기적에 붙어 있어야 한다." 또한 유니티의 창립자인 에드윈 게인즈, 에크하리드 톨, 그리고 내가 존경하는 수많은 멘토들의 경우와 같이 내가 치유되는 것은 더 큰 일을 해내기 위한 과정이 될 것이라고 말해 주었다. 그리고 스스로 치유의 과정을 통과할 수 있을 때만이 더 많은 청중을 위해 나만의 메시지를 들려줄 수 있게 될 거라고 했다.

나는 이렇게 지인들의 도움으로 비록 희망과 열정까지는 없더라도 내 앞에 있는 일을 해낼 수 있었고 계속해서 삶을 살아갈 수 있었다.

감각 경험하고 감각과 함께 하기

그 무렵 생각의 전환 수업을 진행하던 중이었다. 학생 중 한 명이 내가 겪고 있었던 문제에 중요한 단서를 제공하는 문제를 제기했다. 멜라니는 자신이 정말로 좋아하는 사람을 사랑할 수 없는 것이 자신의 문제라고 했다. 적당히 좋아하거나 감정이 복합적일 때는 데이트도 하고 애정 표현을 할 수 있었다고 했다. 하지만 정말로 좋아하는 사람한테 이렇게 하는 것은 너무 위험한 것이라고 했다. 내가 어떤 위험이냐고 묻자 그녀는 자신이 상처를 받게 될 것이기 때문에 위험하다고 말했다. 상처를 받으면 어떻게 되느냐고 묻자 그녀는 자살할 거라고 말했다. 나는 이 대답이 특이하고 재미있고 의아하다고 생각했다.

나는 어릴 적에 어떤 상처를 받았었는지 물어보았다. 그녀는 신체적, 감정적인 면에서 모두 심한 학대와 거절을 받았던 이야기를 해주었다. 어린 시절 그렇게 심한 학대를 받을 때 어떤 반응을 했냐고 묻

자 그녀는 이렇게 말했다. "나는 언제나 자살할 생각을 하고 있어요."

나는 어떤 생각이 떠올라 이렇게 말했다. "뜻밖에 이런 생각이 들더군요. 당신에게 해당되지 않는 얘기면 그냥 지나쳐도 좋아요. 나는 당신이 학대를 받았다면 주체할 수 없는 엄청난 양의 분노가 생겼을 거라는 생각이 들어요. 그리고 그 분노는 갈 곳이 없는 거죠. 그렇다면 당신이 자살해야겠다고 생각하는 것은 당신이 그 분노 때문에 다른 사람을 죽일 수도 있다는 말 아닌가요?"

그녀는 울음을 터뜨렸다. "맞아요, 바로 그거예요.'

그래서 나는 그녀에게 물었다. "상처받고 극도로 화가 나서 당신이 할 수 있는 일은" 그녀가 바로 이어서 답했다. "나를 죽이는 거요."

나는 그녀에게 물었다. "상처받고 극도로 화가 났지만 당신은 당신 자신을 죽일 선택권이 없어요. 그렇다면 어떻게 해야 할까요?" 그러자 그녀는 대답했다. "다른 사람을 죽여야 해요."

그래서 나는 이렇게 질문했다. "상처받고 극도로 화가 났지만 당신은 당신 자신을 죽일 수도 없고 다른 사람을 죽일 수 있는 선택권도 없어요, 그렇다면 어떻게 할 건가요?" 그러자 그녀는 이렇게 대답했다. "감정을 떠나야 했을 거예요."

그러자 나는 또 물었다. "당신이 상처받고 극도로 화가 나고 당신을 죽이거나 다른 사람을 죽이거나 감정에서 분리되는 것도 할 수 없다면 어떻게 해야 할까요?"

멜라니는 한참 동안 대답을 못 하고 쩔쩔매고 있었다. 그러다가 갑자기 안색이 어두워지며 대답했다. "내 분노를 그냥 느껴야 해요." 그런데 그녀의 얼굴에 새로운 빛이 돌고 있었다. 나는 그 순간 그녀가 험난한 길을 선택하긴 했지만 치유와 회복의 길에 들어섰다는 것을 알 수 있었다.

　이 사건은 나 역시 나의 극심한 분노, 좌절, 수치 아래 놓여 있던 감각을 느껴야 한다는 사실을 이해하게 해주었다. 다음 몇 주를 사는 동안 나는 가끔씩 내 분노와 수치심이 너무 커져서 나도 자살하고 싶다는 생각이 든다는 것을 알았다. 그럴 때면 나는 분노를 사용해 피하려고 했던 감각을 그냥 느끼는 것이 나의 선택권 중 하나라는 사실을 스스로 상기시키고 감각으로 돌아가려고 했다. 그리고 가끔 나를 상처 주고 실망시켰던 모든 사람들을 죽이고 싶다는 생각을 하고 있었다는 점도 발견했다. 이런 생각을 발견할 때도 나는 나의 선택권 중 하나가 그냥 나의 감각을 느끼는 것이며 그것으로 돌아가야 한다는 것을 기억했다. 때때로 나는 그런 고통에서 놓이기 위해 진정제 또는 수면제를 찾았다. 그렇게 해서라도 생각을 정지시키고 잠시라도 감각에서 벗어나고 싶어 했다. 이런 일이 생길 때면 나는 멜라니를 떠올리며 내 선택권 중 하나는 그냥 감각을 느끼고 분노, 좌절, 수치의 생각을 지켜보는 것이라는 점을 기억했다.

　나는 이런 상태로 몇 주를 지냈다. 여전히 희망이나 열정은 없이 기본적인 일만 그럭저럭 하면서 살았다. 이 시간 동안은 생각의 전환조차 힘들었다. 또는 내가 생각의 전환을 거부하고 있었다고도 말할 수 있을 것이다. 왜냐하면 너무 화가 나고 절망적이어서 그렇게 해봤자 소용이 없을 것 같았기 때문이었다. 그래서 나는 그냥 제자리를 지키며 감각을 느끼고만 있었다.

　그러나 나의 마음 한구석에 왜 그냥 생각을 전환할 수 없는 거냐고, 왜 이런 어둠 속에 계속 머물러야 하는 거냐고 의문이 들었다. 분명히 이유가 있을 것 같았다.

나의 죽마고우이자 지금은 유능한 치료사가 된 팻 브로디와의 대화가 그 대답을 보여주었다.

'노(No)'라는 대답을 듣는 방법

팻은 물론 나에게 무슨 일이 일어나고 있는지를 알고 있었다. 그래서 내가 어떻게 지내고 있는지 궁금해서 전화를 걸어왔다. 나는 내 주변세계가 무너지고 있는 것 같다고 했다. 제대로 되는 일이 없는 것 같고 생각을 전환시킬 수조차 없는 절망적인 상황이라고 말했다. 어떻게 해서든 나는 그 안에 있으려고 애를 쓰고 있었을 뿐이었다. 우리는 함께 이렇게 된 이유를 알아보기로 했다.

팻과 나는 어릴 저부터 친구였다 그래서 우리의 그때의 몇 년 동안 같이 있으면서 나에게 무슨 일이 일어나는지를 직접적으로 알아보았다. 그녀는 내가 어릴 때 주로 듣던 말 중에 이런 말이 있었다고 했다. "너는 '노'라는 대답을 듣는 방법을 배워야 해." 이 말의 뜻은 "'노'라는 대답에 대해 어떤 감정도 표현해서는 안 돼. 그냥 그것을 마음속에 묻어두어야 해."라는 뜻이었다. 그래서 나는 감히 '노'라는 대답에 실망이나 분노를 표현하면 정말로 매를 맞거나 소중한 무언가를 빼앗기고는 했다.

그래서 모든 '노'는 강력한 감각을 생성했고 감각은 표현할 길 없는 큰 감정을 만들어냈다. 나는 그런 감정을 표현한다면 신체적으로나 감정적으로 위험에 처할 거라는 위협을 받았다.

그래서 나는 재빨리 이런 감각과 감정을 갖고 있다는 사실을 스스로에게 알리지 않는 방법을 택했다. 나는 5살 때 틱장애가 생겼고 죽음에 대한 비정상적 공황을 갖고 있었다. 11살 때는 심장 떨림 때문에 뛰거나 심한 운동을 하지 못했다.(이전까지는 반에서 달리기를 가장 잘했다.) 14살 때는 한 여자 아이와 사귀었다.(나는 확실히 게이였음에도 불구하고 그 사실을 모르고 있었다.) 20살이 되어 그녀와 결혼을 했고 몇 개월 후 나는 정신병원에 입원했다. 이 모든 것이 내가 NO라는 말을 들을 때의 감각을 피하기 위한 것이었다.

　나는 내 삶의 패턴을 깨달았다. 즉 원하는 뭔가로 다가가다가 그것에 가까워지면 초조함에 사로잡힌다. 그러면 그것을 얻으려는 순간 그것으로부터 도망을 친다. 팻과 나는 대화를 하면서 내가 'No'의 가능성을 피해 왔다는 것을 알 수 있었다. '노'에서 발생되는 거대한 감각과 억압이 견딜 수 없는 극심한 것으로 보였기 때문이다.

　나의 삶에 대해 알게 된 또 다른 사실은 내가 '노'를 느낄 수 있는 상황을 계속해서 가져오면서도 그것을 결국은 피해 간다는 것이었다. 하지만 나는 문이 닫혀버린 곳에 갇혀서 완전히 좌절하는 것의 중요성을 깨달았다. 그것은 내가 '노'가 불러오는 복잡하고 어려운 감각과 감정을 느끼고 견디고, 이겨낼 수 있는 기회를 갖는 것을 의미했기 때문이다.

　그 다음 날 밤 코네티컷에서 열린 생각의 전환 그룹에서 나는 새로운 깨달음을 얻었다. 내가 최근에 한 생각의 전환은 확실히 내가 지금까지 한 것 중에서도 가장 중요한 생각의 전환이었음을 깨달았다. 내 생애 최초로 나는 '노'에서 도망치려고 하는 대신, '노'를 회피하거나 극복하려는 시도 대신, 그것으로 뛰어 들어가는 생각의 전환을 한 것이었다.

나는 어린 시절부터 지금까지 이 사실을 알지 못한 채 이렇게 생각하고 있었다. '노라는 대답을 들어서는 안 돼.' 하지만 삶의 모든 노력에는 '노'를 받을 가능성이 언제나 포함되어 있다. 그래서 나는 성취하고 싶은 것을 성취하지 못하고, 어려움을 통과해 가는 과정을 견디지 못하고 궁극적으로 나에게 중요한 것을 가질 수가 없었다. 왜냐하면 소중한 것을 박탈당할 것이라는 위협이 언제나 존재하고 있었기 때문이다. 그 박탈에 동반되는 감각과 감정은 참을 수 없는 것으로 보였기 때문이다.

나는 '노'라는 대답을 듣는 것은 힘들다는 생각을 '덤벼!'라는 생각으로 바꿨다. 그렇게 해서 어린 시절에 곤경이라고 느끼던 것에 난생처음으로 직면할 수 있었다. 이를 위해 그동안 '느낄 수 없었던' 감각과 감정을 느낄 수 있는 능력이 나에게 있음을 주장했다. 꿈을 위해 나이갈 수 있고 그 과정에서 일어나는 무엇이라도 견딜 수 있는 능력이 나에게 있음을 주장했다.

이 사실을 알게 되면서 나 자신을 문이 닫혀버린 상황에 가두고 완전히 좌절과 절망의 자리로 내몬 것이 얼마나 대단한 일이었는가를 이해할 수 있었다.

내가 감각과 감정을 피하지 않고 진정으로 느낄 수 있는 곳, 치유의 기회를 가질 수 있는 곳은 그곳뿐이었던 것이다.

나는 가만히 앉아서 분노와 절망의 감정이 느껴지는 대로 느끼기 위해 나를 내버려두었다. 그렇게 가만히 기다리는 동안 갑자기 작은 실망이 큰 절망을 낳았다는 사실을 깨달을 수 있었다. 나는 그냥 앉아서 그것을 느꼈다. 내가 갖고 있는 감각을 알 수 있었다. 나는 내가 얼마나 화가 나 있었는지에 집중했다. 하지만 그것을 판단하지 않았다.

어떤 행동을 취하지 않았다. 감각을 제거하려고 애쓰지 않았다. 나는 그냥 그것을 느끼고 있었다.

통과해서 나오기

나는 이런 상태에 머무르면서 점차 어떤 깨달음을 얻기 시작했다.

나는 '생각의 요새'를 만들고 그것을 전환하기를 거부했었다. 그 안에 머무르는 동안 내가 경험한 것은 실패와 고통으로 가득 찬 삶이었다. 야망이 좌절된 삶이었다. 그런데 이런 상태를 지켜보는 동안 나는 깨닫기 시작했다. '생각의 요새' 안에 있으면서 얼마나 많은 힘을 포기했었는지를 말이다. 내 삶을 들여다본 결과 사실상 모든 야망이 잘못된 것으로 드러나게 하는 삶을 계획했었다는 사실을 알 수 있었다. 그것도 오직 나의 생각만으로 말이다. 나는 내가 원한다고 말하는 것을 가질 수 없는 삶을 계획했었고 반복해서 실패하고 자신의 재능과 능력을 소진하는 삶을 계획했던 것이다. 당시 상황은 완전히 부정적으로 보였다. 하지만 '부정적인' 생각과 함께 하는 동안 생각이 얼마나 강력한 것인지를 경험할 수 있었다. 그리고 생각이 삶의 거울에 한 치의 오차도 없이 나타나고 있다는 사실을 경험할 수 있었다. 그렇다고 당장 생각을 바꿀 준비가 된 것은 아니었지만 최소한 생각의 시스템과 작동법을 알게 된 것이다.

나는 운이 좋게도 이런 모든 시간을 지나는 동안 생각의 전환에 대해 가르치고 있었다. 따라서 계속해서 생각의 전환 원칙에 노출되어 있을 수 있었다. 삶은 우리의 생각을 정확하게 반영할 뿐이다. 그렇다

면 나의 수업 주제가 주로 무엇이었을까 생각해 보자. 그것은 바로 나의 문제였다!

한 학기가 끝나고 갑자기 잊고 있었던 사실이 생각났다. 만일 세상이 생각의 반영일 뿐이라면 내가 경험하고 있는 심각한 실패와 거부는 나의 생각의 반영일 뿐이며 나에게 찾아온 어떤 사건이 아니라는 사실 말이다. 물론 내가 경험하고 있었던 일들은 여전히 고통스러운 것이었다. 하지만 나는 그런 일들을 나에게 저질러준 사람들에게 "고마워요."라고 말할 수 있었다. 왜냐하면 그들은 내가 갖고 있던 실패의 생각, 그리고 자신을 무가치하게 여기는 생각을 볼 수 있고 바꿀 수 있도록 나에게 다시 생각의 반영을 보여준 사람들이기 때문이다.

나는 '노'가 생성하는 커다란 감각 안에 머무르기로 하면서 점차 내가 그것에 익숙해지고 있다는 것을 알아챘다. 감각은 바뀌지 않았지만 그것을 참을 수 있는 나의 능력은 달라졌다. 아이가 10분을 기다린다는 건 힘든 일이다. 하지만 어른은 10분을 기다릴 수 있다. 기다리는 시간이 짧아지거나 짜증을 덜 느끼기 때문이 아니다. 어른에게는 그 시간을 참을 수 있는 능력이 있기 때문이다. 어른은 자신이 기다리고 있다는 사실을 의식하지 못하거나 시간의 영향을 받지 않을 수 있다. 아이는 긴 줄을 기다리는 것이 불가능하다. 하지만 어른은 원하는 것을 얻을 수만 있다면 기꺼이 줄을 기다릴 수 있다. 나의 경우도 이와 같았다. 같은 상황, 같은 감각에서 그것을 견딜 수 있는 나의 능력이 커진 것이다.

이제 나는 모든 희망이 사라진 상태에서, 내가 평생 동안 저항해 왔던 '난감한' 감각을 기꺼이 견디기로 했다, 실패 또는 모든 것을 잃어버리는 것에 대한 저항을 멈추기로 했다. 그러자 더 이상 잃을 것이 없는 상황이 되었다. 좋은 기분이 들지 않았다. 그 무엇에도 흥미를 가질 수 없었다. 내 꿈을 이룰 수 있는 방법은 어디에도 보이지 않았다. 하지만 나는 이 모든 상황 속에서 살아가고 견디는 것(또는 이기는 것)이 가능해졌다.

부드럽게 유지하는 생각

　외부세계에서 보는 나의 삶은 여전히 희망이 없고 암울해 보였다. 그리고 상황을 바꾸려고 어떤 시도를 할 때마다 또는 어떤 생각을 할 때마다 고통이 일어났다. 외부세계는 여전히 절망적인 상태 그대로였다. 나는 내가 어떤 느낌을 갖는지에 상관없이 바깥세상의 원인이 나의 생각이라는 사실을 알고 있었다. 그래서 이런 의문이 들었다. '내가 원하는 결과를 낳을 것이라고 알고 있는 생각이지만 내가 그 생각을 하는 순간 고통과 '부정적인' 생각을 경험한다면 어떻게 그 생각을 유지할 수 있을까?'
　나는 곧 이렇게 할 수 있는 유일한 길이 내가 지금 느끼고, 믿고, '바깥' 세상에서 발현되는 것을 보고 있는 것으로부터 나의 생각을 분리하는 것이라는 사실을 깨달았다.
　우리는 생각을 할 때 자주 감각을 계속해서 지켜본다. 또는 생각이 '효과'가 있는지를 알아보기 위해 '바깥' 세상을 계속 지켜본다. 그런데 이렇게 하는 행동은 의심의 행동이다. 이런 의심은 즉시 세상에 반영되어 나타난다. 당신은 거울을 속일 수 없기 때문이다. 우리는 또한 자주 생각을 이용해서 세상에 일어나고 있는 일에 '싸움'을 건다. 그러

나 이렇게 하는 것은 거울 속에 나타난 우리 자신의 반영과 싸우는 것과 마찬가지다. 그렇게 한다면 우리의 싸움은 즉시 우리에게 반영될 것이다. 그것을 우리가 다시 거울 속에서 보는 것이다. 따라서 나는 세상에서 보고 싶은 것으로 반영될 생각을 유지할 수 있는 유일한 길에 대해 결론을 내렸다. 그것은 바로 결과를 예상하지 말고, 결과를 확인하지 말고, 희망을 갖지 말고, 더 좋은 느낌을 위해 노력하지 말고 '그 생각을 부드럽게 유지하는' 것이다. 다른 말로 하면 오직 세상에서 보고 싶어 하는 것에 대한 생각을 '부드럽게' 유지하는 것이다.

내가 이렇게 결론을 내린 날, 기도 파트너 하미는 나에게 그날의 기도제목이 뭐냐고 물었다. 나는 최선을 다해 이렇게 대답했다. "새로운 생각을 유지할 때 경험하는 모든 경험을 겪는 동안 새로운 생각을 유지할 수 있는 의지를 달라고 기도해 주세요." 이것은 미약하지만 중요한 과정이었다. 나는 의지가 없었고 의지를 가질 의지도 없었다. 그러나 처음으로 내가 세상에서 나타나길 바라는 생각을 유지하는 길에 들어서 있었다. 내가 어떤 느낌을 갖고 있는지, 또는 세상에서 무엇을 보고 있는지에 상관없이 말이다. 나는 생각을 감각, 믿음, 발현에서 분리시켰다.

나는 '절망적인' 외부세계와 감각으로부터 주의를 돌렸다. 생각의 내면의 세계에만 온전히 초점을 맞추기 시작했다. 나는 스스로 생각했다. '글쎄, 나에게는 외부세계에 무언가가 일어나게 할 수 있는 능력이 없는 것 같아. 그러니까 그냥 그 생각을 생각하기 위한 생각을 하면 되는 거야.'

나는 매일 아침 어떤 기분을 느끼든 간에 세상에 나타나길 바라는 생각의 목록을 보며 생각을 하기로 결심했다. 나는 '부드럽게' 이 생각들을 생각해 보았다. 생각이 현실이 되게 만들려는 노력을 하지 않고, 나의 감각을 바꾸려는 시도를 하지 않고, 생각이 효과가 있는지를 확인하지 않았다. 나는 그 생각들을 그냥 생각했다.

내 목록에 있는 생각들은 다음과 같았다.

- 나는 내가 원하는 것을 갖도록 허락되었다.
- 내가 원하는 것을 갖는 것은 가능하다.
- 우주의 모든 돈은 내가 당장 사용할 수 있는 것이다.
- 이후에 뭔가가 있다.
- 나의 생각의 전환에 관한 책이 상황에 상관없이 대형 출판사에서 출판되어 베스트셀러가 된다.
- 내가 작업하고 있는 쇼와 CD는 과거에 무슨 일이 일어났든지 간에 큰 성공을 거둘 수 있다.
- 내 꿈이 이루어지는 것은 가능하다.
- 과거에 무슨 일이 일어났는가 하는 것은 내가 선택하는 다음 생각과 미래에 일어날 일과 아무 관계가 없다.
- 지금이 전부다.

내가 상황에 완전히 압도당했다는 느낌이 들 때는 모든 생각을 망라하는 한 가지 생각을 하기로 결정했다. 그 생각은 바로 다음과 같다.

- 모든 것이 가능하다.

하루하루를 살아가다 보면 부족함이나 무능력에 대한 생각을 하게 될 때가 있었다. 하지만 그렇다고 해서 그 생각이 '사실'인지에 대한 증거를 찾아 외부 세계로 나가지 않았다. 생각에서 오는 느낌을 피하려고 하지 않았다. 대신 단순하게 그 생각에 따라오는 감각을 느꼈고 마음속 생각을 전환시켰다. 외부 세계에서의 결과를 예상하거나 외부 세계에 관심을 두지 않고서 말이다.

나는 외부 세계를 관찰하고 어떤 일이 일어나게 만들어야 한다는 부담에서 놓여 생각의 영역에만 집중하고 있었다. 이런 나의 시도는 여러 가지 면에서 '영혼의 어두운 밤'을 통과하기 전의 과정과 비슷하게 보였지만 여기에는 중요한 차이점이 있었다.

과거에 나는 내가 보기 원하는 것으로 발현될 생각을 하려고 했다. 그러자 즉시 '난감한' 감각이 떠올랐다. 나는 이런 감각들을 참을 수 없어서 그 생각에 머무를 수 없었고 재빨리 초조함을 누그러뜨려줄 생각으로 전환하려고 했다. 하지만 내가 세상에서 보기 원하는 결과가 나올 수 없었다.

지금 나는 여전히 생각을 할 때마다 떠오르는 '난감한' 감각에 부딪히고 있다. 사실 오히려 그것들을 '기대'할 때도 있다. 나는 감각들이 나타날 때면 이렇게 말한다. "오, 감각들이 또 납시었네." 그리고 그 감각들을 느낀다. 나의 절망적인 생각을 확인한다. 그리고 어떻게 해서든 원하는 생각으로 돌아가기 위해 생각을 전환시킨다.

따라서 나는 그저 생각들을 유지하면서 우주가 원래의 방식대로 되게 내버려두었다. 나의 삶과 감각을 있는 그대로 내버려두고 있었다.

나는 순수하게 생각만 하고 있었다.

나는 외부세계에 관심을 두지 않고 아무것도 기대하지 않고 있었다. 하지만 곁눈질로 외부세계의 상황을 확인하기 시작했다. 나는 코칭 교실이 잘 운영되길 원했었다. 하지만 지난 한 해 동안 코칭 교실을 찾은 고객은 한 주에 한두 명꼴이었다. 그런데 어떻게 된 일인지 지금은 한 주에 9~10명씩 찾아오고 있었다. 그렇다. 나는 이메일을 보내기도 하고 개별 코칭 수업을 제공하기도 했으며 여러 가지 대책을 강구하고 있었다. 그러나 단지 마음에 찾아오는 것만 할 뿐, 하고 싶은 느낌이 들지 않는 것은 아무것도 하지 않았다.

나는 점차 용감해지기 시작했다. 무슨 생각이든 생각할 수 있는 선택권이 나에게 있다는 점을 기억했다. 그래서 나 자신을 내버려두었다. 눈앞에서 제멋대로 날아다니는 생각을 마음껏 할 수 있게 했다. 나는 책을 출판하는 데 약간의 어려움을 겪고 있었다(에이전트와 출판사를 찾는 데 어려움을 겪는 정도의 흔한 어려움이었지만 나는 '노'라는 대답을 듣는데 어려움이 있는 사람이었다는 점을 기억할 것이다.) 하지만 일이 어떻게 될지에 신경을 쓰지 않고 그냥 이런 생각을 하기로 했다. '내 책은 출판되고 베스트셀러가 된다.'

또다시 나는 곁눈질로 상황을 살펴보기 시작했다. 사람들이 나에게 에이전트를 추천해 주었다. 수업을 듣는 사람들이 자신들이 어떻게 책을 출판시킬 수 있었는지에 대한 이야기를 해주었다. 그리고 우연히 베스트셀러 작가를 만나기도 했다. 나를 도와줄 수 있는 사람들이 등장하기 시작했다.

나는 '가능하다.'라는 생각을 하고 주식시장도 더 이상 들여다보지 않기로 했다. 물론 이렇게 하는 것은 돈을 다 잃어버릴지도 모른다는 생각과 아무도 나를 돌봐주지 않을 거라는 생각을 견디는 것을 의미했

다. 그러나 내가 이렇게 할 수 있었던 것은 이런 생각과 감각을 기꺼이 견디겠다는 새로운 의지 덕분이었다. 그리고 모든 것을 잃어버리겠다는 의지('덤벼!') 때문이기도 했다. 주식은 곧 회복되기 시작했다.

나는 그동안 진행이 지연되고 있었던 쇼와 CD 작업을 모두 성공적으로 마칠 수 있으리라는 생각을 했다. 쇼 관계자들과의 미팅이 재개되었다. 미팅을 하는 동안 나의 모든 감각과 생각이 일어났다. 초조함과 절망으로 해석되던 감각, 나에게는 어떤 것도 허락되지 않는다는 생각, 모든 것은 계략이며 마지막 순간에 전부를 빼앗기고 말 거라는 생각 등 말이다. 나는 이런 감각들을 참을 수 있었고 결과를 생각하지 않고 내가 원래 유지하고 싶었던 생각으로 계속해서 전환할 수 있었다. 그리고 외부세계에 초점을 맞추지 않고 내부세계에 초점을 맞추었다. 따라서 만일 이 모든 것이 누군가의 계략이고 내가 전부를 잃게 된다 할지라도 될 대로 되라는 식의 마음을 가졌다. 그리고 이런 마음을 갖고 있으면서도 프로젝트가 성공할 수 있다는 생각을 유지했다. 또한 그 생각에 따라 나타나는 감각을 느낄 수 있었다.

이것은 완전히 다른 삶이었다. 나는 삶이 실제로 일어나는 장소인 내면세계에서 살 수 있었다. 내가 원하는 생각을 하도록 나를 내버려두었다. 외부세계에 대한 저항, 또는 생각이 일깨우는 감각에서 자유로워졌다. 외부세계는 이런 생각들을 비추기 시작했고 나의 삶은 내가 꿈꿔왔던 대로 보이기 시작했다. 그러나 나는 외부세계가 어떻게 보이는지에 관심을 두지 않았다. 따라서 이런 일들에 대해 기뻐하거나 흥분하지도 않았다. 나는 이것이 삶이 실제로 일어나고 있는, 내가 머물고 있는 내부세계의 반영이라는 것을 알기 시작했다. 언제나 롤러코스터 같았던 나의 삶은 차분하고 고요해졌다. 나는 빈 캔버스 앞에서 무엇을 그리면 좋을지 결정하고 그것을 그림으로 그리는 예술가가 된 듯했다.

이번 여행은 내가 일생 동안 겪어온 문제를 치유해 주었다. 뿐만 아니라 '긍정적인 생각'과 관련해서 내가 가장 어렵게 생각하고 있었던 질문에 대해 깊이 있고 철저한 해답을 주었다. 우리는 몇 년 동안이나 책과 세미나를 통해 생각이 우리가 보는 세계를 통제하며 이 우주를 지배하는 방식은 '매력의 법칙'이라고 배웠다. 그리고 '긍정적으로' 생각한다면 '긍정적인' 결과가 나타날 것이라고 배웠다. 우리 모두는 이 점을 알고 있었다. 하지만 시간이 아무리 흘러도 실행에 옮길 수가 없었다.

나는 '영혼의 어두운 밤'을 통과하는 동안 직접적인 깨달음을 얻었다. 우리가 왜 원하는 생각을 유지하는 데 어려움을 겪는지, 그리고 생각을 유지하고 치유가 일어나게 하려면 정말로 어떻게 해야 하는지에 대해서 말이다. 생각은 분명 결과를 가져온다. 그러나 그 생각을 유지하는 동안에 경험해야 하는 모든 감각과 다른 생각들이 동반되기 마련이다. 이것을 경험하자면 큰 용기와 인내가 요구된다. 그러나 나는 이 '어두운' 기간을 지나는 동안 깨달았다. 아무리 어렵게 보일지라도, 그리고 아무리 두렵고 절망적으로 느껴질지라도 그렇게 하는 것은 가능하다는 점을 말이다. 생각을 유지하는 것은 가능하다!

준비가 되었다면 당신도 생각의 목록을 만들고 롤러코스터 안으로 들어가야 한다. 그것은 당신을 두렵게 만들고 '죽음의 그림자가 드리운 골짜기'로 인도할지도 모른다. 하지만 궁극적으로 이전에는 경험하지 못했던 자유와 치유를 허락해 줄 것이다.

27장
내면의 아이

　이 책을 통해 우리가 알게 되었듯이 우리가 세상에서 보고 싶지 않은 현상으로 반영되는 생각을 세상에서 보고 싶은 현상으로 반영되는 생각으로 전환시킬 때, 분노와 불안감을 경험하게 만드는 감각이 자주 일어난다. 우리는 생각이 믿음과 현상으로 이어지는 순환궤도를 따라 움직이게 만드는 비결은 이런 감각들을 견딜 수 있거나 그것과 함께 할 수 있는 능력이라는 것을 알고 있다. 그래서 우리는 이런 감각과 함께 하며 그 주변의 다른 생각들도 세상에 반영되길 원하는 생각으로 전환되도록 최선을 다하는 것이다.

　그러나 가끔 어떤 감각은 너무 강하고 집요해서 우리가 아무리 노력을 해도 함께 하기가 매우 어려울 때가 있다. 우리는 이런 감각 때문에 끊임없이 두려움과 초조함의 생각으로 돌아가려고 한다. 자신이 원하는 생각으로 전환시킬 수 있는 능력을 잃게 된다. 왜냐하면 우리가 원하는 생각은 너무나 힘든 감각을 생성하기 때문이다.

　나의 생각의 전환 워크숍에서 사람들은 공통적으로 근본적 불안감, 공포 또는 자신을 무가치하게 여기는 생각을 갖고 살아간다는 결론이 나왔다. 얼마나 많은 워크숍에 참여하고 얼마나 많은 긍정적 말을 반복하고 얼마나 많은 성공을 해보느냐에 상관없이 이런 감각, 생각, 내적 목소리는 계속된다.

만일 상황에 비해 극심해 보이는 초조함과 분노, 두려움, 무가치함 등의 생각과 감각을 갖고 있다면, 또는 이런 것들이 당신의 삶의 대부분을 차지하고 있다면, 그리고 이런 생각과 감각이 당신이 성공적인 성인으로서 기능하지 못하게 한다면 그것은 아이의 생각과 감각일 가능성이 많다.

짜증을 부리는 어린아이, 또는 상처 입은 어린아이에 대해 생각해 보자. 당신은 이 아이가 논리를 따질 수 없고 감각을 표현하는 것이 힘들다는 사실을 알 수 있을 것이다. 아이에게 그냥 상황을 직면하고 뚫고 나가라든지 '강해지라고' 압박을 가하는 것은 더 큰 상처만 줄 뿐이라는 것을 알 수 있을 것이다. 게다가 만일 당신이 아이 때문에 화를 낸다거나 아이를 버려두고 당신의 일에만 신경 쓴다면 아이는 문제를 해결할 길이 없다. 할 수 있는 거라고는 더 크게 소리를 지르는 것밖에 없을 것이다. 그렇지 않다면 감각을 억누르거나 내성적이 될 수 있다. 그리고 결과적으로 아이의 문제는 해결되지 못한다. 이렇게 해결되지 못한 상처는 아이가 삶을 살아가는 동안 공황, 분노, 신체적 증상, 관심을 끌기 위한 부적절한 행동, 그리고 실패로 나타날 것이다.

우리 중 수많은 사람들이 어린 시절 부모로부터 바로 이런 식으로 대우를 받아왔다. 부모가 우리를 상처주려고 해서가 아니라 주로 부모 자신이 해결 받지 못한 어린 시절의 문제를 갖고 있었기 때문이다. 이 결과 우리는 소리 지르고 있는, 아무도 돌봐주지 않는 내면 아이와 함께 삶을 살아가고 있다. 나 자신도 자주 그랬다. 비행기를 타고 오케스트라를 지휘하고 수업을 할 때 나를 산만하게 만들고 화나게 만드는, 소리 지르는 아이가 함께 있다는 느낌을 많이 받았다. 몇 년 동안 나는

이 상황에 대해 어찌할 바를 몰랐다. 무시하려고 하면 신체적 증상으로 나타났고 스스로 아이가 되도록 내버려두면 나는 제대로 구실을 할 수가 없었다. 이 문제에는 뾰족한 수가 없어 보였다.

신체적 증상 및 감각과 함께 하기

나는 우리가 경험하는 불안감과 신체적 증상이 우리의 관심을 끌려고 하는 내면의 어린아이라는 것을 깨닫고 생각의 전환 워크숍에서 아이와 함께 하며 아이를 다루고 도울 수 있는 방법들을 찾기 시작했다.

나는 그룹 내 모든 사람들에게 눈을 감고 자신의 신체적 증상에 대해 생각해 보라고 했다. 가장 두드러지게 느껴지는 불편한 감각에 집중하라고 했다. 만일 어떤 생각이 떠오르면 단순하게 그 생각을 확인한 다음 다시 감각을 경험하는 데로 돌아오라고 했다. 나는 그렇게 감각과 함께 있는 잠시 동안의 시간을 가진 후 눈을 뜨라고 했다. 그리고 계속해서 그 감각과 함께 있으라고 했다.

사람들에게 어떤 감각을 느꼈는지를 설명하게 했다.(신체적 증상—윙윙 소리가 난다. 얼얼하다. 아프다. 압박을 느낀다—즉 분노, 슬픔, 무력감 등 '느낌'을 나타내는 용어와 반대로). 그런 다음 그들이 진정으로 바라는 것, 꿈에 그리던 것에 대해 생각하라고 했다.

나는 마음에 생각을 더했을 때 감각에 무슨 일이 일어났냐고 물었다. 거의 모든 경우 그 감각은 상승했고 '더 악화'되었고 더 강해졌다고 했다. 많은 사람들이 놀랐다. 사람들은 자주 '긍정적인' 생각을 한다면 기분이 더 좋아질 거라고 생각한다. 그러나 사실 그렇지 않은 경우가 많다. 나는 원하는 생각을 할 때 감각이 상승하는 증상이 그 생각을 유지하지 못하게 만드는 첫 번째 원인이라고 주장한다.

따라서 우리는 왜 이런 일이 일어나는지 살펴보고 질문을 해야 한다. '이런 증상이 일어나는 목적은 무엇인가?'

신체적 증상의 목적

자신이 원하는 생각을 하자 즉각적으로 초조함과 신체적 증상이 거세지는 것을 경험할 때 우리는 이런 식으로 불평을 한다. '왜 이런 증상이 생기는 거지? 앞으로 살아가는 동안 계속 이런 증상을 겪어야 하는 것일까? 어떻게 이걸 없애지?'

따라서 우리는 자신에게 이런 질문을 한다. '이런 감각이 왜 나타나는 거야? 그 목적이 뭐지? 뭘 어쩌겠다는 것일까?' 우리는 명상을 통해 추적해 본 결과 이런 감각은 우리가 원하는 생각을 하지 못하게 하는(아니면 최소한 방해하는) 목적을 갖고 있다는 사실을 깨달았다. 그 이유가 무엇일까?

왜냐하면 우리가 하는 생각이 어린 시절의 우리에게 위험한 것이기 때문이다. 어린 시절의 우리, 즉 우리의 내면 아이는 그 생각을 할 때의 결과를 기억하고 있기에 우리가 그 생각을 하지 못하게 하려고 전력을 다한다. 그리고 우리의 주의를 다른 데로 돌리는 유일한 길은 신체적 증상과 초조함을 유발하는 것이다.

우리 중 많은 사람들이 어린 시절에 문제에 빠지고 벌을 받거나 무시를 당해 봤다. 이것은 우리가 '감히' 너무 흥분하거나 너무 좋아하거

나 자신감에 넘치고 자신의 감각을 표현했기 때문이었다. 우리 안의 아이는 현재 우리가 그렇게 하는 것을 볼 때도 위험을 감지한다. 어른으로서 아무 위험이 없는데도 말이다. 하지만 우리는 두려워하는 것이 어른인 자신이라고 생각하며 우리가 느끼는 감각 때문에 실제로 위험이 존재한다고 생각한다. 그 감각은 실제로는 아이의 저항인데도 말이다. 그래서 우리는 흥미 또는 가능성의 생각을 우리가 원하는 것들에서 멀어지는 생각으로 전환한다.

따라서 이런 감각은 우리 옆에 서 있는 아이와 같은 것이다. 아이는 우리를 잡아끌면서 그건 두려운 일이라고 말한다. 길을 건너다 차에 치인 경험이 있는 아이에 대해 생각해 보자. 당신은 그 아이와 함께 길을 건너려고 한다. 그런데 그 아이는 이렇게 소리 지른다. "안 돼요. 무서워요. 길을 건너다 다칠 거예요." 그건 아이가 하는 말이다. 아이는 어른이 안전하게 길을 건널 수 있다는 걸 모른다. 아이는 그렇게 하면 다친다는 것만 알고 있다.

당신이라면 이 아이를 어떻게 하겠는가? 무시하고 그냥 소리 지르게 내버려둘 것인가? 당신이 편하게 길을 건너지 못하게 만들기 때문에 짜증을 낼 것인가? 발을 구르고 소리를 지르면서 그건 바보 같은 짓이라고, 무서워할 건 없다고 하며 아이를 강제로 길 안으로 끌어다 놓을 것인가? 아니면 아이를 옷장 안에 가두어버릴 것인가? 머리를 베개로 덮어버릴 것인가? 만일 이렇게 한다면 아이의 초조함, 공황, 고함이 더 심해지지 않겠는가? 그러나 우리는 늘 우리의 감각(내면 아이)에 대해 이렇게 하고 있다.

그렇다면 어떻게 해야 할까? 아이가 소리 지르는 것을 멈추게 하는 방법은 의외로 간단하다. 그리고 우리는 자주 그렇게 하고 있다. 그냥 이렇게 말하면 된다. "그래, 알았어. 우리는 길을 건너지 않을 거야." 아이는 이제 잠시나마 안정이 되고 차분해질 것이다. 그러나 우리는 길을 건너지 못한다. 그리고 이렇게 되면 어른인 우리는 무언가를 할 수 없는 정지 상태, 좌절 상태에 남겨진다. 또한 우리는 이런 말을 하기도 한다. "길을 건너는 건 너무 불안한 일이야. 감각만 느껴지지 않는다면 할 수도 있겠지만 감각이 '공격'하기 때문에 난 못 해." 우리는 감각이 자신을 벌주는 것 같다고 생각한다. 하지만 그렇지 않다. 우리 안의 아이가 자신이 인식한(그리고 정말로 그렇게 경험한) 것이 위험한 것이라고 경고하는 것이다.

따라서 우리는 이 아이에 대해 어떻게 해야 할까? 훌륭한 부모나 양육자라면 이렇게 할 것이다. 우선 아이와 함께 앉는다. 아이의 말을 듣는다. 아이를 존중하고 그 느낌을 이해한다. 그런 다음 아이를 부드럽게 잡고 길을 건너간다. 부모는 아이의 경험에 기초해서 아이가 충분히 그런 느낌이 들 만하다는 것을 알고 있다. 그러나 길을 건너는 안전한 방법이 있다는 것 역시 알고 있다. 물론 당신이 아이와 함께 길을 건넜다고 해서 아이가 한 번에 괜찮아지는 것은 아니다. 당신은 그렇게 여러 번 해봐야 할 것이다. 목적은 아이가 길을 건너는 방법을 배우게 하는 것이다. 아이는 직접적인 경험을 통해, 그리고 당신의 도움을 통해 문제를 해결하는 방법을 알게 될 것이다. 길을 건널 때 드는 느낌을 다룰 줄 알게 되고 양쪽을 보고 안전할 때 길을 건너면 된다는 것을 알게 된다. 그렇게 아이는 성장해 갈 것이다.

우리의 감각을 느끼는 '아이가' '성장'하도록 만드는 방법은 이런 감각들과 함께 있게 하는 것이다. 그러나 이런 감각은 우리가 위험에 처했던 순간을 기억나게 만들기 때문에 우리는 종종 그 감각에서 뛰

쳐나와 '방어적인' 생각으로 옮겨간다.('나는 할 수 없어. 이건 절대 불가능할 거야.') 또는 자신이 왜 그것을 할 수 없는지에 대한 설명을 하려고 한다. 하지만 우리는 방어적 생각이라는 '약물'을 끊고 약간 불편할 수는 있지만, 어른으로서 충분히 감당할 수 있는 '고통'과 함께 있어야 한다.

일단 감각과 함께 있을 수 있게 되면 우리는 자신이 원하는 생각을 할 수 있는 자유를 얻게 된다. 그리고 나타나길 원하는 것이라면 무엇이든지 볼 수 있게 된다. 생각의 전환 코스를 듣던 사람 중에 자주 위통이 발생하는 사람이 있었다. 그녀는 이것을 화가 나고, 아무것도 할 수 없고, 삶이 정지하는 것 같은 느낌이라고 해석했다. 하지만 그녀는 '이것을 참을 수 있다.'는 생각을 해냈다. 이 생각을 갖게 되자 한때 삶이 정지하는 것 같았던 느낌이 단순히 참을 만한 감각이 되었다. 그녀는 어떤 생각이나 할 수 있는 자유가 생겼다. 이렇게 할 수 있는 능력은 우리가 진정으로 과거로부터 자유로워지고(과거를 제거하는 게 아니라 통합함으로써) 현재의 자유를 누릴 수 있게 해준다.

내면 아이는 갑자기 나타난다

나는 워크숍을 통해 놀라운 결과를 얻게 되었다. 그것은 생각의 전환이 내면 아이를 다루고 치유하는 핵심 비결이라는 것이었다.

생각의 전환 워크숍이 거의 끝나갈 무렵이었다. 직장에서의 문제로 생각의 전환에 어려움을 겪고 있던 한 멤버를 대상으로 워크숍을 진행하고 있었다. 그런데 갑자기 카렌이라는 다른 멤버가 끼어들더니 이렇게 말했다. "미안해요. 너무 강한 느낌이 들어서 지금 말을 해야 할 것 같아요." 이런 일은 매우 드문 경우라서 우리는 그녀가 잠시 끼어들어도 되겠느냐고 당사자에게 양해를 구했다. 그는 괜찮다고 했다.

카렌은 지금 이 사람이 겪고 있는 문제 때문에 너무 화가 나서 자신이 나서서 그를 혼내주어야겠다는 생각이 들었다고 말했다. 나는 그렇다면 그녀 자신이 편안해지기 위해 다른 누군가가 문제를 갖고 있어서는 안 되는 것이냐고 지적했다. 우리는 곧 카렌의 어린 시절에 대해 이해를 하게 되었다. 그녀는 어렸을 때 양육자가 매우 약하고 의지할 만하지 못한 사람이어서 돌봄을 받기 위해 스스로 그들을 바로잡아 주고 그들의 상태를 지켜줘야 했던 것이다. 물론 부모가 이래서는 안 된다. 그러나 그녀의 경우 돌봄이 필요한 어린 시절에 '부모 없이' 자랐던 것이었다.

나는 카렌에게 자신 밖의 무언가를 고치려고 하기보다 내면의 두려운 문제가 무엇인지를 살펴보아야 한다고 제안했다. 그러자 즉시 그녀는 주체할 수 없도록 눈물을 흘리며 몸부림을 쳤다. 말을 더듬으며 얼굴과 목에 경련을 일으켰다. 그리고 그동안 너무 고통스러웠으며 너무 아팠고 견딜 수 없이 힘들었다고 소리를 지르기 시작했다.

그때 우리가 보고 있던 것은 자신을 받아줄 사람이 아무도 없는 한 어린아이였다. 그 고통은 너무 심해 보였다. 나는 그녀에게 말했다. "나는 지금 아이에게 말하고 있는 거예요." "네." 그녀가 대답했다. 나는 부드러운 어조로 그녀가 얼마나 큰 고통을 겪었을지 알 것 같다고 말한 다음 그녀와 함께 있는 어른에게 말을 해도 되겠느냐고 물었다. 그녀는 처음에 "안 돼요. 그러지 말아 주세요." 하고 말했다. 나는 그녀에게 있어서 어른이란 엄마 같은 존재라는 것을 알 수 있었다. 그녀

의 경험으로 볼 때 그녀는 지금 엄마를 만나고 싶지 않아 한다는 것을 알 수 있었다. 나는 그녀에게 우리가 어른을 본 적이 있으며 잠시 그와 대화를 하고 싶다고 다시 한 번 부드럽게 말했다. 그러자 그녀는 알겠다고 했다. 곧 경련이 멈췄고 그녀의 얼굴이 완전히 바뀌었다. 내 앞에는 완전히 침착해진 한 어른이 앉아 있었다.

나는 그 어른에게 아이가 굉장히 화가 나 있다는 사실을 알고 있느냐고 물었다. 그녀는 대답했다. "네. 하지만 그 아이를 만나는 게 힘들었어요." 이 시점에서 아이가 다시 한 번 울음을 터뜨리며 고통스럽다는 이야기를 했다. 신경 경련이 다시 시작되었다. 나는 다시 어른을 불러왔다. 그러자 어른이 바로 돌아와 이렇게 말했다. "이런, 모두들 내가 미쳤다고 생각할 거예요."

나는 교실 사람들에게 물었다. "지금 보고 있는 상황과 비슷한 경험이 있으신 분 있나요?" 모두들 손을 들었다. 교실 내의 모든 사람들은 늘 이처럼 극적인 현상으로 나타나지는 않을지라도 어른이 존재하는 동시에 분노와 두려움에 휩싸인 아이도 함께 존재한다는 느낌을 갖고 있었다.

그리고 나는 카렌에게 다시 물었다. "만일 당신의 어릴 적 고통을 똑같이 겪고 당신이 당했던 학대를 당하는 아이를 본다면 어떻게 할 것 같나요?" 그녀는 즉시 대답했다. "나는 어떻게 해야 할지 정확하게 알고 있어요. 사실 지하철에서 모욕적인 말을 듣고 있는 아이를 본 적이 있어요. 그때 생각했어요. '저 아이를 내가 몇 달만 데리고 있으면 치유해 줄 수 있을 텐데.'"

나는 그녀에게 자신의 아이에게도 어떤 말을 해줄 수 있겠느냐고 물었다. 그녀는 다시 이렇게 말했다. "나는 그 아이를 만나는 게 어려워요." 그때 나는 내가 다중인격을 만나고 있는 게 분명하다는 것을 알 수 있었다. 그런데 그녀는 다른 다중인격자와는 달리 최소한 서로가 서로를 알고 있었다. 하지만 아이는 어른을 두려워했기 때문에 어른에게서 멀리 떨어져 있으려고 했다. 어른은 아이의 고통을 알고 싶지 않아 했기 때문에 아이에게서 멀리 떨어져 있으려고 했다.

나는 어른이 아이에게 이렇게 말해 주면 좋을 것 같다고 제안했다. "나는 너를 돌봐줄 수 있어. 나는 너를 위해 무엇을 해주어야 할지 정확하게 알고 있어." 그러자 어른은 약간 망설이더니 아이에게 그 말을 해주었다. 그러자 즉시 아이가 나타났다. 여전히 불안해 보이긴 했지만 훨씬 차분해졌.

나는 아이에게 너는 혼자가 아니며 너의 몸 안에 언제나 엄마가 함께 존재하고 있다고 말해 주었다. 그녀가 너를 도와줄 것이며 그녀는 절대 너를 떠나지 않을 거라고 말해 주었다. 그녀는 자신을 돌봐주는 사람과 자아를 분리시키지 못하는 매우 어린 시절에 상처를 받은 것이 분명했다. 그래서 무력한 아이가 잠시라도 돌봄을 받지 못하게 된다는 것은 생각조차 할 수 없는 괴로운 일이었다.

항상 그녀와 떨어지지 않는 엄마가 있다는 얘기를 해주자 아이는 더욱 차분해지는 것 같았다. 그래서 나는 다시 어른을 불렀다. 그녀는 바로 나타났다. 그녀는 자신이 아이를 위해 무엇을 해주어야 할지 안다고 말했기 때문에 그녀에게 지금 이 순간 아이를 위해 무엇을 해줄 수 있겠느냐고 물었다. 그녀는 수업을 마친 후 아이에게 커다란 쿠키를 사주고 집에 가서 아이와 함께 영화를 보겠다고 했다.

7부 당신의 삶 전체를 가로막는 '큰 난관' 통과하기

아이의 생각을 어른의 생각으로 전환하기

수업을 마치자 오랫동안 생각의 전환 코스에 참여했던 한 멤버가 이번 사건을 계기로 생각의 전환 작용의 핵심에 대해 완전히 새로운 사실을 깨달았다고 말했다.

나는 어른/아이의 관계가 얼마나 중요한지를 깨달았다. 그래서 다음 주에 이것을 생각의 전환에 적용하는 방법을 테스트하기 위한 새로운 과제를 갖고 돌아왔다.

나는 평소처럼 명상으로 수업을 시작하면서 모두에게 자신이 현실화되지 않은 세계에 있다는 생각을 하라고 했다. 그리고 주변을 둘러보고 그중에서 나타나길 바라는 것을 한 가지씩 고르라고 했다. 그곳으로 움직여 가서 그 장소를 차지하라고 했다. 그런 다음 눈을 뜨게 하고 눈은 뜨고 있지만 여전히 현실화되지 않은 세계에 있다고 생각하라고 했다. 그들이 원했던 공간을 똑같이 차지하고 있으라고 했다. 눈에는 안 보이지만 주변에 모든 것이 있다고 생각하라고 했다.

그런 다음 나타나길 원했던 것을 종이에 적으라고 했다. 교실 내의 사람들이 돌아가며 자신이 적은 것을 큰 소리로 읽었다.(항상 그렇듯 나는 어떤 이유에서든 자신의 것을 나누고 싶지 않을 때는 그냥 통과할 수 있는 선택권을 준다.) 건강, 성취, 관계 등에 관한 여러 가지 보편적인 생각을 들을 수 있었다.

그다음으로 나는 사람들에게 자신의 생각을 종이의 맨 윗부분에 적고 그 아래에 그 생각을 할 때 드는 모든 생각을 적으라고 했다. 우리는 또 돌아가며 발표를 했다. 예상한 대로 대부분의 생각은 두려움, 초조함, '이런 일은 일어나서는 안 돼. 내가 이런 것을 원한다고 누가 생각하겠어?' 등의 생각이었다. 하지만 가끔은 '이건 해보면 재밌을 거 같다. 나는 할 수 있어.' 등의 생각도 있었고 '좀 겁나지만 설레기도 해.'라는 복합적인 생각도 있었다.

나는 모두에게 생각의 목록을 훑어보면서 어른의 생각에는 A를, 아이의 생각에는 C를 표기하라고 했다.

생각을 점검해 본 결과 모든 초조하고 걱정되고 자기 비하적인 생각은 아이의 생각이라는 점이 분명해졌다. 이것은 아이가 가졌던 경험 또는 아이가 들었던 말에 기초해서 생긴 것이었다. 어떤 사람은 걱정하는 생각이 어른의 생각이라고 했다. 예를 들면 '성공하려면 좀 더 서둘러야 한다.' 또는 '게으르면 아무것도 이룰 수 없다.' 등의 생각 말이다. 하지만 좀 더 자세히 들여다보면 이런 생각은 우리가 어린아이일 때, 우리가 어른이라고 여겼지만 사실은 상처받은 아이의 자리에 있던 사람들이 해준 말을 기초로 한 생각임을 알 수 있다. 우리는 '어른'과 '덩치가 큰 사람' 또는 '다 자란 사람'을 구별해 보았다. 실제로 어른인 사람도 있지만 큰 몸집을 갖고 있되 아이의 자리에서 생각하고 행동하는 사람들도 있다는 것이다.

한편 '어, 재밌겠다.' 또는 '당장 해보고 싶다.'와 같은 생각도 있었다. 이런 생각은 아이의 생각으로 보였다. 하지만 더 자세히 살펴본 결과 이런 생각은 비록 우리가 어릴 적에 갖게 된 생각일지라도 현재까지 우리를 보살펴주고 지지해 준 생각이라는 것을 알 수 있었다. 우리는 이 생각을 어릴 적부터 가져온 어른의 생각이라고 결론지었다.

나는 이제 모두에게 원래의 생각으로 돌아가라고 했다. 현실화되지 않은 세계에서 찾아낸, 그들이 나타나길 원했던 생각 말이다. 그리고 그것과 관련되어 나올 수 있는 어른의 생각을 모두 적으라고 했다.

모든 사람은 어른의 생각에 해당하는 목록을 작성했다. 자신을 돌보아 주는 생각을 포함해서 그 내용은 다음과 같은 것들이었다. '네가 집 정리 때문에 겁에 질려 있다는 걸 알아. 하지만 나는 어떻게 해야 할지 알고 있어. 그러니 일단 가서 플라스틱 통을 사 오자. 같이 앉아서 각 통에 무엇을 넣으면 좋을지 결정하자.', '그걸 완벽하게 해야 하는 건 아니야.', '너는 그걸 해낼 수 있는 능력이 있어.', '넌 잘 하고 있어.'

우리는 생각의 전환을 한다는 것은 언제나 아이의 생각을 어른의 생각으로 바꾸는 것이라는 점을 발견했다. 아이의 생각은 항상 방어적 생각이다. 이것은 아이(그리고 어른이 된 우리)가 견딜 수 없고 위험하다고 간주했던 감각으로부터 멀어지게 만드는 생각이다. 방어적인 아이의 생각이 낳는 결과는 부모의 돌봄을 받지 못하고 치료를 받지 못한 아이가 원래의 정신적 고통 또는 분노가 발생하는 상황에서 낳는 결과와 같다. 이와 다른 결과를 낳으려면 정신적 고통에서 해방된 어른의 생각으로 전환시켜야 한다. 어른은 언제나 우리에게 존재하고 있다. 물론 아이도 함께 존재하고 있지만 말이다.

지금까지 우리는 오래된 생각을 새로운 생각으로 전환시키려고 노력했다. 그 새로운 생각을 유지하기 위해 필사적으로 노력했으며 오래된 생각이 다시 나오지 않기를 바랐다. 우리는 오래된 생각이 계속해서 다시 등장하려고 한다는 점을 발견했다. 따라서 오래된 생각을 볼 때마다 단순히 그것을 새로운 생각으로 바꿔야 한다는 점을 알게 되었다. 그러나 아이의 존재와 아이의 생각에 대한 새로운 통찰에 의해 아이가 '성장하고' 치유되고 어른으로 통합되게 만들기 위해서는 아이의 생각과 어른의 생각 간의 지속적인 '전환'이 이루어져야 한다는 점을 깨달았다.

예를 들어 만일 길을 건너는 것을 두려워하는 아이가 있다면 아이에게 이런 생각을 전해 줄 수 있다. '길을 건너는 것은 안전하다.' 그러나 그 생각을 전해 준다고 해서 갑자기 아이가 길을 건너게 되는 것은 아니다. 그리고 아이가 길을 건너게 되더라도 두려움 없이 길을 건널 수 있는 것은 아니다.

당신은 아이의 두려움을 인식해야 한다. 부드럽게 아이의 손을 잡고 아이에게 길을 건너는 것은 안전하다고 말해 주어야 한다. 아이를 팔로 둘러 안은 다음 함께 길을 건너야 한다. 아이는 매우 두려워할 수도 있다. 하지만 그 두려움 때문에 당신까지 두려워지는 일은 없을 것이다. 당신 역시 아이가 두려워하지 못하게 해야 하는 건 아니다. 당신은 아이의 두려움을 인식하고 당신의 생각을 전해 주며 아이를 잡아줌으로써 아이가 길을 건널 수 있게 도와주면 된다. 아이는 일단 길을 건너게 되더라도 여전히 두려움을 느낄 것이다. 당신은 이 과정을 백 번도 넘게 반복해야 할 수도 있다. 그러다 어느 순간 당신은 아이에게 이렇게 말할 것이다. "혼자서 건널 수 있겠니?" 당신은 길을 건너는 것이 완전히 안전하다는 생각을 유지해 왔다. 아이도 이제 어느 정도는 그런 생각을 갖게 되었다. 하지만 아직 완전히 그런 생각을 갖게 된 것은 아닐 것이다. 당신은 길가에 서서 아이가 길을 건너는 것을 지켜본다. 아이는 두려워서 당신에게 다시 돌아올지 모른다. 그러면 아이를 다시 잡아준다. 길은 건너는 것이 안전하다는 당신의 어른의 생각을 반복해서 들려주고 아이를 다시 내보낸다. 안전하게 길을 건널 수 있다는 생각을 유지하면서 여러 번 반속해서 아이를 내보내다 보면 아이는 결국 이것이 안전하지 않다는 생각을 버리고 능숙하게 길을 건너게 될 것이다. 그리고 마침내 당신이 전해 준 어른의 생각을 갖게 된다.

논의를 진행하는 동안 그룹 내 사람들이 어릴 적에 부모로부터 무시 받았던 경험에 대해 이야기하기 시작했다. 어떤 사람은 수영을 배울 때 부모가 자신을 그냥 물속에 던진 다음 알아서 해보라고 했다고 했다. 그는 사실 그렇게 해서 수영을 배울 수 있었다. 하지만 수영을 한다는 것은 항상 정신적 고통과 두려움의 감정에 연결되어 있었다. 또 어떤 사람의 엄마는 아이가 신발 끈을 묶을 때 멀찍이 떨어져서 절대 도와주지 않았다고 했다. 아이의 엄마는 이것이 아이를 강하게 기르는 방법이라고 생각했던 것이다. 물론 그는 신발 끈 묶는 법을 스스로 알아냈다. 하지만 신발 끈을 묶는 것은 언제나 버림을 받는 느낌을 주었으며 무의식중에 '제멋대로 일어나는' 초조함이나 긴장감 같은 고통의 요소로 나타났다.

우리는 삶에서 자신이 좋아하지 않는 것을 만나거나 새로운 생각을 선택해야 하는 추주함을 경험할 때 아이의 생각을 갖게 된다. 그런데 자신이 원하는 것을 보기 위해서는 아이의 생각을 어른의 생각으로 전환해야 한다. 우리는 어른의 생각이 두려움과 초조함을 낳는다면 그것이 아이의 두려움과 초조함이라는 것을 알고 있다. 우리는 아이의 생각과 어른의 생각을 왔다 갔다 한다. 즉 일단 아이의 생각을 만나면 그냥 그것을 아이의 생각으로 보고 인정한다. 그런 다음 어른의 생각을 선택하고 그것에 따르는 감각을 느낀다. 하지만 그러다가 여전히 아이의 생각이 존재한다는 점을 알게 된다. 그러면 또 그것을 어른의 생각으로 바꾼다. 이런 식으로 아이의 생각과 어른의 생각 사이를 계속해서 왔다 갔다 하는 것이다.

이런 이해는 '생각의 전환'이라는 용어에 새로운 의미를 부여한다. 하나의 생각을 다른 생각으로 전환한다는 의미에 덧붙여 지속적으로 어른과 아이 사이의 생각을 전환한다는 의미가 더해진 것이다. 우리가 이렇게 전환을 계속하는 동안 아이는 성장하게 되고 정신적 고통에서 치유된다. 감각(또는 보다 정확히, 우리의 감각에 대한 지각)이 생각에 더욱 밀착되면서 생각의 반영이 더 원활해지고 아이의 상처가 치유되는 것이다.

아이의 생각을 어른의 생각으로 감싸기

나는 지금까지의 이해를 바탕으로 이런 새로운 생각의 전환이 일어나는 과정을 보여주는 차트를 작성하기 시작했다. 여기서 그 차트를 보여주겠다. 차트의 단계를 따라가는 동안 우리는 감각 및 초조함과 두려움의 생각을 견디고 치유하는 새롭고 강력한 방법을 터득하게 될 것이다. 나는 생각의 전환 수업에서 만났던 실제 예를 사용해 설명할 것이다.

한 의뢰인이 오랫동안 꿈만 꾸고 계속 미루어왔던 창조적 프로젝트를 실행하기로 결심했다. 그녀는 자신 앞에 무엇이 있는지를 살펴보았다. 그녀는 '나는 그것을 할 수 없어. 나는 그만한 재능이 없어.'라는 생각을 발견했다.

그녀는 그 생각을 이렇게 바꾸었다.

> **새로운 생각**
> '나는 그것을 할 수 있다'

그런데 이 생각은 즉시 불안감과 두려움으로 해석되는 감각을 불러 일으켰다.

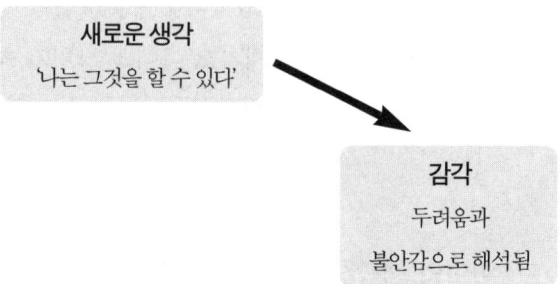

그러자 즉시 새로운 생각이 나타났다. 그 생각은 '나는 그것을 할 수 없어. 엄마가 나를 죽일 거야.'였다. '나는 그것을 할 수 있어.'라는 생각에서 생성된 불안감을 누그러뜨리기 위해 이런 생각을 갖게 된 것이 분명했다. 그녀가 그것을 할 수 없다면 그녀는 어릴 때 그와 비슷한 일을 시도했을 때 경험했던 불안감을 경험할 수도 있는 다음 단계로 넘어갈 필요가 없어진다.

따라서 차트는 이제 이렇게 변한다.

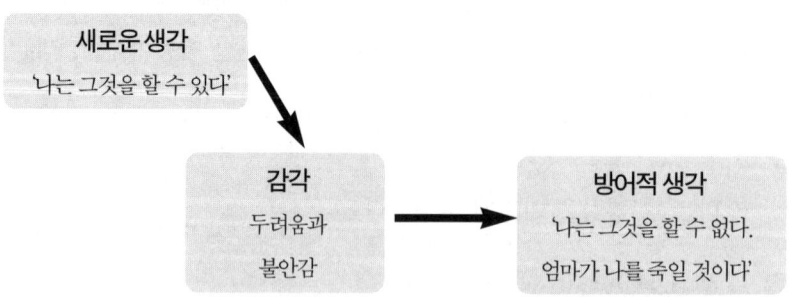

우리가 방어적 생각에 머무른다면 방어적 생각은 보다 편안한 새

로운 감각을 형성할 것이다.(위험에 몰아넣는 것으로 인식했던 영역으로 자신을 끌어들이지 않기 때문에) 이런 감각은 우리를 '나는 그것을 할 수 없어.'라는 믿음으로 인도할 것이며 우리가 보게 될 반영은 '나는 그것을 할 수 없어'가 될 것이다.

차트는 이렇게 변할 것이다.

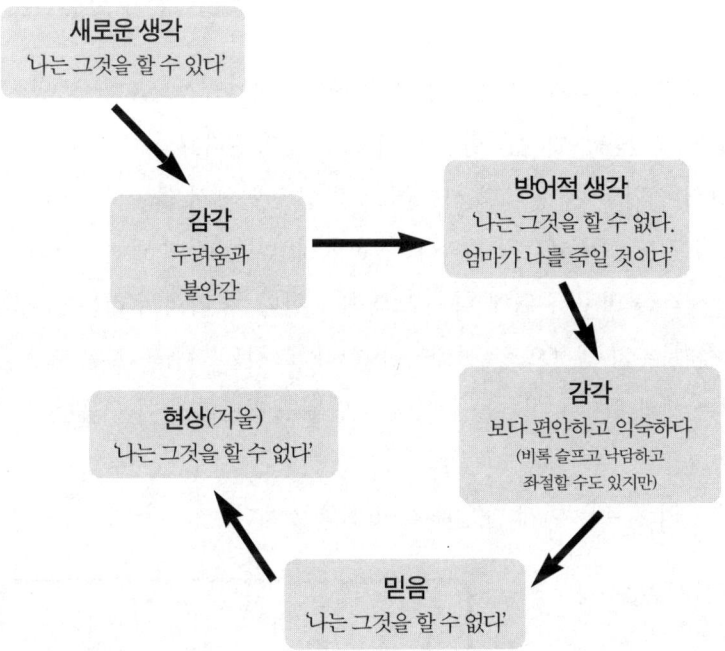

이런 사이클을 형성하지 않는 방법은 '나는 그것을 할 수 있다.'라는 새로운 생각을 '나는 그것을 할 수 없다. 엄마가 나를 죽일 것이다.'라는 방어적 생각으로 전환시켰다는 사실을 인식하는 것이다. 그리고 방어적 생각을 우리가 유지하고 싶은 그 생각으로 다시 전환시키는 것이다.

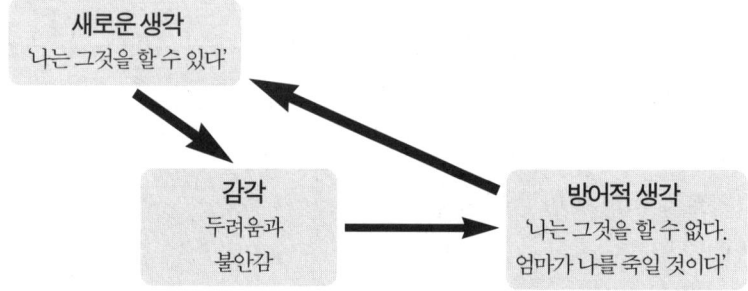

바라건대 우리가 이 과정을 지속하면 더욱 더 감각을 잘 견딜 수 있게 되고 믿음과 발현을 향해 전진할 수 있게 된다.

그러나 만일 이 삼각형 사이클을 몇 번 반복해서 돌아도 불안감이 지속되고 새로운 생각을 유지하는 것이 어렵다는 점이 발견된다면 아이의 생각을 바꾸기 위해 더욱 노력해야 한다. 따라서 우리는 아이의 생각을 어른의 생각으로 '둘러싸야' 한다. 그것은 다음과 같은 질문을 던지는 것과 같다. '어른들이 아이 주변을 둘러싸고 아이를 돕는 중이라면 그들은 무슨 말을 해줄까?'

우리의 차트는 이제 다음과 같이 변할 것이다.

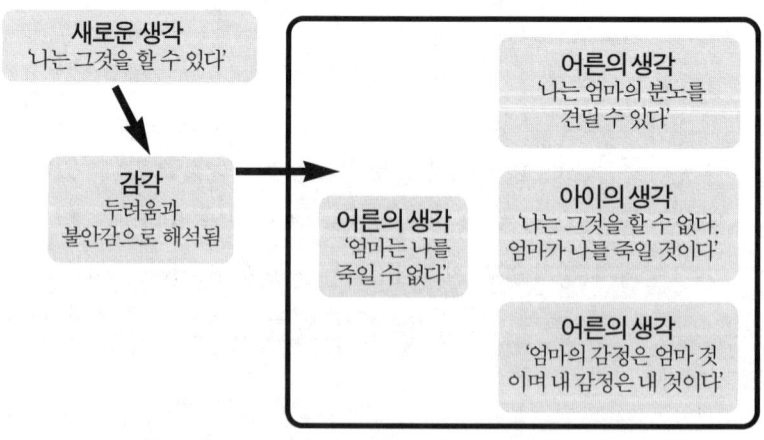

이렇게 어른의 생각과 아이의 생각 사이의 대화(또는 '전환')가 이루어지는 동안 아이는 안전하다고 느끼기 시작한다. 당신은 이 박스 내의 전체 과정을 통해 어른이 감각을 돕게 만든다. 어른은 아이의 생각을 단순히 없애거나 대체하려고 하지 않는다. 아이의 생각을 들어주고 아이가 생각을 유지하게 해준다. 감각이 보다 견딜만한 것이 되도록 한다. 그리고 '나는 그것을 할 수 있다.'는 생각이 믿음이 되고 현상으로 나타나도록 만든다.

따라서 결과는 다음과 같을 것이다.

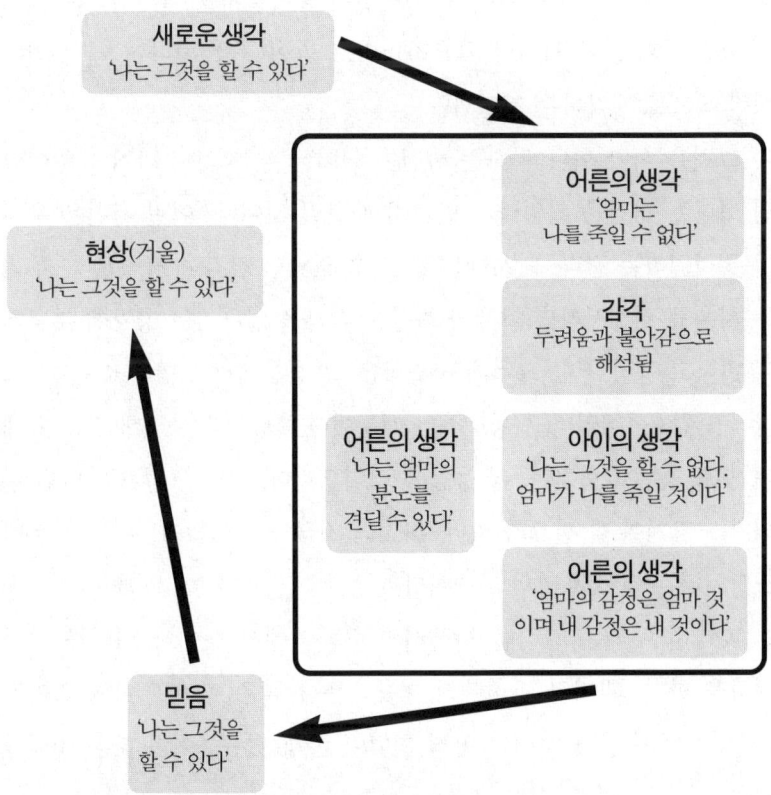

미래가 두려울 땐 과거를 돌아보자

심리치료 분야에는 이런 말이 있다. 미래에 어떤 끔찍한 일이 일어날 거라는 걱정이 드는 것은 이미 그런 일이 일어난 적이 있기 때문이다. 그렇지 않다면 당신은 그것에 대한 걱정을 모르고 있을 것이다.

가끔 어떤 화나는 일이 일어날 때 우리는 자신이 이런 생각을 하고 있다는 걸 발견한다. '나는 절대 성공할 수 없어. 나는 언제나 실패해. 나는 돈을 벌 수 없어.'

하지만 이런 생각을 검토해 보면 이것이 사실이 아니라는 점을 바로 알 수 있다. 우리는 미래에 어떤 일이 일어날지를 절대 알 수 없다. 과거에 어떤 일이 일어났었다 하더라도 말이다. 그렇다면 왜 우리는 이런 식으로 생각하는 것일까?

그것은 아마 화나게 하는 사건이 일어날 때 그것이 과거에 일어났던 화나는 사건을 기억나게 만들기 때문일 것이다. 이런 사건은 우리가 두려워하는 감각, 당시에는 견딜 수 없었던 감각을 불러온다. 우리는 치유를 위해서라면 그때와 똑같은 감각을 일으키는 상황에 부딪혀야 한다고 생각한다. 그런데도 결국은 그 상황에서 도망치고 만다. 그 감각을 참을 수 없다고 생각하기 때문이다. 그 감각은 대개 강도가 세며 공포 또는 고립감, 공황 등을 불러일으킨다. 만일 그렇지 않다면 우리가 도망쳐야 할 필요가 없다. 하지만 지금도 끊임없이 그것으로부터 도망치려는 것이 우리의 모습이다.

따라서 우리는 감각을 발생시켰던 과거에서 벗어나 미래를 향한 생각을 한다. 과거와 과거에서 비롯되는 감각은 이미 일어난 일이고 바뀔 수 없는 반면 미래는 아직 희망이 존재하는 곳이며 다른 미래를 열 수 있는 기회가 있는 곳이다. 과거는 이미 일어난 일이며 과거에 생긴 '손상'은 되돌릴 수 없다는 사실은 희망이 없는 것으로 보일지 모른다. 그러나 치유는 이런 감각을 피하지 않고 경험할 때 일어난다. 감각을 밀어내지 않고, 왜 그런 일이 일어났는지를 한탄하지 않으며, 감각을 이겨내려고 애쓰는 대신 그냥 있는 그대로의 감각을 느낄 때 치유가 일어난다. 우리가 단순히 과거에서의 감각과 함께 있을 수 있게 되면, 같은 일이 다시 일어난다 해도 감각을 경험하고 상황을 다루고 앞으로 나아가는 것이 가능해진다. 그렇게 된다면 우리는 미래를 두려워하지 않을 것이다. 왜냐하면 우리가 미래를 다룰 수 있다는 점을 알고 있기 때문이다.

따라서 다음에 미래에 대해 두려운 생각을 하고 있는 자신을 발견한다면 그 생각을 이렇게 바꾸도록 노력해야 한다. '내가 경험하는 것은 기억이다.' 그리고 자신에게 물어보자. '무슨 일이 일어났었지? 이런 느낌이 들었던 것으로 기억하는 무슨 일이 있었던 거지?' 이 질문에 대해 생각해 보고 그 일이 일어났던 때의 감각을 느껴보자. 생각은 배제하고 그때의 감각을 느껴야 한다. 감각을 느낄 때 당신을 붙잡아 주고 편안하게 만들어주며 당신의 말을 들어주는 어른이 같이 있다고 생각해야 한다.

이 연구를 함께 했던 수많은 사람들을 통해 알게 된 놀라운 사실은 과거의 감각을 의식적으로 경험하기 시작하는 순간 내면의 어른이 나타나 당신을 도와준다는 사실이다. 이것은 자동적인 과정이다. 그리고 우리를 지지해 주는 어른이 있기에 우리는 감각을 느낄 수 있으며 치유가 일어난다.

이때 또 다른 놀라운 일이 일어난다. 당신이 느끼는 초조함과 두려

움이 과거로부터 온 것이라는 것을 알 때(현재 발생되긴 했지만 그것은 현재에 관한 것이 아니다) 그리고 당신의 어른이 아이가 과거로부터의 감각을 다룰 수 있게 도와준다는 사실을 알 때 현재와 미래는 동등한 게임장이 된다. 이 말은 즉 당신이 초조함을 느끼는 정도가 현재의 실제 상황에 적합한 정도가 된다는 뜻이다. 그리고 과거에 무슨 일이 일어났든 간에 당신에게 무한한 가능성이 열려 있음을 알게 된다는 뜻이다. 이로써 당신은 당신의 어른으로서의 능력과 기능을 사용하게 된다.

초조함을 느끼는 것이 아이의 기억이라는 사실을 알게 되고, 아이가 내면 어른의 지지와 공감을 통해 그 감각들을 느낄 수 있게 만든다면 이 아이를 '성장'시키고 당신의 어른 자아와 통합시키는 것이 가능하다. 당신은 이제 과거의 감각을 피하게 만드는 필터가 아닌 현재로부터 세상을 볼 수 있게 된다.

감각을 느낀다는 것은 감각을 느낀다는 뜻이다

나는 이 책을 쓰기 시작할 무렵 수십 년째 심리치료학을 탐독하던 중이었다. 그때 나는 어린 시절의 경험을 토대로 정신적 고통에 대한 많은 연구를 했었다. 정신적 고통을 분석하고 정신적 고통이 내 삶에 준 영향을 이해하기 위해 노력했다. 지금의 나의 모습과 심각한 사건들이 준 교훈 사이의 연관성을 발견했다. 나는 정신적 고통 때문에 울기도 하고 베개를 내던지기도 했다. 불평하고 힘들어했으며 부모님께 말해 보기도 했다. EMDR(안구운동 민감소실 및 재처리 요법), 신체적 경험(Somatic Experiencing), 생물에너지학적 치료, 그 밖에도 정신적 고통을 극복하는 요법 등을 실시했고 책도 읽고 세미나도 했다. 하지만 여전히 정신적 고통으로부터 자유롭지 못했다. 여전히 같은 문제를 일으키는 상황에 반복적으로 부딪혔다. 우울하고 절망적이었으며 과거에 얽매여 미래에 대한 암울한 생각을 하고 있었다.

그런데 이 책을 쓰던 중 갑자기 문제를 새롭게 깨달았다. 나는 정신적 고통을 준 심각한 사건들과 연관된 감각으로부터 벗어나려고 했다. 그것에서 '해방'되려고 애썼으며 그것을 극복하고 없애보려고 노력했던 것이다. 바로 이것이 나의 문제였다. 나는 감각을 있는 그대로 경험하는 것만 빼고 모든 것을 시도하고 있었다. 나는 감각이 나를 궁지에 몰아넣고 잡아먹을 것만 같았다. 감각 때문에 죽을지도 모른다는 생각이 들었다.

아이의 관점에서는 이것이 사실이었을지도 모른다. 나는 상처 입은 아이의 관점으로 살고 있었던 것이다. 하지만 새로운 방식으로 사건에 접근하기 시작하자 감각을 있는 그대로 느끼는 것이 중요하다는 점을 깨달았다.

예를 들어 나는 어머니의 죽음을 받아들일 수가 없었다. 어머니가 죽었다는 데 대해 아무런 느낌이 들지 않았다. 나는 그 이유가 어머니와의 감정적 거리감 때문이라고 생각했다. 어머니는 어린 나를 보호해주지 않았다. 내가 신체적, 감정적으로 위험한 상황에 처했을 때도 나를 도와주지 않았다. 그리고 어머니의 죽음을 피하고 싶었던 데에는 또 다른 이유도 있었다. 어머니가 돌아가시기 직전 나의 오랜 애인이 갑자기 나를 떠났던 것이다. 나는 그때 애인이 떠났다는 충격에 빠져 있었다. 더 이상 뭔가를 받아들일 수 없는 상태였다. 그러나 이 모든 이유에도 불구하고 나는 사실 어머니를 사랑했다. 그런데 아무것도 느

꺼지지가 않았다.

어느덧 어머니가 돌아가신 날짜가 돌아왔다. 나는 눈을 감고 그때의 감각을 느껴 보려고 했다. 나는 갑자기 병원으로 오라는 소식을 들었다. 어머니는 두 개의 관을 꽂고 커튼 뒤에 누워 있었다. 간호사가 어머니에게 가만히 있으라고 소리를 질렀다. 어머니는 헉헉거리는 소리를 냈다. 그러나 나는 그런 어머니를 차마 볼 수가 없었다. 곧 어머니는 혼수상태에 빠졌고 나는 어머니에게 말을 건넬 수 있는 기회를 다시는 갖지 못했다. 어머니는 9시간 후 숨을 거두셨다. 죽은 어머니의 몸이 보였다. 나는 어머니 가까이 가서 어머니에게 한 시간만 말을 할 수 있었으면 하고 바랐다. 그러나 어머니 주변은 간호사들이 둘러싸고 있었고 아버지는 오열하고 있었다. 내가 바라던 그런 시간은 주어지지 않았다. 나는 눈을 감은 채 그날의 경험을 다시 하고 있었다. 공황, 극심한 슬픔, 분노의 감정, 그리고 심각한 사건을 이겨내기 위해 억눌렀던 모든 감각들을 느꼈다.

나는 마음속으로 그녀의 생명 없는 몸을 바라보면서 울기 시작했다. 그러자 이런 말이 나왔다. "미안해요." 나는 갑자기 처음으로 어머니에 대한 감각을 느꼈다. 나는 언제나 어머니를 돌봐야 했다. 어머니가 자신을 향해 쏟는 분노를 감당해야 했다. 늘 어머니에게 미안한 감정을 갖고 어머니에 대해 무력감을 느껴야 했다. 늘 미안하게 생각해야 하는 어머니가 있다는 것은 말로 설명할 수 있는 것이 아니었다. 그 생각에서 비롯되는 감각이었다. 나는 그 감각을 경험했다.

나는 마침내 그녀의 죽음에서 느끼지 못했던 감각을 느끼고 있었다. 아버지를 돌봐야 하고 내 삶을 살아가야 한다는 이유로 즉시 억눌러 두었던 감각을 느끼고 있었다. 어른이 된 지금 내 안의 어른이 그것을 느끼고 있었다. 그리고 나는 그 감각들을 견딜 수 있었다. 함께하고 공감할 수 있었다. 이 감각들을 느껴도 괜찮다는 것을 알고 있었다.

이후로 다른 사건들도 떠올려보기 시작했다. 어떤 일은 최근에, 어떤 일은 어릴 적에 있었던 일이었다. 그냥 그 사건들에 동반되는 감각들을 있는 그대로 받아들였다. 나는 그동안 감각 경험에 대한 두려움 때문에 감각이 일어날지도 모르는 영역으로 나아가는 것을 꺼리고 있었던 것이었다. 하지만 과거로 돌아가 실제로 그때의 감각을 경험하고 감각과 함께 있을 수 있다는 것을 알게 되자 앞으로 만나게 될 감각들에 대한 두려움이 사라졌다.

나는 여러 해 동안 치료를 받으며 깨달을 수 있었다. 느낌(또는 보다 정확하게 말하자면 나의 감각)을 느끼고 있다고 생각했었지만 사실 나는 감각에 대해 말하고 감각을 분석했던 것이었다. 감각에서 도망치거나 감각을 없애려고 노력했던 것이었다. 하지만 마침내 나는 감각을 자신의 일부로 통합시키면서 감각을 되찾을 수 있었다. 나는 내가 분리시켰던 감각을 다시 나의 일부로 받아들였다. 감각과 내가 하나로 통합된 존재가 되는 것이다. 나는 감각을 나에게서 분리시키려고 했었다. 감각을 피하고 싶었고 감각에 대해 알고 싶지 않았다. 나는 다만 감각의 신비를 조금 벗겨낼 수 있을 뿐이었다. 하지만 이제 나는 감각과 통합되고 감각을 내 몸에 받아들일 수 있었다. 감각이 내 몸의 일부가 되었다.

따라서 미래에 대한 두려움이 생기고 과거의 경험이 무슨 의미였는지 궁금해진다면 가만히 앉아서 눈을 감고 사건을 떠올려보자. 그것에 대해 말을 하거나 분석하지 말고 그냥 당신의 몸이 느끼는 대로 느껴보자. 당신의 마음이 느끼는 대로 느껴보자. 당신의 신체적, 감정적

7부 당신의 삶 전체를 가로막는 '큰 난관' 통과하기

감각을 순수한 감각으로서 경험해야 한다.

　이것이 바로 어른들의 행동이다. 아이들은 애초에 그런 일이 일어나지 않았더라면 좋았을 거라고 불평한다. 감각을 떨쳐버리려고 하고 감각을 일으키는 원인이라고 생각되는 것은 없애려고 한다. 감각을 느끼지 않을 수 있는 방법을 찾고 감각을 다시 발생시킬 것 같은 상황에는 근처에도 가지 않으려고 한다. 하지만 어른은 감각을 그냥 느끼고 그것을 자신의 경험에 통합시킨다. 그래서 모든 것이 가능한 상태로 다시 돌아간다.

　치유가 일어나게 하는 것은 분석이나 이해가 아니다. 그것은 감각을 경험하고 견딜 수 있는 능력이다. 자신의 선택에 따라 모든 생각을 할 수 있다는 점을 알고 있는 내면의 어른으로 말미암아 당신은 감각을 경험하고 견딜 수 있다. 상상하지 못했던 방법으로 치유가 일어난다.

그건 기억이야

　엘렌(가명)은 배우이다. 그녀는 오디션을 보는 문제로 고군분투하고 있었다. 그녀는 수많은 두려운 생각을 '그건 그냥 오디션이야, 난 할 수 있어.'라는 생각으로 전환시켰다. 그러나 항상 너무 불안한 나머지 그 생각을 지킬 수 없었고 제자리로 돌아와야 했다.
　나는 그녀에게 종이에다가 이렇게 한번 써보라고 말해 주었다. '나는 브로드웨이 오디션을 보러 간다.'
　그런 다음 그녀에게 '나는 브로드웨이 오디션을 보러간다.'라는 생각을 할 때 떠오르는 모든 생각과 감각을 적으라고 했다.

대부분의 생각은 두려움과 초조함, 자기혐오의 생각이었다. '그건 재미있을 거야.', '난 할 수 있어.'라는 생각은 매우 드물었다.

나는 각각의 생각과 감각을 살펴보고 자신에게 이런 질문을 해보라고 했다. '과거에 어떤 일을 겪었기에 내가 이런 식의 생각과 감각을 갖게 된 거지?' 그녀는 어머니와 있었던 일, 어릴 때 들었던 말, 무시당하거나 버림받거나 비난당했던 경험 등을 떠올렸다.

당시 우리는 내가 살고 있던 시골집에서 생각의 전환 프로그램을 실시하고 있었다. 나는 그녀에게 그동안 일어났던 일들의 목록을 작성한 다음 주변을 돌아다니며 산책을 좀 하라고 했다. 그런 다음 그 목록을 다시 읽어보고 어떤 느낌이 드는지 말해 달라고 했다.

산책에서 돌아온 그녀는 자신이 아무데도 있는 것 같지 않은 매우 당황스러운 느낌이 들었다고 했다. 발이 땅에 붙어 있는 것 같지 않고 '여기'에 존재하고 있는 것 같지 않았다고 했다. 그것은 그녀가 늘 피하려고 했던 감각이었다. 야망을 품고 미래에 대한 두려운 생각을 극복하려고 했지만 시도했던 일이 실패로 돌아갈 때 느껴지는 감각이었다.

그녀는 또 놀라운 이야기를 해주었다. 이런 불쾌한 감각을 느낀 지 몇 분이 지나 그녀 안의 또 다른 자아가 나타나 이렇게 말했다고 한다. '나 여기 있어. 우리는 지금 함께 있어. 무슨 감각이 느껴지든 간에 말이야.' 그녀는 이것이 바로 자신의 어른 자아인 것을 깨달았다.

그녀는 이런 모든 초조함을 과거의 원래 자리로 갖다놓고 어른 자아의 보살핌을 받으면서 오디션을 보러 가야겠다는 생각이 들었다. 초조함과 걱정이 생기긴 했지만 보통 수준에서였다. 잘될 수도 있고 안 될 수도 있다고, 좀 두렵지만 재미도 있을 거라고 생각했다. 무슨 감각이 느껴지든, 그녀는 위험에 빠진 것이 아니며 자신이 결과를 조종할

수 있다는 사실을 알게 되었다.

그녀는 지금 연극 무대에서 활약하고 있다. 그녀는 자신이 원하는 것을 해낼 수 있었다. 어떤 경험이든 기꺼이 받아들일 수 있게 되었다.

내면의 어른 발견하기

가끔 내면 아이가 극도로 활발해질 때가 있다. 어른은 존재하지 않는 것처럼 느껴지는 것이다. 나는 치료사에게 이렇게 말한 적이 있다. "나한테는 어른이 없는 것 같아요. 어른이 없으면 어쩌죠?" 이 말에 그는 대답했다. "글자를 읽을 수 있죠? 차를 운전할 수 있죠? 전화 걸 수 있죠?"

이런 것을 할 수 있다는 것은 내면 어른이 존재한다는 증거이다. 내면 아이는 너무 어려서 읽거나 쓸 줄을 모른다. 어른이 하는 것 중에 할 줄 모르는 게 많다.

내면 어른을 찾는 또 다른 방법은 어른에게 전화를 거는 것이다. 의뢰인 중에 언제나 다른 사람들에게 '연락해야 할' 사람이 있었다. 그는 감정이 고조되거나 힘든 생각이 들면 이 사람 저 사람에게 전화를 걸어 조언을 구했다. 이렇게 하면 기분이 좀 좋아지는 것이었다. 나는 그에게 책상 위에 전화기 두 대를 두는 방법을 제안했다. 다른 사람의 지지나 조언이 필요해지면 혼자서 한 전화로 전화를 걸어 다른 한 전화로 전화를 받는 것이다. 양쪽 귀에 수화기를 하나씩 대고 한쪽 전화에 대고 조언을 구한 다음 다른 한 쪽 전화에서 어떤 대답이 나오는지 보라고 했다.(정말로 전화를 걸 필요는 없다. 두 개의 전화기를 들기만 하거나 전화를 하는 것처럼 양 귀에 손을 대고 있어도 된다.) 그는 스스로 내면 어른에게 전화를 걸자 아이 자아가 완전히 아이처럼 굴어서 놀랐다고 했다. 그리고 내면 어른은 다른 어른들과 달리 언제나 그와 함께 있기 때문에 필요할 때마다 조언을 구할 수 있으며 모든 경험을 함께 할 수 있어서 좋았다고 했다.

내면 어른은 내면 아이가 함께 할 수 없는 감각과 함께 할 수 있는 능력이 있다.

따라서 우주에서 가능한 모든 생각을 할 수 있다. 내면 어른은 어떤 방식으로 느껴야 한다거나 무언가를 반드시 믿어야 한다는 강요를 받지 않는다. 자유롭게 현실화되지 않은 세계를 돌아다니며 아이에게 도움을 줄 수 있는 그 어떤 생각이라도 찾아낼 수 있다. 생각은 언제나 그곳에 존재하고 있다. 초조함이나 공황은 아이가 느끼는 감정이다. 어른은 어떤 상황이나 감각에 대해 이같이 해석하지 않는다. 아이에게 무슨 일이 일어나든지 간에 어른은 생각을 지킬 수 있다. 아이가 어떤 경험을 하든지 간에 아이와 그 경험을 함께 할 수 있다.

내면 아이가 화가 났을 때는 말을 해주어야 한다

아이는 누군가 자신의 말을 들어주고 자신의 모습을 비추어주며 적절한 지지를 보내주는 사람이 있을 때 성장한다. 당신의 내면 아이가 화가 나거나 놀라거나 또는 '속수무책'이라면, 그것은 아이가 혼자서는 해결하기 힘든 상황에 직면했을 때 적절한 어른의 지지를 받지 못해서일 수 있다. 이 아이는 외부의 어른의 도움을 받기에는 너

무 늦었을 수도 있다(지금은 어른의 몸과 어른의 조건을 갖고 있다). 그러나 우리가 본 것처럼, 이 아이와 항상 함께 있는 어른이 존재한다. 아이가 무슨 일을 겪어 왔는지, 아이가 어떤 감정을 느끼는지, 아이에게 무슨 필요가 있는지를 추적하는 내면의 경로가 있다. 그것은 바로 당신이다.

고통스러워하는 한 아이가 있다고 생각해 보자. 만일 이런 아이를 만난다면 당신은 아이를 진정시키기 위해 무엇을 해주고 무슨 말을 해주어야 할지 알고 있을 것이다. 당신은 아마 당신이 아이와 함께 있을 거라고 말해 줄 것이다. 모든 것이 괜찮아질 거라고 말해 줄 것이다. 당신은 이 아이뿐 아니라 다른 아이에게도 이렇게 해 줄 수 있다.

하지만 자신의 내면 아이에게는 이렇게 해주는 것이 쉽지 않다. 따라서 내면 아이에게 해줄 적절한 말을 찾지 못하겠다면 다른 아이에게라면 뭐라고 말해 주었을까 하고 생각해 보자. 그리고 그 말을 당신 자신에게 해주면 된다.

내면 아이를 팔에 안고 이렇게 말해 주자. '나는 네가 하는 말을 듣고 있어. 괜찮아질 거야. 넌 안전해. 내가 여기 있잖아. 너는 혼자가 아니야. 내가 여기 있고 나는 너를 알고 있어. 내가 너를 지켜보고 있어.' 아이에게 필요한 생각을 찾을 때까지 계속해서 말해야 한다. 당신은 아이가 진정되는 것을 보고 당신이 적절한 말을 찾았다는 사실을 알게 될 것이다. 아이가 진정되었다면 당신은 아이에게 필요한 말을 해준 것이다.

아이와 함께 감각 경험하기

이제 다시 한 번 강조하겠다. 어른은 아이를 돌볼 때 아이와 함께 감각을 경험한다. 아이로서가 아니라 어른으로서 말이다. 아이가 울 때 어른은 보고만 있지 않고 아이와 함께 울어준다. 어른은 아이가 되지 않고도 이렇게 할 수 있다. 아이는 자신이 안전하게 보호받고 있다는 것을 알 수 있다. 동시에 어른이 자신과 함께 감각을 느끼고 있다는 것도 안다. 이로 말미암아 아이는 있는 그대로의 느낌을 느낀다. 누군가 자신을 지켜봐준다는 느낌을 받는다.

감각-어른과 아이의 연결

아이가 자신이 원래 겁을 먹지 않았다면 할 수 있었을 일에 대해 겁을 먹고 있다면 아이는 실제로 그 일과 관련된 감각에 대해서 겁을 먹고 있는 것이다. 아이가 경험하는 감각은 아이가 뭔가를 그만두어야 하고, 뭔가를 시작해서는 안 되고, 뭔가를 두려워해야 한다는 신호를 보낸다.

예를 들어 한 아이가 마주 오는 차 때문에 겁을 먹은 적이 있다면 길가에 가는 것조차 무서워하게 될 수 있다. 만일 난로에 덴 적이 있다면 난로 근처에도 가지 않으려고 할 수 있다. 아이가 어떤 부탁을 했다가 부당하게 또는 고통스럽게 좌절된 적이 있다면 이후의 삶 동안, 심지어 어른이 되어서조차 같은 방식으로 다시 무언가를 요청할 수 없게 될 수도 있다.

어른들이 길을 건널 줄 모른다거나 손을 데지 않고 난로를 사용하는 법을 모른다거나 어떤 요청을 하고 '노'라는 대답을 못 견디거나 '노'가 '예스'로 바뀔 때까지 협상을 할 줄 모른다는 것은 말이 안 된다. 지금은 해가 없는 감각인데도 그때의 감각을 기억하고 무슨 수를 써서라도 그것을 피하려고 하는 것은 어른 안에 있는 아이이다.

이를 잘 설명해 주는 비유가 있다. 개 주인이 실제 울타리를 사용하지 않고도 보이지 않는 울타리로 개를 집 안에 가두어두는 방법이다. 일단 건물 주변의 지하에 전기 울타리를 설치한다. 개가 집 주변으로 가까이 가면 개의 목줄에 가벼운 전기 충격을 준다. 이 충격은 전혀 위험한 것은 아니다. 하지만 개는 이 신호를 울타리 가까이 가면 위험하다는 것으로 받아들이고 집 주변에서 멀리 떨어져 있게 된다.

그런데 가끔 이 감각을 견디는 개가 있다. 이런 개는 울타리를 지나쳐 밖으로 달려 나간다. 개는 한 번 그렇게 해본 이상 거기에는 아무 위험이 없다는 것을 알게 된다. 그러면 감각을 쉽게 견딜 수 있게 된다. 건물 안에 더 이상 갇혀 있을 필요가 없어진다. 조금 불편하긴 하지만 아무런 해가 없는 감각을 견딜 수 있다는 사실을 알기 때문에 밖으로 나갈 수 있는 자유를 얻는 것이다.

두려워했던 것을 해내기 위해 필요한 것은 오직 그것 때문에 생기는 해가 없고 의미 없는 감각을 견디는 것이다. 그렇다면 이런 질문이 들 것이다. '감각이 위험하다고 믿고 있는 아이가 어떻게 해서 감각이 해가 없다는 사실을 인지하고 불편한 감각을 감수할 수 있게 되는 것일까?'

이 질문에 대한 대답은 아이가 어른으로부터 그 방법을 배운다는 것이다. 그리고 아이가 이렇게 할 수 있게 하는 최고의 방법은 어른이 아이의 손을 잡고 다음과 같이 말해 주는 것이다. "자, 보렴. 나는 네가 느끼고 있는 감각을 똑같이 느끼고 있단다. 나는 감각을 느끼면서도 이것을 할 수 있어. 너도 내 손을 잡고 있으면 그렇게 할 수 있단다."

따라서 어른인 우리가 아이처럼 상황에 반응하고 있다면 우리 안의 아이가 지난 일을 기억하고 그런 반응을 보이는 것이라는 것을 알아야 한다. 그리고 어른인 우리는 아이가 상황에 대해 두려워하는 감각을 피하지 말고 아이에게 이렇게 말해 주어야 한다. "잘 봐. 나는 이 감정을 받아들일 수 있어. 내가 널 안내해 줄게. 나와 함께 감각을 경험해 보면 너도 괜찮다는 걸 알게 될 거야."

문제가 발생하는 원인은 우리가 어릴 적 정신적 충격을 경험할 때 우리의 손을 잡아주고 이런 말을 해줄 어른이 없었기 때문이다. 이 때문에 자아의 일부가 정신적 상처를 입고 무기력한 상태가 되어(감각을 피하고 그런 감각을 생성하는 상황을 피함으로써) 성장을 멈춘 것이다.

그러나 상황이 절망적이지는 않다. 우리는 지금이라도 성장할 수 있다. 우리의 내면 어른이 내면 아이를 도와주고 있다. 우리의 어른 자아가 항상 아이와 함께 있고 실제로 아이가 경험하는 모든 것을 직접 경험하고 있기 때문에 이것은 가장 좋은 방법이다.

따라서 당신이 이유 없이 겁을 먹고 있다면 두려워하고 있는 것은 당신의 어른 자아가 아니라 내면 자아라는 것을 기억해야 한다. 아이의 손을 잡고 아이와 함께 감각을 경험해야 한다. 그러면 곧 당신의 아이가 자라나고 현재 당신의 모습인 어른과 하나가 될 것이다.

제8부

이야기, 은유, 정보의 핵심

28장
유용한 힌트, 이미지, 기억

생각의 전환에 대해 가르치면서 경험한 수많은 이야기와 상황, 이미지는 본서에서 강조하는 삶의 방식을 이해하는 데 유용하다. 이 중에는 내가 직접 경험한 것도 있고, 다른 사람에게 전해들은 것도 있다.

이런 경험들에 대한 이야기는 때로는 같은 말을 되풀이하는 것처럼 보이기도 한다. 그러나 종교에서도 그렇듯, 같은 목적지로 인도하는 다양한 방법들이라고 보면 된다. 나는 이해를 높기 위해 여러 가지 방법을 제시해 왔다. 그중에서 생각의 전환에 도움이 되는 것을 하나라도 발견하면, 그것을 통해 세상을 보는 눈과 상황에 대한 새로운 통찰력을 얻으면 된다.

돈으로 넘쳐나는 '현실화되지 않은 세계'

앞서 언급했듯이 우리는 '현실화되지 않은 세계'에 살고 있다. 어떤 것들은 분명히 볼 수 있지만 어떤 것들은 볼 수 없다. 그래서 드러내려면 빛을 비춰야 한다. 나는 충만함을 느끼고 싶을 때 돈더미에서 헤엄치는 이미지를 떠올리고는 한다. 돈이 허리춤까지 차올라 걸어 다니기조차 힘들어 하는 이미지이다. 그러나 이것은 단순한 이미지가 아닌 실제이다.

지구상의 모든 사람에게는 무한한 돈이 허용된다. 생각이 그러하듯, 누구도 그 돈을 실제로 소유하는 것은 아니다. 단지 돈을 소유할 수 있다고 생각하는 사람의 손에 잠시 머물다가, 또다시 '현실화되지 않은 세계'로 돌아가서 다양한 곳에서 다시 나타난다.

메뉴판에 없는 음식 주문하기

'내 앞에 상이 차려져 있다.'는 원칙으로부터 얻을 수 있는 이미지가 있다.

그것은 원하는 모든 것이 이미 존재하고 창조되어 있는 현실화되지 않은 세계를 설명할 또 하나의 방법이다. 나는 강연할 때 이 이미지를 자주 사용한다. 모든 것이 차려져 있고, 원하는 것을 주문하기만 하면 얻을 수 있다고 한다. 강의를 듣던 재치 있는 한 배우가 손을 들고 말했다. "웨이터, 주문 받으세요. 나쁜 인간관계 하나 주시고, 그걸 다 먹고 나면 하나 더 추가요. 그리고 사이드 메뉴로는 약간의 빈곤과 질병도 좀 있었으면 좋겠어요. 일단 이 정도 주문하죠." 강의실에 있던 우리 모두는 포복절도했지만, 실제 우리 모습이 이렇다. 어떤 것이든 주문할 수 있는데, 우리의 생각을 통한 주문은 이런 모습인 때가 적지 않다.

보트 선창

생각의 전환이라는 개념을 접하고 이를 현실에 적용해 나가면서 나는 마음속에 한 마을을 세웠다. 생각을 그만하든 오래 하든 생각의 전환은 매 순간 가능하기 때문에 다른 생각으로 바꿀 수 있다. 이외에도 나는 이런 생각을 했다. '이 마을에 뭐가 있더라?' 누구나 요청하면 꺼내 쓸 수 있는 돈이 무한대로 있는 은행이 떠올랐다.

그리고 또 하나는 보트 선창이다. 2초마다 원하는 행선지로 보트가 떠나는 이곳 선창에서는 '보트를 놓쳤다.'고 해도 다음 보트를 타면 되니 문제가 없다.

절내 길 잃지 않음

이 보트 선창에 대한 이미지는 몇 년 전에 댈러스의 허츠 렌터카 상점에 갔을 때 영감을 얻을 수 있었다. 당시 나는 댈러스에서 차를 빌리고 있었다. 요즘엔 많은 차에 장착되어 있는 GPS가 당시 초기 단계여서, 렌터카 상점은 '길을 잃지 않는' GPS를 무료로 체험하게 해줬다. 다들 알겠지만 GPS는 작은 컴퓨터 스크린에 가고 싶은 목적지와 경로를 입력하는 방식으로 작동한다.(경치 좋은 길, 짧고 연비가 좋은 길, 고속도로, 최단 거리 등을 기준으로 한다.) 입력 후에 GPS는 지도를 보여주고, '우측 차선을 이용하십시오. 다음에서 좌회전 하십시오.'라고 큰 소리로 말해 주면서 목적지까지 인도해 준다.

당시 이 기계는 정말로 경이로웠다. 특히 경로에서 벗어났을 때

'경로를 이탈하였습니다.'라고 말해 주고, 버튼 하나만 누르면 현재 지점에서 목적지에 어떻게 갈 수 있는지를 재탐색해 준다는 점에서 감탄사가 저절로 나왔다. 아무리 경로를 멀리 이탈해도 목적지에 얼마든지 도착할 수 있는 것이다. 철학적으로도 정말 흥분되고 계몽적인 개념이었다. 목표지까지 많은 노력과 실패를 거듭해도, 그 과정에서 길을 잃더라도, 항상 내가 가고자 하는 지점에 도달할 수 있는 방법은 얼마든지 있다는 것이다. 정말 안심할 수 있지 않은가!

체스판 위의 당신

절대로 길을 잃지 않는 것을 다른 방식으로 설명할 수 있는 이미지가 있다. 생각의 전환 워크숍에서 떠오른 것이다. 세상을 하나의 바닥 위의 거대한 체스판으로 생각하고(해리포터 영화에 나옴직한, 단 무한대의 사각형으로 이루어진 체스판 말이다.) 지금 한 사각형 위에 서서 조금 떨어진 다른 사각형을 목표로 움직이고 있다고 해보자.

물론 목표로 하는 지점까지 확실한 직선경로가 있을 수도 있을 것이다.

하지만 각 단계를 다 알 수 없기 때문에 그냥 다음 단계를 밟는 수밖에 없다.

예를 들어 책을 출판한다는 목표를 정해 보자. 그렇다면 체스판은 다음과 같이 생겼을 것이다.

					책을 출판한다		
	내가 현재 있는 곳						

이 체스판에서 당신의 위치로부터 목표 지점에 도착할 수 있는 여덟 가지의 길이 보이는가?(실제로는 수없이 많은 방법이 있지만 예시로 여기서 보이는 방법은 여덟 개이다.)

					책을 출판한다		
원고를 교정한다	출판사에 전화한다	누군가에게 당신의 책을 읽어달라고 요청한다					
포기한다	내가 현재 있는 곳	낮잠을 잔다					
전화로 수다를 떤다	소설을 읽는다	친구와 저녁 먹으러 간다					

이 중에는 목표로 '향하는' 것처럼 보이는 길도, '멀어지는' 것처럼 보이는 길도 있다.

그러나 체스판에서 보이는 것처럼 어디든 한 단계 이동하고 나면 거기에서 또다시 여덟 개의 길이 생긴다는 것을 알겠는가? 수백만 번 잘못된 길을 들어서더라도 목표에 도달할 수 있는 방법은 무수히 많이 있다.

따라서 결국에 당신이 택한 길이 이렇게 생겼을 수도 있다.

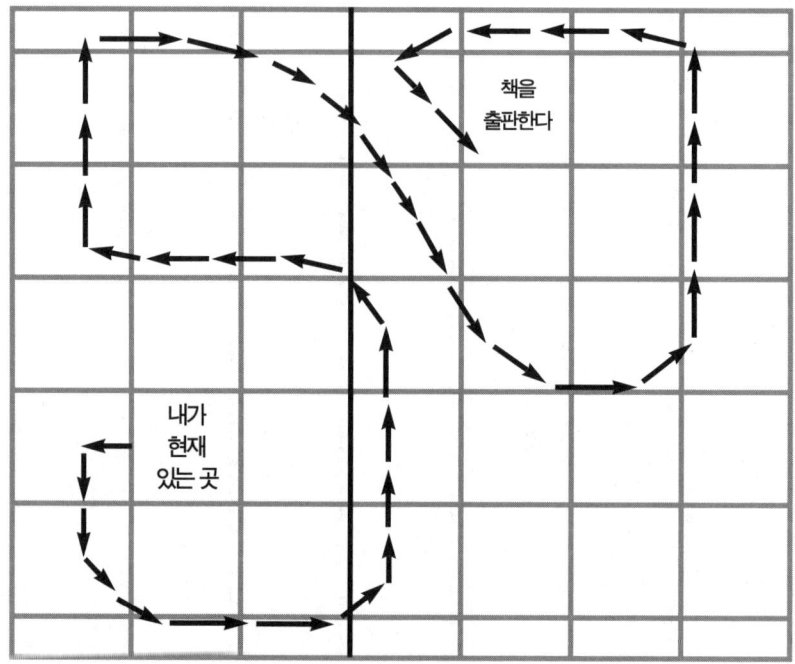

경로 전체를 알지 못해도 된다는 사실에 안심이 되지 않는가? 한 번에 한 발자국을 떼고, 지금의 위치를 확인한다. 그다음 또 발걸음을 내디디면 된다. '실수'를 많이 할지라도, 생각을 붙잡고 그 생각 속에서 다음 단계를 간다면 결국에는 목표점에 다다를 것이다.

당신이 원하는 것은 이미 주어졌다

원하는 생각뿐 아니라 실제의 생각을 하는 게 어려울 때, 현실화되지 않은 세계에 원하는 모든 것이 있다는 것만 기억하면 된다. 흔히 병에 걸렸을 때 이 원리를 사용할 수 있다. 우리는 '병이 이미 나았다.'고 단언하고는 한다. 그렇지만 항상 날 고민하게 했던 것은 '병이 나았다면 왜 증상이 아직 남아 있는 거지? 내가 그냥 무시하는 건가 아니면 나은 척하는 건가?'라는 생각이었다. 잘 이해가 되지 않았다. 그러나 이제 '현실화되지 않은 세계'에 치료가 이미 있다는 것을 알고 있다. 그래서 '이미 치료법이 있고 질병은 현실화되지 않은 세계에서 치료되었다.'는 생각을 한다면, 이 모든 생각은 실제가 되어 빛을 비추고 치유를 가져온다.

가능하다

또 다른 방식은 '이것은 가능하다.'이다. 우리가 뭔가를 할 수 있고, 소유한다는 것을 인정하기 어려울 때 현실화되지 않은 세계를 보자. 모든 것이 그곳에 존재하기 때문에(우리가 볼 수 없다 하더라도) 우리가 찾고 있는 것이 곧 나타날 것을 알게 된다. 우리는 항상 '할 수 없다.'는 생각을 '할 수 있다.'는 생각으로 바꿀 수 있다. 단순히 희망사항이 아닌 실제로 현실화되지 않은 세계에 존재하기 때문이다.

최근에 공항에서 '가능하다.'는 생각을 써볼 수 있는 기회가 있었다. 비행기가 출발하기 한 시간 전에 공항에 도착했다. 수속 절차를 밟고 있었다. 한 공항포터가 나에게 '통관대로 빨리 가세요. 줄이 깁니다.'라고 했다. 터미널로 들어가서 빌딩 저 끝까지 여섯 개로 코너까지 빼곡히 늘어선 줄을 보고 힘이 쭉 빠졌다. 줄의 맨 끝에 와서 대기시간

이 2시간이라는 사실을 알게 되었다. 비행기가 10시 59분에 이륙하기 때문에 약 40분의 시간이 있었다. 그 순간 비행기를 놓치겠구나 싶었다. '이놈의 항공사! 항상 탈 때마다 골칫거리야. 이제 비행기를 놓치게 되었는데, 어떻게 일정을 바꾸지? 그냥 집에 가고 콘서트는 취소해야 하나?'라는 생각이 들었다.(나는 그때 한 단체의 자선콘서트에 참석하러 버밍햄으로 가고 있는 중이었다.)

갑자기 나는 생각의 전환이 떠올랐다. '좋아.' 나 자신에게 말했다. '만약에 내 앞에 있는 세상이 생각의 거울이라면 나는 지금 무슨 생각을 하고 있는 거지?' 나는 가능성이 매우 높은, 비행기를 놓친다는 생각을 하고 있다는 사실을 인정해야 했다.

현실화되지 않은 세계를 들여다보면서 비행기를 탈 수 있는 방법이 많이 있다는 사실을 깨달았다. 즉시 생각의 전환을 했다. '나는 비행기를 탈 수 있어.'

내가 이 생각을 한 지 2초쯤 되었을까? 항공사의 직원 하나가 지나가며 외쳤다. "11시 10분 멤피스로 가시는 승객 있으세요?" 나는 말했다. "버밍햄 가는 10시 59분 비행기를 타야 해요." "저를 따라오시죠." 그는 나를 데리고 긴 줄을 지나서 통관을 빠져 나갔다. 그리고 나는 쉽게 비행기를 탈 수 있었다.

구체적으로 어떤 일이 일어날 거라고는 예측할 수 없었다. '가능하다.'는 생각을 붙잡고 있으면서 나는 비행기를 탈 수 있는 가능한 모든 방법에 대한 기회만 열어두었다. 만약 불가능하다는 생각을 하고 있었다면, 멤피스라고 외쳤던 항공사 직원의 말을 듣지 못하고 그에게 말을 걸지도 못했을 것이다. 나는 어차피 버밍햄 비행기를 타야 했기 때문이다.

이 경험을 통해서 내 생각이 즉각적으로 생활에 반영된다는 것을 재차 깨달을 수 있었다.

할 수 없다고 생각한다면 정말 할 수 없다

다음은 정말 쉽게 할 수 있는 일도 마음을 어떻게 먹느냐에 따라 할 수 없다는 것을 보여주는 간단한 실험이다.

앉아서 '나는 일어날 수 없다.'는 생각을 해보자. '일어날 수 있다.'는 사고의 전환을 거부하면서, '일어날 수 없다.'는 생각을 한 채로 일어나려고 해보자.

정말 놀랍지 않은가? 일어날 수 없다는 생각을 하고 있으면 정말 일어날 수 없다. 일어나기 위해서는 반드시 '일어날 수 있다.'는 생각을 해야 한다.

만약에 일어날 수 있었다면 생각의 전환을 했기 때문이다. 다시 한 번 생각의 전환을 확실히 차단하고 시도해 보자.

일어나는 것조차 생각하지 않으면 가능하지 않다. 하물며 할 수 있지만 할 수 없다는 생각으로 우리 자신을 가로막았던 일이 얼마나 많았을까?

다음에 '할 수 없을' 것 같은 일에 직면하게 되면 지금 하고 있는 생각이 무엇인지 파악해야 한다. 생각의 전환 후에 어떤 일이 일어나는지 보자.

당신은 할 수 있다

수년 전에 공연차 로스앤젤레스에 머물렀을 때다. 꺼림칙한 동네에, 평소 싫어하는 스타일의 클럽에서 동성애에 융화되어야만 했다. 나로선 정말 견디기 힘든 시간이었다. 나는 로스앤젤레스의 퇴폐한 환경에 질려 있었다. 이것저것 정신이 마비된 상황이었다. 때마침 뉴욕에 있는 나의 담당 치료사가 로스앤젤레스에 방문을 했고, 그에게 상담을 받고 나는 그를 공항에 데려다 줬다. 그는 뉴욕에 돌아갈 참이었고, 나는 2주 더 있어야 했다. 공항 터미널에 차를 세우면서 몸을 돌려 그에게 말했다. "에드, 당신이 이 차에서 내리고 나면 전 계속 나아갈 힘이 없을 것 같네요." 그는 내 눈을 보면서 말했다. "알아요. 잘 지내요."

그는 차에서 내렸고, 나는 차를 몰고 가던 길을 계속 갔다. 매우 놀라운 경험이었다. 그가 말했던 건 이거였다. "알아요. 당신이 그런 감각을 가지고 있는 것을. 그리고 계속 나아갈 수 없을 것 같다는 감각을 가지고, 사실은 계속 나아갈 수 있을 거라는 생각을 하고 있잖아요. 당신과 나 모두 당신이 나아갈 수 있는 것을 알고 있어요. 당신이 해야 할 일은 그런 감각을 기꺼이 받아들이는 것뿐이에요." 그는 나에게 그런 감각이나 생각을 갖지 말라고 말하지 않았다. 그런 감각 혹은 생각을 갖는 게 우습다고도 말하지도 않았다. 단지 내가 그런 생각을 갖고 있지만, 그것이 단순히 생각일 뿐이고 진실이 아니라고 인정해 줬다. 나에게 있어서 감각은 그저 감각일 뿐이라는 것을 일깨워준 중요한 경험이었다. 새로운 생각을 하게 될 때, 이 사실을 기억해야 한다. 느껴지는 감각을 그냥 느끼면서, 동시에 그런 감각이 당신의 능력이나 행동을 결정짓는 게 아니라는 것을 기억하자. '계속 나아갈 수 없을 것 같다.'고 스스로 해석한 강한 감각을 느끼고 있었다. 그렇지만 그런 감각이 내가 계속 나아가는 길을 막지는 못했다.

어떤 사건이나 결과의 한 부분이 될 수 있다

제인은 매우 성공적인 배우로서 한동안 활동이 뜸했었다. 삶에 투영되는 그녀의 생각을 탐구하던 중, 그녀는 '내가 있어야 할 자리가 아니야.'라는 생각을 하는 자신을 발견하게 되었다.

그녀는 그 생각을 '내가 있어야 할 자리야.'라는 생각으로 전환했다. 그 생각으로 오디션에 합격하여 일자리를 조만간 얻을 것이라는 느낌을 받았다.

모든 일이 잘되고 있는 것 같이 보이던 어느 날 밤이었다. 그녀에게서 전화가 왔다. 제정신이 아니었다. 매니저가 '최근에 활동이 없었기 때문에 당신을 떨어뜨렸다'고 말했다고 했다.

제인은 이 상황에 대해서 갖가지 생각을 다하고 있었다. '나는 연기를 못 한다, 나쁜 성질과 지나친 열정으로 과거에 적을 만들었다, 일자리를 얻기 위해서 이제부터 더 노력해야겠다, 다시는 일을 하지 않겠다.' 제인이 왔을 때 나는 그녀에게 두 가지 이야기를 해줬다.

첫 번째 이야기: 당신은 많은 배역을 얻을 수 있다는 생각을 품고 있다. 그 후 매니저가 와서 당신을 떨어뜨렸다. '내가 있어야 할 자리다.'라는 생각은 이내 '난 연기를 잘못하고 내가 원하는 것을 얻을 수 없어.'라는 생각으로 전환된다. 그 생각의 깊은 곳에서, 당신은 처절하

게 노력한다. 편지를 쓰고 오디션을 보기 위해 싸운다. 다른 사람들에게 당신이 절박하다는 느낌을 준다. 너무 밀어붙인다는 생각으로 그들을 멀어지게 만든다. 일자리를 얻지 못하고 돈은 다 떨어져서 아파트에서 쫓겨나 길거리로 내몰리는 신세가 된다. 집도 없이 비참한 상황에서 돈을 벌기 위해서 매춘부로 일하고 헤로인에 중독되어 6개월 후 헤로인 과다복용으로 사망하게 된다.

두 번째 이야기: 당신은 많은 배역을 얻을 수 있다는 생각을 품고 있고, 그 후 매니저가 와서 당신을 떨어뜨렸다. '내가 있어야 할 자리다.'라는 생각은 이내 '난 연기를 못 하고, 내가 원하는 것을 얻을 수 없어.'라는 생각으로 전환되었다가, 다시 당신은 '내가 있어야 할 자리다.'라는 생각을 회복한다. 그 생각의 깊은 곳에서, 당신은 엄청난 역경에 지쳐 있으니 너무 무리하지 말고 침착하기로 결심한다. 그리고 캐니언 랜치로 잠시 휴가를 떠난다. 캐니언 랜치에서 20년 만에 한 감독을 만나게 된다. 그는 '만나게 되어 기쁘네. 마침 새로운 브로드웨이 쇼를 준비하고 있는데, 주인공으로 자네가 딱 적격인 것 같네.'라고 말한다. 오디션을 보고 배역을 얻은 당신은 토니 어워드 상을 받는다. 이로 인해 당신은 텔레비전 시리즈에 출연하게 되고, 드라마 감독과 사랑에 빠져 결혼한다. 연기상 트로피로 가득한 비벌리 힐즈의 한 저택에서 멋진 남편과 사랑스런 아이들과 함께 오래오래 행복하게 산다.

제인은 수백만 개의 다른 이야기들과 마찬가지로, 이 두 가지 이야기도 충분히 가능하다는 사실을 인식하였다. 어떤 생각을 가지고 있을 때, 좋지 않아 보이는 일이 생기고는 한다. 이런 '부정적인 사건'들이 단순히 거쳐 가는 과정이라고 이해하면, 발생하는 일이 무엇이든 당신의 생각이 이루어지는 여정의 한 과정이라는 것을 알게 된다.

'내가 있어야 할 자리다.'라는 생각 깊은 곳에서 제인은 침착할 수 있었다. 탈락했다는 게 반드시 긍정적이거나 부정적인 것도 아닌, 어떤 생각을 갖느냐에 따라 나타날 수 있는 결과로 이끄는 여정의 한 과정임을 알고 있었기 때문이다. 사실상 그녀를 떨어뜨렸던 매니저는 그녀가 목표지점에 도달하기 위해서 반드시 필요한 사람이었을 것이다. 마치 당신을 떠난 남편, 아내, 남자친구, 여자친구가 당신이 진정한 사랑을 찾게 한 과정이 된 것처럼 말이다. 혹은 현재의 직장에서 해고를 당한 것이 꿈의 직업을 찾게 되는 첫 걸음이 되듯이 말이다.

새로운 생각을 품을 때 우주가 움직이기 시작한다
(당신이 좋아하지 않는 방식으로, 혹은 두려워하는 방식으로)

수많은 사람들과 생각의 전환을 하면서, 새로운 생각으로의 전환에 큰 걸림돌이 무엇인지 알게 되었다. 그것은 우리가 두려워하는 생각의 결과가 물리적 세상의 거울에 나타날 것을 꺼리는 마음이었다. 생각의 자연스러운 현실화 과정에서, 만일 우리가 두려워하거나 경험하기 싫어하는 무언가가 있다면, 우리는 그런 경험, 동반하는 느낌을 피하게 해줄 보호적인 생각을 선택하게 된다. 이런 보호적인 사고는 두려워하는 경험을 피하게 해줄 수 있다. 그러나 동시에 우리가 원하는 경험을 막을 수도 있는 것이다.

그렇다면 우리가 원하는 생각이 두려워하는 결과를 불러올 수도 있는 경우, 우리는 어떻게 해야 할까?

최우선 지침은 바로 그 생각을 느껴보려고도 믿으려고도 하지 말

아야 한다는 것이다. 그저 그 생각에 맞서야 한다.

사람들은 흔히 긍정적으로 생각하면 기분이 좋아질 줄로 안다. 그렇지만 그건 사실과는 거리가 멀다. 앞서 말했듯이, 새로운 생각을 갖게 되면, 현실은 그 생각을 즉시 반영하기 시작한다. 종종 우리가 새로운 사고를 갖지 못하는 이유는 그런 일이 일어나기를 원치 않기 때문이다. 운명의 사랑을 만나고자 하는 새로운 생각을 품을 때, 현재의 사랑이 당신을 떠날 수도 있고 혹은 당신 자신이 떠나야 할 수도 있다. 책을 출판하게 될 것이라는 새로운 생각을 할 때, 갑자기 일을 시작해야 하고, 당신의 가족들과 보내는 시간도 줄어든다. 책 투어에 가고, 대중의 시선을 의식하게 될 것이다. 만족스러운 직장을 얻는다는 새로운 생각을 갖게 되면, 현재의 직장을 떠나야 될 수도, 해고를 당할 수도, 금전적으로 어려운 시기를 겪을 수도, 학업을 다시 시작하거나 다른 도시로 이사를 가야 할 수도 있다.

그래서 생각이 실현될 거라고 생각하며 사는 사람은 그런 생각에 맞서고 그것을 감각으로 느끼려 하지도 믿으려 하지도 않는다. 그런 느낌이나 믿음은 나중에 온다. 느낌과 믿음은 생각이 만들어낸 결과다. 단지 그 생각에 맞서 생각이 반영되어 결과가 나오게 해야 한다. 이런 모든 어려움을 통과하는 방법은 생각이 거울에 반영될 뿐이며 거울에 비치는 모습이 어떻고, 느낌이 어떻든지 간에 그 생각을 계속해서 하고 있다면 당신의 삶에 반드시 나타날 것이라는 사실을 아는 것이다.

생각의 전환 순환차트로 되돌아가보면 우리의 선택에서 가장 우선하는 것은 생각이다. 감각이란 생각에 의해 만들어지는 것이기 때문에 우리는 감각을 선택할 수는 없다. 믿음 역시 마찬가지다. 믿음은 생각과 감각에 의해 만들어지는 것이고 정의한다고 바뀔 수 없는 것이다.(왜냐하면 믿음은 실제라고 생각하는 우리의 생각이기 때문이다.) 또한 우리는 생각, 감각, 믿음의 반영인 삶의 거울을 선택할 수도 없다. 강연에서 생각을 선택할 수 있다고 말하면서, 사람들에게 '기분 좋다.'는 생각을 할 수 있는지 묻는다. 특히 교회에서는 사람들이 '그렇다.'고 즉시 답하는 경향이 있다. 그러면 나는 '기분이 안 좋다.'는 생각을 해보라고 요청한다.

"할 수 없습니다. 내가 기분이 나쁘지 않다는 것을 알고 있거든요."라고 말하는 사람이 항상 있다. 그러면 나는 "여러분에게 기분이나 믿음을 가지라고 하지 않고, 생각하라고 말했습니다."라고 말한다. 그때서야 사람들은 감각과 믿음에 반하는 생각을 할 수 없고, 생각이 예상치 않았던 감각을 불러일으킨다는 사실을 깨닫는다.

감각은 원인이 아니다

생각을 원인으로 이해하기 시작하면서 한동안 사람들은 긴장하거나 미신적인 경향을 보인다. '그런 생각을 가지고 있는데도, 걱정되고 두렵고 때론 부정적인 느낌이 드는 자신을 발견해요. 앞으로 그런 부정적인 일들이 발생하는 건가요?'라고 생각하며 말이다.

브로드웨이 지휘자로서 오케스트라가 항상 내 생각대로 연주한다는 것을 이해하고 나서, 나는 강력한 지휘자로 거듭날 수 있었다. 왜냐하면 내가 원하는 대로 연주하게 할 수 있는 진정한 원천이 어디 있는지를 알 수 있었기 때문이다. 그저 오케스트라로부터 나오는 내가 원

8부 이야기, 은유, 정보의 핵심

했던 소리를 들으면서, 팔을 움직이고, 지켜보기만 하면 됐다.

그렇지만 이런 상황에 대해 어리둥절한 점이 하나 있었다. 나는 여전히 오케스트라가 내가 원하는 대로 연주하지 않으면 어떻게 하지라는 두려움이 있었고, 그저 내가 원하는 소리를 들으면서 숨 막히고 가슴이 두근거리고 떨리는 기분을 느끼고 있었다.

나는 왜 나의 두려움이 사람들의 연주에 영향을 미치지 않았을까 궁금했다. 나는 그냥 내가 원하는 소리를 들으면서 서 있었다. 많은 두려움과 걱정이 있었지만 오케스트라는 내가 원하는 소리에 대한 생각을 계속하는 한 원하는 연주를 해주었다.

내가 생각의 전환을 시작했을 무렵, 나는 그 질문에 대한 분명한 답변을 얻을 수 있었다. 감각은 원인이 아니다. 감각은 결과이며, 현실화의 원인이 되지 않는다. 그렇지만 생각은 원인이 된다.

이것은 나를 자유롭게 하는 발견이었다. 여전히 두렵고, 무섭고, 화가 나기도 하고, 손에 땀을 쥐며 떨고, 가슴이 뛴다. 그러나 이런 감각에 이끌려서 생각을 선택하지 않는다면 내가 원하는 것이 나타나는 것이다.

앞서 이야기한 대로, 우리가 원하는 가장 실현 가능한 생각을 품을 때, 우리는 두려움과 걱정으로 해석될 수 있는 감각을 경험하고는 한다. 이것은 때때로 생각의 결과로 나타나는 사건들이, 과정상 필요할지라도, 어렸을 때 두려워했던 사건들이기 때문이다. 때로 그런 감각에 휩싸이면, 지금 일어나는 사건이 매우 위험한 뭔가를 내재하고 있다고 판단한다. 이 책에서 계속 말했듯이, 사실 우리가 두려워할 것은 발생하는 일이 아닌, 발생하는 일로 인한 우리의 감각이다. 이런 감각의 회피는 애당초 우리가 어떤 생각을 품지 않는 이유이기도 하다.

정리해 보자. 어떤 사건들이 발생하면 감각이 생겨난다. 생각을 원인으로 이해하면 그 감각이 아무렇지도 않다. 감각 회피를 위해 보호적인 생각을 품지 않는 한, 그런 감각이 필요하다는 사실을 이해하게 된다. 그래서 '우리 오케스트라는 항상 내가 원하는 대로 연주하지.'라는 생각을 하고, 그들이 실제로 잘 연주해 주면, 두려움과 불안감이 나를 엄습한다. 그런 두려움은 내가 원하는 대로 연주하는 오케스트라에는 영향을 미치지 않는다. 그러나 두려움으로 인해 '오케스트라가 내 뜻대로 잘 연주하지 못할 것이다.'라는 생각을 선택해 버린다면 그 생각은 그대로 현실화될 것이다.

따라서 만일 '감각은 단지 감각일 뿐 현실화에는 영향을 미치지 못한다.'는 생각을 품는다면, 생각을 쉽게 할 수 있다. 또한 원하지 않는 결과가 현실화될 것이라는 두려움 없이 감각을 받아들일 수 있다.

'나는 그렇다(I am)'를 '나는 느낀다(I feel)'로 전환

우리는 "나는 아파, 나는 피곤해, 나는 불행해, 나는 배고파."라고 말하는 때가 많다. 전통적으로 종교에서 '나는(I am)'이라는 단어는 하느님의 이름으로서만 사용되었다. 생각의 전환 작업에서는 우리가 하느님이라는 단어를 쓸 필요가 없다. 하느님 자신 혹은 하느님이 부여한 모든 것을 현실화되지 않은 세계로 표현하고 있기 때문에, '나는'이라는 단어가 현실화되지 않은 세계의 또 다른 표현으로 생각해도 무방할 것이다.

'주님의 이름을 망령되이 부르지 말라.'는 질책을 들어봤을 것이

다. 숀 모닝거는 커네티컷 노르워크의 실질 영성 연합센터의 목사이자 내 파트너이다. 그는 '나는'이라는 단어가 하느님의 이름이라면, '나는 아프다.'라는 문장에서 '아프다.'가 하느님을 설명하는 형용사로 사용된다고 말한다. 즉, 하느님이 아프다는 의미이다.(혹은 우리 표현으로 하자면 현실화되지 않은 세계가 가진 모든 것이 아프다는 것이다.) 이것은 마치 주님의 이름을 망령되이 부르는 것과 동일하다. 왜냐하면 하느님의 모든 것, 생각의 전환의 용어로는 현실화되지 않은 세계에 포함된 모든 것이 아픈 것은 아니기 때문이다.

만약에 '나는'을 '나는 느낀다.'로 전환한다면, '하느님의 이름을 망령되이 일컫는 것'을 멈출 수 있다. 뿐만 아니라 생각(나는 아프다.)을 감각(나는 아프다고 느낀다.)으로 전환할 수 있다. 위에서 기술했듯이 감각은 원인이 아닌, 생각의 결과일 뿐이다. '나는 아프다.'라는 생각이 현실화된 세상의 서울에 실병으로 반영될 수도 있는 반면, '아프다고 느낀다.'는 것은 당신이 가진 감각을 표현하는 것이므로 질병을 부추기지 않는다. '나는'을 '나는 느낀다.'로 전환하면 '아프다고 느낀다.'에 집중할 수 있다. 좀 더 정확한 방식으로 느끼고 있는 감각을 표현할 수 있는 것이다. '아프다.'고 표현하기보다는 통증, 저린 느낌, 화끈거림, 추위, 구역 등과 같은 단어를 사용하면 좋다. 감각에 생각을 보태지 않고 느끼기만 할 때, 건강하고 편안한, 또 기쁘고 만족스러운 현상이 나타날 생각은 뭐든 다 선택할 수 있다.

한 가지 흥미로운 사실은, 어떤 언어에서는 영어보다 이런 개념을 더 잘 이해하고 표현할 수 있다는 것이다. 프랑스어와 이탈리아어로는 '나는 배고파.(I am hungry)' 대신에 '배고픔을 갖고 있어.(I have hunger)'라고 하고, '나는 두려워.(I am afraid)' 대신 '두려움을 갖고 있어.(I have fear)'라고 한다.

그래서 '나는'을 사용하여 부족함이나 고통이 들어가는 말을 하려고 할 때마다 '나는 느낀다.' 문장으로 바꾸면 된다. 그리고 느끼고 있는 감각을 정확히 이해하면 된다. 이와 관련된 생각을 전환해서 세상의 거울에 보이는 것과 자신의 능력에 어떤 일이 발생하고 있는지 파악해야 한다.

좋은 느낌

사람들은 많은 이유로 치료를 받거나 영적인 길을 추구한다. 그러나 가장 기본적인 동기는 좋은 기분을 느끼기 위한 열정이다. 삶을 평가할 때 보통 우리는 감각 상태가 어떤지를 본다. 기분이 좋지 않을 때 우리는 느낌을 전환하기 위해 노력한다. 감각(이 문맥에서는 '느낌'이라는 단어와 동일)이 뜻밖에 오는 경험이라는 말은 모순이다. 사람들은 대부분 어떤 감각은 좋고 어떤 감각은 나쁘다고 판단하고, 선호하지 않는 감각에 대해서는 직접적으로 맞서서 바꾸려 하거나 피하기 때문이다.

생각이 현실화의 원인이고, 감각이 그런 현실화의 자연스러운(통제 불가능한) 부산물이라고 했다. 그렇다면 원하는 결과를 현실화할 생각을 가지고 좋은 느낌을 갖는 방법은 무엇일까? 그것은 어떤 감각이든 간에 좋고 나쁘다고 구분 짓지 않고 편안하게 그 감각을 느끼는 것이다.

이에 대해 워크숍의 한 회원이 아주 멋진 표현을 썼다. "좋은 느낌을 갖기 위해서 어떻게 하면 좋게 느낄 수 있는지를 배워야 한다."

같은 생각, 다른 의미

생각의 전환 한 회원은 직장을 그만두기로 결심하고 사직서를 쓸 날을 잡았다. 사직서를 쓰기 전날, 그녀는 생각의 전환 워크숍에 나왔다. 그녀는 새로운 삶을 시작할 꿈에 부풀어 있었지만, 동시에 이야기를 하면서 불안한 감각을 감추지 못했다. 그녀의 불안함을 살펴보면서, '다시 일을 못 하게 되면 어떻게 하지? 돈을 못 벌면 어떻게 하지?'라는 생각이 원인임을 깨닫게 되었다.

"한 번 직장을 그만두면 끝인, 더 이상 기회가 없는 곳으로 세상을 바라보는 사람의 생각이 무엇일까요?" 나는 질문했다. 대화 후에 그녀는 "실수할 수 없다."라는 생각이라고 대답했다. 그녀에게 매우 맞는 말이었다. 실수는 하나도 용납되지 않는다는 생각이었다. 실수를 하면 모든 것이 끝장인 것이다.

그 이야기를 하면서 그녀는 현실화되지 않은 세계에 무한한 가능성이 열려 있으니 그런 생각이 잘못되었다는 것을 깨달았다. 사실 실수라는 것은 없다. 모든 것은 당신을 다음 단계로 인도할 것이고, 매 순간에 다음 단계를 열어줄 무한한 가능성이 있다.

사실 정말 원했던 생각은 '실수할 수 없다.'는 부정적인 생각이 아닌, '내가 무엇을 하든 실수하지 않는다.'는 생각이었음을 깨닫고 그녀의 얼굴은 환해졌다. 그녀는 생각의 전환을 통해 '실수할 수 없다.'를 '실수하지 않는다.'로 바꿨다. 같은 말이지만 다른 의미였다.

이런 생각의 한 방법은 나에게 매우 유용했었다. 무대에 나오기 전에 많은 감각을 경험하는 사람으로서 '무대에 오르는 게 긴장된다.'를 '무대에 빨리 오르고 싶어 미치겠다.'로 전환한 것이다. 같은 단어

(anxious)를 처음에 긴장된다는 의미에서 이제는 '흥분된다'로 바꿔 해석한 것이다.

생각에 대한 생각, 우리가 어떻게 생각하는지에 대한 해석, 혹은 생각에 포함되는 단어의 의미가 우리의 생각을 결정짓는다.

마음에 들지 않는 생각을 할 때 그 생각은 진실이 아니다

생각의 전환의 첫 걸음으로써 당신이 품은 생각이 진실이 아님을 이해하는 것은 중요하다. 당신이 뭔가를 소유할 수 없다는 것은 거짓이다. 소유할 수 있다는 것도 거짓이다. 둘 다 진실이기도 하고 거짓이기도 하다. 어떤 생각을 하든 그대로 나타나는 것은 우리 생각의 진실 여부와 관계없다. 무슨 생각이든 나타나는 것은 현실화되지 않은 세계에서 모든 것이 가능하기 때문에 그렇다. 그래서 '나는 돈을 가질 수 없다.'거나 '나는 나을 수 없어.'라는 생각을 할 때, 그게 진실이 아니라는 점을 우선 이해해야 한다. 계속되는 당신의 생각으로 어떤 상황이 발생하고, 새로운 생각으로 전환하면 그 상황은 즉시 변할 수 있다.

마라톤, 에베레스트 산 등반하기

여러 차례 말했지만 당신이 원하는 세상의 거울을 볼 수 있는 생각을 선택하는 데에는 그런 생각과 함께 오는 감각을 '견디거나' 혹은 참는 것이 중요하다.

이에 대한 좋은 비유는 마라톤이다. 강의나 생각의 전환 워크숍 시간에 나는 사람들에게 자주 묻고는 한다. "마라톤을 뛰기 위해 가장 먼저 필요한 게 뭘까요?" 어떤 사람들은 '좋은 신발', 또 어떤 사람들은 '수개월의 훈련'이라고 대답한다. 이런 것들도 중요하지만 더 우선해야 하는 것이 있다.

'나는 마라톤을 할 수 있다.'는 생각 없이는 마라톤에 대한 꿈조차 꾸지 못한다. 이런 생각의 깊은 곳에는 당신이 훈련하고, 좋은 운동화를 사고, 마라톤을 위해 필요한 모든 것들을 준비하는 일이 포함되어 있다. 그리고 나서 마라톤을 시작하는 것이다. 그 길에서 만일 다리가 아프거나 숨이 차다거나 몸이 아파도, 마라톤을 계속하기 위해서는 견뎌야 한다. 마라톤에서 우승한 숙련된 선수조차도 이런 감각을 경험하고 참는다. 그런 감각이 참기 힘들다고 생각할 때, 멈출 수 있는 가장 쉬운 방법은 생각의 전환이다. '마라톤을 할 수 있다.'를 '마라톤을 할 수 없다.'로 바꾸면, 마라톤을 멈추게 만들고 그런 아픔도 날아가게 할 것이다. 물론 마라톤을 완주하지 못할 것이다. 그러나 고통은 멈추게 된다. 우승한 선수들도 이런 감각에 부딪혔을 때 '할 수 있다.'가 '할 수 없다.'로 전환되고는 한다. 하지만 결국 '할 수 있다.'로 다시 생각을 전환함으로써 마라톤을 완주할 수 있게 된다.

이 예시는 우리가 '부정적인' 사고를 선택하는 이유를 명확히 보여 준다. 우리가 원하는 결과를 가져올 생각을 품을 때 경험하게 될 고통을 막기 위해서 우리는 부정적인 생각을 선택하는 것이다. 만일 어느 순간 '할 수 없다.'고 생각하는 자신을 발견하게 되면 어떤 감각의 경험으로부터 자신을 보호하고 있는 것인지, 원하는 것을 얻기 위해서 기꺼이 그 감각의 경험을 감수할 마음이 있는지 자문해 보자. 대답이

'그렇다'면 생각을 전환하고 계속 가야 한다.

내가 좋아하는 또 다른 비유는 에베레스트 산 등반이다. '나는 에베레스트 산을 오를 수 있다.'는 생각을 하기로 결심하면 그 생각 속에서 당신은 산을 오르기 시작한다. 그러고 나서 살을 에는 듯한 추위와 산소 부족, 다리에 통증이 직면한다. 이런 감각을 없애기 위한 가장 쉬운 방법은 '나는 산을 오를 수 있어.'를 '산을 오를 수 없어.'로 바꾸는 것이다. 이로써 통증을 멈추게 할 수 있겠지만, 동시에 등반도 멈추게 된다. 에베레스트 산을 오르기 위해서는 할 수 있다는 생각과, 그 생각 속에서 경험하게 될 어떤 감각도 감내할 수 있다는 생각이 필요하다. 이렇게 해야만 에베레스트 산뿐만 아니라 당신이 원하는 어떤 것이든 해낼 수 있다.

경쟁의 장은 항상 공평하다

동전을 5,000번 던지고 연속해서 5,000번 뒷면만 나왔다면, 그다음에 던진 동전에서 앞면이 나올 확률은 얼마일까?

많은 사람들이 이런 질문에 마주할 때, 본능적으로 '5,000 대 1'이라고 대답한다. 그러나 사실 그 확률은 50 대 50이다. 그동안 동전을 몇 회 던졌든지 상관없이 던지는 순간마다 앞면 혹은 뒷면이 나올 확률은 항상 50%이다.

물론 5,000번이나 던졌는데 계속해서 뒷면만 나왔다면 앞면은 계속 안 나오는 게 아닌가라는 생각이 미칠 수도 있다. '내 동전 던지기는 뒷면만 나와.' 혹은 '앞면은 절대 안 나와.'라는 식의 생각이 가능하다.

그러나 사실 우리에겐 공평한 경쟁의 장이 열려 있다. 과거에 일어났던 일들은 확률에 영향을 미치지 않고, 매 순간마다 우리에게 주어진 무한한 가능성을 감소시키지도 못한다. 따라서 일이 뜻하는 대로 되지 않거나 실패만 계속될 때, 그런 경험을 바탕으로 생각을 선택하고 있는 건 아닌지 고찰해 보아야 한다. 그리고 인생은 공정한 경쟁의 장이 펼쳐져 있는 곳이라는 진실을 바라보면서, 과거의 사건과 관계없이 앞으로는 무엇이든 일어날 수 있다는 가능성을 품은 생각으로 전환해야 한다.

오프라는 무슨 생각을 했을까?

당신이 원하지 않는 생각이 나다나고 있음을 알게 되었는데도, 전환할 사고를 찾지 못하고 우왕좌왕하고 있는가? 이럴 때는 '오프라 윈프리(Oprah Gail Winfrey, 1954년 1월 29일~)는 미국의 유명한 흑인 방송인이다. 본인의 이름을 내건 오프라 윈프리 쇼는 세계적으로 유명한 프로그램이다. 또한 버락 오바마 대통령의 열렬한 지지자이기도 했다. 그녀는 20세기의 가장 부자인 흑인계 미국인으로 꼽혔고, 미국의 상위 자선자들 중 첫 번째 아프리카계 미국인이며 세계에서 유일한 흑인 억만장자이다.(그녀는 세계에서 가장 영향력 있는 여성으로도 불린다: 역자 주) 라면 어떤 생각을 했을까?'와 같은 질문이 도움이 된다. 당신의 삶에 적용하고 싶은 사람을 찾아보자. 그리고 '사람의 거울에 그들은 어떠한 생각을 반영하였을까?'라고 질문하자. 예를 들어 당신이 크게 성공해서 직장에서 명성을 떨치고 싶었는데 그렇지 못한다고 해보자. 사람의 거울을 보면서 어떠한 생각이 투영되고 있는지를 물어보면서, 당신이 '나는 사람들에게 아무것도 해줄 수 없어.'라는 생각을 하고 있음을 발견할지도 모른다. 그러고 나서 '내가 원하는 성공을 이룬 사람이 누가 있을까?'라는 질문을 해보면 오프라가 떠오를 수 있다. 그럼 또 자문한다. '이런 문제에 대해 오프라라면 어떤 생각을 했을까?' 아마도 '나는 다른 사람들에게 중요하고 소중한 것을 줄 수 있다.', '나는 무한한 가능성이 있는 세상에 살고 있고, 내가 원하는 것은 뭐든 가질 수 있다.' 혹은 '내 과거가 어땠든지 간에 내 현재는 내가 원하는 대로 되는 것이다.'라고 생각할 것이다. 당신의 삶에서 투영하고 싶은 생각이 있다면 그 생각을 품어야 한다. 물론 오프라가 정말 어떤 생각을 하고 있는지 알 수 없다. 그렇지만 그녀의 삶의 거울을 보면 그녀의 생각을 짐작할 수 있다. 그리고 그 생각은 바로 우리가 삶에서 나타나기 원하는 생각이다. 어떤 생각이든 자유롭게 선택할 수 있다. 그러므로 오프라의 사고를 상상한 다음 그것을 당신의 생각으로 받아들여야 한다.

비판을 두려워하는 한 작가 앞에서 강연을 한 적이 있다. 항상 자신을 비판하는 성공한 다른 작가에 대해 질문했을 때, 그녀는 마돈나를 상상하면서 '비판을 받는 건 견디기 힘들다.'는 생각에서 '신경 안 써요.'로 사고를 전환했다.

나의 친구인 케이시 지포드는 항상 아름다운 집에서 살았다. 그래서 나는 집을 사러 갔을 때 케이시라면 어떤 생각을 했을지 상상하면서, '나는 내가 원하는 집을 살 수 없어.'라는 생각에서 '세상의 풍요가 나에게 펼쳐져 있고 내가 원하는 것을 가질 수 있다.'라는 생각으로 사고를 전환했다. 이렇게 해서 순식간에 나는 완벽한 가격으로 꿈에 그리던 집을 얻게 되었다.

즉각적인 투영

거울 앞에 서자마자 거울에 비치는 나의 모습을 보게 된다는 것을 인식한 적이 있는가? 또 거울은 정확하지 않은 법이 없다. 당신이 움직이지 않으면 거울에 비춰진 나도 가만히 있다. 투영된 모습을 벗어나거나 혹은 뭔가 더 덧붙여지는 것도 없다. 수동적으로 하라는 대로 거울 앞에 서 있는 물체를 그대로 비출 뿐이다. 한 치의 지체도 없이 말이다. 즉각적으로 사고를 전환하는 연습을 해야 한다. 특히 평생 당신이 하고 있는 생각이라면 그 생각을 전환하면 즉각적인 결과가 나타날 것이다. 예를 들어 '마지막 순간에는 모든 것이 날아가 버린다.'는 생각을 할 때가 있다. 이런 생각의 내면에는 내가 어떤 것의 마지막에 접어들면서 매우 긴장하고 걱정하기 시작하고, 마지막까지 할 수 없을 것 같다는 생각이 있다. 그 생각이 사실이 아니라는 것을 알게 된 순간, 내 몸은 달라졌고, 삶에 기쁨과 안심을 얻게 되었으며, 일어나는 사건들도 달라졌다. 움직이거나 뭔가 변했을 때 그 변화가 거울에 즉시 투영되듯이, 새로운 생각이 투영되는 것도 즉각적이다.

거울은 의견이 없다

거울 앞에 섰을 때 거울이 "흑, 정말 못생겼네요." 혹은 "왜 그런 옷을 입었나요?", "옷이 너무 끔찍해서 비추고 싶지도 않아요."라고 말을 하던가? 아니면 "오늘 너무 멋져요."라고 말하는 것을 본 적 있는가? 물론 없을 것이다. 말도 안 되는 이야기이다. 거울처럼 세상은 의견, 편견, 판단 없이 당신이 생각하고 있는 것을 그대로 비춘다. 거울은 당신의 생각을 투영하기 위해서 존재할 뿐이다. 당신이 거울을 가지고 무엇을 하든지, 거울에 대해 어떻게 생각하든지, 어떤 감각을 가지고 있든지, 그것은 당신의 문제이지 거울은 신경 쓰지 않는다.

거울은 항상 지금 당신이 있는 곳을 비춘다

거울이 앞에 있는 사물을 즉각 비추듯이 생각은 나타나기까지 시간이 걸리지 않는다. 꿈이나 소망이 있고 생각을 전환하면, 생각이 실현되는 데에 시간이 걸리는 것이 아니다. 그 거울은 항상 당신의 생각이 있는 곳을 비추는 것이다.

따라서 매 순간마다 삶의 거울을 계속 지켜보자. 보이는 것이 무엇이든지 그것이 바로 이제까지 당신의 생각의 결과였음을 인정해야 한다.

당신이 원하는 생각이 비춰질 때까지 반복해서 생각의 전환을 해보자. '그래도 나는 긍정적인데 그 생각이 나타나지 않는 것이다.'라고 주장하는 것은 터무니없을 뿐 아니라 역효과를 낳는다. 삶의 거울에 나타난 생각(혹은 복잡한 생각들의 조합)을 인정함으로써 능력을 얻어야 한다. 일단 그 생각들이 무엇인지를 확실히 파악하고 나면, 당신이 원하는 결과를 투영할 생각을 고를 수 있는 생각의 전환 쇼핑을 할 수 있다.

세상은 절대 당신을 반대하지 않는다

사람들은 종종 "좋은 게 오고 나면 항상 나쁜 게 따라와." 혹은 "뭔가를 위해 기도했는데 안 이루어져."라고 말한다. 이것이 사실이라면 세상에는 우리를 반대하는 세력이 있거나 우리의 생각이 투영되지 않는다는 말이 된다.

그것은 마치 거울이 우리를 반대할 힘을 가지고 있거나 그 앞에 서 있는 것을 그대로 비추지 않는다는 것과 같다. 우리가 거울 앞에 서 있는데 거울에 비친 옷을 입고 있는 것과 다르거나, 올라가고 있는데 거울에서는 내려가고 있는 격이다. 이런 일은 불가능하다는 것에 대한 이론은 없을 것이다. 그렇지만 우리는 자주 세상이 우리 자신을 투영하기보다는 반대한다는 생각을 한다.

친구와 함께 있을 때 긴단한 실험을 한번 해보자. 친구에게 당신이 하는 행동을 따라 해보라고 하고, 친구를 향해 자신감 있게 큰 미소를 지어보이자. 그럼 친구의 얼굴도 금세 따라서 미소 짓는 것을 보게 될 것이다. 이제 의심 가득한 얼굴을 하면, 친구의 얼굴도 따라서 의심의 얼굴이 되는 것을 보게 된다. 이런 실험을 통해서 당신의 친구가 의심을 하는 게 아니라 그저 당신을 따라 했다는 것을 안다. 그렇지만 만일 당신 스스로는 의심하는 표정을 짓지 않았다고 생각하면, 친구의 표정을 보고 나를 반대하는 건가라는 생각을 할 수 있다.

이제 '싸울 준비를 해봐라.' 두 주먹을 친구를 향해 허공에 휘둘러 보자. 곧바로 당신의 친구의 주먹도 당신을 향할 것이다. 당신의 친구가 당신을 반대하고 있는 것인가? 친구의 주먹이 당신을 향한다 해도 그것은 단순히 당신의 행동의 반영일 뿐이다.

따라서 세상에서 당신 앞에 두 주먹이 보일 때에도, 세상은 나를 비추면서 나에게 협력적이라는 사실을 인식하자. 내 주먹을 내려놓으면 내 앞의 주먹도 사라지는 것이다. 세상은 절대 당신을 반대하지 않는다. 당신을 나타낼 뿐이다.

모든 것이 이미 여기 있다

당신이 원하는 모든 것이 이미 있다는 사실을 알아야 한다. 그렇지 않을 리가 없다. 좋건 나쁘건, 원하건 원하지 않건, 모든 것이 가능성 안에서 이미 창조되어 있고 나타나기를 기다리고 있다. 뭔가 실현되지 않을 때 우선 중요한 것은 그것이 이미 있다는 사실을 아는 것이다(왜냐하면 모든 것이 여기 현실화되지 않은 세계에 있기 때문이다). 이것을 알기만 하면 자신 있게 생각을 전환하고 당신이 원하는 것을 나타낼 수 있게 된다.

그것은 마치 9개월 된 산모를 보고 어떤 사람이 '아기가 밖에서 곧 올 거예요.'라고 하는 것과 같다. 아기는 이미 방 안에 있다. 어머니 배 속에 있어서 보이지는 않지만 어디 다른 곳에서 오는 것은 아니다. 이미 여기에 있는 것이다.

이 점을 설명하기 위해서, 생각의 전환 모임 중에 나는 가끔 사람들에게 내 얼굴을 보라고 한다. 그리고 묻는다. "내 얼굴 여기 있나요? 이 방 안에 있어요?" 사람들은 물론 "네."라고 대답한다. 그러면 나는 얼굴을 재킷에 감추며 묻는다. "내 얼굴 이 방 안에 지금도 있나요?" 여전히 답은 "그렇다."이다. 사람들은 아직 내 얼굴이 방 안에 있다는

것을 볼 수 있다. 그 순간에만 볼 수 없을 뿐이다. 얼굴을 보이게 하려면 재킷을 걷어내면 된다는 것을 모두 알고 있다. 모든 것의 원리가 이와 같다. 이미 여기 있지만 단지 보이지 않을 뿐이다.

밥상이 기다리고 있다

원하는 것과 원하지 않는 것이 차려진 밥상 이미지는 사람들에게 도움이 된다. 무언가를 원할 때 원하는 것과 함께 모든 것이 놓인 식탁과 원하는 걸 집는 모습을 상상해 보자. 테이블에 있다고 해서 그것을 반드시 다 선택해야 한다는 건 아니다. 원하지 않는다고 치워버리거나 반대할 필요가 없이, 그냥 택하지 않으면 되는 것이다. 케이크에 후추를 뿌려 먹지 않는다고 해도 후추기 부엌에 있는 것이 크게 문제되지는 않는다. 다른 것을 위해서 쓰일 수 있고 혹은 누군가가 원할 수도 있는 것이다. 혹은 케이크에 후추를 뿌려 먹고 싶다면 그렇게 해도 된다. 모든 것이 가능하고 불가능한 것은 없다. 아무것도!

원하는 것이 실현될 수 있는 100가지 방법

무슨 일이 어떻게 이루어질지 도무지 알 수 없는가? 혹은 가능성이 요원해 보이는가? 그럴 때 나는 앉아서 그것이 이루어질 수 있는 100가지 방법을 리스트로 만든다. 이런 방식으로 무엇이든지 이루어질 수 있는 방법이 무한하다는 사실을 다시 한 번 상기한다.

예를 들어서 내가 백만 달러를 원하고 지금 당장 그 돈을 벌 수 없다고 한다면 나 자신에게 말한다. "백만 달러가 어떻게 나타날 수 있을까?" 그리고 가능해 보이는 방법, 말도 안 되는 방법, 불법, 혹은 내가 절대 하지 않을 방법들을 모두 포함해 리스트를 만든다. 그 리스트에는 다음과 같은 내용이 들어갈 수 있다.

- 히트곡을 작곡한다.
- 만나본 적 없는 친척이 사망 후 나에게 백만 달러를 남겼다.
- 백만 달러가 든 종이봉투를 길에서 발견한다.
- 복권에 당첨된다.
- 누군가 초인종을 누르더니 나에게 백만 달러를 건넨다.
- 주식에서 투기를 해서 백만 달러를 받는다.
- 부동산을 샀는데 땅값이 엄청 오른다.
- 누군가의 부탁을 들어주었더니 사의로 백만 달러를 준다.
- 은행을 턴다.
- 갑부와 결혼한다.
- 부자 친구 하나가 선물을 주기로 결심한다.
- 중고품 세일로 싼 물건을 샀는데 알고 보니 그 가치가 백만 달러였다.
- 새 직장을 잡고 크게 성공한다.
- 최고 베스트셀러 책을 쓴다.
- 영화나 드라마에 깜짝 캐스팅된다.

무슨 말인지 알 것이다. 어떤 것들은 가능성이 희박하고 터무니없

기도 하고, 어떤 것은 가능성이 있기도 하다. 어쨌거나 이런 방식으로 백만 달러가 나타날 수 있는 많은 길이 있다는 개념을 심을 수 있다. 이 중에 어떤 것은 시도해 볼 수도 있다.(은행은 털지 않을 테니 걱정 마시길. 적어도 오늘은 안 털 것이다.)

당신의 힘의 원천인 '부정적인' 생각

이런 새 사고/긍정적 생각/확신과 관련한 여러 가지 난관이 있다. '부정적인' 생각에 대한 두려움, 어떤 생각을 하고 있다는 사실 부인, 부정적 생각 위에 긍정적 생각을 덧칠하려는 노력 등이다.

생각의 전환 활동의 기초는 우리 앞에 놓인 세상의 '거울'이 우리의 생각의 투영이지, 생각의 원인이 아니라는 개념을 갖는 것이다. 그런 개념과 연결하기 위해서는 현재 우리의 삶에서 무엇이 보이는지를 확실히 한다. 그 후에 거울에 반영되어야 할 생각이 무엇인지를 보는 것이다. 사람들은 부정적으로 여겨지는 것이 나타나면 자신이 가진 생각은 인정하기 싫어한다. 긍정적인 생각을 하려고 노력하거나 혹은 긍정적인 생각을 가지고 있다고 주장한다. 결과적으로 그들의 삶과 분리되고 생각으로 삶을 창조할 힘을 잃게 된다. 마치 어떤 옷을 입고 거울에 앞에 서 있는 사람이 그 옷을 입고 있지 않다고 부인하는 것처럼 말이다.

만일 파란 옷을 입고 거울을 보면서 파란 옷을 입고 있다는 사실을 인정하지 않으려 해도, 거울에 비친 모습은 절대 변하지 않는다는 것을 알겠는가? 거울 속에 비친 내 옷이 마음에 들지 않는다면, 옷을 갈아입는 수밖에 없다. 거울 속에 비친 모습을 바꿀 방법은 없다. 그 옷을 입고 있다는 사실을 인정하지 않는다면 옷을 갈아입지 않을 것이다. 거울을 노려보면서 고함을 치고 불평하고 원하는 것을 달라고 투정해 봐야 지금 보고 있는 옷을 입고 있다는 사실을 인정하기 전에는 거울의 상(像)도 꿈쩍 않을 것이다. 일단 인정하면 그 상(像)을 바꿀 수 있는 힘이 생긴다. 왜냐하면 옷을 갈아입는 것은 식은 죽 먹기이기 때문이다. 같은 맥락에서 생각을 인식하고 지금 가지고 있는 생각이 거울에 나타난 것을 인정하면 옷처럼 사고도 전환할 수 있는 능력이 생기고 보이는 현상도 바뀌게 될 것이다.

이런 패러다임 속에서 좋은 생각, 나쁜 생각이 따로 없다는 사실을 알게 될 것이다. 단지 생각만이 있을 뿐이다. 아까 언급한 부엌 이야기를 좀 더 해보자면, 후추를 좋아하는 사람도 있고 싫어하는 사람도 있다. 달팽이를 먹는 사람도 있고 끔찍이 싫어하는 사람도 있다. 생각을 판단하지 않는 단계에 이르게 되면, 자신이 가지고 있는 생각을 볼 수 있게 되고 그게 '부정적'이라고 여겨지더라도, 생각이 삶의 거울에 나타나고 있다는 점, 사물을 보는 방법과 당신은 연결되어 있다는 점, 항상 힘을 발휘할 수 있다는 점, 그렇기 때문에 보이는 것에 매달리기보다 사고를 전환함으로써 삶에서 당신이 원하는 것을 나타낼 수 있는 자유가 있다는 점을 깨닫게 된다.(어차피 생각이 좌우하는 보이는 것에 매달려 봤자 소용없는 일이다.)

그것은 마치 "더 많은 믿음이 있어야 합니다."라고 말하는 사람과 같다. 사실상 우리에게는 충분한 믿음이 있다. 문제는 '그 믿음이 어디를 향하는가?'이다. 할 수 없다는 생각으로 우리의 재능을 얼마나 제한할 수 있는지, 성공할 수 없다는 완전한 '믿음'으로 얼마나 실패를

거듭하는지, 꿈을 이룰 수 없다는 것을 '알기'때문에 얼마나 꿈을 이루지 못하고 있는지 놀라울 따름이다. 한번은 담당 치료사를 만나서 "나는 잘 꿈을 펼치지 못하는 것 같아요."라고 말을 한 적이 있다. 그녀는 말했다. "농담 말아요! 세계적인 수준의 음악 재능을 갖고도 수년간 그저 그런 직업에 그 재능이 묻혀 있었죠. 이렇게 실현하는 데에 얼마나 많은 믿음과 자신감, 재능이 필요한지 알아요?" 내 눈이 번쩍 뜨였다. 우리는 항상 우리의 믿음을, 우리가 선택한 생각을 현실화하고 있고, 나타나는 것을 바라보는 것이다.

이제 이런 이해를 바탕으로 생각해 보자. 우리가 원하지 않는 경험들을 선택하여 불평하게 만드는 것이 무엇인가? 삶에서 우리가 원하는 길로 이끌 생각을 쉽게 선택하는 것을 방해하는 것은 무엇인가?

우리는 우리 자신을 방해하지 않는다

사람들은 "나는 뭔가를 원했는데 내가 거부했어."라는 말을 한다. 이런 말을 반복해서 들으면서 나에게 질문을 했다. "내가 왜 그렇게 하겠어? 어째서 원하는 것을 갖지 못하게 우리 자신을 막겠어?"

생각의 전환을 하면서, 나는 원하는 것을 나타낼 수 있는 생각을 받아들일 때 만일 그 생각이 무섭고 어려운 감각을 동반한다면(과거의 경험 때문에) 우리는 그런 감각으로부터 자신을 보호하기 위해서 다른 생각으로 전환해 버린다는 사실을 알게 되었다.

이런 경우라면 우리는 우리 자신을 방해하고 있는 것이 아니다. 실제로는 보호하고 있는 것이다.

방해라는 단어를 보호로 바꾸면, 첫째로 우리 자신과 맞서기보다는 우리 자신에 대한 애정을 품게 된다. 둘째로는 우리가 보호하려는 감각이 무엇인지를 찾아서 원하는 바를 현실화할 생각을 품으면서 그 감각을 견딜 수 있는 능력을 점차 키울 수 있게 된다.

따라서 다음에 자신을 방해하고 있다는 생각이 들거든 자신을 보호하고 있는 것은 아닌지 확인해 보자. 우리는 항상 좋은 이유에서 '부정적인' 생각을 받아들이는 것이다.

예전 생각은 언제든 돌아올 수 있다

이 책을 통해서 계속 말했듯이, 생각의 전환을 하고 싶지 않다는 생각이 들 때 그와 같은 사람이 많다는 사실을 기억해야 한다. 이런 현상이 일어나는 이유는 특정한 감각으로부터 자신을 보호하거나 두려워하는 행동을 취하지 않기 위해서다. 바로 이런 생각들이 우리 발목을 잡지만 그럼에도 동시에 이상한 방법으로 보호해 주기도 한다.

식이장애와 싸우고 있는 한 여성과 함께 프로그램을 진행한 적이 있었다. 몇 달 후에 그녀가 내게 와서 말했다. "내가 왜 음식을 안 먹는지 완전히 알았어요. 외부로부터 뭔가 들어오는 것을 거부했던 거죠. 이유를 알았는데도 여전히 난 음식을 먹지 않아요." 난 잠시 생각 후 말했다. "언제든지 다시 예전으로 돌아가서 음식을 거부할 수 있다는 것을 알고 있죠? 그 거부감은 언제든지 돌아올 수 있어요. 음식을 먹은 후에라도요." 그 생각으로 그녀는 즉시 음식을 먹기 시작했다.

그녀는 보호적 생각은 언제든지 찾으면 다시 온다는 사실을 알아

야 했다. 일단 다시 먹기 시작하면 그 생각을 할 필요가 없지만, 항상 돌아갈 수 있는 여지가 있다는 것을 인식하는 것이다. 또한 더 건강하고 행복한 삶을 가져올 새로운 생각을 선택할 여지가 있다는 것도 알고 있었다.

'한 번 했으면 끝이야.'라는 건 없다

우리는 성공한 사람들 혹은 목표를 성취한 사람들을 볼 때, 그들은 뭔가 거창한 사상을 발견하고 완전히 문제를 해결해서 지금의 성공을 평생 누릴 것이라고 생각한다.

그러나 매 순간 우리가 생각을 선택하고 그런 생각이 세상에 투영된다는 사실을 기억해야 한다. 모든 생각들은 항상 존재한다. 그리고 언제든지 어떠한 생각이든 선택할 수 있다. 어떤 사람은 20년간의 성공을 나타낼 생각을 선택하지만, 그것은 그들이 실패를 가져올 생각을 선택하거나 삶에서 실패를 보지 않을 거라는 의미는 아니다.

좀 무섭고 혹은 부정적으로 느껴진다면, 이것이 좋게도 나쁘게도 될 수 있다는 사실을 기억해야 한다. 삶의 절반을 실패로 이끄는 생각을 선택했다고 해도 지금 당장 성공을 부를 생각이 당신 앞에 놓여 있는 것이다.

마치 세상의 모든 음식이 차려진 뷔페 음식점과 같다. 스테이크를 10년간 먹고 간은 손도 안 댈 수 있지만, 그래도 여전히 간을 선택할 수 있다. 10년간 스테이크를 먹다가 간을 한번 먹어볼 수도 있다. 그래서 맛있으면 더 먹을 수 있다. 마음에 들지 않으면 스테이크가 있으니 다시 스테이크를 먹으면 된다.

따라서 생각의 전환이 평생의, 매 순간 작용하는 과정이라는 것을 기억해야 한다. 생각의 전환은 잠시 동안 하다가 잊어버릴 수 있는 것이 아니다. 그것을 알든지 알지 못하든지, 당신의 생각은 항상 현실화되기 때문에 고삐를 쥐고 삶에서 보고 싶은 것을 볼 수 있다. 계속해서 성공하는 사람들은 어떠한 상황에서도 성공의 생각을 습관적으로 선택하는 사람들이다.

자꾸 생각하지 말 것

어느 날 내가 생각의 전환 작업을 하고 있었을 때 흔한 표현인 '자꾸 생각하지 말라.'가 새롭게 들렸다.

우리는 삶에서 일어나는 일들이 생각이 형성한다는 잘못된 생각을 하는데, 사실은 그 반대다. 이런 생각이 들 때, 일어난 일들이 우리 생각의 투영이라는 생각 대신에, 일어난 사건을 바탕으로 다음 생각을 선택하게 된다. 매 순간마다 어떠한 생각이나 다 선택할 수 있다는 것을 알면서도 말이다.

힘들고 충격적인 일이 벌어질 때, 불쾌한 기분이 들 때, 언젠가 골치 아팠던 묵은 감각이 되살아 날 때, 우리의 오랜 습관적인 생각들이 다시 튀어나올 수가 있다. 전에 있었던 실패와 비슷한 실패를 경험할 때, 처음 드는 생각은 '나는 항상 실패해.' 혹은 '내가 원하는 것을 이룰 수 없나 봐.'이다. 어떤 생각이든 가능하다는 것을 알면 우리는 그 패배적인 생각을 전환할 수 있고, 훗날 완전히 다른 결과를 체험할 수

있다.

이와 같은 때에 원하지 않는 일을 가져올 생각을 하지 않기 위해서 방금 일어난 사건을 보고 나 자신에게 말한다. "자꾸 생각하지 마라." 이미 벌어진 일이고 그것을 자꾸 생각하는 것은 내 선택에 달려 있다. 벌어진 일을 부추기며 생각을 자꾸 하지 않으면서, 나는 다른 결과를 가져올 새로운 생각에 길을 열어준다.

있지도 않은 적 만들기

얼마 전에 한창 생각의 전환 워크숍을 하고 있을 때였다. 족보 있는 블루 포인트 히말라얀 종 우리 고양이 메르체르가 모처럼 사람들 앞에 등장했다. 방으로 걸어오더니 소피로 뛰어 올라 한 회원의 종이 위에 앉았다. 종이 위에는 펜이 있었는데, 얼마 지나서 메르체르는 그것을 미심쩍게 바라보았다. 마치 펜이 자기를 위협하고 있기라도 하듯 말이다. 그러고 나서는 그 펜이 자기를 공격해서 자기는 방어를 한다는 듯 펜을 발바닥으로 때리기 시작했다.

나는 강의를 듣는 사람들에게 메르체르가 우리에게 좋은 예를 보여준다고 말했다. 때로 우리는 원치 않는 감각이 들 때 그것을 탓할 엉뚱한 대상을 찾아서 공격하고 감각을 제거한다. 메르체르의 행동에서 분명한 것은 움직이거나 생각할 능력이 없고, 공격할 능력도 없는 대상을 찾아 마치 그것이 공격자인 양 취급했다는 것이다. 고양이의 행동을 보면서 우리는 웃었지만 우린 그런 행동을 얼마나 자주하고 있는가? 주식에 투자했던 나는 얼마 전 컴퓨터를 켜고 주식이 크게 떨어졌다는 것을 알게 됐다. 그리고 내가 한 행동은 왜 항상 나에게 벌을 내리느냐고, 왜 돈을 못 벌게 하느냐고, 내가 뭔가 원할 때마다 못 하게 막느냐고 주식시장에 마구 소리를 지른 것이다.

장황하게 불평을 퍼붓던 중 갑자기 멈춰서 자문했다. '나는 주식시장이 생각도, 아무것도 나에게 하지 않고, 의식적으로 나에게 반응할 능력도 없다는 것을 알고 있다. 그런데 왜 이러고 있나?'

가만히 앉아서 생각하다가 주식시장을 보면서 느낀 감각이 어린 시절 내가 못 견뎌 했던 감각과 똑같다는 사실을 깨달았다. 나에게 엄청난 고통이 '누군가'에 의해 야기되었고, 그 '누군가'는 나에게 아무런 반응을 못 한다는 건 어렸을 적 내가 자주 겪었던 상황과 매우 유사했다. 내가 의지가 있다면 그것도 꺾일 거라는 생각 없이 말이다. 그런 감각을 다시 느끼지 않기 위해서 직업의 기회를 거부하고 리스크를 피하면서 평생을 살아왔다는 사실을 나중에 깨닫게 되었다.

이 사실을 깨닫고는, 싸우거나 포기하게 만드는 생각을 품기보다는, 요동치는 주식시장을 그런 감각을 느끼고 견딜 수 있게 연습하는 기회로 삼기 시작했다. '자꾸 생각하기'보다 그냥 감각을 경험함으로써 내가 어떤 감각을 느끼든 내가 원하는 어떤 생각이든 고를 수 있는 자유가 있고, 그렇게 내가 원하는 결과를 얻을 수 있다는 사실을 새삼 실감할 수 있었다.

번창하고 성공하는 생각을 선택하기 시작하자(그리고 감각을 경험하면서) 주식시장이 다시 돌아왔다. 주가가 좋지 않은 방향으로 갈 때마다 대항하거나 몸부림치지 않았다. 단지 내 생각을 보고 생각의 전환만 했다.(물론 감각은 그대로 경험했다.)

분명하게 해두고 싶은 것은 내 생각이 주식시장을 '통제'하지는 않

는다는 것이다. 그러나 주식시장에서 나타나는 것이 나 자신의 부유함에 대한 내 생각을 반영하는 거울이라는 것을 안다. 그러므로 예전처럼 주식시장의 등락이 나에게 처참한 결과를 주지도 못할 뿐 아니라 매 순간마다 주식시장이 어떻든지 항상 내 자신을 부자로 생각하기로 선택할 기회가 있을 것이다. 부자라는 생각을 품으면서 그 생각이 내가 하는 의식적, 무의식적 선택에 반영될 것이다. 이에 대한 결과로, 나는 부유가 나를 위해 존재하는 무한 가능성의 세계를 보기 시작할 것이고 이런 방식으로 부유가 현실화될 것이다. 그것은 주식시장이 될 수도 있고, 그게 아닌 어느 곳이나 될 수 있다. 어디든 상관없다. 중요한 것은 내가 부유의 내면 경험을 하며 생활할 것이라는 점이다. 그리고 이 부유의 내면 경험은 반드시 '보이는' 부유로 나타난다.

그래서 주식시장은 거울과 같은 세상에 존재하는 모든 것들처럼 중성적이다. 즉 생각하지도 않고, 신경 쓰지도 않으며, 단지 내가 생각하고 있는 것을 투영할 뿐이다. 주식시장이 만일 적으로 느껴진다면 그건 내가 그렇게 만들고 있는 것뿐이다.

당신에겐 오로지 0.25초만이

어떤 사건이 일어나고 그다음 생각으로 이어지는 데까지 걸리는 시간이 약 0.25초라는 연구결과가 있다. 매우 짧은 것 같지만 일단 그 짧은 시간을 의식하게 되면 정말 충분한 시간이라는 것을 알게 된다.

노래하는 것을 두려워하는 사람에게 '당신의 노래에 대해 어떻게 생각하세요?'라고 물으면 자신이 노래를 못 하는 이유가 어렸을 때 누군가가 노래를 못 한다고 말했기 때문이라고들 한다. 사실 그것은 노래를 못 하는 진짜 이유가 아니다. 진짜 이유는 매번 노래를 부르려 할 때마다 사람들이 자기에게 말했던 것을 바탕으로 한 생각을 품기 때문이다. 사람들의 말이 아닌, 그런 생각을 선택하는 것이 노래에 문제를 만든다.

스무 살 청년에게 당신은 마흔 살이라고 해도, 그들은 '나는 마흔 살이다.'라는 생각을 품지 않는다. 왜냐하면 그렇게 믿지 않기 때문이다. 노래를 못 한다는 말을 들을 때 어떤 사람들은 그것을 믿지 않고 그런 생각을 받아들이지도 않는다. 항상 어떤 생각을 선택하느냐는 우리의 특권이다.

그러므로 다음에 뭔가 어렵고 언짢은 일이 발생하면 생각을 선택하는 0.25초를 의식해 보기 바란다. 그리고 당신이 원하는 것을 지지해 줄 생각을 선택하는지 확인해야 한다. 항상 그렇듯이 당신이 선택한 생각이 불편한 감각을 동반할 수도 있다.

생각의 선택에 앞서는 감각을 감지해야 한다

생각의 전환의 회원인 조지는 일생의 동반자를 찾기 위해서 자신의 문제를 해결하기로 결심했다. 조지는 정말 똑똑하고 상냥하며 성공한, 한마디로 매력적인 남성이었다.

그래서 사람들에게 그가 사람을 만나지 못한다는 것은 항상 미스터리였다. 조지가 사람을 만나지 못하게 막는 생각을 품고 있는 게 분명하다는 게 우리의 결론이었다.

조지의 생각을 탐구하면서 그 결론에 딱 맞는다는 것을 알게 되었다. 조지는 자신이 '내가 만나는 사람에게는 항상 문제가 있을 거야.', '나에게 맞는 사람에게 난 좋은 사람이 되지 못할 거야.', '파트너를 찾는 건 불가능해.'라는 생각을 하고 있음을 깨닫게 되었다.

그런 생각들을 다루면서 한 가지 간단한 전환 사고가 떠올랐다. '나를 만나 행복하고, 내가 같이 있어 행복할 사람을 만날 수 있다.'는 생각이었다.

조지는 그 생각을 받아들였다. 느낌이 어떠냐는 나의 질문에 "좋아요!"라고 대답했다. 그리고 5초 후, "잠시만요. 다른 생각이 들어왔어요."라고 했다.

무슨 일이 있었냐고 묻자 그는 말했다. "다른 생각이 다시 들기 시작했어요." 생각의 전환과 예전 생각이 다시 오는 사이 무슨 일이 있었는지 물었다.

그는 아주 짧은 순간 두려움을 동반한 어떤 감각을 느꼈고, 바로 그 후에 예전 생각을 다시 하게 되었다는 것을 알게 되었다.

조지에게는 그게 단순히 예전 생각이 돌아온 걸로 보일 수도 있었지만, 사실은 순간 그가 원치 않는 감각이 생겨서 사고를 전환하기로 선택한 것이다. 감각의 짧은 순간을 캐치하는 것은 매우 중요하다. 왜냐하면 옛 생각이 들어오는 게 우리의 선택임을 명확히 알 수 있게 되기 때문이다. 이와 같이 우리는 생각의 피해자가 아니다. 생각의 선택권은 우리에게 있다. 이 사실을 알면 우리가 느끼는 감각과 상관없이 우리가 원하는 생각을 계속해서 선택할 수 있게 된다.

느낌을 물으면 생각을 말하는 우리들

누군가에게 느낌이 어떠냐고 물으면 들을 수 있는 대답들이 있다. "죽을 것 같은 기분이에요. 내가 원하는 사랑을 찾을 수 없을 것 같은 느낌이에요. 무시당한 것 같은 느낌이에요." 혹은, "희망적이에요. 사랑에 빠진 것 같은 기분이에요. 성공한 느낌이에요." 이는 느낌이 아닌, 생각이다. 물리적 감각의 의미를 해석하는 것이다.

이렇게 지적하면 사람들은 말한다. "화난 느낌이에요. 슬픈 느낌이에요. 아픈 느낌이에요." 흥미로운 사실을 발견했는데, 이것들을 느낌이라고 말하지만 사실은 감각에 대한 생각일 뿐이다.

"화난 것을 어떻게 알죠? 무엇이 당신이 슬프다고 말해 주나요? 아프다는 신호를 주는 것은 뭐죠?"라고 물으면 그때서야 우리가 해석하고 있는 물리적 감각이 있음을 깨닫게 된다. 많은 경우에 그런 해석은 감각을 피하거나 제거하려는 노력의 일환이다. 만일 우리가 '화난' 것을 알면 사람들에게 소리를 치고 그 감각을 '내보낼' 수 있다. '슬프다'는 것을 알면 슬픔을 '극복'하기 위해서 위안을 얻을 수 있다. 이 모든 것은 가치 있는 일이지만, 느낌은 아니다.

생각의 전환에서는 '느낌'을 생각되기보다는 느껴지는 물리적 감각으로써 재해석하게 되었다. 쑤심, 화끈거림, 추위, 떨림, 쪼임, 부글거림 모두 감각이다. 감각을 다루는 법을 배웠기 때문에, 이런 감각은 사실 계속되면 골치 아프다는 걸 안다. 왜냐하면 그런 감각이 어렸을 때 충격적 상황에서 겪었던 감각을 불러일으키기 때문이다. 이런 감각을 없애기 위해서 우리는 치료가 온다는 생각을 받아들이지만, 사실 우리는 그런 감각을 있는 그대로 경험할 수 있는 능력이 있다.

8부 이야기, 은유, 정보의 핵심

일단 쑤심, 화끈거림, 두근거림, 떨림 등의 감각을 경험할 수 있게 되면, 다시 그런 감각에 대한 두려움 때문에 멈추는 일 없이 그 감각들을 동반하는 상황을 견뎌낼 수 있는 것이다.

그러므로 다음에 뭔가를 '느끼면' 그 감각을 설명하거나 이에 대해 어떠한 생각도 하지 말고 그 감각에 가만히 머물러 있어야 한다. 생각이 들어오는 것 같으면 다시 감각으로 돌아가야 한다. 감각을 좋다, 나쁘다 혹은 편하다, 불편하다고 판단하지 말고, 그저 그 감각을 있는 그대로 경험해야 한다.

이렇게 하면서 우리는 때로 이런 감각을 직접적으로 설명할 단어를 찾지 못하고는 한다. 노력하지 말고 그냥 느껴야 한다. 한 치료사 친구는 그런 감각을 '이름 없는 감각'이라고 부른다. 이런 '이름 없는 감각'과 함께 앉아 있으면 그게 단순히 감각임을 알 수 있게 된다. 이 사실을 이해하게 되면 이제까지 견디기 힘들다고 생각했던 것들이 꽤 견딜 만함을 알게 된다.

감각에 대한 생각

눈을 감고 잠시 우리 몸에 주의를 기울여보자. 현재 나의 감각을 느껴보자. 위가 쪼이고, 머리는 쿡쿡 쑤시고, 심장은 쿵쾅거리고, 허리에는 통증이……. 또는 편안함, 이완감 등 무엇이든 느껴보자. 잠시만 더, 아니면 원하는 만큼, 우리에게 나타나는 각각의 감각에 머물러보자. 몇 분 후에 각 감각에 대한 반응으로 어떤 생각을 하고 있는지 보자. 허리에 통증을 느끼면서 '암에 걸렸다.'라는 생각을 할지도 모르고, 가슴에 답답함이 있어서 '직장생활을 못 할 거야.'라는 생각을 할 수도 있다. 편안함을 느끼면서 '뭔가 물을 거야. 찾아내야 해.'라는 생각을 받아들일 수 있다. 그냥 각 감각에 대해 어떤 생각을 하는지 살펴보자.

이제 특정한 한 감각에 집중해서 그것을 느껴보고 이에 대한 어떤 생각을 하는지 보자. 만일 어떤 생각을 하고 있는지 분명히 알겠다면, '이외에 이 감각에 대해 어떤 생각을 할 수 있지?'라고 물어보자. 그리고 지금의 생각을 새로운 생각으로 전환해 보자. 생각 전환 후에 스스로에게 이 감각에 대해 이외에 어떤 생각을 할 수 있는지 묻자. 다시 그 새로운 생각으로 전환하자. 다시 똑같은 질문 후, 새로운 생각으로 다시 전환해 보자.

이런 연습의 포인트는 우리에게 어떤 감각이 있을 때 거의 자동적으로 이에 대한 생각을 품게 되고, 그 생각이 사실이라고 생각하게 된다는 점이다. 그렇지만 그것은 단지 우리가 선택한 생각이고 다른 생각을 선택할 능력이 있는 것이다. 이런 생각을 믿을 필요도 그렇게 생각할 때 특정한 느낌을 느낄 필요도 없다는 것을 기억해야 한다. 그 생각은 상황을 바꾸거나 감각을 없애지 못하지만, 새로운 생각을 하면 당신의 경험과 결국엔 현실까지도 변화시킬 것이다.

워크숍에서 이런 연습을 하면서 사람들은 고통이 그들의 삶을 위협하는 것에서, 생각하기에 따라 편안하게 느껴지는 것으로 전환될 수 있음을 알게 되었다. 긴장감이 군중들 앞에서 말할 수 없다. 기금을 부탁하는 일이나 데이트 신청을 실패할 것을 의미하지 않는다. 쑤시거나 쪼이는 느낌이 실패하거나 앞으로의 일을 계속하지 못함을 의미하지 않는다. 이 모든 것들은 단순한 물리적 감각에 대한 반응으로 자신이

8부 이야기, 은유, 정보의 핵심

품은 생각일 뿐이었다.

이와 관련하여 내가 좋아하는 예가 있다. 사람들이 "몸 전체가 뜨거운 느낌이에요, 몸이 떨려요, 숨이 가빠요, 땀이 나요, 심장이 쿵쾅거리고 머리가 뱅뱅 돌아요."라고 말하면 나는 묻는다. "오르가슴인가요?" 이처럼 어떠한 생각을 품느냐에 따라 같은 종류의 감각들이 다른 맥락에서 긍정적으로도 부정적으로도 인식될 수 있다는 것이다.

그러므로 불편한 어떤 감각을 경험하면 그에 대한 생각을 품는 것과 항상 그렇듯이 세상의 어떤 생각이나 뭐든지 선택할 수 있다는 것을 파악해야 한다.

당신이 원하는 바를 이룰 수 있게 하는 좋은 생각을 찾을 때까지 계속 생각의 전환을 해야 한다.

아침에 일어났을 때 처음 드는 생각

나는 어려움을 겪고 있을 때 보통 아침에 일어나면 생각하기 전까지는 기분이 괜찮다.

그러나 이내 침대에 누워서 걱정하고, 생각에 생각을 거듭하고, 현재 상황에 대해 두려운 생각을 시작하는 자신을 발견한다. 아침에 침대에 누워서 하루의 생각을 선택하고 생각의 전환을 시작하는 것은 좋은 연습이라는 걸 알게 되었다. 아침에 하루의 생각을 정리하면 하루를 그 생각 안에서 살 수 있다.

지금 현재

일반적으로 우리의 걱정은 과거나 미래에 관한 것이다. 과거에 어땠는지를 기억하고, 닥친 사건들을 앞으로 어떻게 해결할지에 대해 걱정하며 생각의 초점을 거기에 맞춘다. 보통 이런 상황은 아침에 일어나서, 또는 밤에 자다가 깰 때 나타난다. 이럴 때에 정말 도움이 되는 방법은 지금 하는 생각이 무엇이든 '바로 여기, 지금은 모든 게 괜찮다.'라는 생각으로 전환하는 것이다.

오늘 아침에도 나는 하루를 잘 보낼 수 있을지를 걱정하고 있는 나를 발견했다. 순간 나는 지금 나의 두 강아지와 고양이와 함께 아름다운 집에서 기지개를 펴고 휴식을 취하고 있음을 깨달았다. 그때 그 순간에 모든 것은 평안했다. 항상 그렇다. 과거의 경험을 바탕으로 한 불안한 생각, 앞으로 불편함을 줄 결과에 대한 우리의 걱정일 뿐이다. 그러므로 어떤 생각이든 이렇게 전환하자. '바로 지금 나는 여기서 잘 지내고 있고, 미래의 어떤 순간에도 거기서 잘 지낼 것이다.'

감사에 대한 새로운 태도

'감사에 대한 태도는 진부한 이야기 이상이다. 사실 감사는 우리에게 자유를 주어

삶에서 더 많은 것을 얻게 한다.'

나의 친구이자, 유니티 교회의 목사 숀은 감사에 관한 강연을 했다. 어려운 시기를 겪고 있던 나에게 그는 말했다. "자네에게 어떻게

하라고 말해야 할지 모르겠지만, 분명한 것은 모든 것에 감사해야 한다는 것이네."

정말 언짢은 기분이 밀려와 그에게 이렇게 답했다. "주식시장에서 재산을 잃은 것에 어떻게 감사하겠나? 공연이 제작되지 않는다는 데 어떻게 감사할 수 있겠나? 그 일을 따내지 못했는데 어떻게 감사할 수 있다는 말인가?"

보통 설명이라면 이럴 것이다. '신이 당신을 위해 예비하신 것을 얼마나 큰지 알지 못한다.' 또는 '지금은 어디로 인도하는지 보이지 않지만 결국 좋은 곳으로 인도될 것이다.' 모두 약하고 낙천적인 것처럼 들린다. 사람들이 '모든 것이 신성한 질서 안에 있다.'라든지 '신의 계획의 일부다.'라고 말하는 건 항상 거슬리고는 한다. 알겠지만 내가 감사할 수 없을 것처럼 보인다는 것이다. 그런 말은 정당화나 언짢아지지 않기 위한 방법 또는 구실처럼 보인다.

왜 모든 것에 감사해야 하는가에 대한 답변을 찾기 위해서 나는 내가 진짜라고 믿는 것을 검토하기 시작했다. 신은(또는 우주의 법칙이나 만물이 움직이는 원리 같은 것) 우리에게 무엇을 주지도 가져가지도 않는다. 왜냐하면 모든 것은 항상 '현실화되지 않은 세계'에 이미 주어졌고 존재하고 있기 때문이다. 신은 그 자신을 알지 못한다. 우리를 벌하지도 않는다.(상을 주지도 않는다.) 그냥 신인 것이다.

갑자기 이해가 되었다. 생각의 전환 연구는 나에게 세상은 생각의 거울일 뿐이라는 것과 우리의 실제 삶은, 세상의 거울 속 먼 곳이 아닌, 우리 생각 속에서 이루어진다는 것을 가르쳐줬다. 그래서 내가 세상에서 보는 무엇이든지 생각의 거울에 있고, 변화를 위한 생각의 전환을 위해서 내가 무슨 생각을 하고 있는지 볼 수 있는 기회를 주는 것이다. 생각의 전환은 세상에 보이지만, 보이는 것이 문제가 아니다. 문제는 내면이다.

따라서 세상은 긴장의 끈을 놓지 않은 채로 계속 거기 서 있는 것이다. 오직 단 한 가지 목적, 생각하는 것을 나에게 보여주기 위해서 말이다. 내가 뭔가 부족하다는 생각을 품을 때 세상은 돈 없는 나의 모습으로, 혹은 주식시장에서 돈을 잃는 나의 모습으로 그 생각을 보여준다. 내가 생각을 전환할 수 있도록 말이다. 내가 보고 받아들인다면, 세상은 나에게 더 큰 행복과 만족을 주기 위해 항상 노력하고 있다.

그런 이유로 나는 항상 감사할 수 있다. '생각을 바꿀 수 있도록 부족함에 대한 생각을 하는 내 모습을 보여줘서 감사합니다. 꿈을 이룰 수 없다는 나의 생각을 보여줘서 감사합니다. 난 잘하지 않는다는 나의 생각을 보여줘서 감사합니다.'

이런 것들은 단순히 생각이고 전환될 수 있기 때문에, 우리가 세상에서 보는 것은 완전히 고착화된 것이 아닌 단순한 거울이기 때문에, 나는 항상 매 순간마다 내 앞에서 거울을 가지고 나를 비춰주는 이 완벽한 친구가 있어서 끊임없이 감사할 수 있다. 그 친구는 비판도, 처벌도 없이, 내가 원하는 생각으로 생각을 전환할 수 있도록 내 생각을 보여준다.

감사하지 않을 수 없지 않은가?

거울이 아닌, 우리 생각 속에서 이루어지는 삶

생각의 전환을 파악하기 위해서 알아야 할 한 원칙은 우리의 삶이,

현실화된 세계가 아닌, 생각 속에서 실제로 진행되고 있다는 것이다. 현실화된 세계는 우리 생각의 거울이고, 상(像)이지 물체가 아니다. 무언가 존재한다는 생각을 하면 그 생각은 현실화되는 세계에 비춰지지만, 그 투영된 형상이 우리에게 기쁨을 주는 건 아니다. 우리에게 기쁨을 주는 건 생각이다. 이를 파악하면, 우리가 항상 우리 앞에 장애물이 무엇이든지 간에, 생각 속에서 행복하고 충만하며 부유하면 실제로 행복하고 충만하며 부유할 수 있다는 것을 알게 된다. 우리가 행복, 충만, 부유의 생각을 선택하자마자 이런 생각이 우리 앞에 펼쳐지는 것을 보게 된다. 생각은 원인이고, 우리는 어떤 생각이든지 선택할 수 있는 가능성이 열려 있다.

생각 속에서 실제의 삶이 이루어지고 있다는 것을 정말 알게 되면, 지금 바로 당신이 원하는 것이 현실로 나타낼 수 있는 능력을 얻게 된다.

'다른 사람'은 없다. 당신의 생각은 당신만 본다

세상은 단지 모든 창조와 변화가 이루어지고 있는 우리의 생각이 반영된 거울이라는 것을 이해하고 나면, '관계'를 완전히 다른 관점에서 보게 된다.

그곳에 다른 사람은 없다. '나 말고' 다른 사람은 없다.

우리에게 일어나는, 우리가 '보는' 모든 일은 보이지 않게 우리 안에 있다. 우리가 보는 것은 단순히 우리 생각의 거울이다. '일어나고' 있는 것은 우리의 경험 속에서 일어나는 것이다.

이런 새로운 관점으로 나를 행복하게 해주지 않는 파트너를 이해할 수 있게 된다. 그들은 행복하다는 우리의 생각의 거울일 뿐이다.(또는, 고통의 거울)

관계가 좋지 않을 때 다른 사람의 생각이 아닌, 당신의 생각을 점검해야 한다. 당신은 가질 수 없다거나, 특정 방식으로 취급받을 것이라는 생각이 어디에서 이루어지고 있는지를 살펴봐야 한다.

이렇게 하고 생각을 변화시키면, 두 가지 중에 하나가 나타날 것이다. 당신의 파트너가 변하든가, 당신의 새 생각을 보여줄 새로운 파트너로 대체될 것이다. 예상치 못한 방식일 수도 있겠지만, 어떤 식으로든 당신이 원하는 것을 얻을 수 있다.

이렇게 말하면 사람들은 보통 나 외에는 아무도 없는 '완전 혼자다.'라는 개념에 깊은 실망감을 보인다. 정말 거기에 아무도 없는 것은 모든 사람이 보이지 않고 무한한 경험 가능세계, 바로 '이곳에' 같이 살고 있기 때문이다.

그래서 놀랍게도 우리가 들어가려고 할 때는 세상의 모든 영혼들과 실제의 커뮤니케이션과 화합을 원할 때이다.

이것은 세상의 모든 다른 육체들과 의사소통하려는 것보다 훨씬 실제적이고 만족감을 준다.

오랜 방법은 거울과 관계를 갖는 것이다.(심리학 용어로 나르시스트 피해라고 생각한다.) 새로운 방법은 거울 앞에 있는 모든 것과 관계를 갖는 것이다.(즉, 모든 것)

더 만족스럽지 않은가?

삶의 거울을 보면서 무의식을 의식으로

　심리치료 또는 감각적 작업에서의 큰 난제 중 하나는 무의식을 다루는 것이다. 우리의 행동과 행동이 만들어내는 결과물은 의식수준에서는 알지 못하는 생각에 지배를 받는다는 것은 잘 알려진 사실이다. 그래서 "나는 긍정적인 생각을 한다고 단언한다. 내가 해야 한다고 생각하는 것을 다하지만 아직 원하는 결과를 보지는 못하고 있다."라고 말하는 사람들을 보게 된다.
　만일 어떤 생각이 무의식 상태에 있다면, 우리는 그것에 대해 모르기 때문에 거기에 두는 것일 것이다. 그 생각이 우리를 놀라게 할 수도 있고, 안 좋은 기억을 불러올 수도 있다. 우리가 생각하는 자신과 그 생각이 매치되지 않을 수도 있다. 이유야 무엇이건 간에 어떤 생각이 우리 삶에 흐르고 있고 우리가 그것이 무엇인지 의식하지 못한다면 우리가 의식적으로 원하는 것을 이루어내는 방식의 상황 대처 능력이 상실될 수 있다.
　생각의 전환은 무의식적인 생각을 의식적인 인식으로 이끌어낼 수 있는 환상적인 방법이다. 의식 속에서 우리의 생각은 우리의 열망과 조건을 이루는 세상을 보여주는 생각으로 전환될 수 있다. 우리가 만일 우리 앞에 보이는 세계가 정확히 우리의 생각의 거울이라는 것을 안다면, 단순히 세상의 '거울'을 봄으로써 우리의 모든 생각을 볼 수 있다.
　이를 위한 유일한 선결조건은 거울은 거짓말을 하지 않는다는 것을 이해하는 것이다. 거울은 없는 것을 비추지는 않는다. 그래서 거울에서 무언가를 보면 지금 거울에 보이는 생각을 하고 있음을 인식하든지 인식하지 않든지 만약 거울 안에 있다는 우리 생각 안에도 있음을 가정해야만 한다. 그리고 나서야 생각을 들여다보고 지금 비춰지는 생각을 찾을 수 있다. 우리가 그런 생각을 가지고 있다는 것을 모를지라도, 거울이 이를 입증하고 있다. 그러므로 단지 삶의 거울을 보면서 우리의 무의식의 생각이 의식수준으로 옮겨지는 것이다. 그러면 이제 생각을 전환할 수 있는 상황이 되고 삶에서 다른 상(像)을 보게 될 것이다.

거울 사람들

우리 삶 속에서 특정한 사건이 다른 장소에서, 다른 상황에서, 다른 모습으로 반복해서 일어나는 것을 깨달은 적 있는가?(물론 있을 것이라 생각한다.) 아무리 피하려고 애를 써도 계속 나타난다.

이런 일이 발생할 때 우리는 이런 사건을 우리가 어떤 일을 할 수 없고 손에 넣을 수 없다는 '증거'로 사용하기 시작한다.

사실상 우리가 거울에서 보는 반복되어서 일어나는 모든 일은 우리가 오랜 기간 품어온 생각이다. 그런 상(像)을 보는 목적은 그런 생각을 가지고 있고, 전환해서 수년 간 피해 왔던 새로운 생각이 불러올 감각을 경험해야 함을 깨닫기 위함이다. 이것을 할 수 있을 때 우리는 치료받을 뿐 아니라 세상의 거울이 다르게 나타난다.

우리가 깨달아야 할 중요한 사실이 있다. 이런 사건들이 우리를 돕기 위해서 존재하며, 피하고 바꾸려고 노력하면 할수록 우리가 그 사건들을 직면하고 경험하게 된다. 이로부터 교훈을 얻기 전까지 더 강

하게 나타날 것이다.

한 생각의 전환 회원이 거울 사람이라는 아이디어를 내었다. 그녀가 말했다.

"거울 사람이란 마치 내가 어디 있든지 나를 따라다니면서, 생각의 전환을 할 수 있도록 나에게 내 생각을 보여주는 일만 전담하는 사람들이에요. '얘들아, 그녀가 이제 막 출근을 했어. 그쪽으로 가서 비춰주자! 어서! 그녀가 데이트하러 나갔어. 거기 가보자! 지하철에 있다!'라고 하는 것 같아요. 나를 위해 하는 이 일이 그들의 유일한 임무이고 절대 실패하지 않아요."

만일 이런 사고를 갖는다면 당신은 모든 사건에 감사할 수 있다. 당신에게 뭔가를 보여주기 위해 이 거울 사람들이 얼마나 열심히 노력하는지 생각해 봐야 한다. 그들은 지치지 않고, 끊임없이 당신이 보아야 할 것을 볼 수 있도록 지원한다.

만일 반복되는 사건을 경험할 때 그 안에 있는 사람들을 거울 사람들이라고 생각하면서, 다음의 생각을 품도록 해야 한다.

내가 어디를 가든지 거울 사람들은 항상 거기서 나를 돕는다.

그 사건을 당신의 생각을 볼 수 있는 기회로써 환영하고, 그에 따르는 감각을 경험하며 치료를 받아야 한다.

'없다'를 '있다'로 바꾸자

자신이 무슨 생각을 하는지 발견했지만 마땅히 전환할 사고가 떠오르지 않을 때, 원래의 생각에 '할 수 없다.'가 들어 있는지 일단 생각해 보자. 그리고 '할 수 없다.'를 '할 수 있다.'로 바꾸면 어떨지 보자. 예를 들어, '나는 글을 쓸 수 없어.'를 '나는 글을 쓸 수 있어.'로 바꾸는 것이다. '나는 내가 원하는 것을 가질 수 없어.'를 '내가 원하는 것을 가질 수 있어.'로 바꾼다. 현실화되지 않은 세계에서는 어떤 생각을 선택하느냐에 따라 당신이 원하는 것을 가질 수도, 갖지 못할 수도 있다. 단순히 '없다'를 '있다'로 바꿈으로써 엄청난 사고를 발견하고는 한다.

볼 수 있는 것과 볼 수 없는 것 사이의 '알 수 없는' 베일

생각의 전환은 현실화되지 않은 세계에서 볼 수 없는 생각이 현실화된 세계에서 볼 수 있다는 개념을 전제로 하고 있다. 우리는 '유리잔을 잡고 싶어.'라고 생각하고 손을 움직여서 유리잔을 집어 든다. 우리 마음에 음이나 단어를 듣고서 목소리로 그것을 부르거나 말하게 된다.

그럼 한 가지 질문을 던지게 된다. "어떻게 생각의 세계에서 보이는 세계로 옮겨갈까?" 그에 대한 대답은 항상 "모른다."이다.

과학자들은 뭔가를 집는 것에 대한 생각을 할 때 화학물질이 분비되어 손이 움직이게 된다고 말할 것이다. 그러나 왜 그런 일이 일어날까? 대답은 "모른다."이다.

하지만 그 이유를 반드시 알아야 할 필요도 없다. 단지 우리는 원칙을 적용하고 그에 따른 효과를 보면 되는 것이다.

이렇게 할 때 우리가 완전히 생각과 경험의 현실화되지 않은 세계에서 살고 있다는 것을 인식하게 된다. 앞서 말했듯이 사실 우리는 현

실화된 세계에 절대 들어갈 수 없다. 우리는 현실화된 세계에 살지 않는다. 단지 세상이 우리의 생각을 투영하는 것을 볼 수 있을 뿐이다. 그리고 이처럼(이건 믿기 가장 어려운 부분이기도 하다.) 우리는 절대 뭔가를 할 수 없다!

사람들에게 이것을 말하면 "무슨 소리야? 나는 매일 뭔가를 하고 있는데."라고 말한다.

결코 아니다! 당신은 항상 생각하고 그 생각이 행동으로 반영될 뿐이다.

이것을 정말 이해한다면 모든 '행동'이 투영되는 생각일 뿐이라는 것이 눈에 보이기 시작한다.

예를 들어서 어떤 사람이 어떤 음을 부르려고 하고 있을 때 그게 너무 높다고 생각한다고 해보자. 그 사람의 몸은 그 생각을 반영해서 입을 비틀고 음이 눌려 떨어지게 된다. 그렇게 하지 말라고 말해도 소용없다. 왜냐하면 그것은 음이 너무 높다는 생각에 기초하여 나타나는 현상이기 때문이다. 그 사람이 하는 것이 아니다. 바로 그의 생각이 만들어낸 것이다. 생각 속에서 어떻게 하는지 모르지만 그 음을 내는 자신의 목소리를 들어보라고 하면, 어느새 입의 긴장이 풀어지고 원하는 음을 낼 수 있는 자세를 갖추게 된다. 단순히 내면에서 그 음을 내었고 그 내면이 외부에서 반영되는 것뿐이다.

자기 자신을 쉽게, 노력 없이 변할 수 있는 생각이라고 여겨야 한다. 부딪히는 모든 문제에 이와 같이 대처하면 상상조차 할 수 없었던 힘을 발견할 것이다.

모든 사건은 환상, 투영이고 모든 것이 있고 당신이 모든 것을 통제할 수 있는 곳으로 돌아오라는 신호일 뿐이다. 궤변이라고 생각할지 모른다. 그렇지만 사실이다. 그리고 이 사실을 알면 매 순간 경험의 무한한 가능성을 누릴 수 있다.

'물리적' 감각은 실제로 물리적이지 않다

어떤 감각을 겪을 때 신체의 어딘가에 그 감각이 위치해 있다고 생각한다. 그러나 감각은 사실 물리적이지 않고, 우리의 의식 속에서 일어나는 볼 수 없는 경험이다. 그처럼 감각은 에너지로써, 격렬한 흥분으로써, 안도 혹은 불안한 '감'으로써(둘 다 감각의 해석이지 감각 자체는 아님) 지각될 수 있다. 볼 수 없는 에너지로써 감각은 생각의 비물리적 세계와 보이는 물리적 세계를 연결해 주는 가교 역할을 한다. 보이는 것과 볼 수 없는 것 사이에 가려진 베일을 뚫는 힘과 같다.

이빨에 낀 고춧가루

생각의 전환과 여타 초자연적 훈련 사이의 미묘한 차이는 우리가 사건의 '원인'이 아니라는 것을 분명히 하는 데에 있다. 우리는 단지 우리 생각의 거울을 보고 있는 것뿐이다. 원인이 될 암이 없기 때문에 당신은 자신의 암의 원인이 아니다. 단지 생각의 투영일 뿐이다. 싸우거나 없애야 할 대상이 아니라, 당신의 생각을 보기 위해 존재하는 것이다.

사람들은 말한다. "그런데 난 그런 생각을 하지 않았어요! 왜 그런

일이 일어났죠?"

중요한 것은 당신이 모르고 있는 무의식적으로 생각한 것을 거울이 보여주기도 한다는 것이다. 우리는 때로 우리가 알지 못했던 얼굴에 묻은 티끌이나 번진 메이크업, 헝클어진 머리를 거울을 볼 때 발견하게 된다. 우리는 거울 속에서 그런 모습을 볼 때 "왜 저렇게 보이지? 거울을 보기 전에는 못 봤던 건데."라고 말하지 않는다. "봐서 다행이다. 어땠는지 몰랐는데, 이제 고칠 수 있겠네."라고 말하는 것이 일반이다.

이와 관련해서 내가 좋아하는 예는 '이빨에 낀 고춧가루'이다. 밖에 나가서 맛있는 점심을 먹고 강의를 하거나 행사에 참가할 때, 웃고 말하고 하면서 스스로 '난 멋져.'라고 생각하다가, 화장실에 가서 거울을 보고 이제까지 이빨에 빨간 고춧가루가 끼어 있었다는 사실을 발견할 때가 정말 많다.

고춧가루가 끼어 있는지 정말 모르고 있었기 때문에 아무렇지도 않은 듯 행동했었던 것이다. 내가 자신감에 차서 유머를 해가면서 이야기 나눴던 사람들은 모두 내 고춧가루를 보고 있었던 것이다. '나는 정말 귀여워, 나는 섹시해, 나는 여기서 아주 강력한 인상을 주고 있어.'라는 나의 생각과는 다른 반응이 사람들로부터 올 수 있다. 왜냐하면 사람들이 보거나 생각하는 것은 '윽, 정말 역겨운 돼지네.', '바보 같아.' 같은 것이기 때문이다.

일단 거울에서 고춧가루가 낀 것을 발견하면 즉시 그것을 없앨 수 있다. 그러면 사람들은 나를 즉시 다르게 본다.(고춧가루 없는 나를 말이다.) 그러나 알지 못했기 때문에 그전에는 고춧가루를 제거할 수 없었다.

거울을 믿어야 한다. 거울은 단순히 거짓말을 하지 않을 뿐 아니라

할 수가 없다. 거울에서 보는 것은 실제로 있는 것이다. 비로 당신이 몰랐더라도 말이다. 마치 이빨에 낀 고춧가루처럼.

당신은 어떤 연극을 하고 있는가?

주로 배우들이 모인 생각의 전환 그룹과 작업을 하다가 이런 예화가 생각이 났다.

당신은 브로드웨이에서 연기를 한다. 극장에 가서 의상을 입고 메이크업을 하고 이제 공연이 시작된다.

매우 가난하고 어려운 환경에서 시작하는 어린 소녀 역할을 맡았다고 하자. 가난한 가정에서 태어났고, 구타와 학대를 당했다. 15세 때 집을 나와서 계속 당신을 학대하는 남성에게 잡힌다. 목숨을 구제하기 위해서 그 남성을 살인하고, 재판을 받고 감옥에 갇힌다. 20년간 감옥에 갇혀 있다가 풀려나서는 학대당한 사람들을 찾아서 도와주기 시작한다. 20년 후에 37세가 되어 가석방되었고, 당신과 같이 학대당했던 사람들을 돕는 단체를 창설한다. 전국적으로 인정을 받게 되어 당신은 텔레비전에서 스타가 되고 일을 하는 과정에서 당신을 아껴주고 사랑과 존경으로 대해 주는 멋진 남성을 만난다. 아름다운 자녀와 함께 행복하고 균형 잡힌 만족스러운 삶을 살게 된다. 결국 노벨평화상을 받고, 세상은 당신이 역경을 이겨내고 행복, 노력, 성공에 대한 모두에게 귀감이 되는 사람임을 인정하게 된다.

연극이 끝나고 관중에 인사를 하고 탈의실에 돌아가서 의상을 갈아입는다. 경험은 이제 끝났다. 아마 당신은 '휴, 정말 힘들었어.'라는

생각을 할지 모른다. 왜냐하면 지난 몇 시간 동안 가난, 학대, 살인, 감옥, 구원, 노력, 사랑, 보상의 과정을 다 거쳤기 때문이다. 그냥 연극이라고 해도 실제로 몇 시간 만에 그런 것들을 경험한 것이다. 당신에게 그리고 관중에게 그것은 실제로 보였다.

이것이 바로 우리 삶의 모습이라고 생각이 되었다. 우리의 인생 속으로, 일련의 상황 속으로 들어가서 싸우며, 통과하며, 헤치며 나아간다. 특별한 문제나 어려움을 겪게 되고 뭔가를 성취하기도, 실패하기도 하며, 그러고 나서 모든 것이 끝난다. 아마 삶이 끝날 때 다른 세상에 가서 "휴, 정말 우여곡절을 다 겪었어."라고 말할지 모른다. 나의 경우, 어린 시절, 음악인이 되면서 겪은 어려움과 성공, 사랑과 우정에서 고생과 승리, 돈, 주택담보, 집을 사고팔고, 일하고, 곡을 쓰고, 인정받고 거부당하고, 건강문제, 여행, 생각 전환 개발, 책 저술, 그리고 아직 알지 못하는 앞으로 일어날 일들로 인해, 그렇게 말할 것 같다. 이 모든 것이 실제이고, 영원하고, 사실일 것같이 보인다.

그렇지만 아마 삶은 연극과 같다. 일단 연극을 할 때 빠져나올 수는 없다. 첫 부분에서 모든 어려움이 일어날 때 연기자는 멈추지 않은 채로 "이건 정말 못 참겠어. 이런 경험하기 싫어."라고 말한다. 모두 이야기의 일부이고, 어려움을 겪는 부분도 결국 승리로 이끌 이야기의 한 부분일 뿐이다. 처음 연기 때 그만두었거나 첫 부분만 반복했다면 다음 단계로 넘어갈 수 없다. 첫 부분에 나오는 사건들은 어떠한 결과로든 이어질 수 있다. 연기자로서 엔딩을 안다고 해도, 그 연극은 극작가가 썼기 때문에, 여전히 긴장감이나 두려움이 느껴질 수 있다. 또한 연극이 자신이 원하는 방향으로 가지 않을 수 있다. 당신이 연기를 잘한다면 그 상황에 몰입하기 때문에 그 순간에는 결말을 잊게 된다. 결말에 도달하면 해피엔딩이든 비극적 결말이든 간에 결과는 이미 펼쳐지게 된다.

생각의 전환에 참여하는 로버트 야날은 매우 유능한 회원이다. 상황을 정리하는 기발한 방법을 잘 생각해 낸다. 그가 말했다.

"그렇다면 역경을 겪고 있을 때 우리 자신에게, '우리는 어떤 연극을 하고 있나? 역경을 겪는 부분에 있고 결말에 성공을 얻는 연극인가, 아니면 역경을 만나서 그대로 거꾸러지는 연극인가?'를 물어봐야겠군요."

현재 어떤 상황에 있든지 그것은 연극의 일부이고, 어떠한 결과든 가능하다는 것을 알겠는가?

그러므로 당신이 만일 작가이고 책을 출판하려고 하는데 자꾸 거절당하는 경우, '나는 어떠한 연극 속에 있나?', '데이비드는 책을 출판하고 책은 베스트셀러가 될 것이다라는 연극인가.', 아니면 '데이비드는 실패한다라는 연극인가?'라고 질문할 수 있다. 우리는 수많은 작가들과 작곡가들이 출판사, 제작사로부터 거절을 당하다가 결국에는 성공해서 베스트셀러나 히트곡을 낸 경우를 무수히 봐왔다. 동시에 거절당하고 결국에는 아무것도 출판하지 못하는 경우도 매우 많다.

당신의 생각으로 당신이 출연하는 연극을 써보는 실험을 해볼 것을 제안한다. 언짢은 기분을 주거나 원하는 결과로 인도하지 않을 사건이 일어날 때, '나는 할 수 없다.' 또는 '나는 이것을 가질 수 없다.', '이런 일은 결코 나에게 일어날 수 없어.'라는 생각을 하는 자신을 발견하게 된다. 이런 생각들을 하게 되면 자문해 보아야 한다. '나는 어떤 연극 속에 있나? 내가 원하는 것을 갖지 못하는 연극인가, 아니면 많은 우여곡절 끝에 결국 원하는 결과가 나타나는 연극인가?' 결국 우

리의 선택의 문제임을 깨닫기 시작할 것이다. 실패의 생각을 '내가 원하는 것을 얻는 연극 속에 있다.', '내가 성공하는 연극 속에 있다.' 등 뭐든 당신에게 효과 있는 생각으로 전환하고, 무슨 일이 일어나는지 지켜보자.(영화광이거나 사물을 영화처럼 보는 사람들에게는 '나는 어떤 영화 속에 있나?' 라는 질문도 괜찮다.)

무제한 구인광고를 찾아라

생각의 전환 워크숍에서 가장 자주 등장하는 문제 두 가지는 직장과 파트너를 찾는 문제이다. 이 부분에서 사람들이 좌절과 실패를 경험하고 찾고 찾는 일이 아무런 소용이 없다는 생각이 든다고 하면, 나는 멈춰서 질문한다. "어디서 찾고 있나요?" 대답은 가지각색이다. "세상에서. 사귀려고 노력하고 있어요. 일자리에 지원했어요. 나는 '포기했어요.'"

그러나 생각해 보자. 세상은 우리의 생각을 정확하게 반영하는 거울일 뿐이다. 그 생각의 거울, 세상에서 우리가 원하는 것을 찾지 못하고 있다면? 우리가 찾을 수 없다고 생각하고 있다는 것이다. 우리는 원하는 것이 존재하는 곳에서 찾아야 한다. 바로 현실화되지 않은 세계에서 말이다.

사람들이 막막한 상황에 놓일 때, 한 주 동안 '현실화되지 않은 세계 구인광고'를 찾아보라고 말한다. '(모든 것이 존재하는) 현실화되지 않은 세계에 가서, 구인광고와 사람광고를 열어서 원하는 직업을 찾으세요. 거기 있나요? 원하는 연봉 수준 리스트에서 모든 직업을 찾아보세요. 있나요? 더 있나요? 이제 위치를 찾아보세요. 거기 있나요? 여자친구나 남자친구를 찾고 있다면 리스트를 보고 괜찮은 외모, 괜찮은 연령, 괜찮은 성격, 괜찮은 자격, 위치의 사람을 찾아보세요. 있나요? 당연히 있겠죠. 있을 겁니다.'

이렇게만 해보자. 계속해서 외부세계나 결과 대신에 구인광고에 집중하면서 말이다. 이런 방법으로 당신이 원하는 것이 이미 있다는 것을 알면서 세상에 나가게 된다. 세상은 단지 거울이기 때문에 비추는 것뿐이다.

그렇지만 그것이 '정말 있는지' 보기 위해서 세상에 나아가지는 말아야 한다. 그렇게 하는 순간, 의심과 부족함의 생각을 동시에 품게 되므로 거울은 바로 그 생각을 반영하게 될 것이다. 내면에서 직업과 파트너를 찾아 만족과 안정을 얻게 되는 자신을 발견하게 된다. 때로는 이상하긴 하지만 더 이상 직업이나 파트너를 필요로 하지 않는데, 이미 내면에서는 그것들을 가지고 있기 때문이다. 그러나 세상의 거울이 그 앞에 있는 것을 비추기 때문에, 당신의 내면에 그 생각이 있다면, 거울을 통해 그것을 보게 된다.

무한가능 구인광고를 잡자. 공짜다. 그리고 당신에게 항상 열려 있다.

삶에 행복 불어넣기(En-Joy)

자주 우리는 삶을 즐기기 위해서 환경이 이래야 한다는 생각을 한다. 그러나 즐기다는 뜻의 단어 '인조이(enjoy)'를 보자. 'En'은 넣는다

는 의미이고, 'Joy'는 행복이라는 뜻이다.

그래서 우리가 우리 삶을 즐길 때, 우리는 자신의 삶에 행복을 넣고 있는 것이다. 우리는 "영화가 나를 즐겼어."라든지 "오늘은 정말 나를 즐겼어."라고 말하지 않는다. 우리 삶에 행복을 넣을 능력과 환경은 아무런 상관없음을 인식할 때 우리는 무슨 일이 있든지 삶을 즐길 수 있다.

신은 나타날 수 없다

수천 년 동안 사람들은 물었다. "하느님이 여기 있으면 왜 볼 수 없는 걸까? 우리가 볼 수 있게 나타날 수는 없는 건가? 그가 존재한다는 긍정적인 증거가 되지 않을까?"

이 책은 종교서적은 아니다. 그렇지만 생각의 전환이 뉴욕의 유니티 교회에서 시작되었고 영적인 사상을 가진 사람들에 의해서 신의 개념을 생각하면서 개발되었기 때문에 영적인 용어로 생각의 전환 원칙을 말하고 신의 문제와 생각의 전환이 어떻게 신과 관련이 있는지를 설명할 수 있다.

이를 연구하던 중 왜 우리가 신을 볼 수 없고 미래에도 볼 수 없는지에 대한 섬광과 같은 생각이 떠올랐다. 하느님은 물리적이지 않기 때문에 우리에게 자신을 드러내지 않는다. 하느님은 볼 수 없는 경험이다.

이 책의 앞부분에서 말했듯이 우리는 볼 수 없는 감각을 경험하고 볼 수 없는 생각을 갖는 의식체이다. 이런 생각 속에서 모든 것이 여기에, 이미 존재하며, 이미 모든 것이 주어졌고 또한 가능하다. 모든 치료, 모든 삶의 상황, 모든 재앙, 모든 물질적 소유, 모든 마음의 상태가 모두 외부가 아닌, 여기 바로 우리의 의식 속에 있다. '신이 내 안에 있다.'는 '새로운 생각' 영적 가르침은 바로 이런 의미다. 내가 모든 것을 통제하는 신이라는 의미가 아니다. 우리 자신의 의식 속에서 경험으로서 신을 찾을 수 있다는 말이다.(나 자신의 의식이라기보다 모든 사람이 공유하는 의식 말이다.)

따라서 생각의 전환의 용어로 현실화되지 않은 세계, 즉 볼 수 없는 무한 가능성이 바로 신이다. 신은 항상 우리에게 문을 열어놓고 있고, 우리는 신의 부유함도 가졌지만, 모두 볼 수 없는 가능성이다. 왜냐하면 이곳에 바로 실제의 세상이 존재하기 때문이다. 바로 이곳에서만 세상이 존재한다. 우리의 경험 속에서 말이다.

성경이 말하는 '먼저 그 나라를 구하라. 그리하면 모든 것을 너희에게 더하리라.'의 의미는 '내면에 있는 경험세계, 즉 모든 곳이 있는 세계에서 신을 찾으면 당신이 원하던 모든 것을 그곳에서 찾을 수 있고, 그것은 반드시 외부 세상에도 나타날 것이다.'는 의미다.

'사람은 신의 형상을 따라 창조되었다.'라는 성경의 말씀도 사람이 신과 같이 생겼다는 의미가 아니다. 형상은 물리적이지 않다. 사람이 신과 같다는 것은 신의 볼 수 없는 의식과 무한한 가능성과 같이 사람의 내면도 그렇다는 것이다.

당신은 절대 신을 볼 수 없지만, 어느 때나 신과 교류할 수 있다.

'먼저 그 나라를 구해야 한다.'
'잠잠히 있어 내가 하느님인 것을 알라.'

8부 이야기, 은유, 정보의 핵심 **415**

'나는 하느님의 형상을 따라 만들어졌다.'
'하느님은 내 안에 계신다.'

일상생활에서 흔히 들어왔던 위와 같은 성경적, 영적 말씀은 생각의 전환의 관점에서 생각하면 새로운 의미로 다가온다. 신은 그 어느 때보다 더 무소부재하며, 더 전능하며, 더 쉽게 만날 수 있고, 의지할 수 있고, 그 안에 머물 수 있는 존재되는 것이다.

신이 있다면 어떻게 이런 '나쁜' 일이 생기는가?

죽음, 질병, 실직, 세계무역센터 폭파, 히틀러와 같이 우리가 나쁘다고 생각하는 일이 일어나면 이렇게 말하고는 한다. "신은 어떻게 이런 일을 허락하셨을까?"

여기에 답이 있다. 만일 우리가 보고 있는 모든 것이 생각의 거울이라고 한다면 모든 사건들은 우리의 생각을 반영하여 우리가 그것을 보고 바꿀 수 있게 한다. 우리가 그 사건을 야기하는 것이 아니다. 야기되는 것은 아무것도 없다. 단지 생각의 상(像)일 뿐이다.

언짢은 사건이 발생하고 실패나 실망감이 몰려올 때, 우리는 이로 인한 감각을 받아들여야 한다. 왜냐하면 그 사건의 유일한 목적은 두려워하는 감각을 일으켜서 우리가 이를 느끼고 극복하며, 편안하게 생각을 선택할 수 있도록 우리를 회복시키는 것이다. 그런 감각을 견딜 수 있는 능력은 치료를 가져온다. 생각의 자유로운 선택은 우리가 마주할 것들에 대한 자유로운 선택을 낳는다.

예를 들어보자. 며칠 전에 나는 대규모 연례 기금마련 행사에서 내 노래를 직접 불러도 되겠냐고 전화상으로 부탁을 한 적이 있다. 매년 내가 작곡한 노래는 브로드웨이의 스타들에 의해서 연주가 되는데, 이번에는 내가 직접 하고 싶었던 것이다. 그러나 거절당했다. 이미 스타 가수에게 부탁을 해놓은 상황이라고 했다.

나는 한 감각을 느꼈다. 가라앉는 느낌이었다. 내 마음은 즉시 갖가지 생각을 향해 달려가고 있었다. '난 하찮다. 나보다 더 유명한 작곡가가 부탁했다면 아마 승낙했겠지. 나는 아무것도 얻을 수 없어. 내 커리어는 어디에도 없다. 앞으로도 나를 위한 일은 일어나지 않을 것이다. 나는 포기해야 한다. 왜 계속해야 되겠어? 내 인생은 끝났어.' 이런 감각과 멀어지기 위해서 우리의 생각은 순식간에 얼마나 멀리 도망가 버리는지 놀라울 정도다.

나는 그 생각들을 약 20초간 흥미롭게 관찰했다. 그저 생각이라는 걸 알았지만 관찰하는 것은 중요했다. 나의 존재의 목적이 좌절되고 있기 때문에 생각의 전환을 위해 내가 무슨 생각을 하고 있는지 거울을 봐야 했다. 이 사건이 내 생각의 원인인 것처럼 보이지만, 실제로는 단지 나의 생각을 노출시킬 계기일 뿐이었다. 이 사건을 겪으면서 '나는 하찮아. 나보다 더 유명한 작곡가가 부탁했다면 아마 승낙했겠지. 나는 아무것도 얻을 수 없어. 내 커리어는 어디에도 없다. 앞으로도 나를 위한 일은 일어나지 않을 것이다. 나는 포기해야 한다. 왜 계속해야 되겠어? 내 인생은 끝났어.'라는 생각을 했던 것은 바로 나였다는 사실을 알게 되었다.

왜 내가 그런 생각을 했냐고 묻는가? 내가 뭔가를 얻을 수 있고, 이룰 수 있고, 될 수 있다고 '감히' 생각할 때, 발생하는 감각을 피하기

8부 이야기, 은유, 정보의 핵심

위해서였다. 그래서 우선 20초 동안 내 생각을 관찰한 후에, "어휴, 그냥 그 감각을 향해 가."라고 말했다. 난 그냥 그 감각을 가만히 느꼈다. 이내 내가 감각과 함께 할 자세만 되어 있다면 어떠한 선택이든 할 수 있다는 사실을 다시 깨닫게 되었다.

나는 이 사건으로 드러난 내 안의 모든 보호적인 생각들을 보았다. 그리고 내가 원하는 것이 세상에 나타날 수 있을 가능성이 높은 '가능하다.'라는 생각을 하기로 결심했다.

그 다음 날 아침에 눈을 뜨고 침대에서 일어나기 전에, '가능하다.'라는 생각을 품었다. 그리고 나타나는 모든 감각을 가만히 경험한 채로, 내가 원하는 것이 뭔지 하나하나 살펴보았다. 매우 간단했다. 그래서 나는 같은 행동을 매일 하기로 결심했다.

며칠이 지나지 않아 주식시장이 크게 올랐다. 우리가 하고 싶어 했던 브로드웨이 쇼에 대한 엄청난 금액의 제안도 받게 되었다. 삶 속에서 정말 뭔가 꿈틀거리기 시작함을 느꼈다.

그러나 정말 변한 것은 나의 생각이었다. 따라서 나에게 일어난 '나쁜'일은, 내가 아무것도 할 수 없다는 증거가 아닌, 기회였고, 나의 생각을 보면서 생각을 전환하기 위한 것이었다.

더 큰 '재앙'을 겪게 될 때, 그에 따르는 감각이 견디기 힘들 정도로 강력하고 압도적이다. 이런 방법이 어떻게 가능할지 이해하기 힘들 수 있다. 그러나 그 감각을 견뎌낼 수 있다면 우리는 큰 치료를 얻을 수 있다. 큰 재앙은 그것에 싸우려고 하기보다 그냥 놔둘 때, 국가적 또는 세계적 치료를 가져올 때가 있다.

우리 앞에 현실화된 것이 생각의 거울이라는 논의를 할 때, 나의 파트너는 종종 '히틀러 카드'라고 부르는 놀이를 한다.

수련회 중이었다. 우리는 언짢은 일들이 우리에게 치유를 가져올 수 있는 생각의 거울이라는 개념을 설명하고 있었다. 그런 상황에서 히틀러를 경험하는 것조차 치유를 위해 존재한다는 생각이 떠올랐다.

한 유대인 여성이 분노에 차서 벌떡 일어났다. "어떻게 그렇게 말할 수 있죠? 히틀러는 괴물이었어요. 그는 6백만 명의 유대인을 죽였다고요! 만약에 신이 우리에게 교훈을 주려고 그랬다면 다른 방법도 있었을 거예요. 미안하지만 히틀러에 대해서는 어떤 것도 좋게 말할 수 없어요!"

그 세션(session)이 끝나고 나는 그녀에게 다가가 말했다. "히틀러가 괴물이라는 것에 동의합니다. 나도 히틀러를 싫어해요. 그가 존재하지 않았으면 좋았을 거라고 생각합니다. 그러나 한 가지 물어볼게요. 히틀러를 생각할 때 어떠한 감각이 생기나요?" 그녀는 가만히 생각해 보더니 말했다. "가슴이 극도로 꽉 조이는 느낌이에요." 나는 유사한 감각이 언제 느껴진 적이 있느냐고 물었는데, 조금 놀란 듯한 목소리로 대답했다. "네. 연기를 하거나 데이트를 나갈 때처럼 제가 정말 무서워하는 것들을 대할 때 비슷한 감각을 느껴요." 그 감각으로 인해 연기나 데이트를 중단한 적이 있냐고 묻자, 그녀는 종종 그렇다고 시인했다.

여기에 중요한 포인트가 있다. 히틀러는 죽었다. 그는 더 이상 마주칠 일이 없는 사람이다. 우리는 그에 대해 어떠한 생각이든 할 수 있다. 그가 다른 사람들에게 그랬듯이 그도 고문을 당하기를 바라고, 독설을 품고, 화를 내지만 상황은 달라지지 않는다. 그러나 히틀러에 대한 기억은 우리 삶을 통틀어 우리가 두려워하는 가장 강력한 감각을 불러일으킨다는 점에서 우리에게 도움이 된다. 만일 우리가 그런 감각을 견딜 수 있다면, 히틀러와 같이 느껴지는 역경을 뚫고 나갈 용기와

능력이 주어진다. 이는 우리 삶에 엄청난 성장과 부가적인 파워, 잠재력이다.

역설적인 것은 우리가 그런 감각을 견딜 수 있을 때, 우리 삶에 그런 감각을 경험할 기회를 줄 히틀러가 더 이상 필요하지 않을 것이라는 점이다. 히틀러에 대한 저항은 더 많은 히틀러를 만들어낸다. 히틀러가 우리를 위해 나타나고 있다는 생각과 감각은 더 이상 히틀러를 나타내지 않을 새로운 생각을 선택할 수 있게 한다.

따라서 당신이 원하지 않는 일이 일어날 때, 그들은 '나쁜' 것이 아니다.(물론 그런 일은 고통스러울 수 있다.) 아무리 고통스러워도, 만일 당신이 지금 하고 있는 생각을 보고 그 감각을 묵묵히 받아들인다면, 그 사건이 무엇이든 간에 당신이 두려워하던 감각을 경험할 수 있는 기회로 삼을 수 있다. 때로는 놀랍게도 그 사건에 감사할 수도 있다. 이런 감각을 견딜 수 있는 능력을 완벽히 갖춘 것이다. 결국에는 보이는 현상에 휘둘리지 않으면서, 당신이 삶에서 원하는 것이 나타날 수 있는 새로운 생각을 선택할 수 있게 된다.

죽은 사람에게 말 걸기

고인이 된 사람과 마음속에서 대화를 나눠본 적이 있는가? 대부분의 사람이 그런 경험이 있을 것이다. 어떤 사람들은 매일 대화한다.

보통 이런 의문이 생길 수 있다. '정말 그 사람들에게 이야기를 하는 것인가, 아니면 이야기를 하고 있다고 상상하는 것인가? 정말 그들이 있는 것인가, 아니면 내가 만들어 낸 것인가?'

생각의 전환 강의를 통해 배운 게 있다면 죽은 사람이건 산 사람이건 간에 그들과 대화를 나눌 수 있는 유일한 장소는 현실화되지 않은 세계다. 왜냐하면 그곳에서만 경험이 가능하기 때문이다.

기억해야 할 것은 산 사람과 이야기를 할 때조차 실제로 그들과 이야기하고 있는 것인지 알 수 없다. 단지 당신의 내면에서 그들과 이야기하는 경험을 하고 있다는 것만은 확실하다. 그 사람들이 존재할 수도 있지만, 그렇지 않을 수도 있다. 대화의 상대가 확실히 있는 것처럼 보이기 때문에 이해하기 매우 어려운 개념이다. 그러나 당신이 그들과의 경험 자체만은 분명한 사실이다.

경험의 세계에서만 모든 것이 존재하므로 만일 죽은 사람과 이야기를 하고 싶다면 현실화되지 않은 세계에서만 가능하다. 이곳만이 무엇이나 존재하는 장소이기 때문이다.

생각의 전환에서 어떤 사람이 나에게 "돌아가신 어머니와 이야기를 할 수 있었으면 좋겠어요."라고 말하면 난 이렇게 말한다. "눈을 감으세요. 어머니가 보입니까?" 당연히 보일 것이다. "이제 어머니께 질문을 해보세요. 대답하시던가요?" 물론 대답할 것이다. 만일 하지 않는다면 어머니가 대답하지 않고 있기 때문일 것이다.

그것이 바로 돌아가신 어머니에게 이야기하는 방법이다.

이런 연습으로 물리적으로는 존재하지 않는 친척이나 친구들과(혹은 유명한 사람이나 누구든지) 이야기할 수 있을 뿐 아니라, 현실화되지 않은 세계에서 우리 모두가 함께 하는 경험에 대한 적극성을 강화해 준다. 현실화되지 않은 세계에서 고인과 이야기할 수 있다면 그곳에서 당신이 찾고 있는 모든 것을 발견할 수 있을 것이다.

8부 이야기, 은유, 정보의 핵심

생각을 붙들어야 한다
(붙잡고 싶은 생각을 유지할 수 있는 비결—감각)

어떤 생각을 붙들고 이를 믿음으로 전환하면서 현실화된 세상의 거울에 나타내고 싶으면, 그 생각이 가져오는 감각을 기꺼이 견딜 수 있어야 한다. 따라서 당신이 원하는 무언가에 대한 생각을 품을 때 즉시 그에 따르는 감각이 무엇인지 파악하고 이를 받아들여야 한다. 다른 생각이 들어오려고 하면, 다시 기존 생각으로 돌아가서 그 감각을 다시 발견해야 한다. 기존의 생각에서 벗어나려고 하는 이유는 바로 감각이다. 따라서 감각을 견디는 것은 생각을 머무르게 하는 핵심 포인트이며, 신념으로 만들어 현실화시키는 닻이 된다.

무저항의 네 가지 원칙
(우리가 저항하는 것은 끈질기게 계속된다)

'저항하는 것은 끈질기게 계속된다.'는 말은 널리 알려진 말이다. 이 말을 뒤집어보면 저항하지 않으면 계속되지 않는다는 의미가 된다. 일단 이것을 이해하면 원하지 않는 것에 대한 저항을 멈추고 이를 사라지게 할 수 있다. 그러나 여기에 함정이 있다. 사라졌으면 좋겠다는 마음 때문에 저항을 멈추면 저항하고 있는 것이나 다름없다. 따라서 저항하는 것이 사라지지 않을 것이다. 진정한 무저항과 이를 통한 문제의 해소를 위해서 다음의 네 단계를 통과해야 한다.

만일: 저항하는 것이 끈질기게 계속된다면,

그러면: 저항하지 않는 것은 계속되지 않을 것이다.

그러나: 만일 어떤 문제를 사라지게 하기 위해서 '저항하지 않고' 있다면 당신은 저항하고 있는 것이다.

그러므로: 문제를 사라지게 하는 유일한 길은 그 문제를 평생 기꺼이 떠안을 마음 자세이다.

이런 반응이 나올 수 있다. "그 문제를 평생 떠안을 마음을 갖다가 실제로 그 문제로 평생을 안고 살면 어떻게 하죠?" 맞는 말이다. 그러나 저항하지 않는다면 평생 그 문제를 가지고 있어도 상관없지 않은가. 어쨌거나 그 문제는 당신을 방해하지 않는다. 우리의 삶은 내면에서만 경험되기 때문에 무슨 일이 일어나든지 편안하고 행복할 수 있는 능력이 있다. 평안과 행복은 있는 그대로를 받아들일 수 있는 능력이다. 불안함은 조건에 집착하면서 그 조건을 특정 방식으로 얻고자 하는 것이다.

따라서 뭔가에 저항하고 있을 때, 그것은 사라질 수 있지만 사라지지 않을 수도 있다. 그러나 어느 쪽이든 그것은 결국 문제로 그치게 될 것이다.

감각을 피하기 위한 전략

생각의 전환 세미나에서 감각을 피하기 위한 방법들에 대해서만 이야기한 적이 있었다. 놀랄 만큼 긴 리스트였다. 실제처럼 보이는 생

각과 일, 조건들은 감각을 피할 수 있는 또 다른 방법인 경우가 많다. 일단 이것을 알게 되면 보이는 것, 생각하든 것이 무엇이든 간에, 단순하게 감각으로 되돌아가서 무한한 가능성의 세상을 우리 자신에게 열어줄 수 있다.

불편하다고 느껴지는 상황을 접하게 되면 이 리스트를 보고 현재의 감각을 피하기 위해서 이 리스트에 해당되는 무언가를 하고 있는지 점검해야 한다. 리스트는 다음과 같다.

- 내 책임이라고 말한다.
- 창피하다고 말한다.
- 잘못한다고 말한다.
- 이 상황은 예외라 이번만은 세상의 거울에서 보이는 것이 실제라고 단정한다.
- 이런 일이 생긴다면 모두 끝난 것이라고 단정한다.
- 자신은 이것을 가질 자격이 없다고 말한다.
- 지금 가지고 있는 감각은 절대 견딜 수 없는 것이라고 단정한다.
- 원래의 피해가 무엇인지 파악하고 해소해야 한다고 단정한다.
- 누군가가 잘못했고 그들이 다른 행동을 취했어야 한다고 단정한다.
- 분노, 슬픔, 짜증을 '표현'해야 한다고 말한다.
- 자신이 무력하다고 말한다.(그 사람들은 무력하다고 말하면서 쉽게 일어나서 돌아다닌다.)
- 이 상황은 정말 속상한 상황이고, 그 상황이 실제이기 때문에 이를 겪고 있는 사람은 동정이나 지지를 받아야 한다고 말한다.(이런 경우에 상황이 고통스럽지 않다고 말하는 건 아니다. 매우 고통스럽기 때문이

다. 이런 감각을 견디는 것은 가장 힘든 일일 것이다. 그러나 우리는 사람들이 그 감각을 견뎌내도록 도와줘야 한다. 그것만이 치유가 있는 길이기 때문이다. 이야기의 '실제성'을 지지하면 그 사람들을 곤란하게 할 뿐이다. 그보다는 감각의 '실제성'과 그 감각을 품도록 도와주어야 한다.)

- 뭔가가 일어나지 말았어야 한다고 말한다.
- 우리에게 일어난 일에 안주한다.(우리를 꼼짝 못 하게 하는 사건이 아니다. 어떤 생각에 따르는 감각을 피하기 위해서 우리가 선택한 현재의 생각이다. 따라서 우리를 난처한 상황에 몰아넣은 것은 감각에 대한 저항이다.)
- 그런 감각을 느껴야 한다면 계속할 수 없다고 말한다.
- 그런 감각을 없애려 애쓴다.
- 그런 감각을 없앨 목적으로 이를 품으려고 애쓴다.(절단된 다리가 다시 자라나지 않듯이 감각을 절대 지울 수 없을 것이다. 그러나 다리가 없다는 것을 기꺼이 받아들이고 원하는 것을 뭐든지 할 때 느끼는 감각을 경험하면 풍성한 삶을 살 수 있다.)
- 아무런 감각을 느끼지 않을 것이라고 공언한다.
- 어떤 일을 어떻게 해야 하는지, 또는 감각을 느끼는 것이 어떻게 도움이 될지에 대해 초점을 맞춘다.(원하는 것을 얻기 위해 감각을 어떻게 사용할 수 있을지 알 때까지 감각을 거부한다.)
- 원하는 것을 얻기 위해서는 일의 결말이 어떠했어야 한다고 생각한다.

분명히 이외에도 많이 있을 것이다. 그러나 당신이 어려운 상황에 있고 이 중에 해당되는 것이 있다면, 그 기저에 있는 당신이 피하려는 감각을 찾아서 가만히 마주해야 한다. 그 감각의 의미가 무엇인지, 감

각을 품을 때 어떤 일이 일어날지 해석하지 말아야 한다. 감각을 판단하지 말고 그냥 품어야 한다. 이렇게 한다면 즉시 새로운 생각과 아이디어가 자연스럽고 쉽게 떠오르면서 가능성이 열리는 것을 발견하게 될 것이다. 머지않아 그 문제는 '없는 것'이 될 것이다.

시도해 보길 바란다. 놀랄 것이다.

실제와 우리가 만들어낸 것

나는 회사 행사를 진행하고 있었다. 한 참석자가 나에게 헤어진 남자친구 이야기를 했다. "남자친구가 나랑 헤어지자고 했고, 나는 크게 모욕감을 느꼈어요. 이런 멍청이라고 느꼈고, 그가 나를 판단하고 미워한다는 것을 알고 있었어요."

나는 그녀의 말을 막고 물었다. "이 문제에 대해 당신이 알고 있는 실제 사실은 무엇인가요?" 그녀가 생각을 하더니 실제로 알고 있는 사실은 남자친구가 그녀와 헤어지자고 했고 가슴에 꽉 조이는 느낌을 받았다는 것이다. 나머지는 그 조이는 느낌을 피하기 위해 지어낸 것이었다.

불안감을 주는 일이 발생하고, 당신의 생각이 상상의 나래를 펴고 날아갈 때, 자문해 보자. '실제로 이런 일을 겪을 때 어떤 느낌일까?' 그리고 그 감각을 견뎌야 한다.

그게 다이다. 사건 자체는 아무 의미가 없다. 어떤 특별한 결과가 발생할 거라는 의미도 아니다. 사람들이 당신에 대해서 어떠한 생각을 할 거라는 의미도 아니고, 당신이 좋거나 혹은 나쁘다는 의미도 아니다.

　그것은 단지 당신의 생각을 보여주고 당신이 피해 왔던 감각으로 당신을 인도하기 위한 거울일 뿐이다. 그러므로 그 목적대로 감각을 사용하면 그런 사건을 계속 만들어낼 필요가 없다.

우리가 두려워하는 것은 '긍정적'인 생각이다

　뭔가 언짢은 일이 발생할 때, 우리는 기분 나쁜 일이 생겼기 때문에 불편한 감각이 생기고, 만일 상황을 바꿀 수 있다면 기분이 좋아질 거라고 생각한다.

　이상하게도 사실은 정반대다.

　과거의 어느 시점에 우리가 원하는 생각이 고통스러운 감각을 동반했기 때문에 우리는 결핍의 생각을 품는다. 만일 아이였을 때 '나는 이것을 가질 수 있어.'라는 생각을 하고 그것을 빼앗겼다면, 고통스러운 기억을 불러오는 것은 '나는 이것을 가질 수 있어.'라는 생각이다. 반대로 '나는 할 수 없다. 그런 일은 없을 거야.'라는 생각은 우리를 고통스러운 생각에서 벗어나게 한다.

　만일 원하는 뭔가를 얻으려고 한다면 불편할 수 있는 감각을 기대하고 견디며, 그 감각을 위험에 처할 것이라는 신호가 아닌, 지금 올바로 가고 있다는 신호로 받아들여야 한다.

　이 개념에 대한 미묘한 것까지 파악하게 되면, 우리가 두려워하는 감각을 갖게 하는 직접적인 원인은 우리 앞에 발생한 언짢은 일 자체가 아니라는 것을 알게 된다. 언짢은 일이 일어날 때, 우리는 즉각적으

로 이를 우리가 원하지 않는 것으로 인식한다. 그것을 바라보면서, 우리가 원하는 것이 뭔지를 알게 되고 바로 그 새로운 생각(우리가 원하지 않는 것에 대한 생각이 아닌, 원하는 생각)은 우리가 두려워하는 감각을 가져온다.

우리가 그 감각을 계속 두려워하면, 우리는 즉시 원하지 않았던 결과를 가져오는 보호적인 생각으로 향한다. 그것을 깨닫기도 전에 우리가 원하지 않던 결과를 보게 되고, 그 후에 우리가 원했던 것에 대한 생각을 인식한 후, 다시 두려워하는 감각을 느끼게 된다.

삶은 감각적이다.

그것을 당신이 어떻게 바라보든지, 삶은 감각적이다. 그래서 당신이 두려워하는 감각이 무엇이건 그것을 그냥 느끼는 편이 좋을 것이다. 왜냐하면 그 감각은 당신이 받아들일 때까지 반복해서 나타날 뿐이기 때문이다.

29장
길이 보이지 않을 때

저항과 질문에 대처하는 법

생각의 전환을 가르치는 과정에서 특정 질문들과 저항감이 계속되는 것을 알게 됐다.

어떤 사람들은 기본적 원칙에 대해 질문한다. 신앙과 선천적인 기질로 인해서 생각의 전환을 적용하지 못하는 사람들도 있다. 심리치료 또는 육체수양 등을 하는 사람들은 생각의 전환이 그들의 주요 요법과 어떻게 조화될 수 있을지 질문한다. 어떤 사람들은 진퇴양난에 빠져 있거나, 혹은 생각의 전환을 어떻게 하는지 알지만 더 진전할 수 없는 상황에 봉착한다.

나는 이런 질문에 대답하기 위해 노력해 왔다.

그러면서 생각의 전환이 무엇인지, 어떻게 작용하는 것인지에 대한 이해를 높이는 데 도움이 될 여러 기초 원칙을 알 수 있었다. 진전하는 데에 어려움이 있을 때 이런 지식이 도움이 될 것이다.

이번 장에서는 몇 가지 원칙과 그 원칙이 어떻게 궁금할 수 있는 질문에 대한 답을 줄 수 있는지 설명한다.

생각의 전환을 다른 요법과 연결하는 법

심리치료나 육체수양, 에너지 훈련 등의 다른 훈련을 하는 전문가들은 원인으로써의 생각에 초점을 맞추는 생각의 전환이 감각, 사건에 대한 이성훈련, 신체 또는 에너지 방출 등에 기반을 둔 자신의 분야와 조화될 수 없는 것 아니냐는 질문을 하고는 한다.

이는 매우 중요한 질문이다. 생각의 전환과 여타 가치 있는 훈련법의 연결고리 지점에 대한 깊은 이해를 할 수 있는 기회가 되기 때문이다.

이를 설명하는 가장 간단한 방법으로 나 자신이 하고 있는 심리치료에서 어떻게 돌파구를 찾았는지에 대한 예를 들어보겠다.

개인적인 영적, 심리적 활동의 과정 속에서 나는 수년간 치유 분야에 관심을 가져왔고 다른 치료요법을 연구해 왔다. 심리분석, 생물에너지학, '내면의 어린이(Inner-Child)' 훈련, 눈 움직임 훈련, 소매틱 경험(Somatic Experiencing), TMS 훈련, 감정폭발요법(Primal Scream), EST 전기충격요법, 포럼, 영적 상담, 명상, 새로운 생각 훈련, 마사지, 롤핑(Rolfing) 등이다. 이런 연구를 통해 많은 것을 얻었다. 그러나 항상 다가갈 수 없는 지점에 부딪치고는 했다. 진전과정의 어느 지점에 이르면 무너져서 다 사라져버린 것처럼 보였다.

한 훌륭한 치료사에게 13년간 치료를 받으면서, 이런 후퇴 상황으로 고전하고 있었다. 당시 나는 뭘 하든지 다 효과가 없을 것 같다며 불평하고 있었다. 그녀는 내가 진행 중인 치료요법에 완전히 몰입하려 하지 않는 게 원인이라고 했다.

그녀 말이 맞았다. 그러나 당연히 나올 수 있는 질문은, "왜?"였다.

나는 왜 그 요법에 깊숙이 빠져들 수 없는 걸까? 왜 치료 효과를 보지 못하는 걸까? 내면으로 들어가서 내 몸에 문제의 근원이 무엇인가를 물어볼 때마다 '너는 절대 그 이유를 찾지 못할 거야!'라는 목소리만 듣는 걸까?

생각의 전환을 막 시작하던 때였다. 나는 내 자신에게 물었다. "치료에 대해 어떻게 생각하고 있나?" 답변은 크고 명확했다. "소용없어. 어떤 것도 효과가 없을 거야."

나는 '이건 효과 없다.'라는 생각을 가지고 모든 치료를 해왔다. 마찬가지로 내 인생의 초반에 나는 '연애를 할 수 없어.'라는 생각으로 연애에 실패했다. '오케스트라는 나를 잘 따라와 주지 않을 거야.'라는 생각으로 지휘도 실패했다. 다시 말해, 무엇을 하든지 원하는 치료 결과를 얻을 수 없는 생각을 내면에서 하고 있었던 것이다.

그래서 나 자신에게 말했다. "치료효과를 보려면 이 생각을 무슨 생각으로 전환해야 할까?" 명백하고 단순한 생각이 떠올랐다. "치료는 효과가 있을 것이다."

이 간단한 생각의 전환은 치료에 있어 대변혁 같은 결과를 가져왔다. 그러나 여기서 강조되어야 할 중요한 부분이 있다. 그 생각 자체가 상처를 치유하는 것이 아니다! 나에게는 여전히 치료가 필요했다. 그 생각으로 나는 필요한 치료를 할 수 있게 된 것뿐이다. 길을 열어준 것이고, 치료의 효과를 볼 수 있는 환경을 열어준 것이다.

내가 '감히' 품는 '효과가 성공적일 것'이라는 생각에 따르는 감각에 대한 치료를 받았다. 생각의 전환은 해결되어야 할 나의 상처를 열어주고 마침내 치유될 수 있게 하는 역할을 했다.

불가능을 가능으로, 생각을 전환할 때 그런 치료는 여전히 필요하

다. 치료를 할 수 있는 증상을 야기하는 것이 바로 새로운 생각이라고 할 수 있겠다. 당신은 여전히 심리치료 또는 신체수양, 에너지 방출 등의 치료가 필요하고, 어떤 경우에는 수년 간 받아야 한다.

모든 요법에 생각의 전환이 사용될 수 있다. 환자가 왠지 모르게 치료의 효과가 없는 것 같을 때 말이다.

이런 일이 일어날 때, 치료를 멈춰서 기저에 있는 생각이 무엇인지 찾아보고 치료를 가능하게 할 생각으로 전환하자. 그러고 나서 다시 치료를 재개할 것을 제안한다.

생각의 전환은 여러 가지 면에서 언급한 주요 요법을 대체하지 않으며, 잘 조화될 수 있다. 잘 사용된다면, 생각의 전환은 부가적이고 강력한 보충 수단으로 유용하게 사용될 수 있다.

생각의 전환
다른 치료나 영적 활동에 엄청난 보충적 활동

생각의 전환 원칙을 이해할 때 각 활동들이 어떻게 서로 촉매제로써 도움이 될 수 있는지, 훌륭하고 유용한 치료요법들과 영적 활동에 참가하면서 깨달은 바를 설명하고자 한다.

여기에 나온 요법에 대해 비판할 의도가 없음을 우선 확실히 해두고 싶다. 그보다도 내가 그런 요법들을 하면서 느꼈던 잘못된 관념이나 어려움을 바탕으로 보충할 수 있는 것들을 말하고자 한다.

각각의 요법이 생각의 전환 활동을 어떻게 향상하고 지원할 수 있는지 방법을 제시할 수 있다.

내 파트너인 숀 모닝거가 신학교에서 배운 것처럼 '항상 '추가적으로'이지 '대신'은 아니다.'

심리치료

위에서 언급한 것처럼 나는 많은 유능한 치료사들에게 심리치료를 받으면서도 수년 동안 진정한 효과를 보지 못하고 있었다. '나는 치유 받을 수 없다.'라는 기저에 있는 생각이 문제였다는 것을 알기 전까지 말이다. 치료를 받고, 진전이 없다고 느낄 때, 효과에 대한 당신의 생각을 점검해야 한다. 그리고 그중에 성공할 수 없을 거라는 생각이 있는지 살펴봐야 한다. 그 후에, 끝없는 성공의 가능성이 존재하는 현실화되지 않은 세계를 들여다보고, 성공할 수 있다는 생각을 할 때 느끼는 감각이 무엇인지 파악해야 한다. 그 생각과 생각이 가져오는 감각을 유지할 수 있다면 치료에 성공할 것이다.

치료에 있어서 또 다른 어려움이 있다. 치료의 목적 중에 어린 시절에 겪었던 오래된 사건을 회상하게 해서 '그 느낌을 느끼게 한다.'는 것이다. 중요한 것은 그 감각을 경험하는 것이지 없애는 것이 아니라는 점을 기억해야 한다. 뭔가를 '극복'하려고 계속 노력하면 그 감각을 피하고 있는 것이다. 그 감각을 경험할 수 있는 능력을 키워야만 과거의 사건으로 인한 두려움으로부터 벗어날 수 있다.

심도 있는 치료 후에도 반복적으로 어렸을 때의 사건으로 회귀하려는 자신을 발견한다면, 지금 현재의 성인 자아가 아닌 내면의 어린이가 이야기하고 있기 때문인 경우가 많다. 어른 자아에게로 가서, 치

료사가 뭔가를 해결해 줄 수 있을 거라 생각하기보다는 당신이 직접 어린이 자아의 말을 듣고 무엇을 해줄 수 있을지를 생각해 보자. 치료사는 어린이 때 당신에게 없었던 부모님 역할을 하면서 당신이 힘을 찾을 수 있도록 할 뿐이지, 그 어린이를 자라게 하는 양육의 역할은 결국 바로 당신 자신의 몫이다.

EMDR과 소매틱 경험(Somatic Experiencing)

EMDR과 소매틱 경험은 외상과 외상적 스트레스 증후군을 다룰 수 있는 매우 효과적인 방법 중 하나이다. 각각 눈의 움직임과 지금의 감각을 주의 깊게 관찰하면서 이루어지는 두 가지 요법을 통해, 당신이 가지고 있는 외상을 노출시키고 이를 경험할 수 있다 모두 훌륭한 방법이다.

나의 경우 그 치료과정 속에서 그 경험들을 '제거'또는 '극복'해야 한다고 생각했던 것이 실수였다. 사실상 그 감각을 경험하는 것이 주요 목표이다. 그 이상으로 해야 할 것은 없었다. 그 경험들을 극복하려고 하면서 미묘하게 경험들을 피하려 하고 있었고, 그 이유로 치료가 효과를 발휘하지 못했다.

그러므로 만일 이 요법을 쓰고 있다면 특별한 목적, 목표, 또는 무엇을 고쳐보려는 노력을 기울이지 말고 그냥 해야 한다. 그럼 자연스럽게 그 요법으로 인한 효과를 볼 수 있을 것이다.

포럼 요법(The Forum)

포럼 요법에서 나에게 많이 도움이 되었던 원칙 중에 하나는 당신의 이야기를 바꾼다는 개념이다. 이를 통해 세상을 다르게 볼 수 있는 것이다. 매우 중요한 개념이지만, 효과가 없는 경우가 적지 않다. 왜냐하면 이야기를 바꾼다는 것은 생각을 바꾼다는 것인데, 그 생각으로 어떤 감각이든 동반될 수 있기 때문이다. 애초에 그 이야기를 택했던 이유는 그 감각으로부터 자신을 보호하기 위해서이다. 그래서 이야기를 바꿀 때, 곧바로 두려워하는 그 감각을 느끼게 된다. 도망치기보다는 그 감각을 받아들여야만 한다. 아니면 눈 깜짝할 사이에 이전의 이야기가 되돌아올 것이다.

아브라함 힉스 요법(Abraham Hicks Work)

아브라함 힉스 요법은 기발하고 유용하다고 생각하지만, 유일하게 나에게 걸림돌이 되었던 것은 기분이 좋으면 요법을 제대로 수행하고 있다는 개념이었다. 개인적으로 이 개념이 혼란스러웠던 것은 제대로 하고 있다는 생각을 할 때마다 불편한 감각을 느끼고는 했다. 내 생각에 중요한 것은 일단 제대로 하면서 감각을 받아들일 준비가 되면 내면의 깊은 힘을 느끼게 되고 삶에 활력이 일어날 것이라는 점이다. 이런 요법을 할 때, 원하는 생각을 품으면서 종종 경험하는 불편한 감각이 일어날 때 낙심하거나 이탈되지 말라는 것이다.

'끌어당김의 법칙'

지난 몇 년간 끌어당김의 법칙은 매우 인기가 있던 '새로운 생각'이라는 개념의 하나이다. 당신이 '반복하거나' 어떤 방식으로 생각을 할 때 그 반복과 생각에 대응하는 것을 '끌고 있다'는 개념이다. 단지 내가 봤을 때 문제는 '끌어당기고 있는' 무언가가 당신의 외부에 있다는 의미를 내포하고 있다는 점이다. 우리의 삶 전체, 경험, 따라서 모든 가능성이 볼 수 없는 내면의 현실화되지 않은 세계에서 이루어지고 있다는 점을 감안하면, 내 생각에는 '끌어당겨야' 할 것이 없었다. 왜냐하면 모든 것은 이미 우리의 내면에 존재하기 때문이다. 단지 해야 할 일은 지켜보는 것뿐이다. 따라서 나는 이 법칙은 '지켜봄의 법칙'이라고 부르고 싶다.

당신의 내면의 볼 수 없는 경험세계에서 당신이 원하는 모든 것을 이미 가지고 있다는 것을 지켜볼 때, 당신은 자동적으로 그것이 존재한다는 생각을 하게 되는 동시에 '반복하고' 있는 것이다. 그리고 '외부'에서 실현된 것을 보게 된다. 그러나 외부의 세계가 단순한 거울이기 때문에, 당신이 정말로 보고 있는 것은 이미 '내면'에 항상 있는 것이다. 따라서 뭔가를 '끌어당기는' 것이 아니다. 이미 가지고 있는 것을 볼 뿐이다.

'시크릿(Secret)'

몇 년 전에 '시크릿'이라는 책이 전 세계적으로 선풍적인 인기를 끌었다. 수백만 명의 사람들에게 생각을 바꾸면 삶이 바뀐다는 개념이 소개되었다. 모든 사람들이 삶이 매우 단순하다는 생각을 심어주었다. 뭔가 다른 것을 생각하면 그렇게 이루어지는 것이다.

그러나 시간이 가면서, 사람들은 '시크릿'에 대해서 실망을 하기 시작했다. 효과가 없었기 때문이다.

'시크릿'의 원칙은 매우 건전하다. 그러나 그 과정에서 비껴간 한 부분이 있다. 새로운 생각을 품을 때 감각을 일으키게 되고, 그 감각은 보통 불편함을 준다. 이 감각을 견딜 수 없다면 당신은 즉시 전에 가지고 있던 보호적인 생각으로 생각을 전환하게 된다. 어린 시절 위험하게 인식하고 있던 감각으로부터 벗어나기 위해 품고 있던 생각으로 말이다.

그래서 새로운 생각 자체가 효과가 없는 것이 아니다. 그 생각을 견딜 수 없는 사람들이 문제다. 우리가 이 사실을 깨닫기도 전에 이전의 생각으로 생각을 전환해 버린다. '비밀'의 원칙으로 효과를 보기 위해서는 일어나는 감각을 파악하고, 이를 견뎌내야 한다. 그래야만 새로운 생각을 받아들일 수 있고 현실화되지 않은 세계의 거울에 그 생각이 나타나는 것을 볼 수 있다.

이것이 바로 '시크릿'에 감추어진 '비밀'이다.

기적수업(Course in Miracle)

진리 연구에 있어서 기적수업은 매우 유명하고 효과적인 방법 중 하나이다. 존재의 기본 진리에 접근하는 완전한 시스템이다. 즉, 우리

가 살고 있는 물리적인 세계는 환상이다. '신'은 그 자신 또는 우리를 알지 못한다. 아무도 없다. 진리에는 절대 예외가 없다.

나에게 있어서 넘기 어려웠던 점은 기적수업에 깊이 빠져 있거나 그 원칙, 특히 절대 예외가 없다는 원칙을 잘 아는 사람들이 힘들다고 생각되는 상황에서 어쨌거나 예외를 적용한다는 것이었다. 아무것도 실제는 없다는 것을 아는 사람들이 '이것은 나의 아이에 대한 거야.' 또는 '집을 잃게 될 거야.'라는 생각으로 어쩔 줄을 몰라 한다. 어떤 문제들은 받아들이기 너무 힘들다고 단정한다.

이런 일이 발생하는 것은 자신에게 두려운 감각을 겪게 되기 때문이다. 기적수업을 연구하고 있고, 자신이 진짜라고 생각하는 원칙과 반대되는 것 같은 생각이나 행동을 하고 있다면, 당신의 감각을 살펴보고 거리낌 없이 그 감각을 느껴보자. 즉시 당신이 진리로 알고 있는 원칙대로 생각하고 행동하는 자신을 발견하게 될 것이다.

12단계 프로그램

언젠가 내가 수업에서 기본 생각의 전환 차트를 그리고 있었을 때다. 나는 우리가 원하는 생각을 할 때 이 생각에 따르는 감각을 받아들일 수 없다면 그 감각에서 벗어나기 위해서 '보호적인' 생각을 품을 것이라고 설명하고 있었다. 그 보호적인 생각에는 견딜 만한 감각만 따르지만, 우리가 원하는 것을 얻지 못하게 방해할 뿐이고, 결국에는 피하려고 했던 감각으로 이끌 뿐이라는 내용이었다.

그때 우리 회원 중 하나가 이것이 중독과 똑같은 패턴이라고 지적했다. 어떤 감각을 피하기 위해서 우리는 마약을 선택한다. 앞서 설명했듯이, '부정적인' 생각은 반드시 마약과 같은 생각이다. 왜냐하면 마약은 고통을 피하기 위한 수단이기 때문이다.

알코올 중독자, 거식증 환자, 마약 중독자, 섹스 중독자, 부채자 프로그램 등 12단계 프로그램에서 생각의 전환이 유용하게 쓰일 수 있다. 생각의 전환은 '선택의 마약'을 끊을 때, 기분이 좋지 않을 수 있지만 계속 피해 왔던 감각과 정면으로 마주할 수 있을 것이다.

사람들은 종종 순진하게도 술이나 폭식, 마약을 끊을 수 있으면 기분도 좋아질 것으로 생각한다. 절대 사실이 아니다. 중독을 끊을 때 일어나는 감각이 바로 중독현상으로 다시 돌아가는 이유이기 때문이다. 마약이나 술, 그 외에 어떤 중독이든 멀리 하고 싶다면, 술, 마약 또는 행동을 멈출 때 느끼게 되는 감각을 기꺼이 받아들일 자세가 되어 있어야만 한다.

감각을 받아들일 수 있어야만 마약에 취하지 않을 생각을 선택하고 유지할 수 있다. 알다시피 이 생각을 선택하면 그게 현실화되는 것이다.

시간이 가고 12단계를 거쳐 가면서, 술과 마약을 끊고 예전과 다른 행동을 취할 때 나타나는 감각을 견딜 수 있게 하는 능력이야말로 우리의 예전 생각을 새로운 생각으로 바꾸게 하고, 그 새로운 생각이 건강, 성공, 행복으로 우리 삶에 현실화되는 것을 보게 하는 것이다.

'생각의 전환 모임'에서는 생각의 전환을 시작하기 전에 몇 단계를 밟아야만 하는데, '생각의 전환 모임'에 수년간 참석해 온 우리 회원은 생각의 전환에서 '첫 단계'를 하면 도움이 될 거라고 말한 적이 있다.

우리가 생각한 것은 다음과 같은 내용의 첫 단계이다.

'우리는 우리 감각하에서, 혹은 감각에 휩싸여서, 극복할 힘이 없었으며 우리의 삶은 통제 불가능했었다는 것을 인정했다.'

이런 첫 단계는 우리 감각을 느낄 수 있는 방향으로 우리를 이끌 수 있다. 감각을 느끼면 보호적인 생각 또는 우리가 남용하였던 마약이나 술 또는 행동이 필요 없어진다. 왜냐하면 그런 '중독'은 지금은 받아들일 수 있는 감각을 피하기 위해서 필요한 것들이었기 때문이다. 감각에의 항복은 이렇듯 진정한 회복으로 우리를 인도할 생각을 선택할 수 있게 하는 것이다.

긍정적인 사고

긍정적 사고는 매우 강력한 도구이다. 그러나 '부정적인' 것을 보거나 생각, 말하기를 거절할 때 실패할 수 있다. '취소야. 취소.' 또는 '절대 부정적인 생각을 하지 않을 거야.' 같은 것들은 지금 이 순간에 우리가 실제로 생각하고 있는 것을 보지 못하게 한다. 세상의 거울을 정말 볼 수 있고 우리가 나타난 세상의 원인이 된 우리의 생각을 보고 책임질 수 있을 때야만, 적절한 생각으로 생각을 전환할 수 있게 된다. 사실 생각을 전환할 필요도 없다. '부정적인' 생각을 보는 순간 그 생각은 저절로 전환된다. 따라서 사실상 '긍정적인' 생각보다도 '부정적인' 생각을 아는 것이 더 중요하다. 긍정적인 생각은 저절로 떠오르게 마련이다.

긍정적인 생각에 대한 이야기 한 가지만 더하자.

선택한 긍정적인 생각에 머무르고 싶다면, 그 긍정적인 생각에 따라오는 감각이 아무리 불편하더라도 받아들일 수 있어야 한다. 그렇지 않으면 당신은 스스로 알기도 전에 예전 생각으로 생각을 전환해 버릴 것이다.

육체수양

나를 잘 이해시키고 내 경험을 피할 수 있는 누군가가 되는 것인데, 육체수양이 문제들을 해결하는 데에 도움이 된다고 느꼈다. 그러나 롤핑이나 지압과 같은 더 심도 있는 육체수양의 허점은 고통을 피하려고 노력하고 고통을 피하는 것이 목적이라고 생각한다는 점이다. 우리가 저항하는 것은 계속되므로, 가능한 한 그 고통을 경험하고 통과하는 것이 중요하다. 이를 통해 긴장을 이완시킬 수 있을 뿐 아니라 신체를 바짝 긴장하면서 피하려고 했던 감각을 받아들일 수 있는 능력을 가져온다. 평생 동안 무의식적으로 나타나는 감각들은 피하지 말고 느껴야 하는 것이다. 그렇게 하면 무한한 가능성의 세계가 더 많이 당신에게 열릴 것이다.

에너지 요법

우리에게, 우주 전체에 흐르는 에너지의 볼 수 없는 힘을 훈련하면 보이는 것보다 더 큰 힘을 이해하는 매우 강력한 수단이 될 수 있다.

생각의 전환 용어로 볼 수 없는 것들, 의식, 감각, 생각은 모두 에너지이다. 우리가 이해하지 못하는 프로세스를 통하여 이런 것들은 보이는 것들로 '해석된다.' 나타나는 것들과 볼 수 없는 것은 함께 가는 것이고, 별도로 존재하지 않는다. 전기가 전구를 켜는 것처럼, 에너지는 근원이고 물리적 세계는 결과이다. 다르게 표현하자면, 에너지는 원인이고 물리적 세상은 결과이지, 그 반대가 아니다. 물리적 세계에서 일어나는 일들이 에너지를 야기하는 것이 아니고, 에너지로 인해 우리가 물리적 세상을 인식한다는 것을 이해하면, 에너지 요법을 더 잘 활용할 수 있다. 물리적 세상의 '스트레스'나 다른 사람들이 나를 홀대한다고 비판하는 것은 마차가 말을 끌고 가게 하는 격이다. 보이는 세상에서 보이는 모든 것은 볼 수 없는 세상의 모습을 비추는 거울이다. 그래서 물리적 세상에서 보이는 것들로 당신이 에너지로 무엇을 하는지 확인해야 한다. 그리고 나서 볼 수 없는 세상에 집중하면, 보이는 세상도 즉시 바뀔 것이다.

심령치료

점을 보는 것은 재미있고 흥미롭다. 도움이 되기도 한다. 그러나 그것이 무엇인지에 대해서 이해하는 것이 중요하다.

생각의 전환 원칙에서 세상에서 일어나는 일의 모든 것이 우리 생각의 정확한 상(像)이기 때문에 먼저 무엇을 생각하기 전에 그것이 '일어나거나' '미래에 일어나는 것'은 불가능하다.

생각에 있어서 무제한의 선택의 기회가 우리에게 항상 주어지기 때문에 우리 안에 정해진, 불변하는 미래가 있다는 것은 가능하지 않다.

점술이란 무엇인가? 그것은 거울이다. 따라서 당신이 무슨 생각을 하는지 보는 데에 매우 유용한 것이다. 이를 보게 되면, 생각을 전환하고 새로운 감각이 가져올 감각을 경험하며 예상했던 것과는 다른 결과를 볼 수 있는 기회가 주어진다.

따라서 점을 보고 점술가에게 갈 수 있지만 기억해야 할 것은 점술가가 말해 주는 것은 전환할 수 있는 현재의 생각이고, 당신이 갇혀 있는 미래에 대한 것이 아니라는 점이다.

불교

사람들이 불교에 대해서 공부하면 생각의 전환에 대해 좀 혼란스러워 하는 경우가 있다. 왜냐하면 불교에서는 생각도 실제가 아니며 깨우침을 얻기 위해서는 무념무상의 세상에 도달해야 한다고 말하기 때문이다.

생각의 전환에서는 이에 반대되는 이야기를 하는 것 같지만, 실은 같은 이야기이다.

우리는 생각이 우리가 느끼는 방식과 나타나는 세상의 원인이라는 것을 알기 때문에 생각을 전환한다. 이를 깨달으면 생각에 따르는 감각 때문에 우리가 원하는 생각을 선택할 수 없게 된다는 것을 알게 된다. 감각을 그대로 느끼며 견디는 것이 가장 중요하다. 우리의 경험에 머물러 있을 수 있으면, 생각을 선택할 필요가 없다. 자연히 선택되는 것이다. 일어나는 일도 더 이상 문제가 아니다. 우리의 삶을 그냥 경험

하고 있기 때문에 우리는 항상 중심이 된다. 우리는 생각들이 생겨났다가 사라지는 것을 지켜본다. 내면의 평안과 있는 그대로를 수용하는 마음을 그대로가 비춰지는 거울이 바로 우리의 삶이 되는 것이다. 뭘 가져야 한다는 욕구도, 행복이 환경에 달려 있다는 관념도, 물리적 세계가 실제라는 '환상'도 다 내려놓고, 경험과 수용의 현실세계에 사는 것이다. 그것이 바로 불교에서 말하는 극락세계이다.

따라서 생각의 전환은 '서구의 불교'라고 부를 수도 있다. 불교 전통, 동양 생활방식, 사고에 빠지지 않은 사람들에게 생각에 의지하지 않는 궁극적 목표를 향해 가도록 해주기 때문이다.

영적 활동과 종교

생각의 전환이 많은 종교에 반하는 것처럼 보이기도 한다. 신을 현실화되지 않은 세계로 정의하고, 우리 안에 무제한의 가능성이 펼쳐진 우주가 있다고 설명하기 때문이다. 어떠한 종교도, 어떠한 요법도 진리가 될 수 없고, 모든 종교와 요법이 단지 진리의 상징적 표현일 뿐이라는 것을 감안하면, 종교의 목표는 진리로 인도하는 것이지, 진리 자체가 아니다. 대부분의 종교와 영적 방법들은 만일 우리가 그 교리와 기본적인 원칙을 이해하면, 진리로 인도한다. 예를 들어서, 천주교가 어떤 종교인지 모를 수도 있고, 또는 다니고 싶어 할 수도 있다. 나는 이에 관한 토마스 머튼의 말에 감명을 받았다. 생각의 전환의 목표는 모든 종교의 기본이 되는 원칙을 다루는 데에 있다. 따라서 만일 종교나 영적 활동을 하고 있다면, 생각의 전환을 병행할 수 있다. 생각의 전환은 종교적, 영적 길을 따르는 것을 방해하지 않는다. 때로 종교에서만 쓰는 특정한 어휘로 인해 헷갈리거나 이해가 안 될 때가 있는데, 개인적으로는 생각의 전환을 통해 종교나 영적 활동을 더 잘 정의하고 설명할 수 있다고 생각한다.

새로운 생각

생각의 전환은 '새로운 생각'에서부터 출발했기 때문에 매우 비슷하다. 그러나 문제가 되는 부분은 '새로운 생각' 교회에서 풍성이나 풍요라는 말을 하면 사람들은 종종 그것을 '물질'로 오해한다는 것이다. 때로 자동차나 애인을 얻고, 부자가 되기 위해서 '새로운 생각' 교회를 다니는 사람들이 있다. 새로운 생각의 결과로 이런 것들이 나타날 것은 자명하다. 하지만 새로운 생각의 원칙이 우리가 모든 것을 소유한 볼 수 없는 세계에 관한 것임을 모르면 아무런 의미가 없다. 새로운 생각의 원천에 초점을 맞추어야지, 결과에 맞춰서는 안 된다. 이는 마치 항상 부족함 속에 사는 것과 항상 풍족함 속에 사는 차이와 같다. 우리가 어떤 환경에 있든지 말이다.

이런 오해의 원인을 생각해 보았다.(사실 이런 고찰로 생각의 전환을 시작하기로 결심한 것이다.) '새로운 생각'의 가르침이 두 가지 매우 중요한 부분을 놓친다. 그것은 바로 '부정적인' 생각과 감각의 중요성이다. '새로운 생각'에서는 "부정적으로 생각하지 말라.", "그것에 초점을 맞추지 말라."고 말한다. 물론 좋은 조언이다. 그러나 '부정적인' 생각을 알아야만, 우리의 생각에 직면하고 우리가 만들어 놓은 세상에 대해

이해할 수 있다. 이렇게 하면 우리는 한 걸음 더 나아갈 수 있고, 우리 앞에 벌어지는 일들은 단순히 생각의 거울이므로 근본적으로는 의미가 없다는 것을 알 수 있다. 그러면 '긍정적인' 생각과 '긍정적인' 세상이 자연스럽게 찾아오게 된다.(긍정적이라는 것은 우리가 원하는 것들을 의미한다.)

'긍정적인' 생각이 일어나게 되면, '새로운 생각' 방법들의 단점은 사람들이 그 생각을 유지하기 어려워한다는 점이다. 긍정적인 말과 행동, 기도를 반복해 볼 수 있다. 그러나 그 생각이 가져오는 감각을 견딜 수 없으면 결코 그 생각을 계속 유지할 수 없다.

다시 말해서 어떤 영적 훈련을 받든지, 그것이 효과가 있든 혹은 아무런 진전이 없든지 상관없이, 생각의 전환 원칙이나 내가 말한 방법들에 대한 탐구를 계속해야 한다. 각각의 방법은 우리에게 유익하다. 각각의 시스템, 방법, 종교, 영적 훈련은 나름의 진실을 보는 방법이 있어서 우리의 이해를 돕고, 우리가 이미 알고 있는 것을 보충하고 설명해 준다. 당신이 하고 있는 활동이 정말로 진리로 이끌고 있다고 믿고 있다면, 다른 활동의 사상이 진리에 방해가 되지는 않을 것이다. 질문이나 의문도 마찬가지다. 오히려 도움이 될 것이다.

생각의 전환 워크숍에서 사람들이 나에게 어려운 질문을 할 때, 의심이나 의문점을 제기할 때 신이 난다. 다른 사상을 본다고 진리가 쉽게 내팽개쳐진다면 그에 대한 당신의 생각을 재점검해 볼 필요가 있다. 기억해야 한다. 목표는 진리를 알고 경험하는 것이지, 불편한 감각을 피하기 위해 교리와 체계를 사용하는 것이 아니다. 진리는 진리라 흔들리지 않고, 진리만이 우리를 자유롭게 할 것이다.

생각의 전환 순환차트의 어느 지점에서든 들어갈 수 있다

생각이 원인이라고 가르칠 때, 언제나 "생각이 아닌 감각으로부터 시작해요."라든지 "믿음으로부터 시작해요." 또는 "사건으로부터 시작해요."라고 말하는 사람들이 있다. 이 사람들은 생각/감각/믿음/현실화의 순환차트를 어떻게 이용하는지 알지 못하는 사람들이다. 자신의 삶에서 어떤 일이 일어난다는 자각은 생각이 아닌 다른 것에서부터 시작되기 마련이기 때문이다.

사실은 우리가 생각의 전환 순환차트에 언제든지 들어갈 수 있다는 점이다. 어떤 사람들은 감각부터 인지한다. 감각을 인지하면 '어떤 생각이 이런 감각을 야기할까?'라고 물어본다. 그 생각을 찾기 위해서 순환차트 안의 현실화로 한층 더 들어가서 '이런 감각을 일으킨 생각과 관련해서 어떤 사건이 일어났지?'라고 물어볼 수 있다. 여기서 중요한 것은 사건이 생각을 만들지 않았다는 점이다. 원인이 되는 것은 생각뿐이다.

어떤 사람들은 사건으로부터 시작한다. 사건을 인지하면 나중에서야 생각, 감각, 믿음을 경험하게 된다. 괜찮다. 우리는 사건을 파악하고, 그에 대한 생각을 파악하고, 그 생각이 나에게 주어진 수많은 생각들 중 가능한 한 생각이었다는 것을 알게 된다. 또한 사건이 생각을 야기하지 않았다는 것을 안다. 그리고 나서 우리가 원하는 사건을 만들어낼 생각으로 생각을 전환할 수 있다.

다른 방식도 있다. 어떤 사람들은 사건을 보고 즉시 그에 대한 믿음으로 간다.(사실 믿음이 나중에 오는 것 같아 보여도, 믿음은 사건에 앞선다.) 따라서 예를 들어 어떤 사람이 뭔가 실패를 하고 "거봐, 실패했잖아.

8부 이야기, 은유, 정보의 핵심 **447**

나는 항상 실패하거든."이라고 말하는 것이다.

당신이 이런 스타일이라면, 믿음을 인지하고 그것을 '믿음'이라고 이름을 붙이자. 알다시피 믿음은 우리가 진실이라고 생각하는 생각에 지나지 않는다. 진실이 아닌 생각도 그냥 생각일 뿐이다. 앞으로 하는 일마다 우리가 실패할지 알 수 없다. 일단 그것을 믿음이라고 부르면, 그 믿음과 관련한 감각을 통해서 순환차트로 다시 돌아오게 되고 근본이 되는 생각을 찾아내게 된다. 믿음과 달리 생각은 전환될 수 있어서 지금 가지고 있는 생각을 새로운 생각으로 전환할 수 있다. 이 새로운 생각은 새로운 감각과 믿음을 만들어내고, 결과로써 다른 것이 현실화되어 나타날 것이다.

미래의 사건에 대해서 생각하고 있고 예상되는 결과에 대해 어떤 믿음이 있다면, 그것을 믿음이라고 불러야 한다. 그리고 나서 그 기저에 있는 생각으로 되돌아와야 한다. 생각은 전환할 수 있다.

이처럼 원하는 방식대로 할 수 있다. 생각, 감각, 믿음, 현실화든 어느 지점에서든지 순환차트 안으로 들어올 수 있다. 그리고 순환차트를 어느 방향이든지 돌아서 생각에 이르면, 생각을 전환할 수 있다.

모든 세계는 당신 안에 펼쳐져 있다

"정말 내 생각이 보이는 세상의 원인인가요? 내가 정말 그 생각을 해서 일어나는 건가요?" 가장 흔히 나오는 질문이다.

종교적, 영적 활동에서는 멋진 생각들을 하고 우리가 변화, 문제, 불확실성에 굴복할 필요가 없도록 세상을 통제하는 방법을 배운다. 이 때 우리가 생각을 전환할 때 실제 어떤 일이 일어나는지 꼭 알아야 한다. '외부' 세상에 나타나게 하는 것인가? 세상에 원래 없었던 것을 들여오는 것인가?

수년간 이 질문을 다루면서 간단하지만, 좀 어리둥절할 수 있는 질문을 찾아냈다. '그렇다. 우리 생각은 삶에서 보고 경험하는 사건들을 야기한다.', '아니다. 우리는 그런 사건들을 만들어내고 일어나게 하지 않는다.'

사람들이 '외부'라고 할 때, 실제로 보는 것은 망막에 비쳐서 뇌에 인식되는 상(像)을 말한다. 보고 있는 사람이나 사물이 당신 밖에 있는 것 같지만 사실상 모든 일은 당신의 머릿속에서 일어난다. 따라서 당신 밖에 있는 무엇인가를 알 수 있는 길이 없다. 그리고 실제 밖에 아무것도 없을 수도 있다. 우리 머릿속에는 단지 '외부'에 있는 것 같은 상(像)만이 있는 것이다.

마찬가지로 사건이라는 것도 우리가 경험하는 것만이 사건이다. 기본적으로 사건에 '실제'란 없다. 사람들은 그들이 경험한 것을 경험하고 그것이 바로 삶이 된다.

어느 날 저녁 파티에 참석했을 때, 이혼을 한 여성과 대화를 나눌 기회가 있었다. 괴롭다는 듯이 그녀는 전 남편이 아무것도 남기지 않은 채로 자신을 떠났다고 말했다. 받은 것은 아파트밖에 없었고, 자신의 삶을 지속하기 위해서 그마저 팔아야 할 처지라고 했다. 자기 자신을 '극빈'하다고 설명하면서, 살아 있는 게 기적이라고 말했다.

테이블에 동석한 한 사람이 마침 아파트를 얼마에 내놓았냐고 물었다. 그녀는 775만 달러라고 대답했다. 이 가난한 여성에게 남은 마지막 전 재산은 775만 달러(80여 억 원)였다!

8부 이야기, 은유, 정보의 핵심 **449**

웃을지도 모르겠지만 이 여성이 가난과 궁핍을 경험하고 있는 건 사실이었다. 자신의 내면 자아, 혹은 익숙해진 생활 방식 때문이든, 이유가 뭐든지 간에 그녀는 부족함, 가난, 두려움을 경험하고 있었다.

내면에서 뭔가 적절한 변화가 있어야 한다는 것을 쉽게 파악할 수 있었다. 그렇지만 매우 중요한 질문을 제시해야만 했다.

우리가 생각의 전환을 하는 이유는 삶에서 특정한 결과를 보고 싶어 하기 때문이다. 우리가 가지지 않은 것으로 안정을 찾고 행복해지려고 하는 것은 아니다. 우리는 우리가 원하는 것을 원한다!

그런데 이 여성이 정말 원하는 것은 무엇인가? 그 아파트인가? 어떤 특정한 금액의 돈인가? 아니면 그런 것들이 가져다줄 풍요, 마음의 평안, 안정감, 기쁨, 만족과 같은 결과인가?

나타난 세계가 생각의 현실화이지, 생각의 원인이 아니라고 했다. 그렇다면 이 여성이 지금 세상에서 보고 있는 것은 자신이 가지고 있는 생각의 결과물이다. 그녀가 하는 이야기를 통해서 충분하지 않다는 것과 관련된 생각을 하고 있음을 알게 된다.

세상에서 그녀가 가지고 있는 것이 무척 충분한 것이라는 일반 사람들의 생각은 중요하지 않다. 중요한 것은 그녀가 그것을 볼 때, 그녀에게 드는 생각은 '충분하지 않다.'라는 점이다.

세상의 경험의 원인이 되는 우리의 생각

우리 생각이 세상의 원인이 된다기보다는, 세상에서의 경험에 영향을 준다는 말이 더 맞을 것이다. 모든 상황, 가능성, 모든 것이 여기에 있다. 무제한의 돈이 존재한다. 무제한의 관계, 파트너, 친구가 존재한다. 우리의 생각이 이런 것을 만들어낸다는 것이 아니다. 생각이 그런 것을 가지고 우리에게 나타난다. 아무것이나 세상에 있는 것을 볼 수 있다. 그러면 우리에게 생각을 나타내준다. 세상의 거울에 비춰서 나타나는 생각을 전환하면, 같은 거울(세상) 속에서 다른 것을 보게 된다. 우리가 하는 생각에 따라서는 같은 세상의 다른 면을 볼 수 있다. 건강과 질병 모두가 여기에 있다. 우리가 건강을 보는지, 질병을 보는지를 생각이 결정하는가? 부유와 가난은 항상 여기에 있다. 우리가 보는 세상을 우리 생각이 결정할 가능성에 대해 생각해 보자.

생각의 전환 워크숍에서 제닛은 한 사건을 들어 이를 멋지게 설명했다.

제닛이 버스를 타고 교회 수련회에 가는 길이었다. 버스가 고장이 났다. '내 생각 때문에 버스가 고장이 났나?'라고 자신에게 물었다. 대답은 그랬다. '내가 같이 수련회에 가고 싶었던 사람들이 있었는데 그 사람들이 안 가서 '수련회에 안 가고 싶다'는 생각이 한 구석에 있었을 것이다. 그 생각이 버스를 고장 나게 한 것이다.'

나는 정말 자기 생각 때문에 버스가 고장이 난 걸로 생각하느냐고 물었다. 사건과 생각이 너무 동떨어져 있기 때문이다. 생각과 사건과의 관계가 대체 무엇인가? 생각의 거울로 사건을 바라봤을 때 '수련회에 가기 싫어.'라는 생각을 보았다는 것이다. 그 생각이 그녀에게 고장이 난 사건으로 나타났다는 것이다.

그때 나는 루크에게 물었다. 그도 같은 버스에 있었고 같은 사건을 겪었다. "버스가 고장 났을 때 어떤 생각을 했나요?" 그는 대답했다. "좋았어! 버스에 이상한 냄새가 나니까 새로 더 좋은 버스를 탈 수 있

8부 이야기, 은유, 정보의 핵심 **451**

을 것이라는 생각을 했어요." 같은 사건에 다른 생각이 반영된 것이다.

이 사건은 제닛과 루크의 생각 모두를 반영한 거울이었다. 루크는 더 좋은 버스를 타고 더 편하게 수련회를 가고자 했던 생각을 계속하기로 선택했고, 그 생각은 나타났다. 제닛도 선택을 했다. '내가 수련회에 가고 싶지 않았기 때문에 버스가 고장이 났다.'라는 생각을 계속해서, 핸드폰을 가지고 차 서비스를 불러서 집으로 갈 수 있는 상황이었다. 아니면 생각을 전환할 수도 있었다. '수련회에 누가 오든지 나에게 성장과 기쁨의 기회가 될 수 있다.'라고 말이다. 그리고 버스가 교체되기를 기다리면서 멋진 수련회에 참석할 수 있었다. 그것은 사실 그녀가 선택한 것이다. 그 결과로 멋진 수련회를 경험할 수 있었던 것이다.

따라서 문제 상황을 일으키지 않기 위해서 생각 하나하나를 조심할 필요는 없다. 그러나 '거울'을 보고 우리 생각이 뭔가를 파악해서 거울에 다르게 비췄으면 하는 생각으로 생각을 전환하면 된다.

위의 이야기에서 봤듯이, 775만 달러 아파트 판매는 극도의 빈곤으로 보일 수도 있고, 가기 싫다는 생각이나 좀 더 편하게 목적지까지 가보자는 생각의 반영으로써 버스의 고장이 나타날 수도 있다. 모든 것이 감각을 지켜보고 있는 사람이 하고 있는 생각에 달려 있다.

원하는 것을 포기하고 '내면'에 있는 것에 만족해야 한다는 생각을 하지 않기 위해서, 세상이 거울이라면 내면에 있는 것에 만족할 때 외부에 대해서도 만족해야만 한다는 사실을 기억해야 한다. 내면에 모든 것이 있다는 걸 알면 외부에서도 모든 것을 볼 수 있어야 한다. 따라서 결과는 같다. 그렇지만 외부가 아닌 내부에 초점을 맞추는 것이다. 이 사실을 알면 환경이 어떻든 상관없이, 바로 지금 여기에 모든 것이 주어진 것을 알 수 있다. 이 사실을 알 때 환경은 원하는 대로 나타날 것이다.

올바른 행동

생각의 전환에서 단순히 생각을 사용해서 원하는 것을 세상에 나타내는 활동을 한다는 말을 들으면 사람들의 첫 질문 중에 하나는 이렇다. "행동은요? 아무것도 하지 않고 어떻게 뭔가를 나타낼 수 있는 거죠?"

때로 생각의 전환에 처음 오는 사람들은 실망한다. 뭔가 임무, 리스트, 성취할 수 있는 방법들을 줄 것으로 기대하지만, 그런 건 없기 때문이다. 생각의 전환에서 우리는 행동이 취해지는 우리 생각의 내면에 초점을 맞춘다. 그리고 선택한 생각으로부터 행동이 자연스럽게 나오는 것을 본다. 결과를 결정하는 것은 어떤 특별한 행동이 아닌, 생각이라는 것이 우리의 기본 전제다. 예컨대 애인을 원하는 한 사람이 데이트를 신청할 때, 신청 받는 사람이 수락할지 여부는 묻는 사람의 생각에 달려 있다. 두 사람이 똑같은 행동을 취하고, 똑같은 질문을 하고도 다른 결과를 얻을 수 있다. 생각에 따라서 말이다. 별로 잘나지 못한 사람들은 항상 데이트를 하는 데도, 멋지고 친절하며 똑똑한 사람들이 사람을 만나지 못하는 것을 얼마나 많이 보게 되는가. 차이는 데이트를 신청할 때 어떤 생각을 하느냐에 있다.

결과가 불분명하거나 길이 뚜렷이 볼 수 없는 상황일 때, 우리는 생각을 가지고 그 생각이 어떻게 행동으로 전개되는지 볼 수 있다.

예를 들어 지난해에 나는 허리를 심하게 다쳐서 응급실에 간 적이 있었다. 응급실에서 소염제와 근육이완제를 받아먹었는데, 졸림과 식도역류 증상이 너무 심해서 복용을 중단해야 했다. 사고가 난 지 며칠 후, 갑작스럽게 왼쪽 다리의 윗부분에 마비가 왔다. 너무 놀라서 즉시 의사에게 전화를 걸어 진료 예약을 했다. 병원에 가는 길에 이 마비 증상이 위험하고 치료될 수 없을지도 모른다는 생각을 하고 있는 나 자신을 발견했다. 그게 실제로 하나의 가능성이라는 사실을 인정했지만, 동시에 그것이 단순한 생각이며 여러 가지 다른 생각과 가능성도 존재한다는 사실을 깨달았다. 나는 편안함과 치료를 줄 수 있는 생각으로 생각을 전환하기로 결심했다. '이런 마비 증상을 없앨 수 있는 방법이 이미 있다는 것을 안다.'라는 생각으로 전환했다. 신경이 눌려 있거나 화학적인 원인이든 뭐든 간에 치료를 할 수 있는 과정이 있다는 말을 하고 있었던 것이다. 그 과정이란, 이미 창조된, 그리고 자연과 현실화되지 않은 세계에 존재하는 것이다. 신경은 펴질 수 있다. 화학물질은 방출될 수 있다. 심리적인 문제라면 사라질 수 있다. 나는 치료할 수 있는 방법이 이미 존재한다는 생각만을 붙들고 있었다.

　의사는 마비의 원인이 뭔지 모른다고 했다. 다양한 원인이 있을 수 있다며 허리통증을 위해 프레드니존(Prednisone)을 복용할 것을 권유했다. 물리치료도 권유했다. '치료할 방법이 이미 있다.'는 생각을 품고 병원을 나왔다. 그리고 물리치료사에게 전화를 걸었다. 물리치료사도 마비의 원인이 무엇인지 몰랐다. 허리 통증뿐 아니라 여타 많은 체력과 건강 개선 운동을 시작했다. 마비 증상은 조금 나아졌지만 완치되지는 않았다. 이 기간 동안 때로 두려움으로 인해서 '이건 심각하다. 위험하다. 사라지지 않을 것'이라는 생각을 품고는 했다. 이런 생각을 눈치 챌 때 즉시 '치료법이 있다.'는 생각으로 생각을 전환하였다. 이 생각을 하고 있을 때, 지압사에게 전화를 해야겠다는 마음이 생겼다. 자신만의 방법으로 치료하는 지압사였다. 치료 후에 좀 나아지긴 했지만 완치되지는 않았다. 이 모든 과정을 거치면서 내가 품은 생각은 '치료방법이 이미 존재한다.'였다. 그 생각 안에서 나는 그 마비 증상에 대해 침착할 수 있었고, 저항하지 않고 두려워하지도 않았다. 그냥 견뎠다. 그리고 치료가 이미 존재하기 때문에 위험한 상황도 아니고 지금의 마비의 감각을 견디기만 하면 된다고 생각했다. 매 순간의 삶을 즐길 수 있었다. 왜냐하면 이 증상에 대해 치료가 있다는 것을 알기 때문이었다. 그래서 아직 완치되지 않아도 편안할 수 있었다.

프레드니존을 복용하자 매우 각성되고 붓기 시작했다. 자주 있는 부작용이었다. 그래서 한 주 후 복용기간이 끝났을 때 안도했다. 마비 증상은 사라지지 않았지만, 실제로 허리 통증에 효과가 있었다.

오클라호마 여성변호사회에 생각의 전환 세미나가 있어서 툴사 오클라호마에 갈 일이 생겼다. 매우 빡빡한 스케줄이었지만 지난해 공연 차 툴사에 왔을 때 만났던 카이로프랙터를 시간을 내어 만나야 할 것 같았다. 병원에 갔을 때 점심시간이라 문이 닫혀 있었다. 그러나 오후에 다시 와야 할 것만 같은 기분이 들었다.

다시 돌아와서 그에게 허리를 진찰받았다. "세상에. 여기 한 부분이 정말 뭉쳐 있군요." 나를 테이블 위에 앉게 하고 몇 차례 내리쳤다. 그리고는 마비가 사라져서 다시 재발하지 않았다.

생각의 전환의 관점에서 나는 '이미 치료가 있다.'라는 생각을 붙들었을 뿐이었다. 정말 그뿐이었다. 그러나 생각 속에서 나는 의사에게 가서 프레드니존을 먹고 훌륭한 물리치료사와 지압사에게 치료를

받고 카이로프랙터를 찾을 수 있었다. 많은 일이 일어났고, 많은 행동을 했다.

'이 끔찍한 증상은 멈추지 않을 거고 치료 방법이 없다.', '이 질병과 싸워야 한다.'라는 생각을 했다면 나는 다른 선택을 했을 것이다. 증상을 얼렁뚱땅 덮어버리거나 신체 내부를 망가뜨릴 약, 영구적 손상을 줄 수술, 필요한 의사들을 만나지 않는 선택을 했을 것이다. 따라서 항상 그렇듯이 나타나는 현상, 즉 치료로 이끄는 우리 행동의 근원은 생각이다. 나는 행동한다. 그렇지만 그 특별한 행동과 그 행동으로 인한 결과를 선택하게 한 것은 바로 나의 생각이었다.

아무것도 할 필요가 없다

생각의 전환의 방법을 잘 알고 경험해 본 사람들도 생각의 전환과 진전을 거부하고는 한다.

처음 2년간 생각의 전환 워크숍을 운영한 후였다. 나는 자료 작업에 능숙한 사람들 네 사람을 선택해서 고급 생각의 전환 워크숍을 하라고 요청했다. 이 워크숍에서 우리는 보이는 세상에 나타나기를 원하는 현실화되지 않은 세계의 무언가를 고른다. 잠시 동안 그와 관련된 모든 생각을 쓰고 전환한다.

즉시 효과가 나타난다. 그렇지만 어떤 지점에 이르러 더 이상 진전하지 못하는 사람들도 있다. 생각에 대한 작업을 멈추고, 책을 가져오는 것을 잊고, 곁길로 새는 등 갖가지 저항이 일어난다.

워크숍의 회원 중 하나는 브로드웨이 쇼의 오디션에 참가하기 위해 준비 중이었다. 쉽게 할 수 있는 것 같아 보였다. 그냥 가기만 하면 되는 거였다. 오디션은 항상 있고, 그녀는 유니온의 회원이었기 때문에, 문제가 될 일이 전혀 없었다. 어떤 사람의 도움이나 허가, 협조도 필요 없었다. 그런데 그녀는 오디션을 보지 않았다.

생각을 탐구하던 중, 그녀가 다루고 있다는 중요한 생각 하나를 언급했다. '오디션에 가면 완전 망칠거야!' 우리는 이 생각에 대해 많은 대화를 나누었다. 어머니가 어린 시절에 알게 모르게 그녀에게 넌 성공하지 못할 것이고, 성공하더라도 사람들이 심하게 보복할 것이라는 생각을 심어주었다는 것을 알게 되었다. 그녀는 모든 것을 알았다. 그리고 그것이 사실이 아니고, 생각일 뿐이며, 그 생각은 '오디션일 뿐이다, 나도 보복 없이 성공할 수 있다, 원하는 것을 가질 수 있다.'와 같은 생각으로 전환할 수 있다는 것도 알았다.

그런데 왜 생각을 전환하지 않고 있는 걸까?

갑자기 이해가 되면서 상황이 설명되었다. 매우 분명하지만 설명하기는 좀 힘들 수 있다. 천천히 설명을 잘 읽어보자.

'오디션에 가면 완전 망칠거야!'가 그녀의 생각이라면 오디션에 가게 하는 것들은 모두 위험한 것으로 인식될 수 있다. '망칠 것이다.'라는 원래 생각 때문에, 그 생각을 전환하면 오디션에 가야 할 것이라고 무의식적으로 인식하는 것이다. 원래의 생각에 따르면 '오디션에 가는 것'은 '망치는 것'이다. 이 논리를 알겠는가?

따라서 오디션과 망치는 것을 피하기 위해서 할 수 있는 유일한 선택은 생각의 전환을 하지 않는 것이었다. 바로 그 생각의 전환이 새로운 생각을 가져와서 기쁘고, 흥분되게, 적어도 안전하게 오디션을 볼 수 있게 할 텐데, 원래의 생각 속에서 생각의 전환이 가로막혀 있는 것

이다.

그럼 해결책은 무엇인가?

우리는 이 문제를 논의하면서 깨달았다. 그녀가 두려워하는 것이 원래 생각 속에서 위험하다고 생각하는 무언가와 관련이 있기 때문에 '오디션을 해야만 한다.'를 제거하면 새로운 생각으로 전환할 수 있다. 새로운 생각을 하면, '오디션을 하는 것'은 같은 위험을 내재하지 않는다. 자연스럽게 오디션을 볼 수 있다. 이미 그 일을 하는 자신을 발견하면서 새로운 생각을 품었다는 것을 알게 될 것이다.

오디션에 꼭 가야 한다는 생각 없이도, '오디션에 가는 것이 안전하다.'라는 생각을 할 수 있게 된다. 새로운 생각을 하게 되면, 자연스럽게 오디션에 가게 될 것이다. 분명히 그럴 것이다.

불가능한 이중구속

특별 워크숍에서 진전에 저항하는 우리의 모습을 살펴본 적이 있다. 그러면서 우리 모두에게 일관되고 보편적으로 발생하는 현상을 발견하였다. 우리가 현재의 문제와 어려움 속에서 유사점을 찾으면서 어린 시절의 일을 설명할 때, 모든 경우에 기본적인, 불가능한 이중구속을 경험한다는 것을 알게 되었다. 각기 다를 수 있다. 그렇지만 모든 경우에 강렬한 감각이 생기는 고통스럽고 어려운 상황이 있었다. 해결책도 없는 그런 상황 말이다.

몇 가지 예를 들어보겠다.

부모가 자신의 아이를 주기적으로 때린다. 아이는 딱히 영문도 모른다. 부모가 아이를 때리는 것은 자신이 견딜 수 없는 감각 때문이다. 그러나 부모는 이 이유를 모른다. 따라서 어떤 나쁜 행동을 만들어내어, 그 행동 때문에 때릴 수밖에 없었다고 아이를 비난한다.

때리는 것은 부모에게 달려 있다. 아이는 이를 멈출 방법이 없다. 부모가 아이를 때릴 때 만일 아이가 그만하라고 요청하면, 부모는 더 세게 때린다. 너는 맞아도 싸다고 말하면서. 아이가 울면 말한다. "그만 울어. 아니면 더 맞을 것이다." 만일 아이가 대들면, 더 힘세고 큰 부모는 더 세게, 폭력적으로 아이를 때린다. 아이가 그냥 자포자기하고 조용히 매를 맞으면 아이가 반응할 때까지 더 세게 때린다.

따라서 아이는 설명을 해도, 요구해도, 달려들어도, 도망가도, 감각을 표현해도, 표현하지 않아도 아무 소용없는 극단적인 고통을 경험한다. 결과적으로 아이는 살인적이고 표현할 수 없는 분노를 품게 된다. 평생 살아가면서 이 분노를 억누르거나 분출하려고 하겠지만, 아무 소용없다.

또 다른 예를 들어보겠다. 한 아이가 원하던 자전거를 살 돈을 모으는 등의 계획을 세운다. 생일이 되었고, 열 살짜리치고는 성숙한 방식으로 친척들에게 말한다. 생일 선물을 줄 거면 자전거를 살 돈을 주시면 좋겠다고. 자전거를 살 충분한 돈이 모였고, 캠프에 갔다가 돌아오면 자전거를 살 계획으로 돼지저금통에 돈을 넣어둔다.

캠프에서 돌아와서 저금통으로 향한다. 근데 그 저금통이 비어 있다. 부모에게 돈이 어디 있냐고 묻자 대답한다. "대학 등록금으로 빼어뒀어." 당연히 아이는 매우 화가 나서 말한다. "나는 자전거를 원했다고. 내 돈을 뺏어갔잖아." 부모는 말한다. "말도 안 돼. 우리는 너를 위해 그런 거야. 어떻게 생각해? 우리가 훔쳐갔니? 대학 등록금으로

빼뒀다고 말했잖니. 그리고 우리 생각에 자전거가 꼭 필요한지도 모르겠구나." 아이가 더 화가 나면 부모들은 바보라며 놀린다. 따라서 아이는 극도로 화가 나는 상황에 처할 뿐 아니라, 자신의 감각도 인정받지 못한 것이다. 아이는 부모에게 자신의 감각을 설명하지도 못하고 원하는 것을 달라고 설득하지도 못한다. 그저 자신의 감각을 꾹꾹 누른 채, 평생 그 감각을 분출하거나 숨긴 채로 살아가는 것이다.

예를 하나 더 들어보자. 한 아이가 캠프를 가고 싶다고 말했고, 그의 부모는 1월에 여름 캠프에 등록한다. 여름이 될 때까지 몇 달 동안 개인적인 문제와 두려움이 생겼고 가지 않기로 결심한다. 부모는 말한다. 이미 등록했으니 가야 한다고. 그리고 이것을 견디지 못하면 앞으로 아무것도 하지 못할 것이라고 덧붙인다. 아이는 설득을 하려고 노력한다. 효과가 없자 울고 소동을 피운다. 점점 캠프 날이 다가오면서 가지 않기 위해서 심지어 자해까지 시도하지만, 소용없다. 캠프가 시작하는 날에 그는 버스 타는 데에 데려다줄 어머니와 남게 된다. 다시 한 번 그냥 집에 있게 해달라고 애원하고 매달릴 때 어머니가 말한다. "좋아. 집에 있어. 대신에 여름 내내 엄마 아빠랑 이야기할 생각하지 마."

당연히 아이에게 견딜 수 없는 일이다. 그래서 아이는 캠프에 가기로 하고, 영 마음에 들지 않으면 집에 와도 되냐고 묻는다. 어머니는 정말 노력했는데도 싫다면 데리러 가겠다고 말한다.

아이는 2주 동안 캠프에 적응하려고 노력했지만 마음에 들지 않는다. 그래서 전화를 걸어 말한다. "노력했는데 마음에 들지 않아요. 집에 가도 될까요?" 대답은 "안 돼!"였다. 방문의 날에 부모들이 왔다. 아이는 짜증을 부리고, 울고불고 난리다. 달리는 부모님 차에 몸을 던지기까지 한다. 그래도 그냥 가버리면서 말한다. "이것을 견디지 못하면 평생 아무것도 견디지 못할 거야."

아이는 포기하고 더 이상 물어보지 않는다. 감각을 누른다. 그렇지만 아직도 분노는 남아 있다. 3주 후, 두 번째 방문의 날에 아이는 아무것도 말하지 않고 그냥 기뻐한다. 부모님도 아이의 감각과 씨름하지 않아도 되는 상황에 기뻐한다. 캠프 마지막 날 캠프 교장은 그에게 다가와 칭찬한다. 캠프에 와서 정신을 차리고 '성장했다.'고 한다. 아이는 자신이 아직 분노하고 있다는 걸 알지만, 미소를 지으며 아무 말 하지 않는다. 말해 봤자 아무 소용없기 때문이다.

이중구속의 나중 모습

각 예시에서 아이들은 도움이나 원하는 것을 얻지 못하고, 심지어는 사람들이 관심도 주의도 기울이지 않음을 볼 수 있었다. 표현하려고 노력하면 오히려 상황은 악화되고, 표현을 안 해도 아무런 결과가 없다. 그래서 아이는 주체할 수 없는 엄청난 감각에 휩싸인다. 이런 충돌은 표현으로도 억압으로도 해결될 수 없다. 그렇다면 이런 상황과 감각은 어떻게 해결될 수 있을까?

우리 자신의 불가능한 이중구속과 그 이중구속이 향후 어떻게 전개되는지를 관찰하면서 놀라운 사실을 발견했다. 우리 모두는 어떤 면에 있어서 똑같은 행동을 하고 있다는 점이다.

우리는 우선 이런 이중구속 상황에 다시 놓이지 않기 위해서 보호적인 생각을 선택한다.

맞았던 아이의 경우, '무언가를 요구하면 공격받을 것'이라는 생각을 한다. 이 생각으로 아이는 직접적으로 요구하기를 꺼려하거나, 공격을 피하면서 원하는 것을 얻을 수 있는 교묘한 방법을 찾으려 노력한다. 나중에는 그가 정말 원하는 것을 요청하기 어렵게 되거나 요청을 하면서 공격을 받게 된다. 그가 하고 있는 생각이 반영되기 때문이다.

자전거를 사지 못한 아이의 경우, '아무리 계획하더라도 결국에는 다 빼앗기게 된다.'는 생각을 하게 된다. 이 생각으로 인해 그가 중요하게 생각하는 것들을 향해 노력하려고 하지 않거나, 노력할 때마다 마지막 순간에 빼앗기게 되고 만다. 나중에는 안정적으로 보이던 관계나 직장이 충격적인 방식으로 없어져버리는 모습으로 나타난다.

캠프에 억지로 끌려갔던 아이의 경우, '좋아하든 좋아하지 않든, 계속해야 한다.'라는 생각을 품는다. 그 결과 어떤 것을 좋아하는지 좋아하지 않는지에 대한 감각을 잃게 되고, 자신에게 맞지 않는 선택을 하게 된다. 나중에는 만족스럽지 않은 일을 하거나 자신에게 아무 의미 없는 의무를 다하고 있는 자신을 발견하게 된다. 자신이 정말 원하는 것은 무시한 채로.

놀라운 것은 이런 '방어적인' 생각을 품으면서, 우리가 피하려고 하는 감각이나 상황으로부터 보호받지 못한다는 점이다. 오히려 피하고 싶던 이런 이중으로 구속하는 상황이 반복해서 나타난다. 정말 그런 것 같은가? 정말 많은 사람들이 자신에게만 나타나는 문제나 짜증이 계속 반복되고 어떻게 해결해야 할지 모르고 있다.

이런 어려운 상황을 왜 반복하고 있는지를 탐구하면서 발견한 사실이 있다. 어떤 면에서 해결할 방법을 찾기 위해 이중구속을 부르는 상황을 계속 만들어내고 있다는 점이다. 문제는 이중구속이 나타날 때마다 이에 대해 불평하고, 두려워하고 누군가에게 감각을 폭발시키거나 감각을 억누르면서 이를 해결하려 한다. 요컨대, 우리는 이런 상황으로부터 보호적인 생각으로 계속 도망갔다. 그 보호적인 생각은 짜증나는 상황을 만들어내는데, 이는 우리가 원했던 바가 아니다. 이런 상황을 볼 때 우리는 즉시 우리가 원했던 것이 무엇인지 기억해 낸다. 그리고 터진다! 피하려고 했던 그 감각 안으로 다시 던져질 것이다.

모두 원래의 이중구속에서 탈출하기 위해서 사용했던 동일한 전략들이다. 이중구속의 성질을 감안할 때 그 전략들은 효과가 없다.

따라서 질문은 무엇이 이중구속을 해결할 것이냐 하는 것이다. 표현하지도 억누르지도 않고, 이제까지 자신에게 허락하지 않거나 두려워했던 뾰족한 방법이 있는 것인가? 답은 명백해 보이지만 우리의 삶에서 거의 우리 모두를 비껴나가는 것이다.

답은 느끼라는 것이다. 이중구속이 가져오는 감각을 그대로 느껴야 한다. 환경을 변화시키려거나 감각에서 도망가려 하지 않은 채로 말이다.

맞을 때 그것을 막지 못할 때 어떤 느낌인지 그대로 느껴야 한다. 자전거 살 돈을 빼앗기고 상한 감각을 표현하지 못하는 것이 어떤 느낌인지 느껴야 한다. 억지로 캠프에 가야하고 자신을 표현해 봤자 아무 소용없다는 것이 어떤 느낌인지 느껴야 한다.

간단한 것 같아 보인다. 그렇지만 우리는 어린이로서의 우리 자신에게 이런 감각을 느끼지 못하게 했다. 왜냐하면 우리를 괴롭히는 사람들의 손에 우리의 삶과 생존이 달려 있었고, 우리를 이해하고 도와주려는 능력 있는 어른이 없었기 때문이다. 이런 감각을 느끼려 하면, 우리를 안전하게 돌보고 먹여야 할 책임이 있는 사람들을 죽이거나,

8부 이야기, 은유, 정보의 핵심   **463**

그 사람들이 우리를 돌보지 못하고 있다는 사실을 고통스럽게 자각할 것이 두려웠을지도 모른다. 어느 쪽이든 간에 아이로서는 견디기 힘든 감각에 놓였을 것이다. 성인기가 되어 우리는 감각을 느끼지 않고 이런 상황을 회피할 전략을 찾으려 하고 있다. 충분히 유명해지면, 맞는 파트너를 찾게 되면, 돈이 있으면, 그런 감각에 노출될 필요가 전혀 없을 것이다. 그러나 문제는 그런 감각이 항상 우리를 기다리고 있다는 것이다.

우리는 그런 감각 느끼기를 극도로 두려워하는 게 이유이다. 그러나 느끼지 않으면 다른 모습이지만 결국 같은 상황에 놓이게 될 것이다. 그 감각을 느낄 수 있는 기회로써 말이다.

순수하게 감각으로 느낄 수 있게 우리 자신을 허락하면, 놀라운 일이 벌어진다. 감각을 피하기 위해서 취했던 보호적인 생각을 더 이상 품지 않는다. 이런 감각을 견딜 수 있게 됨으로써 그 감각의 원인이 되었던 생각을 유지할 수 있게 된다.(원하는 생각, 성공의 생각, 만족의 생각) 그런 생각에 머무르면서, 그 생각은 믿음이 되고, 우리 삶에서 나타나기를 원했던 것으로 나타나기 시작한다.

오늘날에 일어나는 실제 예

 제닛

제닛은 어렸을 때 어머니로부터 계속되는 학대를 경험했다. 그러면서도 어머니는 사랑과 존경을 요구했다. 그랬던 그녀가 어른이 되어

언니와 함께 점심을 먹고 있었다. 제닛이 식사 자리에 도착했다. 언니는 대화를 시작했다. "세상에, 오기 전에 두 잔이나 마셔야 했어. 그렇지 않으면 너랑 점심을 먹지 못한다니까." 그러고 나서 언니는 제닛을 비난하고 놀리면서, 언제나 그랬듯 공격적이고 친절하지 않은 태도를 보였다.

나는 제닛에게 어떻게 대응했냐고 물었다. "아무것도 하지 않았어요."라고 대답했다. 그녀는 그간의 경험을 통해서 알았다. 언니를 공격하면 히스테리라고만 생각하고 비난만 심해질 뿐이다. 아무 말도 하지 않고 있으면 기분 나빠했다.

점심때 어떤 감각을 느꼈는지 물었다. 그녀는 발과 머리가 마비되는 것 같았다고 말했다. 왜 그랬냐고 물었더니 언니를 때리고 싶은 느낌을 꾹 참았기 때문이라고 했다. 그렇게 제닛에게는 두 가지 선택만 있었다. 자신을 닫아버리거나 언니를 때리거나. 그 둘 다 하지 않고, 표현도 감각을 없애려고도 하지 않고, 내 몸이 그 상황을 어떻게 느끼는지 관찰만 했다면 어땠을까를 질문했다. 처음에 그녀는 말했다. "세상에. 그건 불가능할 걸요. 폭발할 거예요."(그건 제닛 안의 아이가 말한 것이다. 어머니와의 처음 사건을 기억하고 있고, 아직도 그 사건으로 생긴 감각을 두려워하는 아이 말이다.) 나는 제닛에게 실제로 폭발할 것인지 물었다. 물론 사람이 실제 폭발하지는 않는다. 한번 앉아서 그냥 감각을 느껴보라고 권유했다. 그녀는 몸을 꼬면서 두려움을 표출했다. 그러나 결국 그냥 앉아서 분노와 상처에 따르는 감각을 경험할 수 있었다. 예전에 많은 상황들이 야기했던 분노와 상처였다.

갑자기 그녀는 조용히 나를 향해 말했다. "있잖아요. 나는 언니를 싫어해요. 그리고 말이죠. 언니도 나를 아마 싫어할 거예요."

8부 이야기, 은유, 정보의 핵심

그렇다. 그녀의 원래 가정에서는 이 사실을 알 수 없었다. "내가 어머니를 싫어한다고요? 내가 6살이라고요? 우리 어머니는 나에게 음식과 물질을 제공하는 유일한 사람인데 우리 어머니를 싫어한다고요?" 불가능한 일이다.

그러나 현재, 성인이 되어서 여전히 매우 어렵고 힘든 일이지만, 그 감각을 견디면서 생각을 확인할 수 있었다.

성인으로서 언니와 앉아서 이렇게 말할 수 있는 것이다. "있잖아. 난 언니를 싫어해. 그리고 언니도 나를 싫어할 거야." 언니는 그 문제에 관해 이야기하면서 문제의 근원과 해결책이 무엇인지 찾아보거나, 또는 이야기를 거부하면서 여전히 어린아이와 같은 태도를 취할 수 있다. 어느 쪽이든 간에 그 둘은 친구가 될 수 없다. 매우 아픈 일일 것이다. 그러나 어른 제닛에게 견딜 만한 것이며, 더 힘을 주는 친구가 생길 기회가 될 수 있다.

조셉

어렸을 때 조셉의 이중구속은 놀림과 따돌림을 당했다는 것이다. 그리고 못 한다는 말을 듣고, 동시에 모든 사람들, 심지어 부모님까지도 돌봐야 한다는 부담감을 안고 있었다. 어른이 되어 그는 두 가지 상충되는 꿈을 가지고 있다.(그의 표현으로) '수십 대의 페라리를 가지고, 병원에 이름이 걸릴 정도의 억만장자 국제 플레이보이 자선가'가 되는 것과 '아이를 키우는 평범한 가정의 아버지'가 되는 것이다. 왜 이런 목표를 원할 지 생각하던 중, 억만장자가 되고 싶어 하는 것은 사람들로부터 결국엔 존중받기를 원하는 심리일 것이고, 평범한 가정의 아버지가 되고 싶은 것은 지나친 의무감 없이 행복하기를 원하는 심리일 것이다.

문제는 둘 중 어느 하나의 목표를 향해 갈 때, 죄책감과 불안감에 빠졌던 것이다. 노력을 수포로 만들까 봐, 결혼생활과 부의 축적에 실패할까 봐 두려워하면서 말이다. 그는 큰 금액의 돈을 기부할 수 있다. 그렇지만 공허함과 허탈함을 느낄 것이다. 친척들을 도와줄 수 있지만, 도움은 무의미하고, 밑 빠진 독에 물 붓기 식이 될 것이다. 그 결과는 짜증나고 그가 원했던 것도 아니다.

이런 상황을 관찰하면서, 그가 이런 꿈들을 추구하는 것은 과거의 불가능한 이중구속 상황에 놓일 때 느끼는 감각을 피하기 위해서임을 알았다. 그러나 효과가 없었다. 이중구속의 부분인 이런 목표들은 모두 허무함과 절망의 생각으로 해석되는 감각을 일으키기 때문이다. 마침내 페라리를 타게 되었을 때조차 그는 공허함을 느꼈다.

점차 그는 감각이 이런 노력과 함께 옴을 깨닫기 시작했고, 그 감각을 그냥 느끼기로 했다. 이로써 앞으로 진전할 수 있었고, 자기 자신을 잃지 않고 실제적인 성공을 얻을 수 있었다. 항상 그렇듯 해결책은 그 감각을 회피하는 데에 있지 않고, 경험하고 단순히 견딜 수 있는 데에 있다. 어렸을 때는 불가능했던 것이다.

심리적 증상

심리적 증상은 불가능한 이중구속과 관련한 주요 감각으로부터 주

의를 전환하는 흔한 방법이다. 이중구속에 대해 화가 날 때와 같은 방식의 화가 나는 상황을 야기한다. 그러나 처음에 이중구속 상황에 있을 때 느꼈던 절망을 경험할 필요는 없다.

우리의 삶에서 문제들을 성공적으로 헤치고 나가서 '명확한 상황'에 이른 시점에, 이런 심리적 증상이 계속 나타나기 시작한다. 내가 기획한 브로드웨이 쇼를 성공리에 마쳤을 때 나흘을 푹 쉬고자 팜비치로 향했다. 그때 왼쪽 다리가 아파서 잘 걷지 못했었다. 같은 쇼의 또 다른 성공 제작 후에는 오른쪽 무릎에 심각한 통증이 있어서 두어 달을 절뚝거렸다. 나는 치료금식을 하기 위해서 진료를 예약했다. 치료금식은 매우 육체적으로 힘들고 지친다. 마침내 치료금식을 다 마치고 플로리다로 휴가를 떠나고 나서, 다시 내가 좋아하는 쇼를 하러 가는 길에, 망막이 찢어졌다. 7개월간의 힘겨운 우리의 드림하우스 레노베이션이 거의 마무리되는 단계였다. 나는 허리 근육을 써서 마지막 상자를 내려놓고 있었다. 나는 며칠간 완전히 신체적으로 마비되었고, 수주 동안 통증을 겪었다. 그전에 나는 스무 살이라는 어린 나이에 결혼을 했다. 나에게 있어 결혼은 모든 문제의 해결, 즉 궁극적 행복이었다. 그러나 결혼한 다음 날 나에게 신경쇠약이 찾아왔고 정신병원에 갇히는 신세가 되었다.

몇 년이 지나고 한 훌륭한 치료사가 나에게 말했다. "어떻게 해서든 성공과 기쁨, 성취감을 좀 피해야 할 것 같다."고. 왜 그럴까?

상황을 지켜보면서 나는 성공을 허락하지 않는 나만의 불가능한 이중구속이 있음을 깨달았다. 사실 나를 이중구속에 빠지게 한 사람에게는, 내가 성공하지 않는 것에 대한 생각과 감각을 갖는 것이 필요했다. 그렇게 그 자신은 성공의 가능성을 가질 수 있기 때문이다. 따라서 내가 성공의 생각을 가지면 그는 그 자신의 생각과 감각을 볼 수 있게 되고, 그것은 마치 내가 그를 '죽이는 것'과 같을 것이다. 동전의 양면처럼, 만일 어릴 적 학대를 당하던 때에 힘과 성공, 자율성을 가졌다면, 나는 그를 실제로 죽이고 싶었을지도 모른다. 어떤 쪽이든 성공은 죽임이라는 결과를 낳는다.

어떻게 해서 어른이 된 나는 이게 사실이 아님을 알게 되었지만, 내 안의 아이는 아직도 그것을 시험해 보는 것이 두려웠다. 그래서 심리적 증상을 통해 성공을 피해 왔다.(내가 진짜 피했던 것은 성공에 따르는 감각과 생각이었다.) 내가 계속해야 할 일은 그 증상을 보고, 내 생각이 무엇인지 파악하고 나 자신에게 묻는 것이었다. '내가 정말 이것에 대해 어떻게 생각하고 있지?' 그리고 그냥 그 생각을 할 때에 경험하는 감각을 느끼는 것이다. 이런 과정에 성공하면 증상은 바로 사라지고 엄청난 두려움, 분노, 공포가 생긴다. 이런 느낌을 견딜 수 있고(내가 실제로 견디는 것은 이런 느낌하의 감각이다.) 나의 과거 때문에 이런 느낌이 성공과 함께 온다는 것을 알 때, 내가 원하는 성공을 경험할 수 있게 된다. 다른 사람들은 나를 성공했다고 생각한다. 그렇지만 그 성공에 따르는 감각을 그대로 견딜 수 있게 될 때까지 나는 성공을 맛보지 못했었다.

생각의 전환에서 나타나는 이중구속

과거에 이중구속이 있었다면 그런 이중구속으로 연결되는 생각을 할 때마다 이중구속이 나타날 것이다.

그러므로 어린 시절 자전거를 살 확실한 행동계획을 마련했는데 이상하게 마지막 순간에 빼앗겼다면, '내가 원하는 것을 위해 노력하고 얻을 수 있다.'는 생각을 할 때마다 이중구속의(보통 무의식적인) 기억이 떠오르게 될 것이다. 보통 그 이중구속은 두려움과 불안함을 동반한다. 그 감각의 반응으로서 '절대 안 될 거야.' 또는 '원하는 것을 가질 수 없다'와 같은 생각을 하게 된다. 이로써 어린 시절처럼 우리 자신을 이중구속 상황에 빠뜨리지 않기 위함이다.(그 상황에서 우리가 두려워하는 감각이 생긴다.)

혹은 자율성이나 자신감 강한 주장을 표현할 때 맞은 적이 있다면, 힘, 자율성, 강한 주장에 관한 생각을 할 때마다 맞을 것 같은 기분이 들어서, 맞지 않을 생각으로 전환한다.(또는 좀 더 정확하게 말하면 맞을 때 경험했던 감각으로부터 피하기 위해서)

아니면 어린 시절에 성공할 수 있다, 또는 혼자 할 수 있다는 생각 때문에 상처받지 않으려고 심리적 증상을 키우는 보호적 선택을 해왔을 수도 있다. 그럴 경우 심리적 증상이 나타나고, 할 수 없다는 생각으로 생각을 전환해 왔을 것이다.

그렇다면 이런 문제에 어떻게 대처할 것인가? 효과적인 방법은 명백하다. 생각은 나타나는 현상의 원인이다. 따라서 원하는 것을 나타낼 생각을 유지하거나, 그 생각으로 돌아가는 것이 중요하다. 어떤 생각을 했는데 두려움이나 불안함의 감각이 느껴진다면, 원하는 것을 얻지 못하겠지만 그런 감각을 느끼지 않도록 생각을 전환하지 말아야 한다. 만일 원하는 결과가 나타나지 않는다면 이미 생각을 전환했다는 것이다. 그런 결과를 보면 원하는 생각을 품어야 한다. 그러면 두려워하는 감각을 느낄 또 한 번의 기회가 올 것이다.

앞에서 말했듯이 감각을 견디고 느끼는 능력을 개발하는 것은 이런 과정의 한 부분이다. 감각을 피하거나 억누르는 것이 아닌, 그대로 느끼는 능력 안에 치유가 있다. 어렸을 때는 없었던 능력이다. 왜냐하면 어렸을 때는 의지해야 할 사람들이 의지할 수 없다고 생각할 수 없다. 거기에는 생존의 문제가 달려 있기 때문이다. 그러나 성인이 되어서는 고통스럽고 힘들 수 있지만, 이런 감각을 감각으로서 느낄 수 있고 원하는 것이 나타날 수 있는 생각을 유지할 수 있다.

치료로 가는 이정표, '장애물'

앞서 보았듯이 감각, 믿음, 나타남에서 많은 장애물이 있다. 그러나 사실 그것을 장애물이라고 생각하지 않고 우리의 현 지점과 가야 할 방향에 대한 지표라고 생각한다면 우리가 가는 길에 유용할 수 있다. 장애물을 만날 때마다 자문해야 한다. 순환차트에서 어떤 지점에서 장애물이 나타났는가? 원하지 않는 감각인가? 무의식적으로 가지고 있는 믿음이 장애물인가? 원하지 않는 것이 나타난 것이 문제인가? 어떤 지점인지 알면 어떤 방향으로든 순환차트를 돌아서 생각에 이를 수 있다. 생각만이 전환할 수 있는 유일한 것이기 때문이다. 모든 문제들은 그와 연관된 생각을 전환함으로써 해결될 수 있다. 그러나 여기에는 불편한 감각의 경험, 마음에 들지 않는 노출되는 믿음, 지금 즉시 원하지 않는 것의 나타남이 따를 수 있다. 생각이 원인임을 기억하면 어떻게 하면 원하는 것을 나타낼 수 있는지 알 수 있다.

일단 생각의 전환을 하겠다고 결심하면 잘하길 바란다. 결과를 걱

정할 필요는 없다. 결과는 생각의 거울로써 자연스럽게 나타나는 것이다. 생각을 전환하고, 기꺼이 감각을 받아들이고, 마음이 움직이는 대로 다음 단계로 나아가야 한다. 마음에 꺼려지는 것은 하지 말고, 계속 생각을 전환해야 한다.

이것도 저것도 못 할 상황일 때, 완전히 결과는 놔두고 그냥 생각을 전환해야 한다. 이렇게 할 때 과정은 단순해질 것이고, 원하는 결과가 나타날 수 있도록 우주의 원칙이 작동할 것이다.

'생각을 전환하고, 기꺼이 감각을 받아들여야 한다.
그리고 마음이 움직이는 대로 다음 단계로 나아가야 한다.'

30장
구체적인 적용

삶의 특정한 문제에 생각의 전환 적용하기

생각의 전환이 어떤 프로세스로 진행되고, 사람들이 적용하는 구체적 사례도 보았다. 이제 이런 질문이 나올 것이다. "당신 자신에게는 어떻게 적용할 수 있을까?" 이 장에서는 생각의 전환 과정의 단계를 요약하고, 몇 개의 원칙을 다시 확인해 본다.

1. 당신의 삶에서 불만족스럽고, 바꾸고 싶은 무언가를 본다.
2. '지금 보고 있는 것이 내 생각을 반영한 거울이라면, 내가 지금 하고 있는 생각은 무엇인가?'라고 자문한다.
3. 매우 솔직하게 그 생각을 확인한다. 그 생각이 정말 부정적이고 창피하더라도 걱정할 필요는 없다. 보통 그렇다. 그것이 단지 생각이라는 것을 기억해야 한다.
4. '내가 원하는 것이 거울에 나타나려면 어떤 생각을 해야 할까?'라고 자문해야 한다.
5. 그 생각을 알게 되면, 이전 생각을 새로운 생각으로 전환해야 한다. 그냥 새로운 생각을 생각하면 된다.
6. 새로운 생각을 생각할 때 따르는 감각을 파악해야 한다. 종종 매우 고통스럽거나 불편할 수 있다. 그러나 그런 감각들이 바로 이

생각에 머물지 못했던 이유다.
7. 계속해서 그 생각으로 돌아가면서 어떤 일이 발생하는지 보자. 그 생각이 아닌 다른 결과를 보게 되면, 그 생각에 따르는 감각을 피하기 위해 당신이 생각을 전환했다는 의미이다. 다시 그 생각으로 돌아가면 된다.
8. 새로운 생각이 일하게 해야 한다.(그 새로운 생각을 품고 있는 동안 마음이 움직이는 대로 행동해야 한다.)

기억할 것: 현실화되지 않은 세계에 이미 모든 것이 창조되었고 존재한다.

질문: '우리가 나타나기를 원하는 상황을 나타나게 하는 것은 무엇인가? 원하는 방향에 따라 빛을 비추는 생각이라고 가정한다.

아직 응답이 없어도 문제없다. 치료가 없는 질병은 없다. 우리가 원하고 생각하는 모든 것은 이미 세상에 창조되어 있다. 관건은 생각의 빛을 비추는 것이다.

'거울과 씨름해도 거울 안의 상(像)을 바꿀 수 없다.
당신 내면의 변화가 필요하다.'

31장
생각을 전환하며 살기

삶은 모든 것이 있는 멋진 백화점과 같다. 어느 때든, 어떤 것이든 환불, 교환이 가능하고, 뭐든 다 찾을 수 있는 그런 백화점 말이다. 모든 것의 재고가 항상 있고, 화폐는 생각이다. 당신이 무한대로 가지고 있는 그 생각 말이다. 모든 사람에게 모든 생각은 항상 사용 가능하다. 이것을 알면, 당신에게 항상 모든 것이 무제한으로 공급되고 있음을 알게 된다.

좋은 쇼핑시간이 바란다.

생각의 전환은 현재 개점 중!

'당신이 원하는 모든 것을 지금 가지고 있다.'

32장
삶은 감각이다

꼭 알고 있어야 할 것
(만일 162~164페이지를 놓쳤다면)

어떻게 생각이 감각의 원인이 되는 것에 대해서 이야기했다. 또 그 감각은 믿음의, 믿음은 나타남의 원인이 된다. 또한 어린 시절 외상에 연관된 감각을 피하는 것에 대해서 이야기했다. 그래서 우리는 원하지 않는 생각을 보호적으로 품게 된다. 그리고 기본 생각의 전환 과정에 대해서 말했다. 생각의 전환이 삶의 거의 모든 부분에서 적용될 수 있다고도 했다. 우리 삶이 완전히 내면에서 살아진다는 말도 있다. 내면의 세계란 경험의 세계이고, 외부세계는 단지 그 경험의 '거울'일 뿐이라고 말했다. 기본 개념을 설명해 주는 다양한 예시, 이야기, 아이디어들도 보았다.

이 모든 것이 좀 복잡해 보이지만, 결국에는 한 가지로 정리된다.

우리가 이 한 가지를 한다면 모든 것은 저절로 이루어진다. 보호적인 생각을 원하는 생각으로 전환하는 것이다. 그러면 우리는 자연스럽게 이런 새로운 생각에 맞는 행동을 취하게 된다. 남겨진 우리 내면의 아이를 융화시킨다. 현실화되지 않은 세계 전체가 항상 우리에게 열려 있다는 사실을 다시 깨닫는다. 결국에는 삶이 치유되고, 꿈이 지속적으로 쉽게 이루어지는 삶으로 변화되게 된다.

이 책에서 한 가지를 취한다면 바로 이 점을 기억하기 바란다.

상황이 복잡해질 때, 삶이 버거울 때, 무슨 생각을 해야 할지 모를 때, 어떤 상황에 갇혔을 때, 짜증이 날 때, 원하는 대로 삶이 진행되지 않을 때, 이 모든 것을 바로잡을 단순한 한 방법이 있다.

감각으로 향하라!
그 감각을 견뎌라!
감각을 경험하라!

우리에게 닥친 모든 도전 과제와 문제들은 결국 하나로 귀착된다. 지금의 감각적 경험을 피하는 것이다.

감각을 견딜 수 없을 때는 감각을 피하기 위해서 '나는 할 수 없다. 그런 일은 일어나지 않을 것이다. 나는 실패자다.'와 같은 생각을 선택할 수밖에 없다. 그리고 이런 생각들은 나타나는 세계에 반영된다.

현재의 생각, 사건, 미래의 사건에 대해서 걱정하지 않은 채로 그냥 당신의 감각을 느낄 수 있을 때, 무한 가능성과 선택의 세계가 즉시 당신을 향해 문을 활짝 연다. 뭐든 생각할 수 있고, 그 생각에 따르는 감각을 경험할 수 있으며, 생각이 물리적 세계에 나타나는 것을 볼 수 있다.

감각으로 향하라!
그 감각을 견뎌라!
감각을 경험하라!

감각은 무한한 생각, 무한한 가능성, 무한한 자유가 있는

현실화되지 않은 세계로 가는 관문이다.

이것뿐이다. 바로 이것이 핵심이다. 이것이 바로 행복하고 만족스러운 무제한의 삶을 가능케 하는 비결이다.

감각의 세계에 오신 것을 환영합니다!

장애물을 극복하고 놀라운 삶을 살기 위한
생각의 전환

초판 1쇄 발행 ‖ 2012년 1월 5일

지은이 ‖ 데이비드 프라이드만
옮긴이 ‖ 권혜하 · 김소희 · 구영우
디자인 ‖ 강희연
마케팅 ‖ 김종호
펴낸이 ‖ 김규현
펴낸곳 ‖ 경성라인
주　소 ‖ 경기도 고양시 일산동구 백석2동 1456-5
전　화 ‖ 031) 907-9702
팩　스 ‖ 031) 907-9703
E-mail ‖ kyungsungline@hanmail.net
등　록 ‖ 1994년 1월 15일(제311-1994-000002호)

ISBN 978-89-5564-124-0 (13180)

정가 ‖ 18,000원

* 잘못 만들어진 책은 구입하신 곳에서 바꾸어 드립니다.